WOLFGANG DOROW

Unternehmungskonflikte als Gegenstand unternehmungspolitischer Forschung

Betriebswirtschaftliche Forschungsergebnisse

Band 77

Unternehmungskonflikte als Gegenstand unternehmungspolitischer Forschung

Von

Dr. Wolfgang Dorow

Assistenzprofessor am Fachbereich Wirtschaftswissenschaft der Freien Universität Berlin, Fachrichtung Unternehmungspolitik

DUNCKER & HUMBLOT / BERLIN

D 188

Gedruckt 1978 bei Zippel-Druck in Bürotechnik GmbH, Berlin 36
Printed in Germany
ISBN 3 428 04121 6

Meinen Eltern

Geleitwort des Herausgebers

Mitte der sechziger Jahre erschienen im betriebswirtschaftlichen Schrifttum mehrere Monographien, die die Problematik der Unternehmungsziele und der Zielbildungsprozesse in Unternehmungen auch unter dem Gesichtspunkt konfligierender Zielvorstellungen der Unternehmungsmitglieder behandelten.

Mit diesen Schriften wurden weitgehend die einschlägigen Ergebnisse der verhaltensorientierten angloamerikanischen Organisationsforschung aufgearbeitet, deren Autoren auf die Bedeutung der individuellen Ziele der Organisationsteilnehmer für die Ziele der Organisation hingewiesen und die Zielbildung in Organisationen vornehmlich unter dem Aspekt der Aushandlung und Koalitionsbildung untersucht hatten. Damit wurde der Blick zwar auf die Konfliktproblematik in Unternehmungen gelenkt, eine differenzierte unternehmungsspezifische Konfliktanalyse und eine differenzierte Analyse der Konflikthandhabungsmöglichkeiten im Unternehmungssektor jedoch noch nicht geleistet. Spätere Veröffentlichungen betriebswirtschaftlicher Autoren führten in Anknüpfung an diese Ansätze die Aufarbeitung der konflikttheoretischen Entwürfe insbesondere der Soziologie und Psychologie fort. Soweit hierbei spezielle Konfliktprobleme des Unternehmungssektors aufgegriffen wurden, lag das Schwergewicht der Analysen auf der Konflikthandhabung und Konfliktoptimierung aus der Sicht der Unternehmungsführung unter weitgehender Begrenzung auf unternehmungsinterne Konflikte.

Die vorliegende Untersuchung geht von der betriebswirtschaftlich-politologischen Konzeption der Unternehmungspolitik aus, mit der sowohl die bisher weitgehend einseitige Festlegung der Unternehmungspolitik auf den Gesichtspunkt der Unternehmungsführung als auch ihre apolitologische Identifikation mit einer angewandten Betriebswirtschaftslehre überwunden wird. Gegenstand dieser Konzeption sind die im Rahmen des Wirtschaftens der Unternehmungen auftretenden Probleme der zielsichernden Determinierung kollidierender Handlungsspielräume innerhalb von Unternehmungen und zwischen Unternehmungen. Als Untersuchungsschwerpunkte werden die Zielsysteme der Unternehmungsmitglieder, Unternehmungskontrahenten und der Unternehmungskonkurrenten, die hieraus resultierenden unternehmungsinternen und unternehmungsexternen Konsens- und Konfliktbereiche sowie Fragen der Effizienz und Auswahl zielsichernder Determinierungsprozesse behandelt.

Mit der vorliegenden Untersuchung wird aus der Sicht der skizzierten unternehmungspolitischen Konzeption eine umfassende Aufbereitung des interpersonalen Konfliktphänomens geleistet. Der Verfasser vermittelt einen instruktiven Überblick über konflikttheoretische Ansätze benachbarter Disziplinen und deckt Lücken in der Erfassung der Konfliktproblematik in unternehmungsbezogenen Zielsetzungsmodellen auf. Diese Vorarbeit liefert die Grundlage für eine differenzierte, am betriebswirtschaftlich-politologischen Forschungsprogramm orientierte Untersuchung der multikausalen Konfliktentstehung, der multivariablen Konfliktformen und der alternativen Konflikthandhabungsmöglichkeiten. Die auf interessenbedingte Zielsetzungsprozesse zentrierte Konfliktanalyse demonstriert einen bisher noch nicht beschrittenen Weg zur Erfassung der Konfliktproblematik von Unternehmungen.

Die gründliche Analyse und Neustrukturierung der Problemfülle bietet eine wesentlich verbesserte Ausgangsbasis für weitere Forschungen zur Theorie der Unternehmungskonflikte. Es ist daher zu wünschen, daß dieser sorgfältig durchdachte, im Kern auf die Entwicklung eines umfassenden Konfliktkonzepts der Unternehmung gerichtete Beitrag eine breite Resonanz findet.

Berlin, im Juli 1977

Prof. Dr. Günter Dlugos

Vorwort

Die Unternehmungstheorie weist bislang erhebliche methodische und inhaltliche Lücken in der Erfassung von interpersonalen Zielkonflikten und zielsichernden Determinierungsprozessen auf. Trotz der zentralen Bedeutung, die der theoretischen Erkenntnis beider Problembereiche im Rahmen einer Theorie der Zielbildung von Unternehmungen zukommt, werden die Fragen der Konfliktentstehung und Konflikthandhabung in bisherigen Ansätzen, die sich um die Entwicklung einer konflikttheoretischen Konzeption der Zielbildung bemühen, weitgehend undifferenziert und unter Eingrenzung auf spezifische Interessen bestimmter Interessengruppen behandelt.

Die der vorliegenden Untersuchung zugrundegelegte unternehmungspolitische Konzeption, deren wissenschaftliches Erkenntnisinteresse im Verlauf der Arbeit dargelegt wird, ermöglicht dagegen, die komplexe Problematik des interessenpluralistisch geprägten internen und externen Konfliktfeldes der Unternehmung differenziert zu erfassen.

Hauptanliegen der Arbeit ist es, ein unternehmungspolitisches Konfliktkonzept zur Diskussion zu stellen, das interpersonale Unternehmungskonflikte methodisch aus der Sicht kollidierender Zielsetzungsprozesse und Zielsicherungsprozesse der verschiedenen, mit der Unternehmung in Verbindung stehenden Interessengruppen erfaßt und das inhaltlich über eine ausschließlich ökonomische Betrachtung des Konfliktpotentials der Unternehmung hinausgreift. Dementsprechend wird das Ziel verfolgt, die mehrdimensionalen Konfliktbeziehungen und vielfältigen Determinierungsmöglichkeiten der in das Konfliktfeld der Unternehmung einbezogenen Interessengruppen aufzudecken und für eine weitere theoretische Durchdringung des Konfliktphänomens erkenntnisfördernd aufzuarbeiten.

Herrn Professor Dr. Günter Dlugos, meinem akademischen Lehrer, danke ich sehr herzlich für die wissenschaftliche Betreuung und Förderung meiner Arbeit. Sein richtungweisender Rat und die stete Bereitschaft zu offener und kritischer Diskussion haben wesentlich zur Abfassung dieser Schrift beigetragen.

Ebenso danke ich Herrn Professor Dr. Alfred Kieser für wertvolle und ermutigende Anregungen.

Berlin, im Juli 1977

Wolfgang Dorow

Inhaltsverzeichnis

Abkürzungen

ASQ = Administrative Science Quarterly
HWO = Handwörterbuch der Organisation. Hrsg. von Erwin Grochla, Stuttgart 1969
HWP = Handwörterbuch des Personalwesens. Hrsg. von Eduard Gaugler, Stuttgart 1975
JCR = Journal of Conflict Resolution
ZfB = Zeitschrift für Betriebswirtschaft
ZfbF = Schmalenbachs Zeitschrift für betriebswirtschaftliche Forschung
ZfO = Zeitschrift für Organisation

Abbildungsverzeichnis

I. Einführung

1. Problemstellung der Arbeit

Eine der Grundannahmen betriebswirtschaftlicher Theorie ist das zielgerichtete Verhalten von Unternehmungen. Die Prämisse einer konfliktfreien Zielsetzung ist über eine lange Zeit als unproblematisierte Grundlage betriebswirtschaftlicher Forschung, gestützt durch normative Entscheidungsmodelle, zur Analyse und Gestaltung des Unternehmungs- bzw. Organisationsverhaltens herangezogen worden. Realanalysen des Verhaltens in Unternehmungen, insbesondere der einsetzenden Bürokratieforschung und der organisationspsychologischen und -soziologischen Ansätze der Human-Relations-Theoretiker, zeigten Schwächen der auf der Prämisse der Existenz unstreitiger Ziele der Unternehmung basierenden Erklärungsansätze auf. Trotz der Aufdeckung dysfunktionalen und abweichenden Verhaltens der Unternehmungsmitglieder wurden jedoch nicht die notwendigen Konsequenzen für die Unternehmungstheorie gezogen. Die eigenen Erkenntnisse dieser Forschungsansätze wurden durch die Erklärung nicht-konformen Verhaltens als „irrationales" Verhalten der Unternehmungsmitglieder sogleich wieder rückgängig gemacht und verschüttet.

Mit dem Beginn der verhaltensorientierten Organisationsforschung durch *Barnard, March/Simon* und *Cyert/March*[1] setzte die Neuorientierung in der Analyse von Zielsetzungsprozessen in der Unternehmung unter Betonung der Individualziele und der Bildung des Zielsystems durch Verhandlungsprozesse ein. Die Zielbildung wird heute als kollektiver Prozeß betrachtet, der durch Verhandlungen, Machtprozesse, Koalitionsbildungen, Teilnahme- und Beitragsentscheidungen der Individuen gekennzeichnet ist, und schließlich als Ergebnis einer Forderungen und Unterstützungen verarbeitenden unternehmungspolitischen Entscheidung von autorisierten Kerngruppen[2]. Mit dem Erkennen der Tatsache, daß Unternehmungsziele nicht einfach vorgegeben und in sich unproblematisch sind, sondern Konflikte und Machtprozesse induzieren, wird die Problematik der Handhabung konfliktärer Forderungen in ein unternehmungspolitisches System verschoben, das allerdings aus der Sicht dieses Erklärungsansatzes das Zielsystem als Akkumulation individueller Ziele nun wieder

1 Vgl. Barnard [Functions], March/Simon [Organizations], Cyert/March [Theory].

2 Vgl. Kirsch [Entscheidungsprozesse III] 121 ff., Fäßler [Mitbestimmung] 90 ff.

verbindlich vorgibt. Eindringlich warnt jedoch *Thompson:* „There is obvious danger in reifying the abstraction 'organization' by asserting that it, the abstraction, has goals or desires. There is little to be gained, however, by swinging to the other extreme of insisting that the goals of an organization are somehow the accumulated goals of its individual members[3]."

Indem durch Zuordnung des Konfliktphänomens in eine unternehmungspolitische black-box die übrigen Unternehmungsbereiche von konfliktären Erscheinungen bereinigt werden, wird die weitgehende Konfliktfreiheit der Unternehmung als Gegenstand betriebswirtschaftlicher Forschung wiederhergestellt. Auftretende Konflikte werden relativ unproblematisch durch „Zielkompromisse" oder „autorisierte Entscheidungen" überbrückt, wobei die damit verbundenen Zielsetzungsprozesse, die zum Konflikt führen, und die Zielsetzungen, die die Konflikthandhabung betreffen, keiner problemspezifischen Analyse unterzogen werden. Insofern muß das weitgehende Fehlen einer konflikttheoretischen Analyse der Zielsetzungsprozesse in und von Unternehmungen konstatiert werden[4].

Die vorliegende Arbeit unternimmt daher den Versuch, einen Beitrag zur Überwindung dieses Mangels durch kritische Analysen konflikttheoretischer Ansätze und Modelle und durch Einführung zusätzlicher Argumente in die Diskussion um die Konfliktproblematik der Unternehmung zu leisten.

Die Erfüllung dieses Untersuchungsziels kann nun nicht lediglich über modellimmanente kritische Analysen erreicht werden, sondern erfordert die Entwicklung eines theoretischen Bezugsrahmens zur Erfassung der Konfliktproblematik in Unternehmungen sowie zwischen Unternehmung und Umfeld.

Für den dieser Arbeit zugrundeliegenden Untersuchungsgegenstand stellt sich vor allem die Frage, welcher Komplex von Problemen unter dem Ausdruck Konfliktforschung zusammengefaßt ist bzw. werden soll und welcher disziplinäre Zugang gewählt werden soll. Die Durchsicht konflikttheoretischer Literatur zeigt, daß die Konfliktproblematik breiten Eingang in die Nachbardisziplinen der Betriebswirtschaftslehre gefunden hat, diese sich aber erst in jüngster Zeit diesem Gebiet zuwendet[5].

Kritisch äußert sich *Bühl* zum gegenwärtigen Stand der Konfliktforschung aus soziologischer Sicht: „Mit der Ausdehnung des Konfliktbegriffes bis in die Verhaltensforschung und in die Militärstrategie hinein, steigt nicht nur die Publikationsflut gewaltig an, sondern die so sehr Mode gewordenen – theoretisch wie empirisch jedoch völlig ungesicherten – Begriffstranspositionen von

---

[3] Thompson [Organizations] 127.

[4] So betonen Oechsler/Wagner [Ansatz] 97, daß die Betriebswirtschaftslehre der Konfliktproblematik in Unternehmungen trotz ihrer hohen praktischen Relevanz bisher keine entsprechende theoretische Relevanz zugesprochen habe.

[5] Vgl. Thiele [Konflikte], Krüger [Grundlagen], Esser [Konfliktverhalten], [Organisationen], Steffenhagen [Konflikt].

der Psychoanalyse, Kybernetik oder Spieltheorie in die Soziologie (und die überschnelle Generalisierung von meist doch recht bescheidenen Untersuchungsergebnissen in Richtung einer scheinbar allumfassenden ‚Friedens- und Konfliktforschung') bringen auch die Gefahr der Politisierung und Ideologisierung mit sich[6]."

Dieses Zitat verdeutlicht, daß die Konfliktforschung bislang keineswegs als durch eine möglichst präzise abgegrenzte typische Art der Problemstellung gekennzeichnete, selbständige Disziplin bezeichnet werden kann, deren Erkenntnisperspektive lediglich noch auf den Realbereich Unternehmung zu lenken ist.

Für Forschungsbemühungen auf diesem Gebiet wird daher zwingend die Frage aufgeworfen, welche Problembereiche unter welcher Erkenntnisperspektive angegangen werden sollen. Dies impliziert die heftig umstrittene und für konflikttheoretische Erkenntnisziele besonders schwerwiegende Frage nach der Abgrenzung der Problemstellung.

Dieser Arbeit liegt die Auffassung zugrunde, daß eine disziplinäre, problemorientierte Abgrenzung des Forschungsgegenstandes Voraussetzung für die empirische Erkenntnisgewinnung ist. Ohne Bestimmung der Sachverhalte, auf die sich die Forschungstätigkeit beziehen soll, ist die Gewinnung realwissenschaftlicher Erkenntnisse nicht möglich. Die Abgrenzung der empirisch-kognitiven Grundlage der Aussagengewinnung orientiert sich dabei aus wissenschaftspragmatischen Gründen an bestehenden disziplinären Grenzen, was nicht ausschließt, daß Überschneidungen mit anderen Disziplinen vorgenommen und die Grenzen bewußt als fließend verlaufend aufgefaßt werden können. Bei der für die Theoriebildung unerläßlichen Bestimmung des Erkenntnisgegenstandes darf allerdings nicht übersehen werden, daß die so gewonnenen Aussagen speziellen Inhalts für die Lösung praktischer Probleme zwar unerläßlich, in der Regel aber nicht ausreichend sind und durch instrumentale Aussagen anderer disziplinärer Theorien, die auf das gleiche Problemfeld bezogen sind, ergänzt werden müssen.

Kennzeichen der hier herauszuarbeitenden Konzeption der Erfassung des Konfliktphänomens in Unternehmungen ist, daß stets *zwei Problemsichten* aufeinander bezogen werden, von denen die eine *betriebswirtschaftlicher* und die andere *politologischer Art* ist. Im Mittelpunkt der politologischen Problemsicht steht die Frage nach den die Ziele von Handlungsträgern gefährdenden Verhaltensweisen konfligierender Aktoren und den Möglichkeiten der Sicherung gegen kollidierende Handlungsspielräume, im Mittelpunkt der betriebswirtschaftlichen Problemsicht steht die Frage nach den wirtschaftlichen Attributen zielgefährdenden und zielsichernden Handelns in und zwischen Unternehmungen.

---

6 Bühl [Konfliktsoziologie] 9.

Mit der hier angedeuteten Integration der betriebswirtschaftlichen und politologischen Fragestellung zum Zwecke der Erfassung von Unternehmungskonflikten wird die grundlegende Perspektive der neu zu konzipierenden *Unternehmungspolitik* sichtbar, die als *spezifische betriebswirtschaftlich-politologische Teildisziplin* aufgefaßt wird[7].

Zur Entwicklung dieses „entscheidungsorientierten" Bezugsrahmens einer unternehmungsbezogenen Konfliktanalyse wird die vorliegende Arbeit in folgende Untersuchungsschritte gegliedert:

1. Zunächst werden die vorwiegend auf den gesamt-gesellschaftlichen Bereich bezogenen grundlegenden konflikttheoretischen Ansätze von *Dahrendorf* und *Boulding* einer näheren Analyse unterzogen, um sie im Hinblick auf die Verwertbarkeit für das betriebswirtschaftlich-politologische Forschungsprogramm aufzubereiten. Auf der Grundlage dieser Ergebnisse wird der Problembereich einer konflikttheoretischen Analyse der Unternehmung konkretisiert.

2. In Verfolgung dieser Zielsetzung werden die konflikttheoretisch bedeutsamen Entwicklungslinien der Unternehmungstheorie nachgezeichnet und eine Analyse der Unternehmungsgrundmodelle der *Bürokratietheorie*, der *Anreiz-Beitrags-Theorie*, der *Koalitionstheorie* sowie des *Modells des Politischen Systems der Unternehmung* durchgeführt. Ziel dieser Analyse ist es, die Problemadäquanz dieser Unternehmungsmodelle im Hinblick auf die Erfassung von Ursachen und Wirkungen von Konflikten sowie Zielen und Mitteln der Konflikthandhabung kritisch zu beleuchten, um Lücken und Anknüpfungspunkte für die weitere Analyse aufzudecken.

3. Vom Standpunkt bestimmter wissenschaftsprogrammatischer Überlegungen her werden dann die theoretische und pragmatische Zielsetzung sowie der terminologische Rahmen der *unternehmungspolitischen Konfliktforschung* entwickelt.

4. Auf der Grundlage der konzeptionell und begrifflich präzisierten Unternehmungspolitik wird das Untersuchungsziel der Arbeit mit der Herausarbeitung der unternehmungspolitischen Aspekte der *Konfliktentstehung* in der Unternehmung über eine Analyse der Zielsetzungsprozesse und Interaktionsformen der Unternehmungsmitglieder fortgesetzt. Als Ergebnis sind hierbei die spezifischen *Konfliktursachen* und *Konfliktformen* in der Unternehmung abzuleiten und auf dieser Basis das *Konfliktfeld* der Unternehmung zu entwickeln.

5. Die Arbeit wird mit der Diskussion der unternehmungspolitischen Perspektive der *Konflikthandhabung* abgeschlossen. Mit diesem Ansatz wird versucht, die *Machtproblematik* in der Unternehmung mit dem Prozeß der Konflikt-

---

[7] Die Grunzüge der Konzeption der Unternehmungspolitik als betriebswirtschaftlich-politologische Teildisziplin hat Dlugos in [Teildisziplin], [Stichwort] entwickelt.

handhabung zu verbinden und die Wirkung von Machtdifferenzen im Konfliktfeld der Unternehmung aufzuzeigen. Der unternehmungspolitische Prozeß der Konflikthandhabung wird dabei als ein problemspezifischer, an der Formalstruktur eines Entscheidungsprozesses orientierter Zielsetzungsprozeß zur Sicherung gefährdeter Ziele durch *Determinierung kollidierender Handlungsspielräume* herausgearbeitet.

2. Forschungsrichtungen der Konflikttheorie

Überblickt man die zahlreichen Beiträge in Anthologien, Proceedings und Symposia der letzten Jahre, verfestigt sich der Eindruck einer in der Perspektive und Methodik noch weitgehend uneinheitlichen und beziehungslosen Konfliktforschung. Sie präsentiert sich mit der Vielzahl ihrer Theorieperspektiven und methodischen Ansätze vorerst noch als ein Sammelbecken verschiedenster Forschungsbemühungen, deren Integration in Richtung auf eine eigenständige problemorientierte Interdisziplinforschung noch in weiter Ferne zu liegen scheint[1]. Insofern ist eine genauere Bestimmung des Untersuchungsfeldes und der Problemsicht der Konfliktforschung nur schwer zu erreichen und dürfte auch noch weit von einer allgemein akzeptierten Lösung entfernt sein.

Als *realwissenschaftliche* Forschungsrichtungen können die soziologische, die psychologische und sozialpsychologische, die politologische und die in jüngster Zeit verstärkt in den Vordergrund tretende betriebswirtschaftliche Konfliktforschung genannt werden[2].

Die *Soziologie* kann für sich in Anspruch nehmen, sich intensiv mit Fragen des Konflikts beschäftigt zu haben. Konstitutiv für die soziologische Konfliktforschung ist dabei die Analyse von Rollenkonflikten sowie die Frage nach den Auswirkungen von Konflikten auf die sozialen Beziehungen in Organisationen[3]. Neben den auf spezielle Organisationen bezogenen Ansätzen stehen konfliktsoziologische Konzeptionen, die sich als Teil einer allgemeinen Gesellschaftstheorie verstehen und einen umfassenden Erklärungsanspruch erheben. Beispielhaft sind *Dahrendorf, Parsons, Coser, Rex* und *Fürstenberg* zu nennen[4].

Weitere wichtige Ansätze für die Konfliktforschung haben die *Psychologie* und die *Sozialpsychologie* entwickelt. Aus sozialpsychologischer Sicht bestimmen *Lewin* und *Withey/Katz*[5] als Gegenstand der Konflikttheorie die Analyse

---

[1] Vgl. hierzu die Beiträge in McNeill [Nature], Reuck/Knight [Überleben], Kahn/Boulding [Conflict] sowie die konfliktsoziologischen Ansätze in [Konflikt].

[2] Einen Überblick über konflikttheoretische Konzeptionen geben Senghaas [Konfliktforschung] und Bühl [Konfliktsoziologie] 36 ff.

[3] Vgl. Mayntz [Soziologie] 81 ff.; Etzioni [Soziologie] 70 ff.; Opp [Soziologie] 174 ff.; Luhmann [Funktionen] 46 ff.

[4] Dahrendorf [Elemente], Parsons [Politics], Coser [Theorie], Rex [Grundprobleme], Fürstenberg [Betriebssoziologie].

[5] Lewin [Lösung]; Withey/Katz [Social Psychology].

der Verhaltensbeziehungen und Einstellungen der Individuen, die ein soziales System aus einem Gleichgewichtszustand in einen Konfliktzustand überführen. Für die psychologische und sozialpsychologische Konfliktforschung haben dabei Begriffe wie Motive, Bedürfnisse, Aggressionen, Frustrationen, Affekte und Triebe eine zentrale Bedeutung[6]. Es wird versucht, Konfliktformen wie offene und latente, bewußte und unbewußte Konflikte aufzudecken sowie den Einfluß von Persönlichkeitsmerkmalen auf das Konfliktverhalten zu erfassen. Damit stehen Fragen der Wahrnehmung und Bewußtwerdung von Konflikten im Vordergrund psychologischer Theorien. Einen umfassenden Überblick über die psychologische Konfliktforschung hat *Lehr*[7] vorgelegt.

Die zentrale Bedeutung des Konflikts und Formen seiner Handhabung für die Gesellschaft sind in der *Politikwissenschaft* von *Singer, Conn, Dahl, Lindblom, Buchanan, Hirsch-Weber* und *Axelrod* herausgestellt worden[8].

Einen Überblick über konflikttheoretische Ansätze in der Politikwissenschaft gibt *von Beyme*[9]. Er ordnet Konfliktmodelle den ideologischen Strömungen zu und differenziert zwischen dem Konfliktansatz liberaler Theoretiker, die sich mit konfligierenden gruppenpluralistischen Interessen innerhalb des Staates befassen, dem Konfliktansatz sozialistischer Theoretiker, die, vom historischen Denken ausgehend, auf dem Klassenkonfliktmodell basieren und dem autoritär-konservativen Konfliktansatz, dem das Eliten-Massen-Konfliktmodell zugrunde liegt. Eine umfassende Analyse des Eliten-Ansatzes aus politisch-wirtschaftlicher Sicht hat *Rose*[10] vorgelegt. Auffallend ist bei dieser Systematisierung die ausschließliche Orientierung an normativen Konzepten.

Betriebswirtschaftliche Analysen des Konfliktphänomens haben *Bidlingmaier, Thiele, Krüger, Esser* und *Steffenhagen* vorgelegt[11]. Insbesondere *Bidlingmaier* versucht, einen Zugang zu Unternehmungskonflikten über die Analyse der Zielvorstellungen der Unternehmungsmitglieder zu erhalten. Unter der Prämisse, daß alle Unternehmungsmitglieder Einfluß auf den Zielbildungsprozeß nehmen, werden Zielkonflikte innerhalb der Unternehmungskoalition aufgezeigt, die, um den Realisationsprozeß der Unternehmung aufrecht erhalten zu können, einer Lösung bedürfen. Die Lösung sieht *Bidlingmaier* gewöhnlich im Zielkompromiß und diskutiert die Einflußgrößen, die auf den Prozeß der Kompromißfindung einwirken. *Thiele* zentriert dagegen seine Untersuchung auf Formen der Konflikthandhabung in Unternehmungen und arbeitet Möglichkei-

---

[6] Vgl. zur Abgrenzung und Bestimmung des psychologischen Konfliktbegriffs Grunwald [Konfliktforschung] 14 ff.

[7] Lehr [Erscheinungsweisen].

[8] Singer [Political science]; Conn [Conflict], Dahl [Analysis]; Lindblom [Democracy], Buchanan [Politcal Process]; Hirsch-Weber [Politik]; Axelrod [Conflict].

[9] von Beyme [Theorien] 226 ff.

[10] Rose [Power].

[11] Bidlingmaier [Zielkonflikte], Thiele [Konflikte]; Krüger [Grundlagen], Esser [Organisationen], Steffenhagen [Konflikt].

ten der Lösung intrapersonaler und interpersonaler Konflikte heraus. *Krüger* geht vom Rollenansatz aus, um konfligierende Erwartungen der Umwelt an die Unternehmung zu analysieren. *Esser* schließlich wählt den „IES-Ansatz“[12], um insbesondere Informationsprobleme im Konfliktverhalten der Unternehmungsmitglieder herauszufiltern, und *Steffenhagen* konzentriert seine Untersuchung auf den speziellen Bereich der Konflikte in Absatzkanälen der Unternehmung.

Neben diesen einzeldisziplinären Ansätzen steht die idealwissenschaftliche Theorie der Spiele, die, ausgehend von der klassischen Spieltheorie von *v. Neumann und Morgenstern*[13], von *Rapoport*[14], *Schelling*[15] und *Shubik*[16] weiterentwickelt und verschiedenen Anwendungsversuchen unterzogen worden ist. Ebenfalls parallel zu den einzelwissenschaftlichen Ansätzen verlaufen die Bemühungen, die Konfliktforschung *interdisziplinär* auszurichten und bereits in ihrem Forschungsprozeß die sozialwissenschaftlichen Basisdisziplinen (Psychologie, Sozialpsychologie, Soziologie und Betriebswirtschaftslehre) zusammenzufassen[17].

Ideal- und realwissenschaftliche Konzeptionen im Rahmen der Konfliktforschung sind keineswegs als Gegensätze oder Alternativen, sondern vielmehr als sich ergänzende Forschungszweige zu verstehen. Während die realwissenschaftliche Konfliktforschung in ihren einzelwissenschaftlichen Zweigen das Ziel verfolgt, empirisch prüfbare Aussagen über das Konfliktverhalten von Individuen, Gruppen und Organisationen aufzustellen, ergänzt die idealwissenschaftliche Forschung die Erkenntnisgewinnung durch die Aufdeckung der logischen Zusammenhänge zwischen Zielen, Alternativen und Bedingungen des Konfliktverhaltens.

Esser[18] zeigt, daß die Entfaltung der Konfliktforschung im Verlauf der letzten Jahre durch die Entwicklung einer Vielzahl allgemeiner und spezieller Konzeptionen gekennzeichnet ist. Ziel dieser *speziellen* Theorien des Konflikts sind Aussagen über eine bestimmte Konfliktart (z.B. Kriege, Ehe-, Lohnkonflikte), Ziel dieser *allgemeinen* Theorien Aussagen über die Gesamtheit der Konflikte im menschlichen Erfahrungsbereich. Nun ist aber zur Gegenstandsbestimmung einer problemorientierten Konfliktforschung, die über Ursachen und Wirkungen von Konflikten informieren will, eine lediglich realfallmäßige Begrenzung auf Konfliktarten nicht hinreichend, sondern es ist eine zusätzliche Konzentrierung auf spezielle Problemseiten des Konflikts zu fordern, über die

---

[12] Zum IES-Ansatz vgl. Kirsch [Entscheidungsprozesse III] 49 ff.

[13] von Neumann/Morgenstern [Spieltheorie].

[14] Rapoport [Game Theory].

[15] Schelling [Conflict].

[16] Shubik [Game Theory].

[17] Die Förderung der interdisziplinären Konfliktforschung ist das erklärte Ziel des Journal of Conflict Resolution. Vgl. auch Fink [Difficulties] 412 f.

[18] Vgl. Esser [Organisationen] 3 ff.

empirisch prüfbare Aussagen aufzustellen sind. Unter dem Gesichtspunkt problemspezifischer Aussagengewinnung konzentriert sich eine spezielle Konflikttheorie auf die Erfassung spezieller Konfliktwirkungen (z.B. ökonomische, politische, soziale, psychologische Konsequenzen des Konflikts), während eine allgemeine Konflikttheorie durch Integration der speziellen Theorien über die Gesamtheit der Konfliktwirkungen informiert. Allerdings gibt es in der neueren konflikttheoretischen Literatur tatsächlich nur wenige Beiträge, die ihre spezifische Problemsicht so explizit herausstellen, wie es *Bühl*[19] für die soziologische Konflikttheorie fordert. Aber immerhin kann bei so klassischen Ansätzen wie beispielsweise von *Simmel*[20] und *Coser*[21] die Zentrierung auf eine spezifische soziologische Problemsicht, nämlich die Frage nach den Auswirkungen von Konflikten auf soziale Interaktionsbeziehungen in Gruppen, festgestellt werden. Die Analyse der Auswirkungen von Konflikten auf Haltungen und Einstellungen von Individuen werden als spezieller Problembereich der psychologischen Konflikttheorie von *Thomae*[22], *Festinger*[23], *Pongratz*[24] und *Yates*[25] herausgestellt.

Die programmatische Unsicherheit der Konfliktforschung wird mit den folgenden Thesen *Bouldings* besonders deutlich:

Noch 1957 ist er der Auffassung, daß es keine einheitliche Konflikttheorie geben kann: „There is not a single concept of conflict, and therefore there cannot be a single theory of conflict[26]". 1962 legt *Boulding* aber seine als „General Theory" bezeichnete Konfliktanalyse vor, in der er einleitend die programmatische Frage stellt: „Is there a general phenomenon of conflict, and, therefore, a general theory of conflict, that applies in all these areas, or is the type of conflict that is studied in our area quite different from that studied in another[27]?"

Er entscheidet sich positiv für die Entwicklung einer allgemeinen Konflikttheorie mit der Begründung, daß ohne den Bezugsrahmen einer allgemeinen Theorie Differenzen zwischen Konfliktsituationen in den verschiedenen Erfahrungsbereichen des Menschen nicht aufgedeckt werden können. Nun kann eine disziplinäre Konfliktforschung durchaus in der Lage sein, unterschiedliche Konfliktsituationen im Rahmen ihres Untersuchungsbereichs aufzudecken, wobei die Kenntnisse über Abweichungen von den in der allgemeinen Theorie erfaßten idealtypischen Grundmerkmalen vielleicht interessant, aber nicht von pragmatischen Nutzen sind. *Fink*[28] stellt nach einer ausführlichen Durchsicht

---

19 Vgl. Bühl [Konfliktsoziologie] 48 ff.

20 Simmel [Streit].

21 Coser [Theorie].

22 Thomae [Konflikt].

23 Festinger [Conflict].

24 Pongratz [Konflikte].

25 Yates [Frustration].

26 Boulding [Conflict] 131.

27 Boulding [Conflict] 1.

28 Fink [Difficulties].

konflikttheoretischer Literatur eine allgemeine konzeptionelle und terminologische Konfusion fest und beklagt, daß die uneinheitliche und unpräzise Bestimmung des Konfliktphänomens einen Vergleich oder eine Integration der verschiedenen Theorien zu einer allgemeinen Konflikttheorie unmöglich macht. Er äußert sich kritisch über den gegenwärtigen Entwicklungsstand der Konfliktforschung: „Das Resultat besteht aus einer terminologischen und konzeptionellen Verwirrung und reflektiert einfach die Tatsache, daß wissenschaftliche Aussagen über soziale Konflikte noch nicht die Ebene analytischer Präzision erreicht haben, die über dem Alltagswissen liegt ... Terminologische Verschiedenheit kann konzeptionelle Einheitlichkeit verdecken oder kann eine zugrundeliegende konzeptionelle Schwierigkeit reflektieren[29]." *Fink* zieht nun allerdings aus dieser Feststellung die erstaunliche Schlußfolgerung, „... daß das Ziel einer allgemeinen Theorie sozialen Konflikts am besten dadurch verfolgt werden kann, daß man die breiteste denkbare Arbeitsdefinition für sozialen Konflikt übernimmt"[30]. Der vermeintliche Vorteil eines breit angelegten Konfliktbegriffs, der eine Vielzahl von Realerscheinungen umfaßt, wird darin gesehen, daß er die Entwicklung einer allgemeinen Konflikttheorie in der Weise unterstützt, daß unter seinem weiten Begriffsinhalt die Vielzahl vorhandener Konfliktansätze zusammengefaßt werden kann. Wie allerdings unter dem von *Fink* vorgeschlagenen weiten Konfliktbegriff, der sämtliche irgendwie antagonistischen Situationen oder Vorgänge umfaßt - wobei *Fink* den Begriff des Antagonismus noch zusätzlich offen läßt -, eine brauchbare allgemeine Konflikttheorie entstehen soll, bleibt unbeantwortet.

Die Kontroverse um die *allgemeine* oder *spezielle* Konflikttheorie ergänzt sich somit um die Auseinandersetzungen über einen *engen* oder *weiten* Konfliktbegriff. Mit dieser Frage haben sich intensiv *Mack/Snyder*[31] befaßt.

Indem sie den Konfliktbegriff von Begriffen wie Wettstreit, antagonistische Interessen, Mißverständnissen, Aggressivität, Feindseligkeit, Gegnerschaft, soziale Spannung, logische Unvereinbarkeit von Zielen oder Interessen, Spaltung und Rivalität abheben, plädieren sie für eine enge Fassung des Konfliktbegriffs. Wettbewerb, Inkompatibilität von Zielen usw. bezeichnen nach *Mack/Snyder* Einstellungen, Verhaltensweisen oder Situationen, die Quelle von Konflikten sein können, Konflikte begleiten oder intensivieren können.

Sie nennen folgende fünf *„essentielle Merkmale"*, die ihrer Meinung nach den Konfliktbegriff präzisieren und eindeutig Realerscheinungen zuordnen[32]:

1. Ein Konflikt setzt mindestens zwei Parteien oder zwei voneinander analytisch abhebbare Einheiten voraus.
2. Ein Konflikt entsteht aus der Knappheit an Machtpositionen oder materiellen Ressourcen.

---

29 Fink [Difficulties] 430.
30 Fink [Difficulties] 455.
31 Mack/Snyder [Overview].
32 Vgl. Mack/Snyder [Overview] 218 f.

3. Konfliktverhalten ist durch die Zerstörung, Verletzung, Schädigung oder Kontrolle der anderen Partei gekennzeichnet und dadurch, daß Gewinne der einen Partei nur auf Kosten der anderen Partei möglich sind.
4. Konflikte sind durch wechselseitige, gegeneinander gerichtete Aktionen der Parteien gekennzeichnet.
5. Konfliktverhalten impliziert den Versuch, Kontrolle über knappe Ressourcen und Positionen zu gewinnen oder das Verhalten anderer in einer bestimmten Richtung zu beeinflussen. Konfliktverhalten involviert damit immer die tatsächliche oder versuchte Ausübung oder Erlangung von Macht.

Dieser Definitionsversuch ist noch weitgehend unscharf und interpretationsbedürftig. So enthält die von *Mack/Snyder* vorgeschlagene empirische Konfliktdefinition noch eine Reihe von abstrakten Begriffen, wie z. B. den Machtbegriff, dessen empirische Bedeutung in der Literatur keineswegs einheitlich interpretiert wird.

Mit Fragen der Macht, der Kommunikation und der Beeinflussung als wichtigen Teilaspekt des Konfliktverhaltens, wie es von *Mack/Snyder* umschrieben wird, haben sich vor allem *Cartwright, Kaplan, French/Raven, Zald, Kahn, Shepard, Gruder, Raven/Kruglanski, Karl Deutsch* und *Morton Deutsch* befaßt[33].

Dieser kurze Überblick über Forschungsansätze zeigt, daß die Konflikttheorie sich bislang nicht als eine geschlossene Disziplin etabliert hat. Ihr Forschungsbereich wird von nahezu jeder sozialwissenschaftlichen Disziplin tangiert. Das gegenwärtige Wissen über Konflikte ist insofern bedauerlicherweise, aber keineswegs überraschend, völlig ungeordnet.

Bühl[34] versucht aus soziologischer Sicht eine *Struktur* in die Konfliktforschung zu bringen.

Nach dem Merkmal des *politisch-ideologischen* Hintergrundes differenziert er zwischen dem liberalistischen und dem sozialistischen Konfliktmodell, die jeweils verschiedene Varianten aufweisen. Trotz der normativen Gegensätze sieht er bei beiden Theorieschulen übereinstimmende Grundannahmen:

1. Der Konflikt wird *eindimensional* betrachtet, d. h. es wird eine grundlegende Konfliktart unterstellt, aus der sich alle anderen Konflikte ableiten lassen.
2. Der Konflikt wird *bipolar* betrachtet, d. h. jeder Konflikt wird auf zwei antagonistische Einheiten zurückgeführt.
3. Für die konfligierenden Parteien wird *Homogenität* unterstellt, d. h. jede der Parteien wird als einheitliche Koalition mit ausschließlich gemeinsamen Interessen betrachtet.
4. Konflikte werden als *Nullsummen-Konflikte* dargestellt, d. h. es werden nur

---

33 Cartwright [Influence], Kaplan [Power], French/Raven [Bases], Zald [Power], Kahn [Power], Shepard [Responses], Gruder [Negotiation], Raven/Kruglanski [Power], Deutsch, K. [Kybernetik], Deutsch, M. [Conflict].

34 Vgl. Bühl [Konfliktsoziologie] 16 ff.

Lösungen, bei denen der Gewinn des einen den Verlust des anderen bedeutet, angenommen.

Nach dem Merkmal der *Konfliktaustragung* stellt *Bühl*[35] fünf Gruppierungen der Konfliktforschung auf:

1. Die *Aushandlungstheorie* (bargaining theory).
   Diesem Bereich der Konflikttheorie sind diejenigen Ansätze zuzuordnen, die sich mit den wechselseitigen Prozessen der Austragung von Zielkonflikten unter Einsatz von negativen und positiven Sanktionen befassen. Die Konfliktaustragung der Aushandlungstheorie ist durch das Abwechseln kooperativer und nicht-kooperativer Aktionen der Konfliktparteien gekennzeichnet.
2. Die *Interaktionistische Konflikttheorie.*
   Die diesem Bereich zuzuordnenden Ansätze befassen sich mit Fragen der Vertrauensschöpfung, mit dem Prozeß der Konsensbildung ohne Einsatz negativer Sanktionen, mit Fragen der Kooperation und Partizipation als Mittel der Konfliktvermeidung. Die Fragen der Aufrechterhaltung kooperativer Beziehungen als Mittel der Konflikthandhabung stehen dabei im Vordergrund interaktionistischer Ansätze.
3. Die *funktionalistisch-normative Konflikttheorie.*
   Im Vordergrund der hier einzuordnenden Konflikttheorien steht die Frage nach der Entwicklung eines allgemein anzuerkennenden Normensystems, das die Funktionsfähigkeit einer Gesellschaft durch Ausbalancieren der Interessen sichern soll. Für den Fall, daß dennoch Konflikte entstehen, werden bestimmte Regeln und Verfahren entworfen.
4. Die *spieltheoretische Konfliktforschung.*
   Die Spieltheorie als idealwissenschaftliche Disziplin wird häufig als „Durchbruch" in der Konfliktforschung angesehen. Die von ihr entworfenen Rationalmodelle, die sogenannten Nullsummen- oder Variabelsummenspiele, haben zwar eine erhebliche heuristische Bedeutung, ihr praktischer Wert ist jedoch aufgrund der wenig realitätsnahen Annahmen noch äußerst gering.
5. Die *systemtheoretische Konfliktforschung.*
   Der Beitrag der Systemtheorie, der ja häufig die Ausklammerung von Konflikten aus ihrem Untersuchungsbereich vorgeworfen wird, besteht vor allem in der Aufdeckung der Rückkopplungsbeziehungen zwischen den konfligierenden Elementen und in der Analyse der negativen Auswirkungen auf die Funktionszusammenhänge einer Gesellschaft. Die Funktion der Konfliktaustragung wird dabei einem spezifischen System der Gesellschaft - dem politischen System - zugeordnet.

Die wenigen Versuche einer Systematisierung der Konfliktforschung zeigen, daß es nahezu unmöglich ist, die Vielfalt konflikttheoretischer Erkenntnisbemühungen eindeutig nach metawissenschaftlichen Kriterien zu strukturie-

[35] Vgl. Bühl [Konfliktsoziologie] 36 ff.

ren[36]. Betrachtet man die Fülle der Veröffentlichungen im Journal of Conflict Resolution, das sich das Ziel gesetzt hat, die Entwicklung einer allgemeinen Konflikttheorie durch Integration der spezifischen Ansätze zu unterstützen, fällt auf, daß die wenigsten Beiträge ihre disziplinäre Fragestellung auch nur andeuten. Eine allgemeine Konflikttheorie kann aber nicht dadurch erreicht werden, daß spezifische Fragestellungen aufgegeben werden und ein weiter Konfliktbegriff zugrunde gelegt wird, sondern nur über eine Integration explanatorischer Einzeltheorien. Die zu beobachtende Ausrichtung auf Konfliktarten als Realerscheinungen unter gleichzeitiger Vernachlässigung spezifischer Problemsichten birgt die Gefahr in sich, daß die disziplinären Kernprobleme verschüttet werden und in parallel verlaufender Forschungsarbeit lediglich identische Problemseiten der verschiedenen Realfälle aufgedeckt werden.

Wie die folgende Abbildung zeigt, kann die allgemeine Konflikttheorie als Integration der speziellen disziplinären Konflikttheorien aufgefaßt werden. Die schraffierten Bereiche können dabei sowohl der einzeldisziplinären Konfliktforschung als auch der allgemeinen Konfliktforschung zugerechnet werden. Ihre Aufgabe würde darin bestehen, die explanatorischen Theorien zu integrieren, Lücken zu schließen und Gesetze höherer Ordnung zu entdecken. Eine derartige allgemeine Konflikttheorie würde allerdings mit dem Problem konfrontiert sein, eine Vielzahl einzeldisziplinärer Konfliktansätze sowie einer uneinheitlichen Sprachregelung gegenüberzustehen. Sie hat somit die Aufgabe, ein einheitliches Begriffssystem zu entwickeln sowie aus den ihr angebotenen einzeldisziplinären Theorieansätzen jene Theorien auszuwählen, die einer Prüfung am ehesten standhalten.

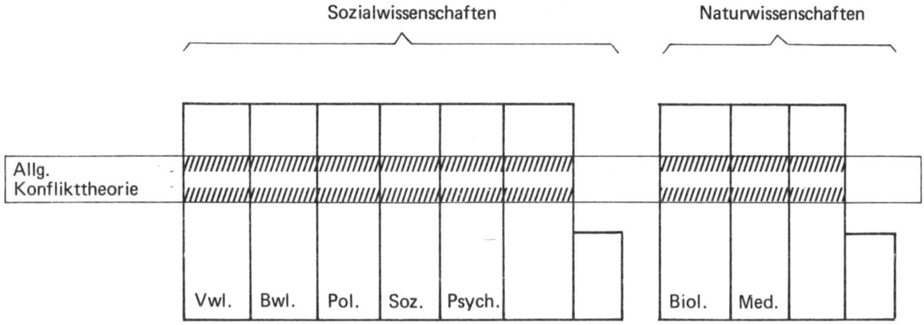

Abb. 1. Allgemeine Konflikttheorie als integrative Disziplin

Im folgenden sollen die ihrem Selbstverständnis nach allgemeinen Konflikttheorien von *Dahrendorf* und *Boulding* untersucht werden, um zu klären, inwieweit sie für eine Analyse von Unternehmungskonflikten herangezogen werden können.

36 Vgl. Senghaas [Vorwort], [Konfliktforschung].

II. Die konflikttheoretischen Ansätze von Dahrendorf und Boulding

1. Der Konfliktansatz Dahrendorfs

Dahrendorfs Konfliktansatz gilt als eine der vielbeachtetsten, aber auch umstrittensten konfliktsoziologischen Konzeptionen[1]. Es scheint daher angebracht zu sein, die Konflikttheorie Dahrendorfs hinsichtlich ihrer Verwertbarkeit für die Analyse von Unternehmungskonflikten näher zu beleuchten.

In seinem Aufsatz „Elemente einer Theorie des sozialen Konflikts"[2] skizziert Dahrendorf die Problemkreise und methodischen Ansatzpunkte seiner allgemeinen Theorie gesellschaftlicher Konflikte.

Das Wissenschaftsprogramm einer soziologischen Konflikttheorie hat sich nach Dahrendorf folgenden Fragen zuzuwenden[3]:

1. Wie kann das Konfliktphänomen definiert werden und welche Arten des Konflikts können unterschieden werden?
2. Welche Annahmen über die Gesellschaft ermöglichen eine fruchtbare Theorie sozialer Konflikte?
3. Welche strukturellen Ursachen liegen den verschiedenen Konfliktarten zugrunde?
4. Wie entfalten sich soziale Konflikte?
5. Welche Dimensionen der Konfliktarten können unterschieden werden und wie variieren die Konfliktarten in diesen Dimensionen?
6. Wie können soziale Konflikte geregelt werden?

Jede dieser Fragen konstituiert nach Dahrendorf ein Element einer umfassenden Theorie des sozialen Konflikts. Mit der Analyse dieser Fragen und den damit verbundenen Problemkreisen soll der Versuch unternommen werden, zentrale analytische Bezugspunkte für die hier verfolgte Fragestellung aufzudecken.

---

[1] Vgl. insbesondere die kritischen Analysen des Dahrendorfschen Konfliktansatzes durch Bühl [Konfliktsoziologie], Krysmanski [Soziologie] 137 ff. und Lockwood [Integration] 126 ff., sowie die Rezeption der Dahrendorfschen Konflikttheorie durch Angell [Conflict].

[2] Vgl. Dahrendorf [Elemente].

[3] Vgl. Dahrendorf [Elemente] 199 f.

a) Der Konfliktbegriff und die Prämissen einer realwissenschaftlichen Konflikttheorie

Dahrendorf definiert den sozialen Konflikt als *jede Beziehung von Elementen, die sich durch objektive (latente) oder subjektive (manifeste) Gegensätzlichkeit* kennzeichnen läßt[4]. Dabei ist es unbedeutend, ob der Konflikt bewußt oder bloß erschließbar, gewollt oder nur situationsbedingt ist[5]. Latente soziale Konflikte sind strukturgegebene, d. h. überindividuell vorhandene und damit objektive Gegensätzlichkeiten zwischen den jeweiligen antagonistischen Positionsträgern oder Gruppen. Die von Dahrendorf herausgestellte - von *Bühl* aber heftig kritisierte - These der *Bipolarität* des Konflikts behauptet, daß jeder Konflikt sich auf eine Beziehung von zwei und nur zwei Elementen zurückführen läßt[6]. „Wo mehrere Parteien an ihm beteiligt sind, schaffen Koalitionen den Konflikt als solchen zwischen den Elementen...[7]". Bühl hebt jedoch hervor, daß die rein logische Reduzierbarkeit der Konfliktparteien auf zwei Elemente nicht den tatsächlichen Vorgängen entspricht. „Die Dynamik des Konflikts beruht gerade auf der Nichtreduzierbarkeit der geheimen und offenen, der mehrdeutigen und äußerst variablen Koalitionsbildungen[8]."

Neben der These der Bipolarität des Konflikts sieht Bühl eine weitere Schwäche in der Annahme der *Eindimensionalität* des Konflikts. Diese beruht in der monokausalen Rückführung des Konflikts auf seine strukturelle Ausgangslage. So sieht Dahrendorf in den vielfältigen Konfliktgegenständen wie Prestige, Einkommen, Eigentum und Bildung nur Sonderformen des Konflikts aufgrund ungleicher Verteilung legitimer Macht. Dieser Annahme ist jedoch nach Bühl „... die falsche, weil nur logische Aggregation von im gesellschaftlichen Leben nicht notwendigerweise miteinander verbundenen Faktoren vorzuwerfen"[9]. Folgt man dieser Kritik Bühls, ist nicht in jedem Konflikt unmittelbar der Grundkonflikt aufgrund und um Herrschaft zu sehen. Dies bedeutet gleichzeitig, daß andere Konfliktursachen aufzudecken sind, die nicht struktureller Art sind. In diesem Zusammenhang ist auf *Bidlingmaier* zu verweisen, der sich ebenfalls kritisch über die Konfliktdefinition Dahrendorfs äußert: „Einerseits dürfte es im konkreten Fall außerordentlich schwierig sein, strukturell und nicht-strukturell bedingte Gegensätzlichkeiten scharf zu trennen, zum anderen verbauten wir uns durch diese Beschränkung die Einsicht in manche Erscheinungsform des Zielkonflikts in Unternehmungen[10]."

---

[4] Vgl. Dahrendorf [Elemente] 201.
[5] Vgl. Dahrendorf [Elemente] 202.
[6] Vgl. Dahrendorf [Elemente] 202, Bühl [Konfliktsoziologie] 17 f.
[7] Dahrendorf [Elemente] 202.
[8] Bühl [Konfliktsoziologie] 18.
[9] Bühl [Konfliktsoziologie] 17.
[10] Bidlingmaier [Zielkonflikte] 67.

Die Problematisierung der Postulate der Eindimensionalität und Bipolarität des Konflikts läßt bereits eine Begrenzung der Aussagefähigkeit des Konfliktansatzes Dahrendorfs für eine Analyse des Konfliktphänomens in Unternehmungen erkennen. Hinsichtlich des hier verfolgten Forschungsanliegens wäre es äußerst bedenklich, als Ursache für die vielfältigen Erscheinungsformen von Konflikten in Unternehmungen ausschließlich strukturelle Elemente anzunehmen und Konfliktbeziehungen jeweils nur zwischen Rangungleichen zu analysieren.

Die zweite grundlegende Frage Dahrendorfs bezieht sich auf die *Prämissen eines Gesellschaftsmodells*, das die reale Bedeutung von Konflikten erkennen läßt. Dahrendorf stellt heraus, daß eine Theorie gesellschaftlicher Prozesse, die auf den Annahmen des Consensus und der freiwilligen Integration ihrer Mitglieder beruht, Konflikte nur einseitig in ihrer negativen Wirkung erfaßt. „Wer mit den Annahmen der Stabilität, des Gleichgewichts, der Funktionalität und des Consensus an menschliche Gesellschaften herangeht, erschwert sich von vornherein die Beschäftigung mit einem Phänomen, das alle diese Annahmen in Frage stellt[11].“ Der an einem solchen Gesellschaftsmodell orientierten Konfliktanalyse liegt eine Perspektive zugrunde, „... dergemäß Konflikte ein ungewöhnliches, nicht normales, daher vorübergehendes, eliminierbares Phänomen sind“[12]. „Das heißt aber, daß jede Konflikttheorie auf der Grundlage der Consensus-Orientierung soziale Konflikte als exzeptionelle oder pathologische Erscheinungen in einer Weise zu unterschätzen gezwungen ist, die zu empirisch widerlegbaren Aussagen führen muß[13].“ Um die tatsächliche Bedeutung und Funktion von Konflikten erkennen zu können, ist nach Dahrendorf eine Gesellschaftstheorie zugrunde zu legen, die von den Annahmen der Geschichtlichkeit, der Explosivität, der Dysfunktionalität und des Zwangscharakters menschlicher Gesellschaften ausgeht. Eine um empirische Bewährung bemühte Konflikttheorie hat somit „die ständige schöpferische Wirksamkeit sozialer Konflikte, ihre Normalität, Ubiquität und Permanenz“ in der Gesellschaft vorauszusetzen[14].

Diese Prämissensetzung für eine realwissenschaftliche Konflikttheorie wirft für die betriebswirtschaftliche Forschung die Frage auf, welche dieser Annahmen, die der „Consensus-Theorie“ oder die der „Zwangs-Theorie“, konflikttheoretisch relevanten Unternehmungsmodellen zugrunde liegen. Unternehmungsmodelle, die im Abschnitt IV dieser Arbeit analysiert werden, werden also dahingehend zu prüfen sein, ob sie aufgrund ihrer Modellprämissen Konflikte als exzeptionelle, dysfunktionale Erscheinungen oder als normale und unvermeidbare Kollisionen im Rahmen sozialer Prozesse betrachten. Über eine vertie-

---

11 Dahrendorf [Elemente] 211.
12 Dahrendorf [Elemente] 211.
13 Dahrendorf [Elemente] 211.
14 Vgl. Dahrendorf [Elemente] 212, 216.

fende Analyse wird weiterhin versucht werden, die modellimmanenten spezifischen Konfliktarten und Konflikthandhabungsprozesse zu erfassen.

b) Die Konfliktarten und ihre strukturellen Ursachen

Dahrendorf, dessen Erkenntnisinteresse allerdings primär auf Konflikte von gesamtgesellschaftlicher Relevanz gerichtet ist, versucht als Vorstufe der Erkenntnisgewinnung Konfliktfelder zu bestimmen. „Um inhaltleere Allgemeinheiten (jede Gesellschaft kennt soziale Konflikte) ebenso zu vermeiden wie empirisch unhaltbare Vereinfachungen (die Geschichte aller bisherigen Gesellschaft ist die Geschichte von Klassenkämpfen), ist eine Klassifizierung verschiedener Arten des sozialen Konflikts nötig[15].“

Die empirische Mannigfaltigkeit der Konflikte differenziert Dahrendorf mit Hilfe der Kriterien *Umfang der sozialen Einheit*, innerhalb derer ein sozialer Konflikt besteht, und *Rangverhältnis* der am Konflikt beteiligten Gruppen bzw. Elemente[16]. Für jede soziale Einheit, die in Rollen, Gruppen, Sektoren einer Gesellschaft, in Gesellschaften und übergesellschaftliche Verbindungen gegliedert wird, unterscheidet Dahrendorf Konflikte zwischen Ranggleichen, Rangungleichen und zwischen „dem Ganzen der betreffenden Einheit und einem ihrer Teile“[17]. Aus der Kombination dieser Merkmale entsteht ein Konfliktmodell, dessen fünfzehn Konfliktarten unter dem Gesichtspunkt spezieller struktureller Ursachen zu Konflikttypen gruppiert werden: Rollenkonflikte, Konkurrenz, Klassenkampf, abweichendes Verhalten von Minderheiten, Proporzkampf und internationale Beziehungen[18].

Dahrendorf sieht allerdings die Möglichkeiten der allgemeinen Soziologie überschritten, wenn sie sich all diesen Konflikten zuwenden sollte. Er schlägt daher vor, einzelne soziologische Theorien des Rollenkonflikts, der Konkurrenz, des Klassenkampfes usw. zu entwickeln und deren Integration zu einer allgemeinen Theorie sozialer Konflikte anzustreben.

Dahrendorf zentriert seine weitere Analyse auf Konflikte von der Art des Klassenkampfes, d. h. „... auf Gruppenkonflikte innerhalb ganzer Gesellschaften, insoweit diese zwischen Rangungleichen bestehen“[19], vermutet aber, daß die für diesen Konflikt angenommene strukturelle Ursache in problematischer Analogie auch für Konflikte in sozialen Systemen unterhalb der Ebene des Staates, beispielsweise also auch für Unternehmungen, zutrifft.

---

15 Dahrendorf [Elemente] 203.

16 Vgl. Dahrendorf [Elemente] 203 f.

17 Vgl. Dahrendorf [Elemente] 204.

18 Vgl. Dahrendorf [Elemente] 205 ff.

19 Dahrendorf [Elemente] 207.

Die Hauptthese seines Konfliktansatzes lautet, daß der strukturelle Ursprung gesellschaftlicher Konflikte in den *Herrschaftsverhältnissen* zu suchen ist, die innerhalb gewisser Einheiten sozialer Organisationen obwalten.

„Die Struktur von Gesellschaften wird also zum Ausgangspunkt sozialer Konflikte, insoweit Gesellschaften (und gewisse ihrer Teile) sich als Herrschaftsverbände beschreiben lassen[20]."

Im Herrschaftskonflikt ist nach Dahrendorf mithin der Kern sozialer Konflikte zu sehen. Es handelt sich bei allen gesellschaftlichen Konflikten „... stets um Konflikte aufgrund von Herrschaft und um Herrschaft..."[21]. Diese Konflikte beruhen auf der Rangungleichheit, d. h. der ungleichen Verteilung legitimer Macht in sozialen Verbänden. „Alle übrigen Ungleichheiten des Ranges, die als unmittelbarer struktureller Ausgangspunkt bzw. als Gegenstand von Konflikten erscheinen mögen - Abstufungen des Prestiges und des Einkommens, ungleiche Verteilungen an Eigentum, Bildung usw. -, sind nur Ausflüsse und Sonderformen der allgemeinsten Ungleichheit von legitimer Macht[22]." Für die übrigen Konflikttypen nennt Dahrendorf folgende aus der Rangungleichheit abgeleitete Ursachen: „Hier sind ... andere Strukturfaktoren wichtig: Die Institutionalisierung des Bedürfnisses nach Verbesserung der eigenen Position (Konkurrenz, Proporzkampf, internationale Beziehungen), die soziale Verfestigung unvereinbarer Erwartungen (Rollenkonflikt), die Dynamik von Eigengruppe und Fremdgruppe (Minderheitenkonflikt) u. a. m.[23]."

Mit einer Fülle von Beispielen zeigt Dahrendorf, daß der Konflikt aufgrund und um Herrschaft außerordentlich viele Erscheinungen umschließt. Aber gerade die Breite der Realerscheinungen, die undifferenziert auf diese Konfliktursache *eindimensional* zurückgeführt werden, verdeutlicht die unbefriedigende Analyse und Systematisierung des Konfliktphänomens. So wird der Kausalhintergrund von Konflikten um beispielsweise Mitbestimmung oder Vermögensbildung unproblematisiert und global auf einen Konflikt um die Veränderung von Herrschaft zurückgeführt. Es scheint jedoch eine verkürzte Sicht zu sein, die Ursache von Konflikten *monokausal* in dem Wunsch nach Veränderung der Herrschaftsstruktur zu sehen. Der Konflikt um Mitbestimmung und Vermögensbildung kann auch als Konflikt um den Anteil der Wertschöpfung interpretiert werden.

Die Veränderung der Herrschaftsstruktur erscheint dann nur als ein Mittel, die eigentliche Konfliktursache - nämlich die ungleiche Verteilung der Wertschöpfung - aufzuheben. Eine am Konfliktgegenstand orientierte Analyse, die nicht eindimensional auf vermutete latente bzw. objektive Konfliktursachen

---

20 Dahrendorf [Elemente] 214.

21 Dahrendorf [Elemente] 213.

22 Dahrendorf [Elemente] 213.

23 Dahrendorf [Elemente] 217.

rekurriert, dürfte an Erklärungskraft gewinnen und eine breitere Entfaltung des Konfliktphänomens ermöglichen.

Damit ist auch die dritte von Dahrendorf aufgeworfene Frage, nämlich die Frage nach der strukturellen Ausgangslage sozialer Konflikte, beantwortet. Dahrendorf skizziert als weiteren Problemkreis den Prozeß der Konfliktentfaltung, der für alle Arten sozialer Konflikte eine identische Verlaufsform aufweist. Diese Verlaufsform soll im folgenden kurz beschrieben werden.

c) Der Prozeß der Konfliktentfaltung

Die vierte konflikttheoretische Grundfrage betrifft den Prozeß der Entfaltung sozialer Konflikte. Dieser verläuft über drei Etappen:

Die *erste Etappe* der Manifestierung von Konflikten besteht in der Aufdekkung des strukturellen Hintergrundes des Konflikts. Mit der Erschließung des relevanten Strukturmerkmals können zwei Aggregate sozialer Positionen, die beiden Seiten der Konfliktfront, unterschieden werden[24]. Diese beiden Seiten sind jedoch noch Quasi-Gruppen, d. h. Gruppen, deren Positionsträgern gemeinsame, aber vorerst noch latente Interessen anhaften. Für das Entstehen von Konflikten setzt Dahrendorf also nicht voraus, daß den Konfliktparteien ihre antagonistischen Interessen bewußt sind.

Erst die *zweite Etappe* der Konfliktentfaltung besteht in der eigentlichen Kristallisierung, in der Bewußtwerdung der latenten Interessen, der Organisation der Quasi-Gruppen zu faktischen Gruppierungen. „Wo latente Interessen bestehen, ist der Weg zu deren Manifestierung nicht mehr weit; wo sich Aggregate als Quasi-Gruppen beschreiben lassen, ist die Schwelle der Organisation zur Interessengruppe erreicht[25]." Interessant ist in diesem Zusammenhang die von Dahrendorf vorausgesetzte Erfüllung folgender Bedingungen, damit der Prozeß der Konfliktentfaltung die Etappe der Organisation der Konfliktparteien erreichen kann: „Damit Konflikte sichtbaren Ausdruck finden, müssen gewisse technische (personelle, ideologische, materielle), soziale (systematische Rekrutierung, Kommunikation) und politische (Koalitionsfreiheit) Bedingungen erfüllt sein. Wo einige oder alle von diesen nicht gegeben sind, bleiben Konflikte latent, unterschwellig, ohne dadurch an Wirksamkeit zu verlieren[26]."

Dahrendorf geht jedoch in seiner Analyse nicht so weit, daß er diese Bedingungen der Konfliktentfaltung als Einwirkungsbereiche der Konflikthandhabung interpretiert. Unter diesem Gesichtspunkt können die technischen, sozialen und politischen Bedingungen als Zielpunkte der Konflikthandhabung aufgefaßt

24 Vgl. Dahrendorf [Elemente] 218.
25 Dahrendorf [Elemente] 219.
26 Dahrendorf [Elemente] 219.

werden, je nachdem, ob eine Entfaltung des Konflikts oder eine Unterdrückung des Konflikts verfolgt wird.

Die *dritte Etappe* schließlich besteht in den ausgebildeten Konflikten zwischen den identifizierbaren Parteien. „Wo auf der einen Seite diese Identität noch fehlt ..., liegen gewissermaßen unvollständige Konflikte vor[27].“ Konflikte nehmen ihre Endgestalt also erst dann an, wenn die beteiligten Elemente ihre organisatorische Identität erreicht haben.

Auch diese skizzierte dritte Etappe der Konfliktentfaltung kann unter dem Aspekt der Konflikthandhabung interpretiert werden. Die volle Entfaltung des Konflikts kann danach nur dann erreicht werden, wenn die konfligierenden Positionsträger sich zu antagonistischen Interessengruppen zusammenschließen können. Erlangen diese keine sichtbare, institutionelle Identität in einem Sozialsystem, verharrt der Konflikt in einem unvollständigen Zustand. Die Institutionalisierung und damit die Herausbildung der Identität der Konfliktparteien wird somit selbst zum Ziel der Konflikthandhabung.

d) Die Konfliktdimensionen

Dahrendorfs weiterer, für eine Konflikttheorie bedeutsamer Fragenkomplex bezieht sich auf die Formen, die soziale Konflikte gleichen Ursprungs annehmen können. „... die Theorie des sozialen Konflikts schuldet eine Anwort auf die Fragen, unter welchen Aspekten wir solche Formveränderungen beobachten können und wovon diese abhängig sind. Das sind Fragen nach den Dimensionen und den Faktoren der Variabilität sozialer Konflikte[28].“ Dahrendorf unterscheidet als Dimensionen, in denen Konflikte variieren können: 1. die *Intensität* von Konflikten und 2. die *Gewaltsamkeit* von Konflikten.

Konflikte können in beiden Dimensionen unabhängig voneinander variieren. Gewaltsame Konflikte können intensiv, aber auch wenig intensiv sein, intensive Konflikte können gewaltsam, aber auch wenig gewaltsam verlaufen.

Die Dimension der Gewaltsamkeit stellt keine Dichotomie dar, sondern ist als ein Kontinuum aufzufassen, dessen Endpunkte durch generelle bewaffnete Auseinandersetzungen unter Gefährdung des Lebens auf der einen Seite und Gespräch, Diskussion und Verhandlung bei offener Argumentation durch die Beteiligten auf der anderen Seite gekennzeichnet ist. Dazwischen variiert der Konflikt in Formen wie Streik, Wettkampf, Debatte, Überlistung, Drohung, Ultimatum usw. Die Dimension der Intensität bezeichnet dagegen den Grad der Teilnahme der Betroffenen, der sich durch die Kosten, die sich aus der Niederlage für einen der Beteiligten ergeben, messen läßt. „Die Intensität eines Kon-

---

[27] Dahrendorf [Elemente] 220.
[28] Dahrendorf [Elemente] 221.

flikts ist groß, wenn für die Beteiligten viel davon abhängt, wenn also die Kosten der Niederlage hoch sind[29]." Die Intensität des Konflikts bezeichnet die Bedeutung, die die Beteiligten ihrer Auseinandersetzung beimessen.

Dahrendorf sieht in diesem Zusammenhang das theoretische Wissenschaftsziel der Konfliktforschung in der Frage nach den Bedingungen, unter denen Konflikte in den Dimensionen der Gewaltsamkeit und Intensität variieren können. Dahrendorf gibt zur Aufdeckung dieses Fragenkomplexes einige Hinweise, indem er auf folgende Einflußgrößen verweist: Die sozialen, politischen und technischen Bedingungen der Organisation von Konfliktgruppen, die einen Einfluß auf die Milderung oder Verstärkung der Formen des Konflikts haben. Eine Milderung des Konflikts ist anzunehmen, wenn die sozialen, politischen und technischen Bedingungen eine Organisation der Konfliktgruppen ermöglichen. Ein weiterer Einflußbereich ist in der sozialen Mobilität der Beteiligten zu sehen. Je größer die Mobilität der Konfliktparteien ist, d. h. je durchlässiger die Konfliktfronten sind, desto eher können Konflikte an Intensität verlieren und umgekehrt. Als eine der wichtigsten Einflußgrößen nennt Dahrendorf schließlich den sozialen Pluralismus, mit dem er die Dezentralisierung bzw. Autonomisierung von Konfliktbereichen in einer Gesellschaft bezeichnet. „Werden die Bereiche ... getrennt, dann hängt von jedem einzelnen Konflikt nicht soviel ab, dann sind die Kosten der Niederlage (und damit die Intensität) geringer[30]." Die Gewaltsamkeit sozialer Konflikte variiert schließlich mit der Art der Regelung von Konflikten.

Dieser Problemkreis betrifft die letzte, abschließende Grundfrage des Konfliktansatzes Dahrendorfs und soll hier kurz aufgearbeitet werden.

e) Die Konfliktregelung

Dahrendorf diskutiert drei Arten der Konflikthandhabung: die *Unterdrükkung* des Konflikts, der Versuch der endgültigen *Lösung* von Konflikten und die eigentliche *Regelung* des Konflikts durch Institutionalisierung und Formalisierung der Konfliktaustragung[31]. Während Versuche der Lösung von Konflikten auf die Beseitigung ihrer eigentlichen Ursachen zielen, nach dem Urteil Dahrendorfs sich aber nur auf die äußeren Erscheinungsformen und nicht auf die dahinterstehenden latenten strukturellen Gegensätzlichkeiten erstrecken können, also nur „Quasi-Lösungen" darstellen, bedeutet Unterdrückung von Konflikten nicht nur eine unmoralische, sondern auch eine unwirksame Weise der Behandlung sozialer Konflikte, die als Folge der Unterdrückung an Virulenz zunehmen, bis ihr offener Ausbruch nicht mehr zu verhindern ist[32]. Wird

---

29 Dahrendorf [Elemente] 222.

30 Dahrendorf [Elemente] 225.

31 Vgl. Dahrendorf [Elemente] 225 f.

32 Vgl. Dahrendorf [Elemente] 226 und [Sozialstruktur] 62 ff.

jedoch die Normalität und Unvermeidbarkeit von Konflikten akzeptiert, dann wird weder die Unterdrückung noch die endgültige Lösung des Konflikts, sondern die verbindliche Regelung seines Ablaufs gesucht.

Als Grundformen der Regelung von Konflikten unterscheidet Dahrendorf die Verhandlung, die Vermittlung, die Schlichtung und die Zwangsschlichtung. Dahrendorfs spezifisches Interesse richtet sich auf diese Formen der Konflikthandhabung, die zu einem gestuften System der kommunikativen Austragung von Konflikten zusammengeschlossen werden können: Scheitern die direkten Verhandlungen zwischen den Konfliktpartnern, kann ein Vermittler als Berater und Kontaktperson hinzugezogen werden. Führt auch die unverbindliche Hinzuziehung des Vermittlers nicht zu einer Einigung, besteht die Möglichkeit, zu der strengeren Form der Schlichtung und schließlich zur Zwangsschlichtung überzugehen. Die Beteiligung eines neutralen Dritten, sei es als Vermittler, sei es als Schlichter, wird damit zu einer der wichtigsten Spielregeln konfliktueller Interaktion im Konfliktansatz Dahrendorfs[33].

Eine wirksame Regelung von Konflikten ist jedoch an die Erfüllung bestimmter Bedingungen geknüpft. Diese von Dahrendorf genannten Bedingungen lauten thesenartig:

1. Konflikte müssen in ihrer realen Bedeutung und nicht als pathologische Abweichungen von einem erstrebten Idealzustand erkannt werden.
2. Die Regelung von Konflikten kann sich nicht auf die Beseitigung ihrer Ursachen, sondern nur auf die Kanalisierung des Konfliktverlaufs beziehen.
3. Für die Konfliktkanalisierung ist die Manifestierung des Konflikts notwendig, d. h. Konflikte müssen sich bis in die dritte Etappe entfalten können.
4. Schließlich ist eine Einigung der Konfliktparteien über die „Spielregeln" der Konfliktaustragung Voraussetzung für eine Regelung des Konflikts. Die Festlegung von Spielregeln stellt sich dabei als ein äußerst komplexes Problem dar, da sie nur dann wirksam werden können, „... wenn sie keinen Beteiligten von vornherein bevorzugen oder benachteiligen, sich auf formale Aspekte der Auseinandersetzung beschränken und die verbindliche Kanalisierung aller Gegensätze voraussetzen"[34].

Dahrendorf betont die Bedeutung der Institutionalisierung und Formalisierung der Konfliktaustragung für ein fruchtbares und schöpferisches Konfliktverhalten. Die Institutionalisierung der Konfliktaustragung konkretisiert sich beispielsweise im Unternehmungsbereich in den Organen der Unternehmungsverfassung, in denen die kollidierenden Interessen der Unternehmungsmitglieder artikuliert und zum Ausgleich gebracht werden, während die Formalisie-

---

33 Vgl. zu Formen und Funktionen der Vermittlung und Schlichtung Walton/McKersie [Negotiations] und Walton [Peacemaking].

34 Dahrendorf [Elemente] 228.

rung in den von den Beteiligten akzeptierten „Spielregeln" der Konfliktaustragung zum Ausdruck kommt[35].

Nur wenn die Legitimität von Konflikten anerkannt wird und die Konfliktaustragung in institutionaler und formaler Weise verbindlich kanalisiert wird, erwartet Dahrendorf eine Meliorisierung sozialer Konflikte. In der Milderung der negativen Folgen sozialer Auseinandersetzungen, der Kontrolle ihres Ablaufs und ihrer produktiven Nutzung sieht er somit den Hauptzweck von Eingriffen in soziale Konflikte. Weder die Unterdrückung noch die vermeintliche „Lösung" von Konflikten können dieses Ziel erreichen. Die Kanalisierung von Konflikten durch Institutionen und Spielregeln wird daher als das angemessene Mittel zur allmählichen Verbesserung sozialer Systeme bezeichnet. Folglich postuliert Dahrendorf die Weiterentwicklung von Regeln der Konfliktaustragung als das wichtigste Problem der „Industrial Relations"[36].

f) Zusammenfassung

Mit der ausführlichen Analyse dieses Ansatzes wurde das Ziel verfolgt, die Hypothesenentwürfe Dahrendorfs hinsichtlich ihrer Verwertbarkeit für eine Analyse von Unternehmungskonflikten kritisch zu prüfen. Die in die Darstellung bereits eingearbeiteten Anmerkungen sollen im folgenden zusammengefaßt und um einige zusätzliche kritische Bemerkungen ergänzt werden.

1. Als besonders problematische Merkmale des Dahrendorfschen Konfliktbegriffs werden die Eindimensionalität und Bipolarität des Konflikts betrachtet. In der Begrenzung des Konflikts auf strukturell bedingte Gegensätzlichkeiten und in der Reduzierung der Konfliktbeziehung auf zwei und nur zwei Elemente wurde die mangelnde soziale Kontextbezogenheit der Konfliktdefinition Dahrendorfs gesehen. Insofern ist kritisch hervorzuheben, daß mit einer derart engen Definition soziale Konfliktsituationen mit differenten Konfliktursachen und multipolaren Konfliktbeziehungen empirisch nicht erfaßt werden können. Konflikte in Unternehmungen sollten nicht nur als Konflikte aufgrund und um Herrschaft angesehen werden, sondern zunächst generell auf die Nichterfüllung individueller Interessen zurückgeführt werden. Individuelle Zielsysteme sind wesentlich differenzierter und enthalten nicht nur das Kriterium der Erlangung und Verteidigung von Herrschaftspositionen.

2. Dahrendorfs Annahmen über die Gesellschaft sind aufgrund ihrer Einseitigkeit und Allgemeinheit auf die konflikttheoretische Analyse von Unternehmungen nur begrenzt übertragbar. Unternehmungen können nicht nur als Gebilde der Explosivität, Dysfunktionalität und des Zwangscharakters betrach-

---

[35] Spielregeln der Konfliktaustragung auf wirtschaftlichem, personalem und sozialem Gebiet legt das Betriebsverfassungsgesetz fest.

[36] Vgl. Dahrendorf [Sozialstruktur] 64.

tet werden. Sie sind ebenso funktionierende Organisationen auf der Basis kooperativer Beziehungen, die Konflikte zwar einschließen, zugleich aber auch die Grundvoraussetzung der Konfliktregelung sind.

3. Dahrendorf beschreibt die Konfliktentfaltung als Prozeß über drei Etappen. Die strukturelle Ausgangslage, die Bewußtwerdung der latenten Interessen und die Herausbildung der organisatorischen Identität der Konfliktparteien bilden die Stadien der Manifestierung von Konflikten. Unbefriedigend an diesem Beschreibungsmodell ist die mangelnde Differenzierung von Fragen der Konfliktentstehung und Fragen der Konflikthandhabung. Die mangelnde analytische Differenzierung von Problemen der Entstehung und Artikulation kollidierender Zielsetzungen und Problemen der Konfliktaustragung zeigt sich am Aspekt der technischen, sozialen und politischen Bedingungen der Kristallisierung von Konflikten, die zugleich Elemente der Konflikthandhabung darstellen, wie auch am Prozeß der Konstituierung organisatorischer Identität der Konfliktparteien, der ebenfalls als Problemkreis der Konflikthandhabung interpretierbar ist. Der Hinweis Dahrendorfs, daß organisatorisch nicht voll ausgebildete Konfliktbeziehungen häufig zu intensiven und gewaltsamen Konflikten führen, während institutionalisierte Konfliktbeziehungen die Milderung des Konflikts ermöglichen, impliziert bereits die Ebene der Konflikthandhabung. Je nach Strategie der Konfliktparteien kann die eine oder andere Form der Gestaltung der Konfliktbeziehung gewählt werden.

4. Als Konfliktdimensionen unterscheidet Dahrendorf die Intensität und Gewaltsamkeit von Konflikten. Während der Grad der Gewaltsamkeit von Konflikten von der Art der Konflikthandhabung (Debatte, Streik) bestimmt wird, korrespondiert die Konfliktintensität mit den erwarteten Kosten, die sich aus der Niederlage, d. h. also aus den Kosten der nicht erreichten Zielsicherung ergeben. Auch hier ist die begriffliche Vermischung von Aspekten des Zielkonflikts selbst und von Aspekten der Konflikthandhabung im Dahrendorfschen Konzept wieder erkennbar: die Konfliktdimension der Gewaltsamkeit stellt einen Aspekt der Konflikthandhabung dar, nämlich die Rigidität der gewählten Form der Konfliktaustragung, während die Konfliktdimension der Intensität auf den zugrundeliegenden Zielkonflikt bezogen ist, da sie von der Bedeutung, die eine Konfliktpartei ihrem gefährdeten Ziel beimißt, abhängt.

5. Hinsichtlich der Behandlung des letzten Problemkreises der Dahrendorfschen Konzeption wurde bereits das einseitige Interesse an Fragen der kommunikativ organisierten Austragung von Konflikten herausgestellt. Dies erklärt sich aus der grundsätzlich liberalen Einstellung Dahrendorfs zur Konfliktproblematik in sozialen Systemen, die ihn dazu bewegt, nur jene Formen der Konflikthandhabung positiv zu bewerten, die dem Konfliktpartner einen politischen Handlungsspielraum zur Sicherung seiner gefährdeten Interessen einräumen. Diese Art der Konflikthandhabung setzt die Möglichkeiten und Fähigkeiten der Aktoren voraus, eine Verhandlung zu führen oder einen Vermittler oder einen Schlichter anzurufen. Die Realität beinhaltet jedoch noch eine

andere Klasse von Formen der Konflikthandhabung, die keine kommunikativen Lösungen zwischen den Konfliktpartnern vorsehen. Es handelt sich hierbei um Determinierungsprozesse, die unmittelbar den kollidierenden Handlungsspielraum des Konfliktpartners begrenzen[37]. Hierzu gehört beispielsweise die Anwendung negativer Sanktionen oder die Einflußnahme auf die physischen, rechtlichen und organisatorischen Bedingungen des kollidierenden Handlungsspielraums. Diese für das reale Konfliktverhalten in Unternehmungen durchaus relevanten Formen der Konflikthandhabung werden jedoch von der Dahrendorfschen Systematik der Konflikthandhabung nicht abgedeckt.

Mit diesen kritischen Anmerkungen soll der Überblick über die Konflikttheorie Dahrendorfs abgeschlossen werden und die Analyse grundlegender konflikttheoretischer Ansätze mit einer Diskussion der Konzeption Bouldings ergänzt werden.

2. Der Konfliktansatz Bouldings

In seinem Beitrag „Organization and Conflict“[38] und seiner später erschienenen Schrift „Conflict and Defense“[39] unternimmt Boulding ebenfalls den Versuch, eine allgemeine Theorie des Konflikts zu entwickeln. Auf dem Ciba-Symposium „Conflict in Society“ stellte Boulding schließlich eine interessante Analyse der „Konfliktbeherrschung als Lernvorgang“[40] zur Diskussion, die den besonderen Aspekt einer Verhaltenstypologie der am Konflikt Beteiligten untersucht.

Diese drei Beiträge kennzeichnen die konflikttheoretische Konzeption Bouldings. Ergänzend zur Dahrendorfschen Konflikttheorie soll dieser Ansatz zum Zweck der Aufarbeitung der Vielschichtigkeit des Konfliktphänomens kritisch analysiert werden.

a) Der Konfliktbegriff

Boulding definiert den Konflikt folgendermaßen:

“Conflict may be defined as a situation of competition in which the parties are aware of the incompatibility of potential future positions and in which each party wishes to occupy a position that is incompatible with the wishes of the other[41].”

---

[37] Die Differenzierung der unternehmungspolitischen Handhabungstypen erfolgt im Abschnitt VI 2 c) der Arbeit.

[38] Boulding [Organization].

[39] Boulding [Conflict].

[40] Boulding [Konfliktbeherrschung].

[41] Boulding [Conflict] 5.

Entscheidende Komponenten dieser Definition sind die Konkurrenzsituation, Bewußtsein und Wünsche der Aktoren. Konflikte können definitionsgemäß nur auf der Grundlage einer Konkurrenz der Aktoren um künftige Positionen entstehen. Konkurrenz liegt vor, wenn die Realisation des eigenen Aktorziels die Realisation des anderen Aktorziels ausschließt. Bemerkenswert ist nun die Auffassung Bouldings, daß Konflikte nur einen Teilaspekt konkurrierenden Verhaltens ausmachen. Konflikte beinhalten zwar immer Konkurrenz, Konkurrenz bedeutet jedoch nicht immer Konflikt.

Die folgende Skizze verdeutlicht die definitorische Beziehung zwischen Konkurrenz und Konflikt:

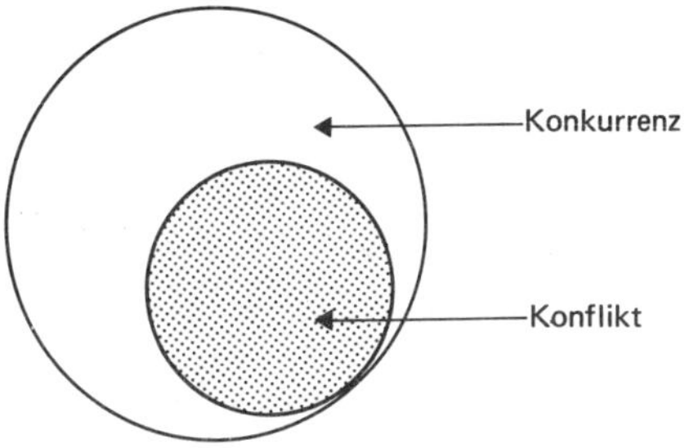

Mit den Begriffen Bewußtsein und Wunsch hebt Boulding den Konflikt von der konfliktfreien Konkurrenz ab.

In der konfliktfreien Situation verfolgen in der Vorstellung Bouldings Menschen oder sonstige biologische Lebewesen konkurrierende Zielvorstellungen, ohne daß ihnen die Existenz kollidierender Ziele bewußt ist und sie diese daher auch nicht bewußt zu verfolgen wünschen. Boulding selbst ist der Meinung, daß in der komplexen Welt viele Individuen und Gruppen in Konkurrenz stehen, ohne sich dieser Tatsache bewußt zu sein. Der eine Aktor verbraucht beispielsweise Ressourcen am Tage, der andere in der Nacht. Da sich beide Aktoren nicht begegnen, kann sich kein Konflikt zwischen ihnen entwickeln, obwohl sie wechselseitig die Möglichkeit ihrer Zielrealisation beeinträchtigen, indem sie den verfügbaren Mittelbestand vermindern.

Damit wird deutlich, daß die Situation, in der Aktoren konkurrieren, aber nicht in einer Konfliktsituation stehen, nur aus der Sicht eines unbeteiligten Dritten, der quasi von einer objektiven Ebene aus die Szenerie beobachtet, gekennzeichnet werden kann. Die beteiligten Aktoren selbst können ihre Konkurrenzsituation aufgrund fehlender Information über den anderen Aktor nicht erfahren. Boulding gibt nun allerdings keine Hinweise, ob es den Aktoren überhaupt möglich ist, derartige Situationen in ihr Bewußtsein zu rücken und als reale wechselseitige Behinderungen ihrer Zielsetzungsprozesse kognitiv zu erfassen.

Die Konfliktsituation wird nun je nach Erfüllungsgrad der Merkmale „Bewußtsein" und „Wunsch" in eine potentielle und eine tatsächliche Konfliktsituation unterschieden.

Eine potentielle Konfliktsituation entsteht, wenn sich die Aktoren als Konfliktparteien erkennen und sich ihrer konkurrierenden Zielsetzungen bewußt werden. Aus dem potentiellen Konflikt formt sich aber nur dann ein tatsächlicher Konflikt heraus, wenn jeder der Aktoren nun auch den Wunsch aktualisiert, seine mit der Zielsetzung des anderen kollidierende Zielsetzung zu realisieren.

Zur Klärung der Differenzierung zwischen *konfliktfreier Konkurrenzsituation, potentieller Konfliktsituation* und *tatsächlichem Konflikt* führt Boulding das bekannte Beispiel an, daß es für zwei Personen unmöglich sei, gleichzeitig auf der Spitze eines Fahnenmastes zu sitzen. Soweit sie gegenseitig ihre Ziele nicht kennen, besteht Konkurrenz, aber kein Konflikt zwischen ihnen. Werden sie sich ihres Konkurrenzverhältnisses bewußt, entsteht ein potentieller Konflikt. Wenn daraufhin jedoch keiner der beiden den Wunsch hat, auf dem Flaggenmast zu sitzen, oder nur einer diesen Wunsch hat, entwickelt sich kein tatsächlicher Konflikt[42].

Mit diesem Beispiel wird deutlich, daß Boulding von der Vorstellung einer Konfliktepisode ausgeht[43]. In der ersten Phase der Konfliktepisode verfolgen Aktoren zunächst unabhängig voneinander unverträgliche Ziele (konfliktfreie Konkurrenzsituation), bis sie zu einem Punkt gelangen, an dem sie erkennen, daß sie sich auf einem Kollisionskurs bewegen. Diese zweite, als potentieller Konflikt bezeichnete Phase geht in einen tatsächlichen Konflikt über, wenn keiner der Aktoren die Realisation seiner mit dem anderen Aktor kollidierenden Verhaltensweise aufgibt.

Wendet man diese Phasenentwicklung auf den individuellen Zielsetzungsprozeß von mindestens zwei Aktoren an, ergibt sich folgendes Bild[44]:

Unabhängig voneinander aktualisieren Aktoren oder Aktorgruppen Generalzielvorstellungen, die, wie ein unbeteiligter Dritter erkennen kann, in konkurrierender Zielbeziehung stehen. Diese Situation der unabhängigen Aktualisierung antinomischer Generalzielvorstellungen geht in einen potentiellen Konflikt über, wenn die Aktoren im Verlauf der mentalen Deduktion ihre antinomischen Spezialziele erkennen. Sie werden sich nach der Auffassung Bouldings bewußt, daß sie in einen Realisationsprozeß treten würden, der für sie nur die Alterna-

---

42 Vgl. Boulding [Conflict] 5.

43 Vgl. zum Begriff der Konfliktepisode auch Pondy [Concepts], der die Phasenentwicklung auf den interpersonalen Konflikt bezieht.

44 Vgl. zur Formalstruktur des Zielsetzungsprozesses Dlugos [Regulativ] 26 ff.

tive Erfüllung/Nichterfüllung ermöglicht. Sie befinden sich aber noch in einem potentiellen Konflikt, da sie noch keine Realisationsversuche unternommen haben. Verzichten beide Aktoren auf die Realisation ihrer Spezialziele bzw. verzichtet einer der Aktoren auf die Realisation seines Zieles, entsteht in der Auffassung Bouldings kein tatsächlicher Konflikt. Der Sinngehalt des tatsächlichen Konflikts kann demzufolge mit folgender Formulierung deutlich herausgestellt werden: Ein tatsächlicher Konflikt entsteht, wenn Aktoren ihre konkurrierenden oder antinomischen Zielbeziehungen bewußt erkennen und beide den Wunsch aktualisieren, ihre Zielvorstellungen auch gegen die Interessen des anderen zu realisieren.

Die mit der Entfaltung des Konflikts verbundenen Fragen der Konflikthandhabung werden von Boulding jedoch nicht herausgearbeitet, obgleich dieser Aspekt für den Konfliktverlauf von entscheidender Bedeutung sein dürfte.

Die von Boulding gegebenen Anmerkungen können allerdings dahingehend interpretiert werden, daß er dem potentiellen Konflikt lediglich die Handhabungsform der Umgehung zuordnet[45]. Krüger betont jedoch zu Recht, daß sich die Konfliktumgehung auf die Bewältigung offener und nicht potentieller Konflikte richtet[46].

Nach dieser Diskussion des Konfliktbegriffs ist zur weiteren Aufarbeitung der Konfliktkonzeption Bouldings der Problemkreis der Konfliktarten zu analysieren.

b) Die Konfliktarten

In seinem bereits erwähnten Aufsatz „Organization and Conflict" unterscheidet Boulding drei Grundformen des Konflikts, die er in seinem späteren Werk „Conflict and Defense" im Rahmen einer erheblich abgewandelten Klassifikation wieder aufgreift. Er differenziert im ersten Ansatz folgende Konflikte:

1. den ökonomischen Konflikt,
2. den Interaktionskonflikt,
3. den intrapersonalen Konflikt.

Diese drei Konfliktarten sollen im folgenden kurz skizziert werden:

Mit *ökonomischem Konflikt* bezeichnet Boulding Konflikte um knappe Güter. Den ökonomischen Konflikt (auch „*issue*"-Konflikt) definiert Boulding folgendermaßen: „This is the situation in which a movement of change in a situation makes at least one party, in its own eyes, worse off and the other party better off[47]." Hinsichtlich dieser Definition ist insbesondere herauszustellen, daß Boulding das Merkmal der Nutzenverbesserung der einen Konfliktpartei auf Kosten

45 Vgl. Boulding [Conflict] 5 ff.
46 Vgl. Krüger [Grundlagen] 105.
47 Boulding [Organization] 131.

des Nutzens der anderen Konfliktpartei inhaltlich nicht determiniert. Es bleibt offen, welche individuellen Nutzengrößen in derartigen Konfliktsituationen verändert werden. Es wird nicht deutlich, ob es sich hierbei um jegliche Nutzenvorstellungen der Individuen handeln kann oder nur lediglich am Tauschmittelbestand orientierte Nutzenindizes[48]. Ökonomische Konflikte fallen unter ein „conflict set", das vom „trading set" zu unterscheiden ist. Das „conflict set" umfaßt Prozesse, die zur Verbesserung der Situation eines Aktors nur auf Kosten der Situation des anderen Aktors führen, während das „trading set" durch Prozesse gekennzeichnet ist, die zur gleichzeitigen Verbesserung der Situation beider Aktoren führen. Nach Boulding weisen Aktionen im „trading set" allerdings stets die Tendenz auf, sich in Richtung des „conflict set" fortzuentwickeln. Lediglich an dieser Stelle erwähnt Boulding Fragen der Konflikthandhabung. Als Handhabungsprinzip, mit dem eine derartige Entwicklung von konfliktfreien Beziehungen zu konfliktären Beziehungen unterbunden werden kann, schlägt er das Prinzip der „Erweiterung von Handlungsspielräumen" durch Aufnahme zusätzlicher, bisher nicht beachteter Zielkriterien der Austauschbeziehung zwischen den Aktoren vor. Die These, die Boulding aufstellt, lautet[49]: Je größer die Anzahl an Zielkriterien ist, desto größer ist die Möglichkeit, „trades" zu finden, und desto geringer ist das Risiko der gegenseitigen Blokkierung im „conflict set".

Durch die Aufnahme zusätzlicher Zielkriterien wird es für die Aktoren möglich, Situationen differenzierter zu erfassen und konfligierende Zielbeziehungen durch „Ersatzobjekte" zu neutralisieren.

Die Bewegungsräume der Aktoren, die dem „conflict set" und dem „trading set" entsprechen, verdeutlicht die folgende Abbildung:

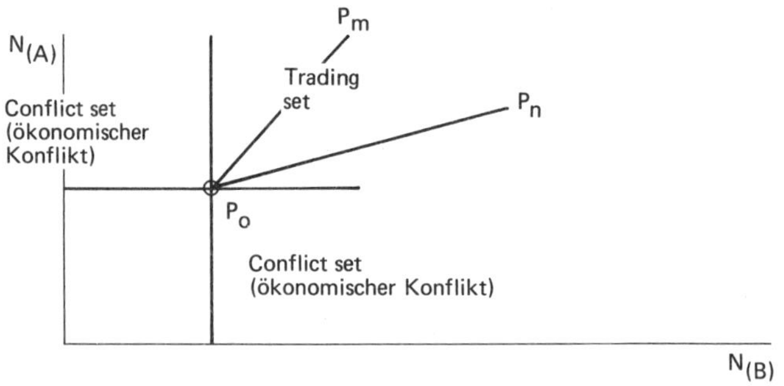

Abb. 2. Quadrantendarstellung des ökonomischen Konflikts

---

[48] Vgl. zur Bestimmung wirtschaftlichen Handelns als ein an Tauschmittelbestandsveränderungen orientiertes Handeln, Dlugos [Regulativ] 26 ff. und [Teildisziplin] 58.

[49] Boulding [Organization] 131.

Nun ist aber nicht einzusehen, weshalb Prozesse im „trading set“ keine Konflikte enthalten. Auch in diesem Verhaltensraum können Verteilungskämpfe zwischen den Aktoren auftreten[50]. Wird beispielsweise ein „trading-Prozeß“ auf der Linie $\overline{P_0 P_m}$ angenommen, ist dieser Prozeß nur bei einer *Gleichverteilungsideologie* der Aktoren konfliktfrei. Würde bei einer derartigen Bewegung der Aktor *A* diese Ideologie vertreten, Aktor *B* aber einen höheren Anteil erwarten, der der Linie $\overline{P_0 P_n}$ entsprechen würde, entstehen auch im „trading set“ Konflikte.

Der *Interaktionskonflikt* als zweiter Konflikttyp entspricht den von *Richardson*[51] beschriebenen „deadly quarrels“ oder, wie *Rapoport*[52] sie bezeichnet, den „kataklysmischen Prozessen“. Hiermit sind Beziehungen zwischen sich feindselig gegenüberstehenden Aktoren gemeint, die, wenn ihre Gleichgewichtssituation („balance of power“) gestört wird, in Prozesse versinken, die sie im Vergleich zur Ausgangssituation ständig schlechter stellen. Als Beispiele für Interaktionskonflikte nennt Boulding *Streik, Aussperrung* und *Wettrüsten.* Diese Beispiele zeigen erneut, daß Boulding den Unterschied von Konflikt und Konflikthandhabung nicht deutlich herausarbeitet. Der Interaktionskonflikt, wie ihn Boulding beschreibt, stellt lediglich eine *Handhabungsform* dar. Streik und Aussperrung werden in der hier vertretenen Sicht als spezielle Möglichkeiten der Sicherung gefährdeter Grundziele aufgefaßt. Ebenso kann Wettrüsten als eine allerdings mit hohen Kosten verbundene Form der Konflikthandhabung von Nationen angesehen werden, mit dem der einsetzbare Mittelbestand zur Sicherung nationaler Ziele erhöht werden soll[53].

Obgleich diese Formen der Konflikthandhabung äußerst virulent sind, kann daraus noch nicht gefolgert werden, daß sie eine ständige Verschlechterung gegenüber der Ausgangsposition bewirken. Rational handelnde Aktoren gehen zu derartigen kostenintensiven Handhabungsformen über, wenn sie in diesen Aktionen eine hohe Determinierungswirkung sehen.

Entsprechend der Definition ordnet Boulding den Interaktionskonflikt dem III. Quadranten zu:

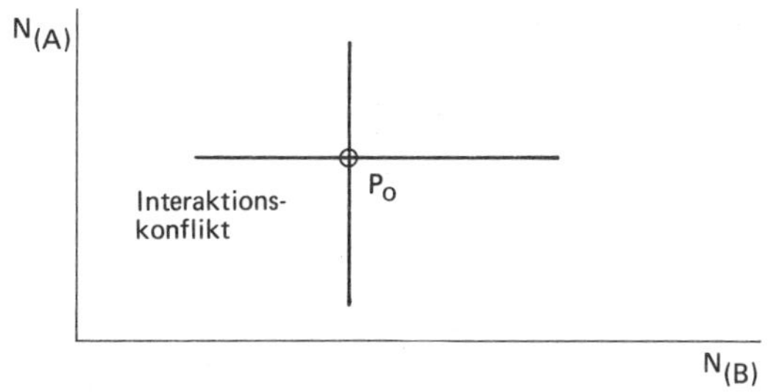

Abb. 3. Quadrantendarstellung des Interaktionskonflikts

Als dritte Konfliktart wird der *intrapersonale Konflikt* (internal conflict) genannt, der die von *Lewin*[54] entwickelten „Grundtypen des Konflikts" umfaßt. Boulding deutet dabei Beziehungen zwischen intrapersonalem Konflikt und den beiden vorher erwähnten Konfliktarten an. Er stellt die These auf, daß Personen, bei denen Aversionshaltungen gegenüber Appetenzhaltungen vorherrschen, zu Interaktionskonflikten neigen und bei ökonomischen Konflikten aufgrund mangelnder Flexibilität ihres Wertsystems die Konfliktlösung erschweren. Sie haben von vorneherein eine aversive Haltung gegenüber Zielen anderer und sind daher nur wenig kompromißbereit. Umgekehrt ist es unwahrscheinlich, daß Personen mit überwiegender Appetenzhaltung gegenüber Zielen anderer in den sogenannten „Richardson-Prozeß" verfallen. Aufgrund der Flexibilität ihres Wertsystems wird auch die Lösung ökonomischer Konflikte erleichtert.

Hinsichtlich dieser Konfliktarten ist kritisch festzustellen, daß sich Boulding zur Differenzierung interpersonaler Konflikte (ökonomischer Konflikt und Interaktionskonflikt) ausschließlich an bestimmten Konfliktverläufen, aber nicht an spezifischen Konfliktursachen orientiert. Für ihn sind Konflikte um knappe Güter, die zur Besserstellung eines Aktors auf Kosten des anderen Aktors führen, „ökonomische Konflikte". Eine solche Definition ist in zweifacher Hinsicht nicht befriedigend.

Erstens wird der eigentliche ökonomische Aspekt des Konflikts nicht deutlich, denn Boulding grenzt diese Konfliktart keineswegs auf kollidierende, an ökonomischen Kriterien (Tauschmittelbestand und abgeleitete Kriterien) orientierte Nutzenvorstellung der Aktoren ein. Damit werden ökonomische Konflikte nicht auf die Behinderung ökonomischer Interessen zurückgeführt, sondern lediglich als eine spezielle Situationsveränderung definiert. Diese Definition stellt eine sehr weite Sicht des ökonomischen Konflikts dar[55]. Konflikte, die zur Besserstellung eines Aktors auf Kosten des anderen führen, können beispielsweise auch rein psychologische Ursachen haben, ohne daß ökonomische Interessen aktualisiert werden. So würde eine rein psychologisch motivierte Verbesserung des Prestiges des einen Aktors auf Kosten des Prestiges des anderen Aktors ein ökonomischer Konflikt sein.

Zweitens führt Bouldings Typologisierung von Konflikten unter Orientierung an Konfliktverläufen dazu, daß die Prozesse der Konflikthandhabung nicht von den zugrundeliegenden Konfliktkonstellationen getrennt werden können. Dies

---

50 Vgl. zur Frage von Verteilungsideologien vor allem Holm [Verteilung] 67 ff.

51 Vgl. Richardson [Quarrels].

52 Vgl. Rapoport [Konfliktmodelle].

53 Streik, Aussperrung, Wettrüsten können natürlich wie alle anderen Handhabungsformen auch zum Konfliktgegenstand werden. Es handelt sich dann um Konflikte um die Form der Konflikthandhabung.

54 Vgl. Lewin [Verhalten]. Einen Überblick über die von Lewin aufgestellten Grundtypen des Konflikts gibt Bidlingmaier [Zielkonflikte] 56 ff.

55 Vgl. hierzu die Stellungnahme Raffées zur Bestimmung wirtschaftlichen Handelns in [Grundprobleme] 24.

wird, wie bereits gezeigt, bei der Definition des Interaktionskonflikts sehr deutlich. Streik und Aussperrung stellen, abgesehen von dem Fall, daß sie selbst zum Konfliktgegenstand werden können, Formen der Konflikthandhabung zur Sicherung gefährdeter Ziele dar. Die von Boulding vorgenommene Zuordnung dieser Handhabungstypen zum III. Quadranten als Interaktionskonflikt ist auch insofern problematisch, als Streik und Aussperrung zwar zunächst für die beteiligten Konfliktpartner negative Folgen haben, aber durchaus auch zu Ergebnissen führen können, die dem II. oder IV. Quadranten zuzuordnen sind.

Bei der Analyse des intrapersonalen Konflikts wechselt Boulding schließlich auf eine andere Problemebene über. Ihn interessieren nicht mehr Verlaufsformen und Ergebnisse intrapersonaler Konflikte, sondern lediglich die Fragen des Einflusses individueller Wertsysteme auf das Konfliktverhalten. Hierbei ist zudem kritisch anzumerken, daß die Betrachtung nicht auf den intrapersonalen Konflikt begrenzt bleibt, sondern Einflüsse von Werthaltungen auf interpersonales Konfliktverhalten aufgezeigt werden.

Wie bereits angedeutet, tauchen die bisher genannten Konfliktarten in dem späteren Werk „Conflict and Defense" unter einer abgewandelten Klassifikation wieder auf. Diese Klassifikation ist nach folgenden extensionalen und intensionalen Merkmalen gebildet[56, 57]:

1. Art des Konfliktträgers:	Individuen-, Gruppen-, Organisationskonflikte,
2. Art der Konfliktbeziehung:	Interne Konflikte, externe Konflikte,
3. Art des Konfliktgegenstandes:	Ökonomische, industrielle, internationale, ideologische und ethische Konflikte.

Boulding baut diese mit Hilfe der genannten Merkmale gebildeten Teilmengen des Konfliktphänomens im Verlauf seiner Untersuchung durch Zuordnung von intensionalen Merkmalen zweiter Ordnungsstufe weiter aus und entwikkelt folgende Konfliktklassifikation:

I. Konflikte nach den Merkmalen Art der Konfliktträger und Konfliktbeziehungen

1. Intra- und Interindividuelle Konflikte
2. Grenzkonflikte zwischen Gruppen
(Konflikte zwischen räumlich getrennten Gruppen)
3. Ökologische Konflikte zwischen Gruppen
(Konflikte zwischen räumlich vermischten Gruppen)
4. Epidemiologische Konflikte zwischen Gruppen
(Konflikte zwischen Gruppen aufgrund von „Ansteckungen")

56 Vgl. zu Grundfragen der Klassifikation Ropohl [Grundlagen].
57 Vgl. Boulding [Conflict] 80 ff.

5. Konflikte zwischen homogenen Organisationen, z. B. Unternehmung - Unternehmung
6. Konflikte zwischen heterogenen Organisationen, z. B. Unternehmung - Gewerkschaft
7. Konflikte zwischen Individuum und Gruppe
8. Konflikte zwischen Individuum und Organisation[58]

II. Konflikte nach dem Merkmal Art des Konfliktgegenstandes

1. Ökonomische Konflikte
2. Industrielle Konflikte
3. Internationale Konflikte
4. Ideologische und ethische Konflikte.

Hinsichtlich dieser Konflikttypologie können wir uns der Kritik *Finks* anschließen: „Wether this dual classification implies 8 + 4 special theories, or some intermediate or larger number is not at all clear[59]." Diese Konflikttypologie zeigt somit, daß Boulding offensichtlich von ihm als signifikant erachteten Realerscheinungen des Konflikts ausgeht. Dabei sind die bereits im ersten Ansatz vorhandenen Überschneidungen der Konfliktarten wieder erkennbar. So sind industrielle Konflikte, die vor allem Lohnkonflikte zwischen Arbeitgebern und Arbeitnehmern darstellen, nur ein Teilbereich des ökonomischen Konflikts. Die auf gleicher Gliederungsebene genannten internationalen Konflikte können aber auch ökonomischer oder ideologischer Art sein.

Auf die unbefriedigende Differenzierung von Konflikt und Konflikthandhabung wurde bereits hingewiesen. Im Rahmen der Textanalyse konnten lediglich folgende von Boulding angedeutete Formen der Konflikthandhabung herausgearbeitet werden[60]:

I. Die Konfliktvermeidung (avoidance)

1. Die Vermeidung des Konflikts durch einen oder beide Aktoren. Diese Art der Konflikthandhabung ist dadurch gekennzeichnet, daß die kommunikativen Beziehungen zwischen den Aktoren gelockert oder abgebrochen werden und damit eine offene Konfrontation vermieden wird.

2. Die Unterwerfung eines Aktors (conquest).
   Durch Ausübung von Zwang wird die vollständige Unterwerfung des kollidierenden Aktors und damit die einseitige Interessensicherung, d. h. Zieldominanz des determinierenden Aktors angestrebt.

II. Die prozessuale Konfliktlösung (procedural conflict resolution)

1. Die Harmonisierung (reconciliation).
   Die Aktoren versuchen, durch Angleichung ihrer divergierenden Wertsysteme den Zielkonflikt zu lösen.

---

[58] Konflikte zwischen Gruppen und Organisationen hält Boulding für unwahrscheinlich, da Gruppen dazu tendieren, sich zu organisieren, wenn sie mit Organisationen in Konflikt geraten. Dieser Auffassung können jedoch die in der Realität vielfältig zu beobachtenden Konflikte zwischen „Bürgerinitiativen" und Unternehmungen entgegengehalten werden. Diese Vereinigungen als Konfliktpartner von Unternehmungen sind als Gruppen zu betrachten. Sie erfüllen nicht die Merkmale der Organisation. Vgl. hierzu Mayntz [Soziologie] 36 ff.; Kieser/Kubicek [Organisation] 4 ff.

[59] Vgl. Fink [Difficulties] 421.

[60] Vgl. Boulding [Conflict] 305 ff.; vgl. auch Wolters [Verhandlungsführung] 16.

2. Der Kompromiß (compromise).
   Die Aktoren versuchen, durch gegenseitige Zugeständnisse einen Zielkompromiß zu erreichen.
3. Der Urteilsspruch (award).
   Die Aktoren einigen sich, die Entscheidung eines Dritten als Konfliktlösung zu akzeptieren.

Interessant an dieser Typologie ist die Differenzierung der Konflikthandhabung in Formen, die den *Abbruch der Kommunikation und Ausübung von Zwang* zwischen den Konfliktparteien beinhalten, und Formen, die die Konfliktlösung auf der Basis *wechselseitiger Kommunikation und freiwilliger Zielanpassung* herbeiführen. Im Gegensatz zur Konfliktlösung durch Unterwerfung ist in der Systematik Bouldings die Konfliktlösung durch Zielharmonie, Zielkompromiß und Drittparteienurteil durch Kommunikationsprozesse und freiwillige Anpassung der Konfliktparteien gekennzeichnet. Wird jedoch mit Dahrendorf zwischen freiwilligen und verbindlichen Formen des Drittparteienurteils unterschieden, ist die undifferenzierte Zuordnung zu diesem zweiten Typ der Konflikthandhabung bedenklich[61]. Verbindliche Formen des Drittparteienurteils, wie z. B. die Anrufung der Gerichte, setzen keine freiwillige Einigung auf diese Form der Konflikthandhabung voraus und führen zu einer zwingenden Konfliktlösung.

Darüber hinaus bestätigt diese Typologie der Konflikthandhabung, daß Boulding Prozesse und Ergebnisse der Konflikthandhabung (Unterwerfung bzw. Zieldominanz, Zielharmonie, Zielkompromiß) analytisch nicht differenziert. Es bleibt ungeklärt, welche Determinierungsprozesse die Aktoren wählen können, um Zieldominanz, Zielharmonie oder Zielkompromiß als Ergebnis der Konflikthandhabung zu erreichen, sowie die Frage, welche Bedingungen zu realisieren sind, um eine Konfliktvermeidung des anderen Aktors zu bewirken.

c) Konfliktbeherrschung als Lernvorgang

Die Analyse des konflikttheoretischen Ansatzes Bouldings wird mit der Diskussion seines Beitrages „Die Konfliktbeherrschung als Lernvorgang"[62] abgeschlossen. Diese Arbeit ist insofern überaus interessant, als sie die bereits dargelegten Grundzüge in zweifacher Hinsicht erweitert: Zum einen wird die Problematik des Einflusses spezifischer *Persönlichkeitstypen* auf das Konfliktverhalten aufgeworfen, zum anderen wird die Bedeutung von *Lernprozessen* für das Handeln in Konfliktsituationen untersucht. Die Diskussion dieses Beitrages soll insbesondere die Frage klären, ob die in den anderen Schriften vorgefundene Vernachlässigung des Aspekts der Konflikthandhabung hier überwunden

---

[61] Vgl. Dahrendorf [Elemente] 229.
[62] Vgl. Boulding [Konfliktbeherrschung].

wird, zumindest läßt die Thematik eine Konzentrierung auf den Prozeß der Konflikthandhabung vermuten.

Boulding beschreibt zunächst Bewegungen von Aktoren (*A* und *B*) in einem Verhaltensraum, die entsprechend der Definition des ökonomischen Konflikts und des Interaktionskonflikts in eigentliche Konfliktbewegungen, bösartige Bewegungen und davon abzugrenzende gutartige Bewegungen aufgeteilt werden können.

Die folgende Abbildung skizziert ein derartiges Verhaltenssystem[63].

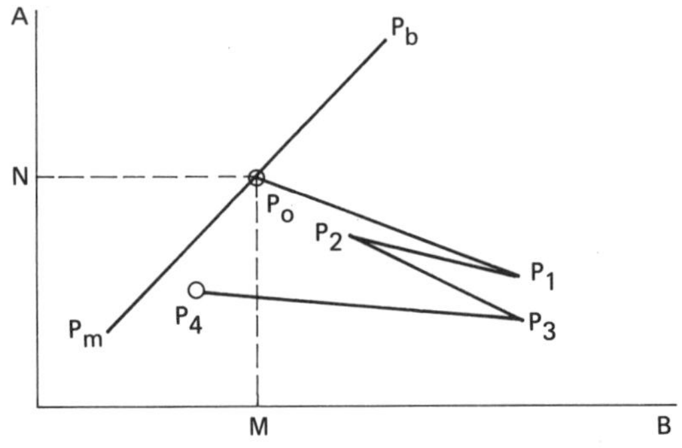

Abb. 4. Bewegungen im Konfliktsystem

P_0 stellt die Ausgangssituation dar, die durch eine mit *N* und *M* gekennzeichnete Kombination der Verteilung einer Menge auf die Aktoren *A* und *B* gekennzeichnet ist. Jede aus der Sicht eines Aktors negative Zustandsveränderung von P_0 weg bezeichnet Boulding als Konfliktbewegung, also die Bewegungen $\overline{P_0P_1}$; $\overline{P_1P_2}$; $\overline{P_2P_3}$; $\overline{P_3P_4}$, da hier jeweils die Situation des einen Aktors auf Kosten des anderen verbessert wird. Derartige Konfliktbewegungen sind nun von „gutartigen" und „bösartigen" Bewegungen zu unterscheiden. Gutartige Bewegungen liegen im Fall $\overline{P_0P_b}$ vor, da hier beide Aktoren bessergestellt werden.

Bewegungen, die beide Aktoren schlechterstellen, wie im Fall $\overline{P_0P_m}$, stellen dagegen bösartige Bewegungen dar.

Die Bewegungen von P_0 nach P_4 stellen demnach jede für sich Konfliktbewegungen dar, die im Endergebnis jedoch bösartig sind, da beide Parteien gegenüber der Ausgangsposition schlechtergestellt sind. Würden die Bewegungen umgekehrt verlaufen, würden sie im Endergebnis gutartig sein, da beide Aktoren im Vergleich zur Ausgangsposition bessergestellt werden.

---

[63] Vgl. Boulding [Konfliktbeherrschung] 227.

Boulding bietet nun eine interessante Typologie des *Aktor-Wertsystems* an, die den selbstsüchtigen (egoistischen), altruistischen, masochistischen und den böswilligen Aktor unterscheidet. Mit Hilfe dieser Typologie kann das Verhalten eines Aktors im Konfliktfall abgeleitet werden. Dabei ist es auch reizvoll, die Analyse Bouldings mit der Frage nach den Orten der Kompromißfindung zwischen diesen Aktortypen zu erweitern.

In der folgenden Abbildung sind die Zielpunkte dieser Verhaltenstypen, die aus dem Konfliktzustand P_0 herausführen, als jeweilige Extremwerte des Handlungsfeldes des Aktors A erfaßt. Das Handlungsfeld besteht dabei aus all denjenigen Punkten, die A glaubt, durch eigene Handlungen erreichen zu können.

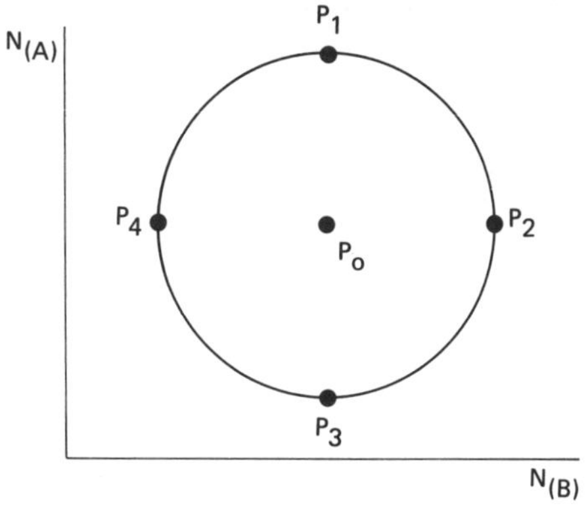

Abb. 5. Extremalwerte des Aktor-Handlungsspielraumes

Aus dem durch P_0 gekennzeichneten Konfliktzustand zwischen A und B wird sich A bei egoistischem Wertsystem in Richtung P_1 bewegen, da hier sein Nutzen maximiert wird. Dabei ist A gegenüber B's Nutzenveränderung vollkommen gleichgültig; ihn interessiert nur die eigene Nutzenentwicklung. Ein anderer Verhaltenstyp ist der des Altruismus: A ist gleichgültig gegenüber seiner eigenen Nutzenveränderung und wünscht stets eine Vergrößerung des Nutzens von B. Wenn A Altruist ist, bewegt er sich in Richtung auf P_2, da dort B's Nutzen maximiert wird. Im Fall des masochistischen Wertsystems ist A gegenüber B's Nutzen gleichgültig, erstrebt aber für sich selbst die Minimierung des eigenen Nutzens. A bewegt sich daher in Richtung auf P_3, das sein Nutzenminimum kennzeichnet[64]. Der vierte Verhaltenstyp ist durch absolute Böswilligkeit gekenn-

64 Die Anmerkung Bouldings, daß diesen Werten „objektive" Maßstäbe zugrunde liegen, zeigt die Problematik der Aussagen über diese Verhaltenstypen auf. Strebt der Aktor A beispielsweise sein altruistisches Optimum an, bedeutet P_2 eben die Erreichung seines subjektiven Optimums. Wenn dies tatsächlich eine Nutzenverbesserung für B darstellen soll, setzt dies die Kenntnis der Nutzenbewertung durch B voraus. Verfügt A nicht über diese Informationen, können die aus seiner Sicht altruistischen Handlungen für B durchaus böswillige oder egoistische Aktionen darstellen.

zeichnet: A ist indifferent gegenüber seinem eigenen Nutzen, strebt aber stets maximalen Nutzenentgang für B an. A bewegt sich daher in Richtung auf P_4.

Alle anderen Punkte im Handlungsfeld des A stellen Mischtypen seines Reaktionsverhaltens auf Konfliktzustände dar. Ist der Aktor beispielsweise ein wenig egoistisch und ein wenig böswillig, wird er sich entlang der Kurve $\overline{P_1P_4}$ bewegen, ist er dagegen egoistisch und zugleich altruistisch, wird er sich auf der Kurve $\overline{P_1P_2}$ bewegen.

Das beschriebene Modell des Konfliktverhaltens kann durch die Betrachtung der Aktionen und Reaktionen der Konfliktparteien erweitert werden.

Für die Konfliktparteien A und B wird in Abhängigkeit von der jeweiligen Situation ein begrenztes Handlungsfeld angenommen sowie eine Zielvorstellung, die sie zu maximieren suchen. Ist A beispielsweise egoistisch, altruistisch oder böswillig, wird er sich auf diejenige Position seines Handlungsfeldes hin bewegen, die seine Zielvorstellung maximal erfüllt. Für B kann dann ein Handlungsfeld um diesen Punkt gezogen werden und unter der entsprechenden Annahme, er sei ein Altruist, Egoist usw. dessen reaktives Verhalten abgleitet werden. Damit wird aber bereits eine Frage deutlich, die Boulding nicht aufgreift: die Frage, wie A den Freiheitsgrad des B determinieren kann, um den Konfliktprozeß in der Weise zu beherrschen, daß eine Sicherung des eigenen Ziels erreicht wird. Die Problematik der *Determinierung kollidierenden Verhal-*

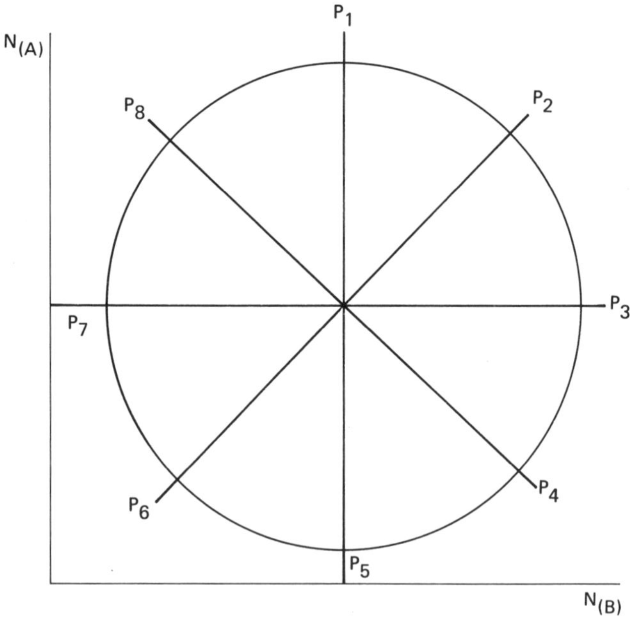

Abb. 6. Deckungsgleiche Aktor-Handlungsspielräume mit Orten der Kompromißlösung

tens zur Sicherung eigener gefährdeter Ziele schält sich somit als *Kernfrage* der Konfliktbeherrschung heraus.

Um die Frage nach der Kompromißlösung zwischen zwei Aktoren aufzugreifen, wird angenommen, daß die Aktoren *A* und *B* über gleiche Handlungsspielräume, mithin über gleiche Machtmittel verfügen, die als sich deckende Kreise in der vorstehenden Abbildung aufzufassen sind. Ausgehend von der Konfliktsituation P_0 ist zu fragen, an welchen Orten in Abhängigkeit von der Aktortyp-Konstellation Kompromißlösungen in Bezug auf die angestrebten Zielvorstellungen eintreten.

Die folgende Tabelle zeigt die Orte der Kompromißlösung in Abhängigkeit von der Aktortyp-Konstellation:

Aktor A	Aktor B	Kompromiß
Egoist	Egoist	P_2
	Masochist	P_8
	Böswilliger	P_o
	Altruist	P_1
Masochist	Egoist	P_4
	Masochist	P_6
	Böswilliger	P_5
	Altruist	P_o
Böswilliger	Egoist	P_o
	Masochist	P_7
	Böswilliger	P_6
	Altruist	P_8
Altruist	Egoist	P_3
	Masochist	P_o
	Böswilliger	P_4
	Altruist	P_2

Abb. 7. Aktortyp-Konstellationen und Orte der Kompromißlösung

Es fällt auf, daß die Aktorkonstellation Egoist-Egoist und Altruist-Altruist zu derselben Kompromißlösung führt.

Nun sind derartige deduktionslogische Überlegungen an spezielle Voraussetzungen (identische Handlungsspielräume und Machtmittel, keine Beziehung zu Dritten) gebunden und lassen die Frage offen, ob sich Aktoren immer in typmäßig festgelegter Weise verhalten oder ob sich im Verlauf von Konfliktabläufen ihre Einstellung ändert. Einstellungsänderungen können im Verlauf von Konflikten beispielsweise durch Überzeugung oder Manipulation herbeigeführt werden, die eine Veränderung der Kompromißlösung bewirken.

Hiermit sind wiederum Fragen der Konflikthandhabung angesprochen.

Boulding greift diese Frage von einer besonderen Perspektive auf. Er behandelt nicht Möglichkeiten der Einwirkung auf den Konfliktgegner durch Begrenzung seines Handlungsspielraums oder durch Einwirkung auf dessen Ziel- und Wertsystem, sondern betrachtet die Frage der Konfliktbeherrschung unter dem Gesichtspunkt des *Lernprozesses* der Aktoren.

Boulding stellt die These auf, daß Aktoren lernen, sich so zu verhalten, wie sie das Verhalten des anderen kognitiv erfassen. Auf eine als böswillig empfundene Handlung wird ebenfalls böswillig, auf eine als gutwillig empfundene Handlung ebenfalls gutwillig reagiert[65]. Dieses Reziprozitätsverhalten der Aktoren birgt die Gefahr der Eskalation von Konflikten in sich, da selbst zufällige Handlungen als feindselig angesehen werden und daher Bösartigkeit erzeugen können. Diesen Vorgang bezeichnet Boulding als „pathologischen Lernvorgang“[66].

Um derartige Entwicklungen beherrschen zu können, ist es nach Boulding notwendig, den Lernprozeß selbst zu verbessern. So ist einerseits zu erlernen, wie zwischen Handlungen unterschieden werden kann, die nur zufällig feindlich wirken und Handlungen, die gewollt feindlich vorgenommen werden, andererseits ist eine gewisse Weitsichtigkeit in Konfliktvorgängen zu erlernen. Hiermit meint Boulding die Entwicklung der Fähigkeit, langfristige Konsequenzen von Aktionen in Konfliktsituationen erfassen zu können, um eine im Endergebnis des Konfliktvorganges eintretende Verschlechterung der Ausgangsposition zu vermeiden.

Würde B (vgl. Abb. 4) über eine entsprechende Weitsichtigkeit verfügen, würde er sich nicht zur Verbesserung seiner Position von P_0 nach P_1 begeben, da dies aufgrund der Reaktionen von A im Konfliktergebnis zu einer Verschlechterung seiner Position im Vergleich zur Ausgangsposition führt.

Ein „reifes Konfliktverhalten“ besteht nach Boulding „... in der Entwicklung der Weitsichtigkeit oder der Erkenntnis, daß die Mitnahme des kurzsichtigen Vorteils wegen der Reaktionen anderer Parteien häufig zu einem langfristigen Verlust führt“[67]. Boulding fügt an, daß es bisher jedoch noch kaum wissen-

---

[65] Diese Verhaltensweise folgt der Reziprozitätsnorm. Vgl. hierzu Kirsch [Entscheidungsprozesse III] 220.

[66] Vgl. Boulding [Konfliktbeherrschung] 231.

[67] Boulding [Konfliktbeherrschung] 233.

schaftlich untersucht worden sei, wie Menschen und Organisationen Weitsichtigkeit im Konfliktverhalten entwickeln können.

Mit diesem Hinweis auf eine Leerstelle in der Konflikttheorie wird die generelle Frage nach rationalem Verhalten in Konfliktsituationen aufgeworfen.

Boulding ist zuzustimmen, daß die noch weithin offene Frage nach Struktur und Problemgehalt eines rationalen Zielsetzungsprozesses in Konfliktsituationen das Kernproblem der Konfliktforschung darstellt. Boulding führt diese Überlegung jedoch nicht weiter aus, sondern bricht mit diesem programmatischen Hinweis ab, den er noch dahingehend ergänzt, daß es Aufgabe der Konfliktforschung sein sollte, Aussagen darüber aufzustellen, wie Konflikte besser und weniger kostspielig geregelt werden können, d. h., wie ein Ausarten von Konflikten verhindert werden kann[68].

Damit wird der *pragmatische Beitrag* der Konfliktforschung erkennbar. Er wird in der Bereitstellung von Erkenntnissen über Mittel der Konflikthandhabung bestimmt, die geeignet sind, die Funktionsfähigkeit von sozialen Systemen durch Ausregelung von Konflikten zu sichern. Diesem pragmatischen Teil konflikttheoretischer Aussagen ist gleichsam ein normativer Filter vorgeschaltet, der bei der Umformung theoretisch-realwissenschaftlicher Erkenntnisse diejenigen Aussagen über Konflikthandhabungen, die die Auflösung funktionierender sozialer Systeme zum Ziel haben, ausfiltert.

Eine Ausschaltung dieser Fragen aus der theoretisch-realwissenschaftlichen Forschung und ihre Begrenzung auf Prozesse der Konflikthandhabung, die nicht zerstörerisch wirken, ist allerdings sehr bedenklich. Die kausalanalytische Aufdeckung derartiger Prozesse ist gerade für die in normierender Absicht verfolgten technologischen Aussagen über funktionserhaltende Konflikthandhabungsformen notwendig, um Aussagen über Gegenstrategien gegenüber funktionszerstörenden Handhabungsformen aufstellen zu können[69].

Die Diskussion des konflikttheoretischen Ansatzes Bouldings soll mit einem kurzen kritischen Resumee abgeschlossen werden.

Es wurde festgestellt, daß in allen drei skizzierten Beiträgen keine befriedigende Analyse von Konfliktarten durchgeführt wurde. Das System der Konfliktarten weist sowohl Überschneidungen als auch Auslassungen auf. Bereits der Konfliktbegriff ist bei der intendierten Abstellung auf eine generelle Theorie des Konflikts sehr weit und unklar gehalten. Eine generelle Konflikttheorie im Sinne einer problemspezifischen Interdisziplin kann jedoch nicht durch die Formulierung eines sehr breiten, lediglich eine Vielzahl von Realerscheinungen des Konflikts umschließenden Untersuchungsgegenstandes aufgestellt werden. Der hier besonders interessierende „ökonomische Konflikt“ wird nicht als ein

---

68 Vgl. Boulding [Konfliktbeherrschung] 236 f.

69 Diesen Gesichtspunkt betont auch Köhler [Forschung] 310.

spezifischer Interessenkonflikt dargestellt, sondern als eine bestimmte, an einem speziellen Konfliktverlauf orientierte Realerscheinung.

Schließlich zentrierte sich die Kritik auf die unbefriedigende Differenzierung des Begriffs „Konfliktverhalten", der durch eine Vermengung der Prozesse, die zum Konflikt führen, mit denjenigen Prozessen, die aus dem Konflikt herausführen, gekennzeichnet ist.

Mit diesen abschließenden Bemerkungen zum Konfliktansatz Bouldings ist zugleich die generelle Perspektive angedeutet, unter der die Fragen der Konfliktentstehung und Konflikthandhabung in Unternehmungen erfaßt werden soll.

Mit den hier diskutierten Konfliktansätzen von Dahrendorf und Boulding wurde der weite Rahmen der Konfliktforschung aufgezeigt. Beide Ansätze verstehen sich als generelle Theorien und sind auf den gesamtgesellschaftlichen Bereich bezogen. Während Dahrendorf Konflikte als prinzipiell unaufhebbar und ihre endgültige Lösung als Utopie[70] bezeichnet, hebt Boulding die Möglichkeit und Notwendigkeit einer Konfliktlösung stärker heraus.

Die Ursache von Konflikten besteht für Dahrendorf in strukturellen Ungleichheiten von Gesellschaften, Boulding dagegen führt Konflikte letztlich auf die Knappheitssituation zurück, mit der menschliches Handeln konfrontiert wird.

Beide Ansätze sind jedoch in ihrer globalen Sichtweise wenig geeignet, den differenzierten Erscheinungen des Konflikts in Unternehmungen als spezifischen Zweckgebilden einer Gesellschaft nachzugehen.

Der Mangel dieser Ansätze wird dabei insbesondere in der Vernachlässigung der Analyse konfligierender Interessen in sozialen Systemen gesehen. Aus betriebswirtschaftlicher Sicht ist es daher ein vordringliches Problem, die am Zweckgebilde *Unternehmung* orientierten spezifischen interessenbedingten Zielsetzungsprozesse zu analysieren und hierbei die im Rahmen des Funktionszusammenhangs der Unternehmung auftretenden Zielkonflikte herauszuarbeiten. Dabei darf allerdings nicht übersehen werden, daß Unternehmungen nicht nur *Konfliktsysteme per se*[71] sind, sondern gleichzeitig auch als *Kooperationssysteme per se* aufzufassen sind.

Insofern sind die Bedingungen zu untersuchen, unter denen Konflikte bei der Aufnahme einer Kooperationsbeziehung als auch im Verlauf kooperativer Zielsetzungsprozesse entstehen. Von der Analyse der Entstehungsursachen sind schließlich die Prozesse abzuheben, die auf die Ausregelung bestehender oder erwarteter Konflikte zielen. Damit wird das Konfliktverhalten in zwei Problembereiche aufgegliedert, die die konzeptionelle Grundlage dieser Untersuchung bilden.

Im folgenden Abschnitt sollen diese Problembereiche kurz skizziert werden.

---

[70] Vgl. Dahrendorf [Utopia].

[71] Vgl. Krüger [Grundlagen] 19.

III. Die Konkretisierung des Konfliktphänomens

1. Die konstitutiven Problembereiche der Konfliktanalyse

Die Diskussion zeigte bereits, daß für eine Analyse des Konfliktverhaltens zweckmäßigerweise zwischen demjenigen Zielsetzungsprozeß zu differenzieren ist, dessen Realisation durch kollidierende Zielsetzungen anderer gefährdet ist, und dem Zielsetzungsprozeß, mit dem der Aktor eine Sicherung seines gefährdeten Zielsetzungsprozesses zu erreichen sucht[1].

Zielsetzungsprozesse, die zu Zielen führen, deren Realisation durch tatsächliches oder erwartetes kollidierendes Verhalten anderer gefährdet ist und daher abzusichern sind, werden als *Grundzielsetzungsprozesse* bezeichnet. Grundziele sind daher solche Ziele, die von den Unternehmungsmitgliedern im Rahmen ihrer Funktionen aktualisiert und gegen tatsächliche oder erwartete konfligierende Zielsetzungsprozesse anderer Aktoren gesichert werden.

Interpersonale Konfliktsituationen sind somit durch konfligierende Zielsetzungsprozesse gekennzeichnet, wobei die Ziele, die durch Mittel der Konflikthandhabung gesichert werden, als Grundziele betrachtet werden. Mit dieser Definition des Grundziels wird zugleich die Dimension der Zielsicherung bzw. Konflikthandhabung konzeptionell erfaßt. Unter dem Gesichtswinkel einer entscheidungsorientierten Analyse des Konfliktverhaltens stellt der kollidierende Grund-Zielsetzungsprozeß den Gegenstand bzw. den Einwirkungsbereich der Konflikthandhabung dar.

Mit dieser Bestimmung der Ausgangsbasis der Konfliktanalyse ist ein erster Schritt zur Präzisierung des Begriffs *Konfliktverhalten*[2] eingeleitet.

Aus verhaltenstheoretischer Sicht wird der Ausgangspunkt des Konfliktverlaufs in der interessenbedingten Aktualisierung einer Grundzielvorstellung, aus der ein spezielles, zu realisierendes Ziel abgeleitet wird, gesehen. Die Analyse der Elemente dieses Zielsetzungsprozesses gibt daher Aufschluß über mögliche Konfliktursachen. *Kirsch/Esser* sehen in folgenden kognitiven Elementen des Zielsetzungsprozesses mögliche Konfliktursachen der Aktoren: In deren Überzeugungen, Werten, Aktivitäten, kognitiven Programmen und kognitiven Struk-

---

[1] Diese Differenzierung der Zielsetzungsprozesse liegt der von Dlugos konzipierten Unternehmungspolitik zugrunde [Teildisziplin] 60.

[2] Vgl. die Diagnose des Konfliktverhaltens durch Kirsch/Esser [Konflikthandhabung] 1126 ff. und Pondy [Concepts].

turen[3]. Hinsichtlich der Entstehungsphase des Konfliktverhaltens ist jedoch zu berücksichtigen, daß für ein System interdependenter Grundzielsetzungsprozesse *Schwellenbereiche* anzunehmen sind, innerhalb derer die Entscheidungsträger divergierende Interessen tolerieren. Diese Schwellenbereiche verhindern im Rahmen gewisser Grenzen die Manifestierung von Grundzielkonflikten der Aktoren. Das Überschreiten der Toleranzgrenze ist zugleich als „Ausdruck der Zäsur zwischen Konfliktursachen und offenem Konfliktverhalten anzusehen“[4]. Hinsichtlich des Überschreitens von Toleranzgrenzen entstehen die Fragen der Bewußtwerdung des Konflikts, der Betroffenheit des Individuums, der Grenzen des Toleranzbereichs selbst und der Filterfunktion der Informationsaufnahme kollidierenden Verhaltens des anderen Aktors[5]. Die Bewußtwerdung des Konflikts kann beispielsweise durch manipulatives Verhalten des Konfliktpartners beeinflußt werden, aber auch aufgrund der psychischen Situation des Aktors (Verdrängung, blindes Vertrauen) behindert sein. Die Betroffenheit des Individuums ist Ausdruck der Bedeutung, die der Aktor seinem gefährdeten Ziel zumißt, d. h. welchen Stellenwert das gefährdete Ziel im Rahmen des Gesamtzielsystems des Aktors hat. Die Grenzen des Toleranzbereichs unterliegen ebenfalls individuellen Einflüssen und sind in Unternehmungen auch häufig Gestaltungsziel von Managementmodellen[6]. Eine weitere spezifische Determinante dieser Phase des Konfliktverhaltens der Aktoren ist in der Informationsaufnahme kollidierenden Verhaltens zu sehen. Hier entsteht die Frage, wie der Aktor überhaupt kollidierende Zielsetzungen erfassen kann. Für den Aktor besteht das Informationsproblem dabei in sachlicher, personaler und in zeitlicher Hinsicht.

In sachlicher Hinsicht ist zu klären, wodurch, d. h. aufgrund welcher Aktionen sein Zielsetzungsprozeß behindert wird. In personaler Hinsicht ist zu klären, wer der kollidierende Aktor ist, wer also sein Konfliktpartner ist, und in zeitlicher Hinsicht besteht das Problem, konfligierendes Verhalten möglichst rechtzeitig zu erkennen, um den eigenen Grundzielsetzungsprozeß mit flankierenden Maßnahmen der Konflikthandhabung sichern zu können.

Für die hier verfolgte Frage nach den konstitutiven Problembereichen der Konfliktanalyse ist somit festzustellen, daß der analytische Ausgangspunkt in der Erfassung individuell-interessenabhängiger Grundzielsetzungsprozesse gesehen wird. Die Analyse der Grundzielsetzungsprozesse gibt Aufschluß über die Handlungsspielräume der Aktoren, die sich im Konfliktfall in der Weise überschneiden, daß Zielrealisationen gestört oder unterbrochen werden. Um kollidierende Zielverfolgungen aufzeigen zu können, ist daher an den funktions-

---

3 Vgl. Kirsch/Esser [Konflikthandhabung] 1127.

4 Kirsch/Esser [Konflikthandhabung] 1127.

5 Vgl. Kirsch/Esser [Konflikthandhabung] 1127.

6 Die Gestaltung von derartigen Toleranzbereichen ist beispielsweise der zentrale Problemgehalt des Management by Exception. Vgl. hierzu Bittel [Exception].

bedingten Grundzielvorstellungen[7] der Unternehmungsmitglieder und Kontrahenten anzusetzen. Es sind also die im Rahmen ihrer Funktionen entwickelten Grundzielvorstellungen der Eigenkapitalgeber und Mitarbeiter als Träger der Unternehmung und die der Lieferanten, Abnehmer und Gemeinden als Kontrahenten der Unternehmung zu erfassen[8]. Mit der Aufdeckung divergierender Grundzielbeziehungen werden Konfliktsituationen erfaßt, die ihrerseits Ausgangspunkt für Konflikthandhabungsprozesse sind.

Die bisherige Analyse des Konfliktverlaufs ist nun durch die Betrachtung der *Konflikthandhabung* zu ergänzen, wobei an dieser Stelle lediglich die Grundprobleme dieses Teilbereichs des Konfliktverhaltens zu umgrenzen sind[9]. In der Literatur werden zwar eine Reihe von Konflikthandhabungsprozessen unterschieden, jedoch ist eine systematische, entscheidungsorientierte Analyse der Konflikthandhabung bislang noch nicht erkennbar. Zur Überwindung dieser unbefriedigenden Situation wird in der hier verfolgten Konzeption die Konflikthandhabung als ein spezieller, vom Grundzielsetzungsprozeß abzuhebender, durch tatsächliche oder potentielle Konfliktsituationen induzierter Zielsetzungsprozeß aufgefaßt und zu analysieren sein.

Die interpersonale Konfliktsituation stellt die motivierende Auslösung der Konflikthandhabung als Zielsetzungs- oder Entscheidungsprozeß dar. In einen derartigen Prozeß gehen spezielle Elemente des Zielsystems des Handelnden, Informationen über tatsächliche Handlungsmöglichkeiten und Vorstellungen über Art und Ausmaß der Zielerfüllung ein. Mit der motivierenden Situation wird eine generelle Vorstellung über den zu verfolgenden Zweck und die einsetzbaren Mittel der Konflikthandhabung aktualisiert, die unter Verarbeitung von Daten des Handlungsspielraums des Aktors konkretisiert und als spezielle Konflikthandhabungsmöglichkeit realisiert wird. Der Zweck der Konflikthandhabung besteht in der Sicherung des gefährdeten Grundziels. Diese generelle Aussage über den *Zweck der Konflikthandhabung* schließt unterschiedliche Ausprägungen und Intensitätsgrade der Zielsicherung ein, die von einer vollständigen und nachhaltigen Sicherung bis zur teilweisen und labilen Sicherung des ursprünglich gefährdeten Aktorziels reicht. Mit dieser Zwecksetzung ist eine generelle Erfassung von *Mitteln der Konflikthandhabung* verbunden, die sich auf die dem Aktor verfügbaren kommunikativen und nicht-kommunikativen Möglichkeiten der Zielsicherung erstreckt. Mit diesen im einzelnen herauszuarbeitenden Problembereichen verbindet sich die Frage nach den *Machtgrundlagen* der Unternehmungsmitglieder, mit denen sie die ihre Ziele gefährdenden Handlungsspielräume anderer einzudämmen versuchen. Weiterhin schließt sich die Frage nach spezifischen Alternativen, Zielkriterien und Konsequenzen der Konflikthandhabung an. Als Einflußgrößen der Konflikthandhabung in Unterneh-

---

[7] Vgl. zu den funktionalen Grundzielvorstellungen Abb. 19.

[8] Vgl. zu Differenzierungen von Unternehmungsmitgliedern und Kontrahenten March/Simon [Organizations] und Schmidt [Grundlagen] 66 ff.

[9] Die ausführliche Analyse der Konflikthandhabung erfolgt im Abschnitt VI 2.

mungen sind jedoch nicht nur die individuellen Faktoren des Sicherungszielsetzungsprozesses zu erfassen, sondern auch die aus den Rahmenbedingungen der Handlungsspielräume der Aktoren resultierenden Determinanten des Konflikthandhabungsprozesses zu erfassen.

Damit ist der zweite Problemkreis des Konfliktverhaltens skizziert. An die Prozesse kollidierender Grundzielsetzung schließen sich die Prozesse der Zielsicherung an, die die Realisation der ursprünglich gesetzten Grundziele ermöglichen sollen.

Mit der Skizzierung der voneinander abzuhebenden Zielsetzungsprozesse sind die Schwerpunkte genannt, auf die sich eine entscheidungsorientierte Analyse des Konfliktverhaltens zu beziehen hat. Das Konfliktverhalten löst sich aus dieser Sicht, wie bereits betont, in zwei Zielsetzungsprozesse auf, von denen der eine Zielsetzungsprozeß Aufschluß über die Konfliktentstehung gibt, während der andere Zielsetzungsprozeß Aufschluß über die Konflikthandhabung gibt. Konstitutiv für den hier verfolgten Konfliktansatz ist daher die Unterscheidung

1. des im Spannungsfeld kollidierender Interessen ablaufenden Prozesses der Grundzielsetzung und
2. des im Spannungsfeld kollidierender Interessen ablaufenden Prozesses der Sicherung von Aktorgrundzielen gegenüber kollidierenden Verhaltensweisen.

Ausgehend von dieser Aufgliederung des Konfliktverhaltens kann das Vorgehen der weiteren Untersuchung folgendermaßen präzisiert werden:

1. Grundlage und Ausgangspunkt von interpersonalen Konflikten liegen in der Interdependenz der individuellen Grundzielsetzungsprozesse der Aktoren. Konflikte innerhalb eines Systems interdependenter Grundzielsetzungsprozesse entstehen dadurch, daß Entscheidungsträger in Verfolgung ihrer Ziele die Zielverfolgung anderer Entscheidungsträger behindern. Diese Behinderung kann unmittelbar, z. B. durch Verweigerung der Mitarbeit, oder über eine Kette von Konsequenzen der Handlungen der interdependenten Entscheidungsträger erfolgen.

Der Begriff des interpersonalen Konflikts wird somit auf den Zielsetzungsprozeß nur eines Aktors zentriert, der aufgrund des von ihm kognitiv erfaßten kollidierenden Verhaltens eines anderen Aktors (bzw. Aktorgruppe) nicht realisiert werden kann. Nach dieser Auffassung ist ein interpersonaler Konflikt an die bewußte kognitive Erfassung erwarteter oder tatsächlicher kollidierender Zielverfolgung zumindest bei einem der beteiligten Aktoren gebunden.

In diese Abgrenzung des Konfliktbegriffs ist infolgedessen der Fall eingeschlossen, daß der den Zielsetzungsprozeß eines Aktors unterbrechende Aktor sich seiner konfligierenden Haltung nicht bewußt ist, ebenso aber, daß *beide* Aktoren ihre gegenseitige Behinderung der Zielrealisation bewußt erkennen.

Insofern werden in die Analyse rationalen Verhaltens von Aktoren in interpersonalen Konfliktsituationen sogenannte latente, verdeckte oder unbewußte Konfliktbeziehungen der Aktoren nicht mit einbezogen[10]. Damit soll nicht geleugnet werden, daß noch nicht ausgeformte und bewußt erfaßte Konflikte zwischen Aktoren eine bedeutende Rolle in der Unternehmung spielen[11]. Hierbei ist nur zu berücksichtigen, daß die Erfassung der Existenz und Wirkungen latenter Konflikte zwischen Aktoren nur durch einen bewußt Informationen verarbeitenden Dritten möglich ist. So kann ein Abteilungsleiter einen latenten Konflikt zwischen Mitarbeitern entdecken, die infolgedessen seine Grundzielvorstellung bezüglich ihres Verhaltens behindern. Er ist somit als bewußt Handelnder in den Konflikt einbezogen und kann die Bewußtmachung des Mitarbeiterkonflikts als Vorstufe einer Konflikthandhabung wählen.

Wie betont, entstehen interpersonale Konflikte aus der Verbundenheit der Entscheidungsträger. Wird die Verbundenheit der Entscheidungsträger als Austauschbeziehung funktionsspezifischer Leistungszusagen und Forderungen zwischen Eigenkapitalgebern, Mitarbeitern sowie zwischen Unternehmung und Lieferanten, Abnehmern und Gemeinden gekennzeichnet, liegt ein interpersonaler Konflikt vor, wenn die wechselseitigen Leistungszusagen und Forderungen der Aktoren nicht übereinstimmen. Insofern werden die funktionalen Leistungszusagen und Forderungen als Bestandteile der individuellen Grundzielsetzungsprozesse zum Anknüpfungspunkt der Konfliktanalyse erhoben.

Die folgende Tabelle zeigt ein Beispiel für kollidierende Leistungszusagen und Forderungen:

Aktor A Unternehmungsführung	Aktor B Mitarbeiter
Leistungszusage Entlohnung in Höhe von DM 1000.-	**Forderung** Entlohnung in Höhe von DM 1100.-
Forderung Arbeitsleistung von 8 h	**Leistungszusage** Arbeitsleistung von 7 h

Mit diesen Überlegungen soll deutlich gemacht werden, daß interpersonale Konflikte auf die Nichterfüllung der von den Individuen erwarteten Leistungszusagen und Forderungen zurückgeführt werden können. Leistungszusagen und Forderungen, deren Realisierbarkeit von den Handlungen des anderen Aktors abhängt, stellen die zu sichernden Grundziele dar. Diese Grundziele

[10] Zum Begriff des latenten Konflikts vgl. die Ausführungen zum Konfliktansatz Dahrendorfs.

[11] Vgl. Krüger [Grundlagen] 17.

gehen in den Zielsetzungsprozeß in Form von Zielkriterien ein, die in der Regel eine differenzierte Gestalt annehmen. Die Analyse der Grundzielkonzepte hat somit die vielfältigen Grundzielkriterien, die die Aktoren im Rahmen der Übernahme oder Ausübung von Unternehmungsfunktionen aktualisieren, aufzudekken. In dieser Weise werden interpersonale Konfliktarten deutlich, die zugleich Einwirkungsbereiche der Konflikthandhabung darstellen.

Mit diesen Überlegungen ist zunächst das Problemfeld näher gekennzeichnet, das zur Analyse der Konfliktentstehung in Unternehmungen detailliert zu erarbeiten ist. Mit der Analyse der individuellen Grundzielsysteme werden generelle und spezielle Konfliktursachen und deren Ausformung zu interpersonalen Konflikten herauszuarbeiten sein.

2. An die Aufdeckung von Grundzielkonflikten der Unternehmungsmitglieder schließt sich die Analyse der Konflikthandhabung als Sekundärprozeß an. Die Darstellung des Zielsicherungsprozesses deckt dabei den zweiten Teil des Modells des Konfliktverhaltens in der Unternehmung ab, das den Problemgehalt reaktiven Verhaltens auf erwartete oder tatsächliche Konfliktsituationen beinhaltet. Hierbei sind die Möglichkeiten reaktiven Verhaltens aus der Sicht des beeinflussenden Aktors aufzuzeigen, der sein Ziel gegen kollidierendes Verhalten zu sichern sucht. Mit der Frage der Möglichkeiten der Zielsicherung verbindet sich zugleich auch die Frage nach den Wirkungen der Konflikthandhabungsformen. Um diesen, noch weithin ungeklärten Aspekt der Konflikthandhabung aufgreifen zu können, sind die spezifischen von den Aktoren verfolgten Ziele der Konflikthandhabung zu ermitteln. Die Ableitung der spezifischen Ziele, die die Aktoren mit ihrem reaktiven Verhalten auf Konfliktsituationen verfolgen, setzt die Präzisierung des mit der Konflikthandhabung verfolgten Zweckes und der im Rahmen der Konflikthandhabung einsetzbaren Mittel voraus. Erst mit der Aufdeckung der mit der Konflikthandhabung verbundenen Zielkriterien können die Wirkungen, die von der Reaktion auf Konflikte ausgehen, systematisch erfaßt werden.

Der Zweck der Konflikthandhabung wurde bereits als Sicherung des gefährdeten Grundziels bestimmt, während die Frage der einzusetzenden Mittel noch näher zu kennzeichnen ist. Hierbei handelt es sich allgemein um Mittel und Verfahren, die geeignet sind, auf kollidierendes Verhalten im Sinne der Zwecksetzung der Konflikthandhabung einzuwirken. Wird dies als Problem eines Mitteleinsatzes betrachtet, der eigene Ziele auch gegen Widerstand anderer zu sichern vermag, wird die enge Affinität zwischen *Konflikthandhabung und Machtproblematik* deutlich[12]. Die Zielkriterien konkretisieren somit die vom Aktor verfolgte Vorstellung im Hinblick auf das Ausmaß und die Qualität der Einflußnahme auf den kollidierenden Aktor zum Zwecke der Sicherung des gefährdeten Grundziels sowie die Vorstellung über Art und Umfang einzusetzender Macht-

12 Vgl. hierzu Weber [Wirtschaft] 28. Weber definiert Macht als jede Chance, innerhalb einer sozialen Beziehung den eigenen Willen auch gegen Widerstreben durchzusetzen.

mittel. Aus dieser Perspektive stellt sich die Sicherung von Zielen in Konfliktsituationen als eine Frage einseitiger oder wechselseitiger Machtprozesse zwischen den kollidierenden Aktoren dar. Die Macht der Aktoren wird damit zum problematischen Kriterium der Konflikthandhabung.

Der Machtbegriff wird in der sozialwissenschaftlichen Literatur mit den unterschiedlichsten Bedeutungsinhalten zur Kennzeichnung spezifischer Verhaltensbeziehungen zwischen Individuen, Gruppen und Organisationen verwendet. Trotz seiner amorphen Gestalt scheint es angebracht zu sein, den Machtbegriff aufgrund seiner heuristischen Fruchtbarkeit in die Analyse der Konflikthandhabung mit einzubeziehen.

Auf die breite Verwendung des Machtbegriffs in der konflikttheoretischen Literatur ist bereits hingewiesen worden. Schon *Hobbes*[13] hat die Bedeutung der Macht für die Durchsetzbarkeit von Interessen betont und damit den Grundstein für eine Theorie der Macht als eine Theorie des Einflusses gelegt. In der Entwicklung dieser Theorie[14] sind häufig Ansätze zu finden, die die Quellen der Macht lediglich auf materielle Ressourcen zurückführen. Die Vielgestaltigkeit der Macht ist jedoch durch *Webers*[15] Machttheorie deutlich geworden, die grundlegend die weitere Politische Wissenschaft beeinflußt hat. Hier ist zunächst *Dahl*[16] zu nennen, der die Frage der Sicherung eigener Ziele durch Machtausübung als *politischen Entscheidungsprozeß* zu kennzeichnen versuchte. Diesen Prozeß umgrenzt *Dahl* mit folgenden, auf den beeinflussenden Aktor bezogenen Fragen[17, 18]:

1. Welche anderen Aktoren können beeinflußt werden?
2. Welche Verhaltensweisen anderer Aktoren unterliegen der Einflußmöglichkeit?
3. Welche Mittel können zur Beeinflussung eingesetzt werden?
4. Welche Zuverlässigkeit hat die Beeinflussung anderer?
5. In welchem Ausmaß können die Verhaltensweisen anderer beeinflußt werden?
6. Welche Kosten sind mit der Ausübung von Einfluß verbunden?

Mit diesen Fragen sind bereits Kriterien des Sicherungszielsetzungsprozesses erkennbar, die im Hinblick auf die oben gestellte Frage nach den Wirkungen der

---

[13] Vgl. Hobbes [Leviathan].

[14] Vgl. hierzu den informativen Überblick über Machttheorien bei von Beyme [Theorien] 168 ff.

[15] Vgl. Weber [Wirtschaft] 28 ff.

[16] Vgl. Dahl [Analysis] 14 ff.

[17] Vgl. Dahl [Analysis] 18.

[18] Vgl. die Diskussion der von Dahl unterschiedenen Machtelemente durch Harsanyi [Messung] 191 ff. Bezogen auf die oben angeführte Reihenfolge der Machtfragen werden dort unterschieden: Die *Machtausdehnung*, der *Machtbereich*, die *Machtmittel*, die *Machtfülle* und die *Kosten der Macht*. Im Hinblick auf die Machtkosten ist zwischen den Opportunitätskosten der Beeinflussung und den Opportunitätskosten der Weigerung des Beeinflußten zu unterscheiden, die ein Ausdruck für die *Machtstärke* des Beeinflussenden sind.

Konflikthandhabung von Bedeutung sind. Dieser Problemkreis wird daher bei der Analyse der Konflikthandhabungsmöglichkeiten der Unternehmungsmitglieder von besonderer Bedeutung sein. Der als „decision making approach" bezeichnete Ansatz von *Dahl* ist jedoch dahingehend zu kritisieren, daß der vom machtunterworfenen Aktor ausgehende Einfluß unberücksichtigt bleibt[19]. Die relationalen Machtbeziehungen zwischen den Aktoren, die sich als wechselseitige Prozesse der Sicherung ihrer kollidierenden Ziele beschreiben lassen, wurden in dem „behavorial relationship approach" vorwiegend von *Bachrach/Baratz*[20] und *French/Raven*[21] aufgegriffen. Insbesondere die Systematisierung der Machtgrundlagen bei *French/Raven* zeigt die interpersonale Wechselbeziehung der Macht deutlich auf. Die Wirksamkeit der Machtgrundlagen wird dabei in Abhängigkeit von der Akzeptanz durch den beeinflußten Aktor gesehen. Der Sicherungsnutzen eingesetzter Macht wird folglich in hohem Maße von der Anpassungsbereitschaft des kollidierenden Aktors abhängig sein.

Mit diesen Überlegungen ist bereits ein neuer Problemkreis der Konflikthandhabung angesprochen.

Bei der Analyse der verschiedenen Formen der Konflikthandhabung ist die Frage nach Erhöhung der Akzeptanzbereitschaft beim kollidierenden Aktor mit einzubeziehen. Gemeint sind damit solche Formen des Einflusses, die auf direkte oder indirekte Weise die Anpassungsbereitschaft an das eigene, in seiner Realisation gefährdete Ziel erhöhen. Direkte und indirekte Möglichkeiten der Einflußnahme auf die Akzeptanz werden dabei aus der Art der Machtausübung bzw. aus der Gestaltungsart der Konflikthandhabung abzuleiten sein. Neben den Fragen der Erzielung einer freiwilligen Akzeptanz im Rahmen von Einflußprozessen sind jedoch auch die Probleme der akzeptanzfreien Formen der Konflikthandhabung zu erarbeiten. Hierbei ist nicht nur an die Sicherung des gefährdeten Aktorziels durch Ausübung von Zwang durch negative Sanktionierung des kollidierenden Aktors, sondern auch an die Möglichkeiten einer von seiner Akzeptanz ebenfalls unabhängigen Begrenzung des Umfeldes seines Handlungsspielraums zu denken.

Damit formen sich als generelle Stoßrichtungen der Konflikthandhabung der Zielsetzungsprozeß sowie das Umfeld des kollidierenden Aktors heraus. Dabei ist zwischen Prozessen zu unterscheiden, die eine Akzeptanz beim kollidierenden Aktor voraussetzen, und Prozessen, die, unabhängig von der Akzeptanz des kollidierenden Aktors, eine Grundzielsicherung herbeiführen. Die Verfügung über Macht, die freilich noch näher zu kennzeichnen ist, wird als *Bedingung* für eine Konflikthandhabung betrachtet, ohne die eine Sicherung gefährdeter Grundziele nicht möglich ist. Macht hat nach dieser Auffassung einen Mittelcharakter. Die Einordnung der Macht als Mittel der Sicherung von Grundzielen

---

[19] Vgl. von Beyme [Theorien] 170 f.

[20] Vgl. Bachrach/Baratz [Faces].

[21] Vgl. French/Raven [Bases].

schließt allerdings nicht aus, daß Macht in bestimmten Situationen selbst zum Ziel werden kann, Werden Machtmittel als notwendige Voraussetzung des Sicherungshandelns durch das Verhalten anderer gefährdet oder sind Machtmittel für künftige Sicherungshandlungen zu erhöhen, stellen sie selbst Ziele für die Handlungen der Aktoren dar. Im ersten Fall werden Machtmittel zu abzusichernden Grundzielen, da die Handlungen der Aktoren, die ihre Macht durch andere gefährdet sehen, auf die Sicherung ihres Machtpotentials gerichtet sind.

Im zweiten Fall liegt ein auf die Veränderung der Machtgrundlagen bezogener Zielsetzungsprozeß vor, der für künftig erwartete Gefährdungen von Grundzielen verbesserte Ausgangspositionen für den Sicherungszielsetzungsprozeß schaffen soll. Natürlich kann auch dieser Zielsetzungsprozeß auf kollidierende Interessen stoßen und daher Sicherungshandeln erfordern.

Damit wird ein Netz von Zielsetzungsprozessen der Aktoren deutlich, wobei jeweils diejenigen Zielsetzungsprozesse, deren Realisation durch kollidierendes Verhalten anderer gefährdet ist, als Grundzielsetzungsprozesse oder als primäre Zielsetzungsprozesse bezeichnet werden. Es wurde bereits gezeigt, daß die tatsächliche oder erwartete Behinderung oder Unterbrechung der Realisation der Grundziele vom Aktor als interpersonale Konfliktsituation kognitiv erfaßt wird und zur Aktualisierung eines Grundzielsicherungsprozesses führt. Dieses Sicherungshandeln erfordert Machtmittel und ist auf die Einflußnahme auf kollidierende, das eigene Grundziel gefährdende Handlungsspielräume gerichtet.

Mit der Herausarbeitung des Problemgehaltes dieses Zielsetzungsprozesses wurde der Hintergrund der Konflikthandhabung gekennzeichnet. Die Analyse der Konflikthandhabung ist dabei methodisch an der Struktur eines rationalen Zielsetzungsprozesses zu orientieren und inhaltlich vom zu sichernden Grundzielsetzungsprozeß, der zu Konfliktsituationen führt, abzuheben. Hierbei ist allerdings die erschwerende Problematik zu berücksichtigen, daß die Konflikthandhabung selbst zum Gegenstand von Konflikten werden kann und daher um zusätzliches Sicherungshandeln zu verlängern ist.

Mit diesem Überblick über Problembereiche des Grundzielsetzungsprozesses und des Zielsicherungsprozesses sind die im Rahmen dieser Untersuchung aufzuarbeitenden konstitutiven Fragen des Konfliktverhaltens näher gekennzeichnet.

Als analytischer Bezugspunkt betriebswirtschaftlicher Forschung auf konflikttheoretischem Gebiet kristallisieren sich damit zwei Aktor-Zielsetzungsprozesse heraus. Es wird dabei der entscheidungstheoretischen Grundthese gefolgt, daß Zielsetzungsprozesse unabhängig von ihrem Problemgehalt eine identische Formalstruktur aufweisen[22]. Das hier in seinen Grundzügen skizzierte

[22] Zur Formalstruktur des Zielsetzungsprozesses vgl. Chmielewicz [Formalstruktur] 239, Dlugos [Regulativ] 26 ff., Simon [Choice], [Rationality].

Denkmodell zur Erfassung des interpersonalen Konfliktverhaltens wird durch die nachstehende Abbildung, die eine vereinfachte Darstellung kollidierender Grundzielsetzungsprozesse und des Zielsicherungsprozesses zeigt, graphisch verdeutlicht.

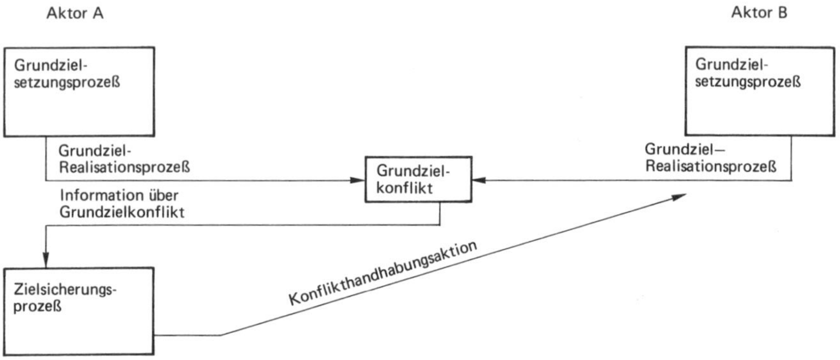

Abb. 8. Vereinfachte Darstellung kollidierender Grundzielsetzungsprozesse und des Zielsicherungsprozesses

Im folgenden Abschnitt ist daher zunächst die dem Grundzielsetzungsprozeß und dem Sicherungszielsetzungsprozeß gemeinsame Formalstruktur aufzuzeigen, wobei vom Probleminhalt beider Zielsetzungsprozesse völlig abstrahiert wird.

An dieser Stelle sind noch einige Bemerkungen im Hinblick auf das weitere Vorgehen anzufügen. An die Darstellung der Formalstruktur des Zielsetzungsprozesses schließt sich eine Aufarbeitung von Unternehmungsmodellen an, die unter dem für die hier vertretene Konzeption heuristischen Gesichtspunkt erfolgt, festzustellen, inwiefern die bisher unterschiedenen Aspekte der Konfliktentstehung und Konflikthandhabung in diesen Modellen enthalten sind. Für diesen Zweck bieten die bereits gegebenen Hinweise und inhaltlichen Skizzierungen des Grundzielsetzungsprozesses und des Sicherungszielsetzungsprozesses eine ausreichende Grundlage, um diese Prozesse in den diskutierten Modellen identifizieren zu können. Dabei ist insbesondere die Frage von Bedeutung, welche inhaltlichen Ausgestaltungen beide Zielsetzungsprozesse in den Unternehmungsmodellen erfahren. Hierbei wird zunächst jeweils an das begriffliche Instrumentarium dieser Modelle angeknüpft, um zu verhindern, daß durch einen diesen Modellen nicht immanenten Begriffsapparat Interpretationen hineingetragen werden, die in diesen Modellen enthaltene Leerstellen verdecken können. Als Beurteilungskriterium wird jedoch die für die hier vertretene Konzeption konstitutive Differenzierung von Grundzielsetzungsprozeß und Sicherungszielsetzungsprozeß herangezogen.

2. Der Zielsetzungsprozeß als Bezugspunkt der betriebswirtschaftlichen Konfliktanalyse

Entsprechend der These, daß die Komplexität des Konfliktverhaltens aus der Perspektive von zwei Zielsetzungsprozessen, dem Grundzielsetzungsprozeß und dem Sicherungszielsetzungsprozeß, erfaßt werden kann, wobei sich diese Zielsetzungsprozesse lediglich in ihrem Problemgehalt, nicht aber in ihrer logischen Struktur voneinander unterscheiden, ist die Formalstruktur dieser Prozesse aufzuzeigen.

Der Entwurf einer formalen Struktur stellt keine empirische Beschreibung tatsächlichen Entscheidungsverhaltens von Individuen dar. Das Formalgerüst kann aber in seiner pragmatisch-realwissenschaftlichen Zielsetzung dazu dienen, Handelnde in ihrem Bemühen um rationale Abläufe ihrer Zielsetzungsprozesse zu unterstützen, und kann für die theoretisch-realwissenschaftliche Zielsetzung als Bezugspunkt oder Rahmen dienen, von dem aus reale Zielsetzungsprozesse erforscht und auch beurteilt werden können.

Mit der Entwicklung einer logischen Struktur des Zielsetzungsprozesses sind keine Aussagen verbunden, die angeben, welche Ziele bei rationalem Verhalten verfolgt werden sollen, welche Wertansätze zu wählen und welche Entscheidungsmaximen anzuwenden sind, um in einer bestimmten Situation eine Handlung aus der Vielzahl der möglichen Handlungen zu realisieren. Es wird somit kein als rational erachtetes Ziel, Wertsystem und Entscheidungsprinzip in normativer Absicht formuliert, sondern lediglich ein formales Modell aufgestellt, das die Struktur einer rationalen Wahlhandlung figuriert[23]. „Solche Modelle beinhalten nur eine *formale Rationalität*, d. h. die *Art des Zustandekommens* der Entscheidung kann als rational angesehen werden, weil die Entscheidung so zustande kommt, als ob sie bewußt oder mit Überlegung gefällt würde[24]."

Die Rationalstruktur des Zielsetzungsprozesses ist dabei auf eine motivierende Situation bezogen, die, bestehend aus

1. einem Aktor und
2. einem Handlungsfeld des Aktors sowie
3. einem Wertsystem des Aktors und
4. einem Entscheidungskriterium,

zu einer bestimmten Handlung des Aktors führt, durch die eine neue Situation geschaffen wird[25].

Die folgenden Ausführungen beziehen sich auf die formalen Aufbauelemente

---

23 Vgl. zur Struktur des rationalen Zielsetzungsprozesses Simon [Decision Making]; [Rationality]; [Choice]; Dlugos [Zielproblematik] 105 ff. und 136 ff.; Kosiol [Planung].

24 Gäfgen [Theorie] 26.

25 Vgl. Gäfgen [Theorie] 26.

des Zielsetzungsprozesses, die nicht mit der Realanalyse des Ablaufs von Zielsetzungsprozessen zu verwechseln sind[26].

Zur Darstellung der Formalstruktur wird auf die von *Dlugos* herausgearbeiteten Problemkreise wirtschaftlichen Handelns zurückgegriffen[27]. „Jedem Zielsetzungs- und Entscheidungsprozeß liegt eine bestimmte Motivation zugrunde, die dem Denkprozeß die Richtung gibt. In den Zielsetzungsprozeß gehen verschiedenartige Elemente des Zielsystems des Handelnden, Vorstellungen von Realisierungsmöglichkeiten und Informationen über tatsächlich bestehende Möglichkeiten, der Art und des Ausmaßes der Zielerfüllung ein[28]."

Die Problematik eines Zielsetzungsprozesses, der die logische Struktur eines Optimalproblems aufweist, wird von Dlugos in vier Problemkreise zerlegt[29]:

1. Aufnahme einer als gewollt in Frage gestellten Veränderung vorgefundener Sachverhalte und Formulierung eines Generalziels als zunächst generelle, vorerst noch unspezifierte Zielvorstellung.
2. Festlegung der für die Entscheidung relevanten Zielkriterien und Erfassung der Alternativen und Konsequenzen je Zielkriterium.
3. Bewertung der Konsequenzen der Alternativen je Zielkriterium und Ermittlung der optimalen Alternative unter Anwendung des Entscheidungskriteriums.
4. Ingangsetzung des Realisationsprozesses durch Vorgabe eines hinreichend determinierten Spezialziels, steuernde Anpassung des Prozesses durch permanenten Soll-Ist-Vergleich und Aufnahme neuer Daten zwecks revidierender Verlängerung des Zielsetzungsprozesses bis zum Abschluß des Realisationsprozesses.

Zielsetzungsprozesse bewirken eine *mentale* Einengung möglicher Handlungsspielräume. In diesem Sinne bedeuten Generalziel und Spezialziel unterschiedliche Konkretisierungsstufen ein und desselben Zielsetzungsprozesses, in dem sich eine Präzisierung des Wollens unter Verarbeitung der Umweltdaten vollzieht. Dabei bezeichnet das Generalziel im einzelnen Elemente des Zielsystems und des operationalen Wissens, die zur Selektion und Verarbeitung von Umweltdaten benötigt werden. Dlugos nennt als Komponenten des Generalziels die Zweckaussage, die Mittelaussage, die Zielkriterien und die Entscheidungskriterien.

Zweck- und Mittelaussage umfassen als materiale Komponente die unspezifiziert in Frage gestellte Veränderung vorgefundener Sachverhalte sowie die

---

[26] Vgl. die real- und idealtheoretischen Analysen des Ablaufs von Zielsetzungsprozessen durch Witte [Phasentheorem]; Griem [Prozeß]. Einen umfassenden Überblick über die Zielforschung gibt Johnsen [Studies].

[27] Vgl. Dlugos [Regulativ] 26 ff. und [Teildisziplin] 58 f.

[28] Dlugos [Regulativ] 26.

[29] Vgl. Dlugos [Regulativ] 26–28 und [Teildisziplin] 58 f.

zunächst generell formulierte Vorstellung der Realisierungsmöglichkeiten. „Zur Ausformung der materialen Komponente zum Spezialziel sind Zielkriterien erforderlich, die Einzelheiten der materialen Komponente und damit die gewollten, darüber hinaus aber auch andere, lediglich akzeptierte Handlungskonsequenzen der Art nach bezeichnen. Sie müssen eine Differenzierung der Alternativen ermöglichen ... und stellen den aktualisierten Teil eines Zielsystems dar. Zur Ermittlung der vorzuziehenden Alternative ist ein Entscheidungskriterium auf ein ausgezeichnetes einziges Zielkriterium oder auf die Amalgamationswerte einiger oder aller Zielkriterien anzuwenden...[30]." *Ziel- und Entscheidungskriterium* bilden die formale Generalzielkomponente. „Mit dem Entschluß, die ausgewählte Alternative als Spezialziel zu setzen, wird der Realisationsprozeß eingeleitet, der auf der Grundlage eines möglichst permanenten Soll-Ist-Vergleichs zu kontrollieren und zu steuern ist[31]."

Ein vollständig formuliertes Spezialziel enthält eine Zweckaussage, die das Gewollte spezifiziert, und eine Mittelaussage, die das zu verwendende Mittel angibt.

Die Problemkreise eines solchen Modells rationalen Handelns verdeutlicht die folgende Abbildung[32].

Das mit Hilfe eines solchen rationalen Denkmusters abgeleitete zu realisierende Ziel kann dabei nicht im substantiellen Sinne als objektiv rational betrachtet werden[33]. Die substantielle bzw. inhaltliche Rationalität von Zielen kann nur auf das individuelle Wertsystem des Aktors bezogen werden. Da der Aktor über ein Wertsystem verfügen kann, das mit dem anderer Aktoren nicht übereinstimmt, kann es aus deren Sicht als irrational qualifiziert werden[34]. Ein in der Form rationales Verhalten, das zu subjektiv inhaltlich-rationalen Zielen führt, kann dabei vom Standpunkt eines anderen Aktors irrational erscheinen.

In ein und derselben Situation rational handelnde Aktoren können aufgrund divergierender Ziel- und Wertvorstellungen konfligierende Ziele ableiten, da eine nur formale Rationalität mit einem beliebigen Ziel- und Wertsystem vereinbar ist[35].

Die Anwendung formal identischer Strukturen von Zielsetzungsprozessen bei kollektiven Zielsetzungsprozessen impliziert somit keineswegs eine übereinstimmende Zielsetzung und verhindert damit nicht die Entstehung von Zielkonflikten.

---

30 Dlugos [Regulativ] 28; Hervorhebungen weggelassen.

31 Dlugos [Regulativ] 28; Hervorhebungen weggelassen.

32 Entnommen aus Dlugos [Regulativ] 27.

33 Vgl. hierzu die Diskussion der subjektiven und objektiven Rationalität bei Hartfiel [Rationalität]; Reber [Verhalten] 169 ff.

34 Vgl. Gäfgen [Theorie] 26 f.

35 Vgl. Gäfgen [Theorie] 28.

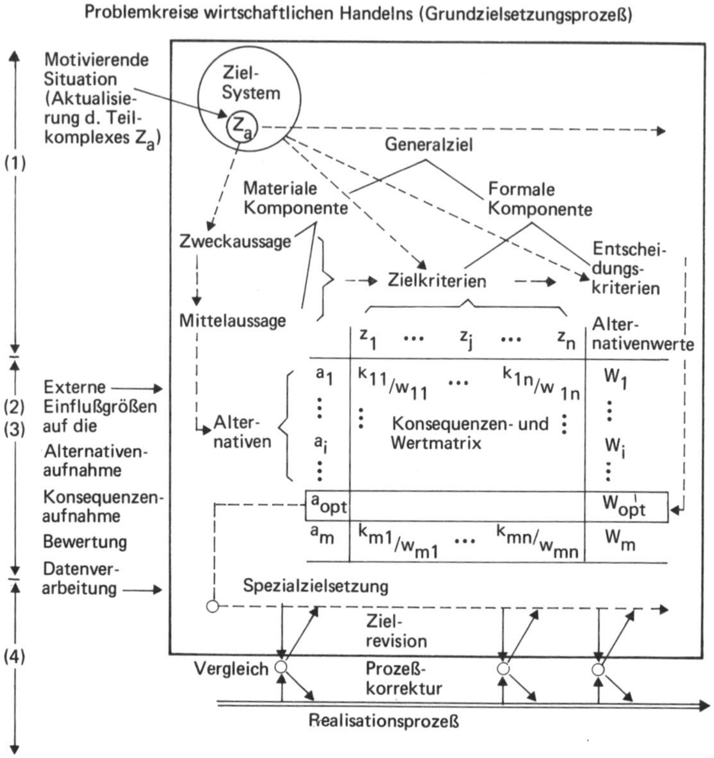

Abb. 9. Formalstruktur des Zielsetzungsprozesses

Ob ein Entscheidungsträger substantiell rational oder irrational gehandelt hat, wird in sozialen Gebilden häufig vom Standpunkt eines allgemein als richtig anerkannten Wertsystems beurteilt. „So wird z. B. ein Generaldirektor eine Entscheidung seines Verkaufschefs danach beurteilen, ob sie mit dem Zielsystem des Unternehmens vereinbar ist, d. h. ob sie zielrichtig und nicht nur formrichtig ist[36]". Dieses Zitat verdeutlicht, daß sich für Unternehmungen, deren Zielsetzungsprozesse durch das Zusammenwirken ihrer Mitglieder gekennzeichnet sind, das Problem stellt, die individuellen Zielsetzungsprozesse so zu kanalisieren, daß ein rationales kollektives Zielsystem entsteht. Die Kanalisierung der individuellen Zielsetzung kann dabei nicht unabhängig von machtpolitischen Einflüssen gesehen werden[37]. *Kirsch* differenziert in diesem Zusammenhang zwischen Kern- und Satellitengruppen im kollektiven Zielsetzungs-

[36] Vgl. Gäfgen [Theorie] 27.

[37] Vgl. Kahn et al. [Stress] 188 ff., Lindblom [Democracy] 235 f.

prozeß der Unternehmung[38]. Die Satelliten richten an die Kerngruppe eine Vielzahl von Forderungen, die unter sich, aber auch mit den Vorstellungen des Kernorgans häufig kollidieren. Das Recht der Kerngruppe, Ergebnisse des kollektiven Entscheidungsprozesses zu autorisieren und als Unternehmungsziele verbindlich vorzugeben, verschafft ihr einen dominierenden Einfluß auf die Zielsetzung. Die durch das Kompetenzsystem geregelten Weisungsbefugnisse bilden jedoch nur eine Machtgrundlage unter vielen, mit der die Kerngruppe ihre Zielvorstellungen gegen die kollidierenden Wünsche der übrigen Beteiligten sichern kann. Das Ergebnis des kollektiven Zielsetzungsprozesses wird also wesentlich von den Macht- und Kommunikationsbeziehungen in und zwischen den beteiligten Gruppen bestimmt.

Auf die Machtvariable als Schlüsselelement konfliktärer multipersonaler Zielsetzungsprozesse wurde bereits im vorangegangenen Abschnitt verwiesen. Im Vordergrund dieser Überlegungen steht die Frage nach einem geeigneten methodischen Ansatzpunkt zur Analyse der interpersonalen Konfliktproblematik. Die adäquate gedankliche Ausgangsbasis zur Erfassung der Entstehung und Handhabung interindividueller Konflikte wird hier in der Formalstruktur des Zielsetzungsprozesses gesehen. Die Struktur des Zielsetzungsprozesses stellt dabei in mehrfacher Hinsicht die Leitschiene für die konzeptionelle Behandlung des Konfliktverhaltens dar, wobei für die folgenden Problembereiche eine inhaltliche Konkretisierung der Formalstruktur durchzuführen ist. Das Modell dient

1. der Analyse der interessenbedingten Grundzielsetzungsprozesse der Aktoren
2. der Analyse der Ursachen der vielfältigen Konflikte in der Unternehmung
3. der Analyse der Struktur und Einwirkungsbereiche des Konflikthandhabungsprozesses.

Indem der Konfliktanalyse der Typus formal-rationalen Handelns der kollidierenden Aktoren generell zugrunde gelegt wird, entsteht die Frage nach Konflikten aufgrund nicht-rationalen Handelns. Nicht-rationales Handeln unterscheidet *Gäfgen*[39] in impulsiv-instinktives Handeln, strikt-traditionales Handeln, zufälliges unorientiertes Handeln und inkonsistentes Handeln. Da für die Empirie nicht ausschließlich formal-rationales Handeln unterstellt werden kann, wäre es für eine realwissenschaftliche Konfliktanalyse unzweckmäßig, konfligierendes Handeln, das auf diesen Handlungstypen beruht, ausklammern zu wollen. Empirisch prüfbare Aussagen über Genesis und Handhabung interpersonaler Konflikte bei rationalen, nicht-rationalen oder gemischten Handlungstypen setzen jedoch Kenntnisse über Gesetzmäßigkeiten, situative Bedingungen und reale Strukturen dieser Zielsetzungsprozesse voraus. Ohne dieses Wissen sind Prognosen über die Art der konfligierenden Zielsetzungsprozesse der Aktoren in Entscheidungssituationen nicht möglich. Für den konkret Han-

[38] Vgl. Kirsch [Entscheidungsprozesse III] 54 ff.
[39] Vgl. Gäfgen [Theorie] 31; Lersch [Aufbau] 464 ff.

delnden ist es daher außerordentlich schwierig, den konfligierenden Zielsetzungsprozeß hinsichtlich seiner Handlungsart einzustufen[40]. Für eine effektive Konflikthandhabung ist die Kenntnis der Handlungsart des Konfliktpartners jedoch von erheblicher Bedeutung. Dies würde voraussetzen, daß der Aktor Informationen über die vom Konfliktpartner aktualisierten Ziele und Werte, über dessen Informationsstand und den Datenverarbeitungsprozeß erhält. Verfügt der Aktor über derartige Informationen, könnte er in Abhängigkeit von den Besonderheiten des jeweiligen Handlungstypus auf spezifische Elemente des konfligierenden Zielsetzungsprozesses einwirken. Wüßte der Aktor, daß der Konfliktpartner beispielsweise inkonsistent gehandelt hat und deshalb mit seinem Ziel kollidiert, könnte er speziell auf das widersprüchliche Wertsystem einwirken ober bei zufälligem unorientierten Handeln auf die Aktualisierung von Zielen, die mit seinem eigenen Zielsystem übereinstimmen. Das Dilemma des Handelnden besteht also darin, daß er einerseits eine auf die spezifischen Eigenschaften des konfligierenden Zielsetzungsprozesses abgestimmte Konflikthandhabung zur effektiven Zielsicherung benötigt, andererseits aber nicht in der Lage ist, von seinem Standpunkt aus die Aktion des Konfliktpartners als rationale oder nicht-rationale Handlungsart zu erkennen. Insofern stellt sich unter dem Gesichtspunkt der Schwierigkeiten, informative Aussagen über reales Handeln der Konfliktpartner aufstellen zu können, die Frage nach dem vorerst einzuschlagenden Forschungsweg. Dieser wird hier darin gesehen, daß, ausgehend von dem skizzierten formalen Grundmuster eines Zielsetzungsprozesses, die konflikttheoretischen Implikationen des Aktorverhaltens aufgezeigt werden sollen. Anhand der Formalstruktur können, wie bereits betont, die möglichen Konfliktursachen der interessenbedingten Grundzielsetzungsprozesse der Aktoren ermittelt sowie die Problembereiche der Konflikthandhabung analysiert werden. Mit diesem Vorgehen werden zwar lediglich analytisch-deduktive Aussagen gewonnen, die jedoch in einer späteren Forschungsphase durch Beschreibungen von Realerscheinungen ersetzt werden könnten. Das reale Konfliktverhalten kann sich dabei als Abweichung vom formal-rationalen Verhalten erweisen. Der hier gewählte idealwissenschaftliche Weg dient als Vorstufe realwissenschaftlicher Aussagen und auch empfehlender Aussagen für tatsächliches Handeln in Konfliktsituationen und impliziert selbst einen pragmatischen Aspekt: Aktoren können ihre eigenen Zielsetzungsprozesse am Modell formaler Rationalität orientieren sowie das Verhalten des Konfliktpartners unter Verwendung dieses Modells analysieren.

Mit diesem Kapitel ist die Methodik für die weitere Behandlung der Konfliktproblematik in Unternehmungen fixiert.

In einem weiteren Untersuchungsschritt soll nunmehr versucht werden, die skizzierten konstitutiven Problembereiche der entscheidungsorientierten Konfliktanalyse zu konkretisieren und in ihren inhaltlichen Varianten zu erfassen.

---

40 Vgl. Illetschko [Handeln] 1387.

Für diese Zielsetzung stellt sich zunächst die Frage nach der geeigneten Vorgehensweise. Für die hier verfolgte theoretische Analyse bietet sich der Weg an, vorhandene *Unternehmungsmodelle*[41] hinsichtlich ihrer konflikttheoretischen Implikationen auszuwerten, d. h. die modellimmanenten Aussagen über konfligierende Zielsetzungsprozesse und Konflikthandhabungsprozesse zu ermitteln. Mit dieser Untersuchung verbindet sich der heuristische Zweck, Anhaltspunkte für den weiteren Ausbau des umrissenen Konfliktmodells der Unternehmung zu gewinnen. Während mit Hilfe der Analysen der Konfliktansätze von *Dahrendorf* und *Boulding* die grundlegenden Problembereiche einer Konflikttheorie erkannt werden konnten - insbesondere die Notwendigkeit einer scharfen analytischen Differenzierung der Konfliktentstehung und Konflikthandhabung -, geht es nun um den Versuch, diese Fragen als Realerscheinungen in Unternehmungen zu identifizieren.

Es sind also Unternehmungsmodelle hinsichtlich ihrer impliziten oder expliziten Aussagen über das Konfliktverhalten von Unternehmungsmitgliedern zu untersuchen.

Der Untersuchungszweck bestimmt die Auswahl der Modelle. Um zu einer weitgehend detaillierten Aufbereitung der Konfliktprozesse und Konfliktbeziehungen in Unternehmungen zu kommen, orientiert sich die Auswahl der Modelle am Kriterium eines möglichst umfassenden verhaltenswissenschaftlichen Bezugsrahmens zur Erfassung der kollektiven Entscheidungsprozesse in Unternehmungen. Zum Begriff des verhaltenswissenschaftlichen Bezugsrahmens nimmt *McGuire* wie folgt Stellung: „The behavioral frame of reference usually consists of concepts which have the following features in common: (1) The assumption that it is actors within the firm, rather than the firm itself, that act; (2) That behavior is conditioned by personality as well as environmental factors; (3) That, as a minimum, the behavioral processes examined must take into account the cognition, perception, beliefs, and knowledge of the actor(s); and (4) That rewards, or goals, are oftentimes complex.[42]" Jede dieser Grundannahmen ist für eine Analyse interpersonaler Unternehmungskonflikte von heuristischer Effizienz.

Als relevante verhaltenswissenschaftliche Konzeptionen werden im folgenden das *Bürokratiemodell*, das *Anreiz-Beitragsmodell*, das *Koalitionsmodell* und das *Politische Systemmodell* der Unternehmung untersucht. Diese Modelle unterscheiden sich hinsichtlich ihres begrifflichen Instrumentariums, ihrer spezifischen Prämissen und Perspektiven des kollektiven Zielsetzungsprozesses in Unternehmungen und darüber hinaus hinsichtlich ihres Realitätsgehalts.

---

41 Vgl. die Übersicht und kritische Diskussion der Unternehmungsmodelle bei Fäßler [Mitbestimmung] 38 ff.; McGuire [Theories] 27 ff.; Busse von Colbe [Theorie] 615 ff.; Feldmann/Kanter [Decision Making] 628 ff.; Grochla [Organisationstheorie] 1236 ff.

42 McGuire [Theories] 27.

So betont McGuire: „None of these concepts has general validity, none of them is perfectly realistic[43].“

Angesichts dieser Bewertung wird es Aufgabe des folgenden Kapitels sein, nicht nur die unterschiedlichen Aspekte und Problembestandteile der Konfliktproblematik aus der Sicht der jeweiligen Unternehmungsmodelle herauszuarbeiten, um Anhaltspunkte für die weitere Arbeit zu gewinnen, sondern auch, was zwangsläufig damit verbunden ist, die Leerstellen und verkürzten konflikttheoretischen Aussagen dieser Modelle herauszuarbeiten. Die Analyse orientiert sich dabei methodisch an den Prozessen der Zielsetzung und Zielsicherung.

---

43 McGuire [Theories] 37.

IV. Die unbefriedigende Kennzeichnung der Konfliktproblematik in Zielsetzungsmodellen der Unternehmung

1. Die Konfliktproblematik im bürokratischen Modell der Unternehmung

Der Organisationstypus der Bürokratie ist von *Weber*[1] mit der Absicht entwickelt worden, eine für die Realisierung eines vorgegebenen Organisationszieles optimal geeignete Strukturform zu entwerfen[2].

Im einzelnen ist die Strukturform der Bürokratie durch folgende Merkmale gekennzeichnet[3]:

1. Das Prinzip der Arbeitsteilung und Spezialisierung,
2. das Prinzip schriftlich fixierter Regeln für Entscheidungen,
3. das Prinzip der Amtshierarchie, das die Installierung von Kontroll- und Aufsichtsinstanzen einschließt,
4. das Prinzip der Kompetenzabgrenzung mit folgenden Merkmalen:
   a) die Abgrenzung von Aufgaben
   b) die Zuordnung von Anordnungsbefugnissen
   c) die Festlegung von negativen Sanktionsmaßnahmen,
5. das Prinzip der Entlohnung und Beförderung zur Erzielung loyalen Verhaltens gegenüber den Bürokratiezielen.

Weber bezweckt mit diesen bürokratischen Prinzipien die Ausschaltung des Einflusses individueller Interessen, die mit dem vorgegebenem rationalen Zielsystem der Bürokratie kollidieren könnten. Das grundlegende Motiv Webers war dabei, die Entscheidungen der Bürokratie als Verwaltungsapparate des Staates berechenbar zu machen und sie der Willkür ihrer Entscheidungsträger zu entziehen[4].

Zur Erzielung eines derartigen, von *Burns/Stalker* auch als mechanistisch

---

[1] Vgl. Weber [Wirtschaft].

[2] Vgl. Mayntz [Idealtypus].

[3] Vgl. Etzioni [Soziologie] 87 ff.; Janowski [Bürokratie] 325; Hill/Fehlbaum/Ulrich [Organisationslehre] 415 ff.; Silvermann [Theorie] 64 f., Blau/Heydebrand/Stauffer [Wechselbeziehungen] 95 ff. nennen als strukturelle Merkmale der Bürokratie: 1. Arbeitsteilung, 2. Professionalisierung des Managements, 3. Autoritätshierarchie, 4. administrativer Stab von Bürokräften.

[4] Vgl. hierzu Janowski [Bürokratie] 326.

bezeichneten Organisationstyps[5] ist es daher notwendig, das individuelle Verhalten zu determinieren und in Richtung auf das gewollte kollektive Verhalten zu steuern. Die Handlungen der Mitglieder bürokratischer Organisationen werden dabei allein vom Standpunkt eines einzigen Teilnehmers (des Gründers, der übergeordneten Institution, des Herrschers) bestimmt[6]. Der Schluß liegt dann nahe, durch Arbeitsteilung und Spezialisierung, durch Zuordnung von Amtsautorität, durch Vorgabe von Regeln und Verteilung von Rechten der Befehlsausübung ein differenziertes System rationaler multipersonaler Prozesse der Spezialzielableitung zu konstruieren. Indem eine zuverlässige Willensübertragung durch Befehl, deren Akzeptanz in definierten Grenzen vorausgesetzt wird, zum Grundbestandteil eines idealtypischen bürokratischen Systems erhoben wird, klammert die Formulierung dieses bürokratischen Sollschemas die Frage individueller konfligierender Grundzielsetzung aus.

Das bürokratische System, das a priori keine Konflikte im Bereich der Zielsetzung enthält, kann in der Erfüllung seiner Ziele nur noch durch Reibungen in den multipersonalen Prozessen zielrealisierenden Handelns (beispielsweise durch unklare oder widersprüchliche Anweisungen) behindert werden. Dies ist daher der Bereich, auf den sich die regulativen Mittel zur Erzielung eines hohen Konformitätsgrades mit den vorgegebenen Zielen erstrecken.

Die Bildung des Zielsystems wird als rein analytischer Vorgang betrachtet, bei dem mit Hilfe formaler und materialer Merkmale Teilziele aus dem obersten Unternehmungsziel abgeleitet werden, die unter Anwendung bestimmter Syntheseprinzipien zu Stellenaufgaben zusammengefaßt werden[7]. Der Mensch ist definiert als Aufgabenträger, der zwar Erfolgs-, Einkommens- und Sicherheitsansprüche verfolgt, diese aber nur in dem von der Bürokratie vorgegebenen Umfang und Ausmaß erfüllen kann. Eine Einflußnahme des Organisationsmitgliedes auf die von der Bürokratie bereitgestellten Anreize ist aus der Betrachtung ausgeschlossen.

Die Sicherung des bürokratischen Zielsystems ist daher so konstruiert, daß die individuellen Ziele wie Status, Anerkennung und Sicherheit allein durch die Erfüllung der vorgegebenen Organisationsziele, die als „objektiv beste Lösungsmöglichkeiten" hingestellt werden, realisiert werden können und mit diesen nicht in Konflikt geraten können.

Sehr deutlich werden die individuellen Verhaltensweisen in Bürokratien von *Presthus*[8] differenziert. Er unterscheidet zwischen drei Typen von Anpassungsmustern:

---

[5] Vgl. die Gegenüberstellung von mechanistischen und organischen Strukturen bei Burns/Stalker [Systeme] 149 ff., sowie die Diskussion bei Kieser [Umwelt] 304.

[6] Vgl. Luhmann [Grundbegriffe] 43.

[7] Diesen Fragen hat sich speziell die klassische betriebswirtschaftliche Organisationslehre zugewandt. Vgl. Kosiol [Organisation].

[8] Vgl. Presthus [Individuum] 171 ff.

1. Der *Aufsteigende* internalisiert die Ziel- und Wertvorstellungen der Bürokratie und betrachtet ihre Erfüllung zugleich als Mittel der Realisierung seiner individuellen Interessen. Die von der Bürokratie angebotenen Anreize, insbesondere der Karriereerfolg, sind mit seinen Individualzielen identisch und bewirken daher ein hohes Maß an Anpassungsbereitschaft, die ihrerseits wiederum den Aufstieg unterstützt.

2. Der *Indifferente* zeigt eine gewisse innere Reserve den bürokratischen Zielen gegenüber und sucht einen großen Teil seiner Individualziele außerhalb der Organisation zu erfüllen. Er ist nicht der „Karrieretyp", sondern der „Anglertyp", der aber zur Realisierung seiner individuellen Interessen die Sicherheit und eine von seinem Anspruchsniveau abhängige Höhe der von der Bürokratie bereitgestellten Äquivalente benötigt. Er ist daher in Grenzen zu konformem Verhalten bereit.

3. Der *Ambivalente* steht in Widerspruch zu den bürokratischen Ansprüchen auf Loyalität und Anpassungsbereitschaft. Während der Aufsteigende die Organisation akzeptiert, der Indifferente sein Engagement verweigert, befindet sich der Ambivalente in ständiger Konfrontation zu seiner Umwelt. Die Problematik des Ambivalenten besteht darin, daß seine Grundhaltung des kontinuierlichen „Infragestellens" von der bürokratischen Struktur unterdrückt und nicht gewünscht wird. Er neigt daher zur Isolation und Frustration.

Mit dieser Verhaltenstypologie zeigt Presthus, daß die Konzeption der Bürokratie als neutrales Instrument zur Erfüllung gegebener Zwecke nicht realtypisch ist. Die Organisationsmitglieder sind nicht als bloße Funktionsträger ohne eigene Interessen zu betrachten, sondern in Beziehung zu den Organisationszielen zu setzen. Da die Beziehung zwischen individuellen Zielen und Bürokratiezielen komplementär, indifferent oder konkurrierend sein kann, ist die Annahme der Konfliktlosigkeit des zweckrationalen Systems der Bürokratie nicht aufrechtzuerhalten. Im Grunde handelt es sich hierbei um eine Kritik der idealtheoretischen Konzeption Webers[9].

Thompson[10] verdeutlicht die relativ einfachen Mittel der Sicherung konformen Verhaltens in realen bürokratischen Organisationen, deren Hauptgewicht in der Fixierung des Handlungsspielraumes durch Zielvorgaben und Androhung negativer bzw. Gewährung positiver Sanktionen liegt. Die Kompetenz, Ziele vorzugeben und ihre Realisierung durch Sanktionierung zu sichern, konzentriert sich in der Bürokratie auf einige wenige Spitzenpositionen, die zusätzlich über das Recht verfügen, die nachgeordneten Instanzeninhaber auszuwählen und zu ernennen (Kooptation)[11]. Daraus ergibt sich ein „hierarchisches

---

9 Vgl. hierzu die Auseindersetzung mit der Kritik an Webers Bürokratiebegriff durch Mayntz [Idealtypus].

10 Vgl. Thompson [Bureaucracy] 17 ff.

11 Vgl. Presthus [Individuum] 65.

Monopol" bzw. eine „asymmetrische Machtverteilung", die einen einseitigen, über die Hierarchie von oben nach unten verlaufenden Prozeß der Zielvorgabe und Kontrolle festlegt. Die Funktion des bürokratischen Management wird von *Presthus* mit dem Begriff des Verwaltungsspezialisten umschrieben, dem neben der Anweisung und Weiterleitung ihm vorgegebener Ziele die Kontrolle des regelgebundenen Verhaltens der untergeordneten Mitglieder obliegt[12]. Da die Leistung des bürokratischen Managements an der effizienten Gestaltung, Anordnung und Überwachung des Arbeitsprozesses gemessen wird, seine individuellen Ziele also ebenfalls von der Erfüllung des vorgegebenen „Organisationszweckes" abhängen, ist es „... dazu gezwungen, von der Belegschaft immer weiterreichende und tiefere Loyalitätsgefühle zu verlangen"[13]. Die Forderung nach Loyalität, Gehorsam und Unterordnung gegenüber den Zielen und Regeln der Bürokratie findet ihre Rechtfertigung in Begriffen wie „Verpflichtung auf das Wohl der Organisation" oder auf die „gemeinsam empfundenen Werte". Ein derartiges Modell, das die Existenz eines Zielsystems aus einem allgemein akzeptierten *Gemeinwohl* ableitet, verbaut jedoch die Möglichkeit, die Vielfalt der Konflikte und Handhabungsformen auf den jeweiligen hierarchischen Stufen der Organisation zu erfassen. Die mit Sanktionsandrohung verbundene Forderung nach Anpassung an die Bürokratieziele stellt die dieser Konzeption allein entsprechende, einfache und durchgängige Form der Konflikthandhabung dar.

Trotz des unbefriedigenden Erkenntnisbeitrages des Bürokratiemodells für die Konfliktproblematik darf die bedeutsame heuristische Funktion des Modells von Weber nicht übersehen werden. *Merton, Gouldner, Blau, Udy,* um einige wichtige Vertreter der Bürokratieforschung zu nennen, haben die Annahme gleichgerichteter Interessen der Bürokratiemitglieder problematisiert, einige strukturelle Prinzipien des Bürokratiemodells modifiziert, dysfunktionale Folgen bürokratischer Zielsetzung und Zielsicherung für die Individuen und die Bürokratie aufgezeigt und empirische Ausprägungen des Idealmodells untersucht[14].

Dysfunktionale Erscheinungen werden als Anlaß gesehen, mit Hilfe bürokratisch-autoritärer Mittel „nachzusteuern", um das abweichende zielrealisierende Handeln auf das vorgegebene Ziel neu einzuregeln. Dieser Prozeß erfolgt um so intensiver, „... je mehr die dysfunktionalen und latenten Funktionen die geplante Zielerreichung modifizieren"[15]. Die verfeinerten Modelle der Bürokratie stellen durchaus Schritte dar, über die Berücksichtigung individueller Motivationen Konflikte zu erfassen, wenn auch ihre Evidenz dadurch vermindert wird, daß sie dem informalen Bereich der Unternehmung zugeordnet werden.

---

12 Vgl. Presthus [Individuum] 43. Vgl. auch Bosetzky [Grundzüge] 262 ff.

13 Presthus [Individuum] 26.

14 Merton [Persönlichkeit]; Gouldner [Bürokratie]; Blau [Strukturen]; Udy [Elemente].

15 Fäßler [Mitbestimmung] 58.

Die explizite Berücksichtigung von Konflikten im Zielsetzungsprozeß wurde daher auch durch diese Modelle noch nicht erreicht. So hebt *Fäßler* hervor, daß die Konflikte zwischen den Individuen und der formalen Organisation nur im latenten und dysfunktionalen Bereich erfaßt werden und konstatiert: „Die Konsequenzen der Interessenkonflikte werden jeweils nur auf die Zielerreichung hin untersucht, nicht dagegen auf den Vorgang der Zielbildung. Dieser ist hier als auf einer der Systembetrachtung vorgelagerten Stufe bereits gelöst aufzufassen[16]."

Somit kann aus konflikttheoretischer Sicht als Kerngehalt bürokratischer Ansätze das Aufzeigen direktiver Methoden der Anpassung zielrealisierenden Handelns der Unternehmungsmitglieder an das aus dem generellen Organisationszweck abgeleitete Ziel- bzw. Aufgabensystem erkannt werden. Aus konflikttheoretischer Perspektive ist das Bürokratiemodell primär für die Analyse der Konflikthandhabung in der vertikalen Dimension geeignet[17].

Die einseitige Sicht der bürokratisch-autoritären Anpassung von Individuen an das Zielsystem der Organisation wurde in der Folgezeit durch die ursprünglich von *Barnard* und dann von *March/Simon* weitergeführte *Anreiz-Beitrags-Theorie*[18] überwunden.

Diese für den hier verfolgten Untersuchungszweck bedeutungsvolle Theorie legt den Schwerpunkt auf die These, daß sich die Organisation in bestimmten Grenzen dem Individuum anpassen muß, um es zu einer Beitritts- und Beitragsentscheidung zu motivieren. Damit werden die Interessen der Individuen als konstitutiver Bestandteil des Zielsystems der Unternehmung erfaßt.

Für eine Konfliktanalyse der Unternehmung ist es von besonderer Bedeutung, der Frage nachzugehen, inwieweit das Unternehmungsmodell der Anreiz-Beitrags-Theorie Prozesse interessenbedingter Zielsetzung und Zielsicherung erfaßt. Im folgenden ist daher die Anreiz-Beitrags-Theorie unter diesem Gesichtspunkt in kurzen Zügen zu kennzeichnen.

2. Die Konfliktproblematik in der Anreiz-Beitrags-Theorie der Unternehmung

a) Die Anreiz-Beitrags-Theorie Barnards

Die Entwicklung der Organisationstheorie, die unter dem nachhaltigen Einfluß der durch *Weber* initiierten Bürokratieforschung stand, bekam einen neuen Impuls durch das 1938 von *Barnard* vorgelegte Werk „The Functions of the

[16] Fäßler [Mitbestimmung] 58. Sperrungen weggelassen.
[17] Vgl. Pondy [Concepts] 316.
[18] Barnard [Functions], March/Simon [Organizations].

Executive"[19]. Barnard legte den Akzent seiner Analyse auf die Motive des Individuums und die Frage nach den Bedingungen, unter denen ein Individuum zur produktiven Beitragsleistung in der Unternehmung bereit ist.

Damit wurde der entscheidende Schritt getan, das idealtypische Modell Webers zu modifizieren und die Bedeutung der individuellen Ziele im Zielsetzungsprozeß der Unternehmung herauszustellen. Für Barnard ist in Abkehr von der Bürokratietheorie das Individuum „... stets der maßgebliche strategische Faktor der Organisation"[20], deren Bestand von der Fähigkeit der Führungskräfte abhängt, die Mitwirkung von Personen in der Unternehmung zu sichern.

Barnards Theorie stellt im Kern eine *Theorie des Gleichgewichts zwischen Anreizen*, die die Unternehmung ihren Mitgliedern anbietet, *und Beiträgen*, die die Mitglieder der Unternehmung leisten, dar. Die Erfüllung von Teilaufgaben der Unternehmung einerseits und die Erfüllung von Ansprüchen der Unternehmungsmitglieder andererseits ist für Barnard der Anlaß, in methodischer Hinsicht zwischen Unternehmungszielsystem und individuellem Zielsystem zu differenzieren. Diese Zieldichotomie kommt in folgendem Zitat deutlich zum Ausdruck: „Wir müssen klar zwischen organisatorischem Zweck und individuellem Motiv unterscheiden. Zu häufig wird in theoretischen Erörterungen über Organisationen unterstellt, der allgemeine Zweck und das individuelle Motiv seien identisch oder sollten es doch sein[21]."

Trotz dieser Differenzierung dringt Barnards Ansatz nicht so weit vor, daß das Zielsystem der Unternehmung als Ergebnis einer einseitigen Interessendurchsetzung oder als Ergebnis eines Interessenkompromisses zwischen den an der Unternehmung beteiligten Interessengruppen analysiert wird.

Zur Bestimmung des Gleichgewichts beider Zielsysteme, d. h. des Äquilibriums von Anreizen und Beiträgen, führt Barnard die Kriterien der *Effektivität* und der *Effizienz* der Unternehmung an[22]. „Während die Wirksamkeit kooperativer Anstrengungen davon abhängt, wie weit ein Ziel des Systems erreicht wird, und während man sie im Hinblick auf die Bedürfnisse des Systems mißt, ist die Leistungsfähigkeit oder Effizienz eine Funktion der Befriedigung individueller Motive[23]." Die Unternehmung ist demnach wirksam bzw. effektiv, wenn sie unter Beachtung des ökonomischen Mitteleinsatzes ihre Ziele erfüllt, und effizient, wenn sie in der Lage ist, gleichzeitig die individuellen Ziele der Mitglieder, wie Sicherheit des Einkommens und des Arbeitsplatzes, zu erfüllen.

„Die Effizienz eines kooperativen Systems besteht demnach in seinem Vermögen, sich durch Befriedigung der beteiligten Individuen zu erhalten. Man kann das seine ‚Gleichgewichtsfähigkeit' nennen, den Ausgleich von Bürden durch

---

19 Barnard [Functions]. Deutsche Übersetzung [Führung].

20 Barnard [Führung] 122.

21 Barnard [Führung] 83.

22 Vgl. Barnard [Führung] 54 ff. und 84 ff.

23 Barnard [Führung] 59.

Satisfaktionen, die Dauerhaftigkeit garantieren[24]." Die Effizienz der Unternehmung besteht somit darin, den Unternehmungsmitgliedern genügend Anreize bieten zu können, um sie zur dauerhaften Kooperation zu bewegen.

Barnard zeigt Beziehungen von Effektivität und Effizienz auf, spart aber die Herausarbeitung konkurrierender Effektivitäts- und Effizienzziele aus.

Die wechselseitige Abhängigkeit von Effektivität und Effizienz beruht darauf, daß die Realisierung von Effizienzzielen die Realisierung von Effektivitätszielen voraussetzt und andererseits die Erfüllung von Effektivitätszielen die Erfüllung von Effizienzzielen voraussetzt. Effektivität und Effizienz bedingen sich somit gegenseitig und können nur auf einem Gleichgewicht von Anreizen und Beiträgen dauerhaft erfüllt werden. Eine Unternehmung, die individuelle Ziele nicht realisiert, wird Individuen weder zu einer Beitrittsentscheidung noch zu einer Beitragsentscheidung veranlassen können.

Mit diesem Denkansatz berührt Barnard bereits die Frage interdependenter Leistungszusagen und Forderungen zwischen der Unternehmung und ihren Mitgliedern. Er stellt die These auf, daß die Unternehmungsexistenz gefährdet ist, wenn die vom Management angebotenen Anreize nicht die Forderungen der Individuen ausgleichen. „Vom Standpunkt der Organisation, die die Mitwirkung von einzelnen benötigt oder sucht, besteht deswegen das Problem der wirksamen Anreize darin, entweder positive Anreize zu finden oder aber negative Anreize oder Belastungen zu reduzieren oder zu beseitigen[25]."

Zu geringe positive Anreize, wie beispielsweise die Höhe des Einkommens, bei zu hohen negativen Anreizen, wie beispielsweise das Ausmaß an Arbeitsbelastung, stören das Anreiz-Beitrags-Gleichgewicht und führen zur Reduktion des Beitrags oder zur Beendigung der Teilnahme an der Unternehmung. Die Entscheidungen der Führungskräfte haben sich daher in erster Linie auf die Sicherung des Anreiz-Beitrags-Gleichgewichts zu konzentrieren. Störungen dieses Gleichgewichts „... bedeuten entweder Zerfall oder Veränderung der Organisationsziele oder Scheitern der Zusammenarbeit. Deswegen ist in allen Arten von Organisationen die Bereitstellung angemessener Anreize wichtigste Aufgabe, die erfüllt werden muß, wenn das Ganze Bestand haben soll"[26].

Barnard zählt folgende spezielle und allgemeine Anreize bzw. Leistungszusagen der Unternehmung auf[27]:

1. Spezielle, auf den Mitarbeiter individuell abstimmbare Leistungszusagen:
   a) Materielle Äquivalente
   b) Gestaltung von bedürfnisgerechten Arbeitsbedingungen
2. Allgemeine, auf den Mitarbeiter nicht individuell abstimmbare Leistungszusagen:

---

24 Barnard [Führung] 59.
25 Barnard [Führung] 123.
26 Barnard [Führung] 122.
27 Vgl. Barnard [Führung] 124 ff.

a) Die Attraktivität der Unternehmung
b) Ein Führungsstil, der eine Entscheidungsbeteiligung ermöglicht
c) Kooperatives, gemeinschaftliches Handeln.

Barnard sah durchaus das Konfliktproblem nicht übereinstimmender Anreiz-Zusagen der Unternehmung und Anreiz-Forderungen der Mitarbeiter, betrachtete jedoch die Frage der Anpassung von Leistungszusagen und Forderungen einseitig aus der Perspektive der Unternehmungsführung.

Die Konfliktproblematik wurde eher noch als „pathologische Störung" empfunden und insbesondere als Ergebnis einer unbefriedigenden Managementleistung betrachtet: „Störungen des Gleichgewichts kooperativer Systeme entstehen durch falsche Ideologien, vor allem durch Fehlinterpretation durch die Leiter formeller Organisation[28]." In Konfliktsituationen besteht nach Barnard zur Wiederherstellung des Gleichgewichts „die einzige verbleibende Alternative ... darin, die Sinnesart, die Einstellungen oder die Motive zu ändern, so daß die verfügbaren objektiven Anreize wirksam werden können"[29]. Als *Mittel der Konflikthandhabung*, die die Mitarbeiter zu einer Höherbewertung der angebotenen Anreize oder zu einer niedrigeren Bewertung ihrer Beitragsleistung bewegen soll, führt Barnard die Überzeugung an. Diese schließt in etwas ungewöhnlicher Systematisierung die „Schaffung von Zwängen", die „rationale Aufklärung" und die „Einprägung von Motiven" durch „bewußte Erziehung" und „gezielte Propaganda" ein.

Mit diesen Mitteln der Einflußnahme auf Mitarbeiter werden bereits einige Alternativen des Zielsicherungsprozesses angesprochen. Diese Alternativen zielen auf eine Sicherung des Anreiz-Beitragsgleichgewichts und damit der Grundzielsetzungsprozesse der Unternehmung. Die Analyse bleibt jedoch auf die Frage einer einseitigen hierarchisch verlaufenden Anpassung von Mitarbeitern an das als gegeben betrachtete Zielsystem der Unternehmung begrenzt. Es werden nur die Probleme der Sicherung des Unternehmungszielsystems, das als interessenunabhängig vom Management gebildet betrachtet wird, untersucht, jedoch nicht Fragen der Durchsetzbarkeit individueller Ziele der Mitarbeiter und deren Möglichkeiten, diese Ziele gegenüber dem Management zu sichern. Stellt man die Konzeption Barnards dem Bürokratiemodell gegenüber, so besteht die Weiterentwicklung in der Akzentuierung der Unternehmung als ein System, das Individualziele zu erfüllen bzw. zu kompensieren hat, wenn es seine Existenz sichern will. Treten trotz Kompensation Konflikte auf, sieht Barnard als Möglichkeit der Sicherung des Unternehmungszielsystems die Einflußnahme auf die Grundzielvorstellung der Mitarbeiter durch Überzeugung. Diese Interpretation des Sicherungshandelns des Managements erweitert die Betrachtung der Bürokratietheorie, die die Frage der Sicherung allein als Problem der Strukturierung von Handlungsspielräumen auffaßt und bei deren Nichteinhaltung lediglich negative Sanktionen vorsieht.

28 Barnard [Führung] 235.
29 Barnard [Führung] 123.

b) Die Anreiz-Beitrags-Theorie von March/Simon

Während *Barnard* den Schwerpunkt der Analyse des Anreiz-Beitrags-Gleichgewichts auf die Beziehung Management-Mitarbeiter legte, ergänzen *March/Simon* die Anreiz-Beitrags-Theorie durch die Einbeziehung weiterer Teilnehmergruppen in die Gleichgewichtsproblematik der Unternehmungskoalition. Sie zählen folgende Aktorgruppen auf: Mitarbeiter, Kapitalgeber, Lieferanten, Händler und Kunden[30].

Trotz der Bedeutung, die March/Simon einer Analyse der unterschiedlichen Anreiz-Beitrags-Beziehung der jeweiligen Aktorgruppe zuschreiben, beschränken sie sich exemplarisch auf die Gruppe der Mitarbeiter. Der zentrale Bezugspunkt ihrer Untersuchung stellt dabei die Motivation der Mitarbeiter dar.

Im Hinblick auf die Motivation der Mitarbeiter differenzieren sie zwei Problemkreise:
Sie gehen zum einen der Frage nach, aufgrund welcher Motive sich Mitarbeiter zur Teilnahme an einer Unternehmung entschließen *(Teilnahmemotivation)* und zum anderen analysieren sie die Frage, aufgrund welcher Motive Mitarbeiter zur produktiven Beitragsleistung *(Leistungsmotivation)* bereit sind[31].

Beide Teilfragen heben einen unterschiedlichen Aspekt der Anreiz-Beitrags-Problematik hervor. Während die Teilnahmemotivation konstitutiv für die Entscheidung ist, das Teilnahmeverhältnis einzugehen oder zu beenden, determiniert die Leistungsmotivation die Entscheidung über die Abgabe der Beitragsleistung in quantitativer und qualitativer Hinsicht.

(1) Die Grundzielsetzungsprozesse der Mitarbeiter

Mit der folgenden Skizzierung der Teilnahmeentscheidung und der Beitragsentscheidung sollen die von March/Simon genannten Motive, Kriterien und Problembereiche der Mitarbeiterentscheidungen herausgearbeitet werden. Im Rahmen der hier zugrunde liegenden Auffassung sind die Teilnahme- und Beitragsentscheidungen als Grundzielsetzungsprozesse der Mitarbeiter aufzufassen. Der Analyse dieser Prozesse schließt sich die Frage an, inwieweit Grundzielkonflikte und ihre Handhabungsmöglichkeiten im System der Anreiz-Beitrags-Theorie deutlich werden.

(a) Die Teilnahmeentscheidung

March/Simon unterscheiden zwei Haupteinflußgrößen, die die Aufhebung einer Teilnahmeentscheidung eines Mitarbeiters determinieren[32]:

---

30 Vgl. March/Simon [Organizations] 89. Vgl. auch die Diskussion der ABT durch Fäßler [Mitbestimmung] 59 ff.; Staehle [Koalition]; Nick [Anreiz]; Reber [Implikationen].

31 Vgl. March/Simon [Organizations] 48; Luhmann [Funktionen] 104 ff.

32 Vgl. March/Simon [Organizations] 93 ff.

- das Ausmaß, mit dem das Verlassen der Unternehmung als wünschenswert wahrgenommen wird (perceived desirability of movement),
- die wahrgenommene Einfachheit, die Unternehmung zu verlassen (perceived ease of movement).

Die Spezifizierung dieser Haupteinflußgrößen ist in dem folgenden Schaubild dargestellt[33].

Der Zweck dieses Gerüstes von Einflußgrößen ist darin zu sehen, daß es Prognosen über die Teilnahmeentscheidung eines potentiellen Mitarbeiters bzw. über die Beendigung der Teilnahme eines partizipierenden Mitarbeiters ermöglichen soll. Im folgenden wird die bereits von *Fäßler*[34] teilweise geleistete Nachformulierung des von March/Simon entwickelten Hypothesengerüstes kurz referiert, um in einer weiterführenden Analyse die in der Teilnahmeentscheidung verdeckt enthaltenen *Zielkriterien* der Mitarbeiter herauszuarbeiten. Wie bereits diskutiert, wird in der Erarbeitung von Zielkriterien die Vorstufe für eine Erfassung von Konfliktstellen gesehen. Darüber hinaus geben Zielkriterien des Aktors zugleich Zielpunkte der Konflikthandhabung an.

Wie die Darstellung zeigt, beeinflußt neben der Arbeitszufriedenheit die vom Aktor wahrgenommene Versetzungsmöglichkeit innerhalb der Unternehmung das Ingangsetzen einer Revision der Teilnahmeentscheidung. „Je größer die Zufriedenheit mit der Stelle ist und je größer die Chancen eines Stellenwechsels innerhalb der Organisation sind, desto mehr wird das Mitglied geneigt sein, weiterhin an der Organisation teilzunehmen." Diese Aussage wird mit der Annahme verbunden, daß die Versetzungsmöglichkeit mit wachsender Unternehmungsgröße steigt.

Die Arbeitszufriedenheit ist nach March/Simon abhängig von der „Übereinstimmung der Eigenschaften und Anforderungen der Stelle mit der Selbstcharakterisierung oder dem Image des Mitarbeiters", der „Prognostizierbarkeit der Konsequenzen der mit der Stelle verbundenen Entscheidungsaufgaben" und von der „Kompatibilität der Erfordernisse der formalen Rolle mit den Erfordernissen anderer Rollen des Arbeiters".

„Die Übereinstimmung von Führungsstil und Unabhängigkeitswunsch des Individuums", die „Höhe der Belohnung" und die „Beteiligung des Individuums an der Aufgabenbildung", die „Höhe seines Ausbildungsniveaus" und die „Zuwachsrate der Belohnungen in der Vergangenheit" beeinflussen ihrerseits die Zielgröße „Übereinstimmung von Aufgabe und Selbsteinschätzung".

Die *„wahrgenommene Einfachheit, die Unternehmung zu verlassen"* wird in Abhängigkeit von der „wahrgenommenen Anzahl unternehmungsexterner Beschäftigungsalternativen" gesehen. Diese Variable wird wiederum durch die Einflußgrößen „technologischer Entwicklungsstand der Wirtschaft", „konjunk-

---

33 Vgl. March/Simon [Organizations] 99 und 106.

34 Vgl. Fäßler [Mitbestimmung] 61 ff.

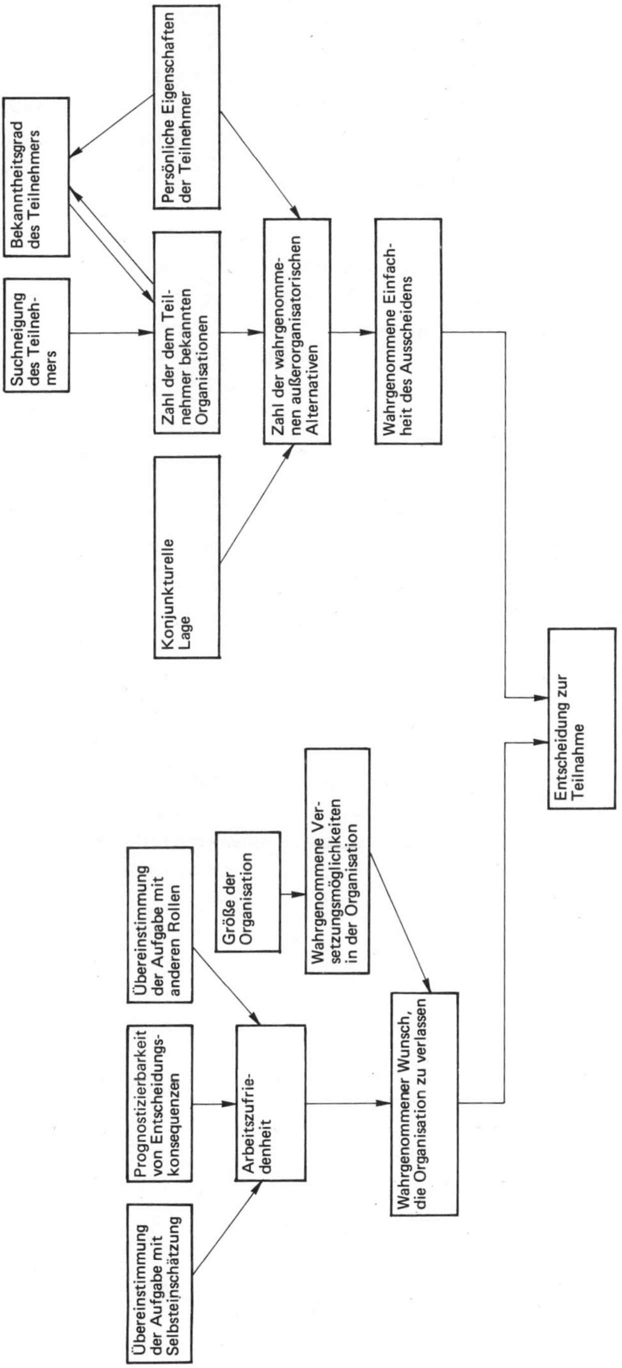

Abb. 10. Haupteinflußgrößen der Teilnahmeentscheidung

turelle Lage der Wirtschaft", „Anzahl der dem Teilnehmer bekannten Unternehmungen" und „Persönlichkeitsmerkmale des Teilnehmers" beeinflußt. Als Persönlichkeitsmerkmale werden Geschlecht, Alter, sozialer Status, Dienstalter und Spezialisierungsgrad des Aktors genannt. Die Anzahl der dem Aktor bekannten Unternehmungen ist, wie March/Simon annehmen, um so höher, je größer das Image der im Umfeld des Aktors angesiedelten Unternehmungen ist, je größer die Neigung des Aktors zur Alternativensuche ist und je bekannter der Aktor selbst ist, da Unternehmungen dann um ihn werben, wenn eine Stelle zu besetzen ist, und schließlich, je umfangreicher seine persönlichen Kontakte sind. Der Bekanntheitsgrad des Aktors ist wiederum abhängig von seinen Persönlichkeitsmerkmalen, die ihrerseits auch die Habitualisierung des Aktors an die Unternehmung beeinflussen. Je länger ein Aktor in der Unternehmung beschäftigt ist, desto stärker ist er habitualisiert und um so geringer ist seine Neigung, alternative Teilnahmemöglichkeiten zu suchen. Je geringer diese Neigung ausgeprägt ist, desto geringer ist die ihm bekannte Zahl von Unternehmungen und folglich die Zahl der erfaßten Teilnahmealternativen. Als Konsequenz wird das Kriterium „Wahrgenommene Einfachheit, die Unternehmung zu verlassen" sehr niedrig bewertet, da es dem Aktor schwierig erscheint, einer anderen Unternehmung beizutreten, so daß die Teilnahmeentscheidung nicht aufgehoben wird.

Kritisch ist anzumerken, daß die Anzahl realer Teilnahmealternativen sicherlich kein Kriterium der Beendigung oder Fortsetzung des Teilnahmeverhältnisses ist. Erfaßt der Aktor eine Vielzahl von Alternativen, die zwar einfach zu realisieren sind, sämtlich aber einen geringeren Nutzen als die gegenwärtig realisierte Alternative aufweisen, wird er die Teilnahme trotz Erfüllung des Kriteriums „Einfachheit, die Unternehmung zu verlassen" fortsetzen. Die in diesem Einflußgrößenbereich genannten Kriterien erstrecken sich auf die Alternativenaufnahme des Individuums, geben aber keinen Aufschluß über die Bewertung der Konsequenzen von Teilnahmealternativen hinsichtlich spezifischer individueller Zielkriterien von Mitarbeitern. Allein aus dem Merkmal der Habitualisierung an einen bestimmten Aufgabenbereich ließe sich ein gewisser Einfluß auf die Bewertung der Alternativen ableiten. Man könnte annehmen, daß bei einem sehr langsamen Habitualisierungsprozeß die Beiträge im Zeitverlauf höher bewertet werden und ein Ungleichgewicht im subjektiven Anreiz-Beitrags-Verhältnis entsteht. Allerdings ist hierbei zu sehen, daß der Begriff der ungenügenden Habitualisierung die Nichterfüllung spezifischer Ziele des Individuums überdeckt, also nur Erscheinungsform einer ungenügenden Realisierung von Mitarbeiterzielen darstellt. Das Individuum habitualisiert sich nicht, weil gewisse von ihm verfolgte individuelle Ziele sich nicht in erwarteter Höhe realisieren lassen. Diese Situation bedeutet für ihn - im Sinne der Anreiz-Beitrags-Theorie - eine negative Veränderung seiner subjektiven Anreiz-Beitrags-Bilanz.

Die eingangs gestellte Frage nach individuellen Zielkriterien im Rahmen der Konzeption der Teilnahmeentscheidung wird im Bereich der Einflußgrößen, die die „*Wahrnehmung des Wunsches, die Unternehmung zu verlassen*" determinieren, etwas deutlicher beantwortet. Eine Schlüsselstellung nimmt hierbei das bereits diskutierte Kriterium der Arbeitszufriedenheit ein, denn die Arbeitszufriedenheit ist zugleich Ausdruck der Erfüllung individueller Zielkriterien der Mitarbeiter in erwartetem Umfang[35]. Werden die individuellen Zielvorstellungen über Anreize und Beiträge nicht erfüllt, wird die Arbeitszufriedenheit negativ beeinflußt.

Damit können die bereits diskutierten Einflußgrößen der Arbeitszufriedenheit als *Zielkriterien der Teilnahmeentscheidung* interpretiert werden. Nach March/Simon verfolgen demnach Mitarbeiter folgende Grundziele:

Aktorgruppe	Zielkriterien 1. Ordnung	Zielkriterien 2. Ordnung
Mitarbeiter	1. Übereinstimmung von Aufgabe und Selbsteinschätzung? 2. Prognostizierbarkeit der Konsequenzen von Entscheidungsaufgaben? 3. Übereinstimmung der Arbeitsrolle mit anderen Rollen?	1. Übereinstimmung von Führungsstil und Wunsch nach individueller Handlungsfreiheit? 2. Übereinstimmung von Anforderungen und Ausbildung? 3. Höhe und Entwicklung des Einkommens 4. Möglichkeit der Mitbestimmung 5. Übereinstimmung von Arbeitszeit mit zeitlichen Anforderungen anderer Rollen?

Mit der Herausarbeitung der im Rahmen der Teilnahmeentscheidung genannten Zielkriterien ist ein Teilaspekt der konflikttheoretischen Fragestellung beantwortet. Dieser gibt Auskunft über die aus der Sicht der Anreiz-Beitrags-Theorie verfolgten Ziele der Mitarbeiter im Rahmen der Entscheidung, einer Unternehmung beizutreten. Ein interpersoneller Konflikt des Mitarbeiters entsteht, wenn die Realisierung dieser Zielkriterien in der Unternehmung auf kollidierende Handlungsspielräume stößt.

35 Eine ausführliche Diskussion der Arbeitszufriedenheit haben Bruggemann/Groskurth/Ulich [Arbeitszufriedenheit] vorgelegt.

(b) Die Beitragsentscheidung

Das folgende Schaubild verdeutlicht die von March/Simon diskutierten Einflußgrößen, die je nach ihrer Ausprägung die Reduzierung oder Beendigung der eingegangenen Leistungszusage herbeiführen[36].

Indem March/Simon zunächst herausstellen, daß Individualziele für die Unternehmung nicht einfach als gegeben zu betrachten sind, sondern durch Beeinflussung der individuellen Alternativen- und Konsequenzenaufnahme sowie der Bewertung geändert werden können, verweisen sie implizit auf die Bedeutung der Konflikthandhabung im Rahmen der Beitragsentscheidung[37]. Aus der Sicht der Unternehmung entsteht im Verlauf der kontinuierlichen Beitragsentscheidung der Mitarbeiter das Problem, sie zu einer *Identifikation mit den Unternehmungszielen* zu bewegen. Analog zur Diskussion der Teilnahmeentscheidung entwerfen March/Simon ein System von Einflußgrößen, wobei sie Probleme der Identifikation mit fremden Organisationen, mit der Organisation selbst, mit der Aufgabe des Individuums und der Arbeitsgruppe unterscheiden[38]. Es soll hier genügen, die von March/Simon gegebene Analyse der Identifikation des Individuums mit der übernommenen Aufgabe nachzuvollziehen. Sie stellen folgende These auf: „Individuals seek to satisfy personal needs through the medium of the job. When job characteristics permit such satisfactions we predict a strong task identification[39]."

Als individuelle Ziele der Mitarbeiter nennen sie in diesem Zusammenhang: Karriere, anspruchsvolle Aufgabe, autonome Entscheidungsaufgaben und ein variables Arbeitsprogramm. Sie stellen weiterhin die These auf, daß die Identifikation des Individuums mit der Gruppe sinkt, wenn das Gruppenprestige niedrig eingeschätzt wird, wenn das Gruppenziel nicht akzeptiert wird, wenn die Interaktion zwischen den Gruppenmitgliedern nachläßt und wenn die Konkurrenz innerhalb der Gruppe zunimmt.

Aus dem Variablenkomplex *Art der erfaßten Alternativen* der Abgabe von Beitragsleistungen lassen sich folgende für das Individuum relevante Orientierungsgesichtspunkte ableiten: „Arbeitsnormen der nebengeordneten Individuen", „Art des Führungsstils", „Art des Anreizsystems" sowie „Arbeitsbedingungen außerhalb der Unternehmung". Die Beitragsentscheidung des Individuums wird positiv beeinflußt, wenn die Gruppenarbeitsnorm hoch ist, der Führungsstil partizipativ ist, das Anreizsystem Innovationen und Mehrleistung belohnt und die Arbeitsbedingungen außerhalb der Unternehmung ungünstig sind.

Schließlich ist noch der Komplex von Einflußgrößen zu nennen, der auf die *Erfassung und Bewertung von Konsequenzen* der Beitragsalternativen einwirkt.

---

36 Vgl. March/Simon [Organizations] 57, 64 und 66.

37 March/Simon [Organizations] 65.

38 Vgl. March/Simon [Organizations] 65 ff.

39 March/Simon [Organizations] 77.

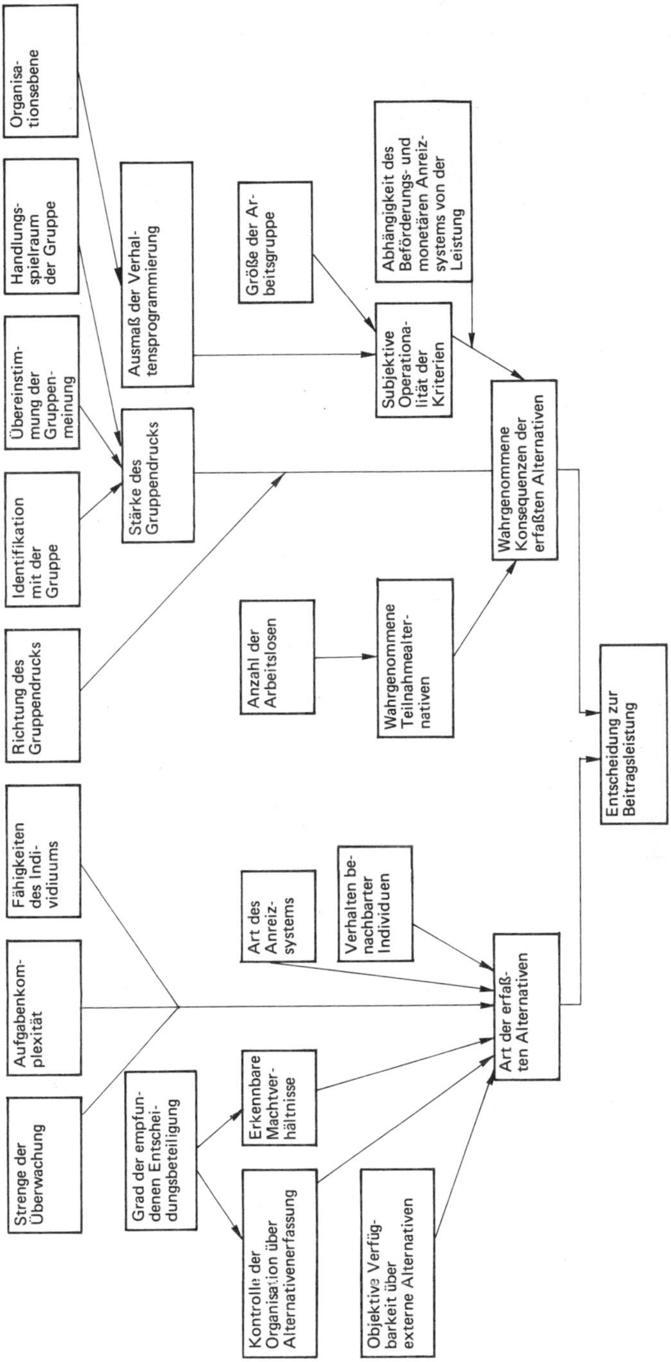

Abb. 12. Haupteinflußgrößen der Beitragsentscheidung

Ohne allerdings die Frage der Konflikthandhabung weiter zu verfolgen, betonen March/Simon, daß die Kontrolle über die Wahrnehmung von Konsequenzen einer Beitragsentscheidung zu den wichtigsten Einflußmöglichkeiten gehört[40]. Zur Revision seiner Beitragsentscheidung ermittelt das Individuum insbesondere Konsequenzen hinsichtlich der Reaktion von Bezugsgruppen und hinsichtlich der monetären und nichtmonetären Belohnungen. Ist beispielsweise die monetäre Abgeltung abhängig von der Leistung, ist dieses Kriterium ein Anreiz im Hinblick auf die Entscheidung, die Beitragsleistung zu erhöhen. Einflußgrößen der Konsequenzenbewertung stellen insbesondere Eigenschaften des Individuums und Bedingungen des Arbeitsmarktes dar.

Insgesamt entsteht also ein sehr heterogenes Szenarium von Einflußgrößen der Beitragsentscheidung, die nur indirekt auf *individuelle Zielkriterien* der Mitarbeiter verweisen. Ableitbar sind folgende, im Rahmen der Beitragsentscheidung aktualisierte Zielkriterien, deren Nichterfüllung zur Reduktion der Beitragsleistung führt: Ziele, die sich auf die Aufgabengestaltung und die Selbstverwirklichung beziehen, wie anspruchsvolle und autonome Aufgaben sowie die Beteiligung am Zielsetzungsprozeß sowie das Einkommensziel.

Als Kernpunkt der *Konflikthandhabung* betrachten March/Simon die Beeinflussung der individuellen Wahrnehmung von Alternativen der Beitragsentscheidung und deren Konsequenzen hinsichtlich der individuellen Zielkriterien der Beitragsentscheidung, sowie die Konsequenzenbewertung. Spezielle Einwirkungsmöglichkeiten werden allerdings nicht deutlich, da sich March/Simon im wesentlichen auf die Diskussion der konfliktverursachenden Rahmenbedingungen (Aufgabengestaltung, Führungsstil, Anreizsystem, Gruppenverhalten) der Beitragsentscheidung beschränken[41].

Im Hinblick auf das Hauptanliegen von March/Simon, nämlich zu zeigen, daß ein Aktor seine Teilnahmeentscheidung und Beitragsentscheidung nur dann aufrecht erhält, wenn er ein subjektives Anreiz-Beitrags-Gleichgewicht in seinem Wertsystem abbildet, ist die einseitige Ausrichtung auf monetäre und nicht-monetäre „Zahlungen" kritisch anzumerken[42]. Damit werden die Einflußmöglichkeiten der Unternehmung einseitig auf positive Äquivalente abgestellt, die eine Akzeptanz des Individuums voraussetzen. Dies kann jedoch lediglich für potentielle, anzuwerbende Mitarbeiter gelten. Die Aufrechterhaltung der Beitragsentscheidung kann aber durchaus auch durch akzeptanzfreie Mittel erzwungen werden, wie beispielsweise die Androhung einer Lohnkürzung oder Kündigung bei verminderten Beiträgen. In umgekehrter Sichtweise stehen auch dem Mitarbeiter Mittel zur Verfügung, seine Forderungen im Hinblick auf

---

40 Vgl. March/Simon [Organizations] 58 ff. Eine Möglichkeit der Konflikthandhabung würde beispielsweise in der Manipulation der Informationen über Konsequenzen bestehen.

41 Konflikthandhabungsalternativen werden von March/Simon ohne Bezug auf die Teilnahme- und Beitragsentscheidung diskutiert. Vgl. hierzu den folgenden Abschnitt dieser Arbeit.

42 Vgl. Nick [Anreiz] 40 f.

„Anreize" der Unternehmung zu realisieren, ohne daß eine freiwillige Akzeptanz auf der Seite der Unternehmung vorausgesetzt werden muß. Hier sind die Rechte aus Arbeits- und Tarifverträgen sowie das Mitbestimmungsrecht zu nennen[43].

Nach diesem Überblick über die Problemkreise der Grundzielsetzungsprozesse des Mitarbeiters, die in der Situation der Aufnahme oder Beendigung der Partizipation an der Unternehmung und in der Situation der fortlaufenden Beitragsleistung aktualisiert und kontinuierlich geprüft werden, können die Thesen dieses Zielsetzungsmodells der Unternehmung zusammenfassend herausgestellt werden[44]:

1. Eine Organisation besteht aus einem System sich wechselseitig beeinflussender sozialer Verhaltensweisen von Personen, die wir die Teilnehmer der Organisation nennen.
2. Jeder Teilnehmer und jede Gruppe von Teilnehmern erhält von der Organisation Anreize. Dafür leisten sie an die Organisation Beiträge.
3. Jeder Teilnehmer wird seine Teilnahme an der Organisation nur solange fortsetzen, als die ihm angebotenen Anreize so groß oder größer sind - gemessen im Lichte seiner Werte und der ihm zur Verfügung stehenden Alternativen - als die von ihm geforderten Beiträge.
4. Die Beiträge, die die verschiedenen Gruppen der Organisation leisten, sind die Quelle, der die Organisation die den Mitgliedern angebotenen Anreize entnimmt.
5. Eine Organisation ist folglich nur so lange „solvent" und existenzfähig, wie die Beiträge in genügendem Maße ausreichen, Anreize zu gewähren.

Im Hinblick auf die Gegenüberstellung von Leistungszusagen und Forderungen als Ansatzpunkte einer Konfliktanalyse in der Austauschbeziehung zwischen Unternehmung und ihren partizipierenden Aktoren bzw. Aktorgruppen fällt auf, daß March/Simon die Begriffe Anreize und Beiträge wenig differenziert verwenden. Die Organisation bietet lediglich Anreize, die Mitarbeiter stellen lediglich Beiträge zur Verfügung. Damit wird aber nicht deutlich, daß Konflikte sowohl auf der Ebene der Anreize aufgrund divergierender Anreizzusagen und Anreizforderungen als auch auf der Ebene der Beiträge aufgrund divergierender Beitragszusagen und Beitragsforderungen entstehen können.

Unter dem Gesichtspunkt der Konfliktproblematik ist weiterhin festzustellen, daß March/Simon die Reaktion des Aktors auf einen seine Nutzenvorstellung nicht erfüllenden Anreiz lediglich in der *Reduzierung* seines Beitrags oder in der *Beendigung* seiner Teilnahme sehen und damit aus der Anreiz-Beitrags-Diskussion die Fragen der Sicherung der gefährdeten Grundzielvorstellungen durch Einflußnahme auf den konfligierenden Aktor ausschließen. Mit Recht verweist auch *Kirsch*[45] darauf, daß sich die Organisationsteilnehmer im Zielset-

---

[43] Auf Fragen der Einbeziehung der Mitbestimmung in die ABT geht Fäßler [Mitbestimmung] 64 ff. ein.

[44] Vgl. March/Simon [Organizations] 84. Die Übersetzung ist entnommen aus Kirsch [Entscheidungsprozesse III] 31, 116; vgl. auch Fäßler [Mitbestimmung] 60.

[45] Vgl. Kirsch [Entscheidungsprozesse III] 131, Fußn. 61.

zungsmodell von March/Simon lediglich als *Anpasser* verhalten. Neben dieser unbefriedigenden Behandlung von Konflikten in der Austauschbeziehung von Leistungszusagen und Forderungen ist mit *Fäßler* auf die ungeklärten Fragen des Konflikts um die Verteilung der Anreize auf die verschiedenen Organisationsteilnehmer zu verweisen: „Die Anreiz-Beitrags-Theorie behandelt die Frage der Verteilung von Anreizen auf die einzelnen Organisationsteilnehmer nur indirekt und implizit über die Variablen, die die Teilnahmeentscheidungen beeinflussen[46]." *Reber* kritisiert schließlich, daß ungeklärt bleibt, wie aus den heterogenen Einzelinteressen ein organisatorisches Gleichgewicht entsteht[47].

Diese offenen Fragen werden auch in dem Kapitel, in dem sich March/Simon explizit mit Konflikten in Organisationen befassen, nicht näher betrachtet[48]. Es erscheint jedoch sinnvoll, die grundlegenden Gedanken von March/Simon zur Konfliktproblematik aufzugreifen und mit der hier vertretenen Auffassung zu verbinden.

(2) Konfliktbegriff und Konflikthandhabung in der Anreiz-Beitrags-Theorie

Der Konfliktbegriff wurde als tatsächliche oder erwartete Behinderung bzw. Unterbrechung der Realisation von Grundzielsetzungsprozessen aufgrund kollidierenden Verhaltens der Aktoren herausgearbeitet. Demgegenüber wählen March/Simon eine sehr weite Fassung des Konfliktbegriffs, der bereits Schwierigkeiten bei der Zielfindung eines Aktors als Konflikt bezeichnet: „Most generally, the term is applied to a breakdown in the standard mechanisms of decision-making so that an individual or group experiences difficulty in selecting an action alternative... Thus, conflict occurs when an individual or group experiences a decision problem[49]."

Die von March/Simon durchgeführte Analyse verschiedener Konflikttypen zeigt, daß sie Konflikte generell auf die Handlungsunfähigkeit eines Aktors zurückführen. Dabei arbeiten sie grundsätzlich zwei *Ursachenkomplexe* dieser Handlungsunfähigkeit heraus: Die Handlungsunfähigkeit kann einerseits intrapersonal begründet sein und sie kann andererseits auf der kollidierenden Handlung eines anderen Aktors beruhen. Sie zeigen zusätzlich den interessanten Aspekt auf, daß interpersonale Konflikte nicht nur durch sich überschneidende Aktionen entstehen, sondern auch auf der Aktionsunfähigkeit interdependenter Entscheidungsträger beruhen können.

Diese Skizzierung des von March/Simon verwendeten Konfliktbegriffs soll mit einer kurzen Diskussion der *Konflikttypen* ergänzt werden.

---

[46] Fäßler [Mitbestimmung] 64.

[47] Reber [Verhalten] 17.

[48] March/Simon [Organizations] 112 ff.

[49] March/Simon [Organizations] 112.

Die Autoren differenzieren folgende Konflikttypen:

1. Individuelle Konflikte
   (intrapersonale Konflikte)
2. Organisationale Konflikte
   a) Individuelle Konflikte in Organisationen
      α) Intrapersonale Konflikte in Organisationen
      β) Interpersonale Konflikte in Organisationen
   b) Intergruppenkonflikte in Organisationen
3. Interorganisationale Konflikte[50]

Für diese Konflikttypen sind nun die Fragen nach den speziellen Ursachen, die diese Konflikte bewirken, und nach den Reaktionen der Individuen und Organisationen auf Konflikte zu beantworten[51].

(a) Der intrapersonale Konflikt und seine Handhabungsformen

Ein *intrapersonaler Konflikt* entsteht im System von March/Simon, wenn ein Individuum sich nicht in der Lage sieht, eine Spezialzielrealisation einzuleiten. Ursachen hierfür liegen in der *Nicht-Akzeptierbarkeit* (unacceptability) der Alternativen, der *Nicht-Vergleichbarkeit* (incomparability) der Alternativen und der *Nicht-Sicherheit* (uncertainty) der Konsequenzenerfassung. Nicht-Akzeptierbarkeit bedeutet, daß der Aktor über keine, sein Anspruchsniveau erfüllende Alternative verfügt, Nicht-Vergleichbarkeit, daß der Aktor zwar die Konsequenzen der Alternativen kennt, aber aufgrund identischer Bewertung die vorzuziehende Alternative nicht identifizieren kann, und Nicht-Sicherheit bedeutet schließlich, daß der Aktor aufgrund unsicherer Informationen über die Konsequenzen der erfaßten Alternative(n) keine Spezialzielsetzung vornehmen kann. Ein Aktor befindet sich demnach nicht in einer intrapersonalen Konfliktsituation, wenn die Entscheidungsfindung komplikationslos verläuft, wenn also die zu realisierende Alternative eindeutig abgeleitet werden kann und die im Entscheidungskriterium fixierte Nutzenvorstellung erfüllt wird.

Aus dieser Ursachenanalyse des intrapersonalen Konflikts leiten March/Simon folgende Typologie von Konfliktsituationen ab, wobei sie die vom Aktor erfaßten und verarbeiteten Alternativen im Hinblick auf die Erfüllung der positiven und negativen Zielkriterien als gut, neutral, gemischt, schlecht und unsicher klassifizieren:

---

[50] Da die Problematik des interorganisationalen Konflikts weitgehend mit der des Intergruppenkonflikts übereinstimmt, wird auf eine gesonderte Darstellung dieses Konflikts verzichtet.

[51] Vgl. March/Simon [Organizations] 113. March/Simon stellen eine weitere lediglich programmatische Frage nach den Ergebnissen des Konfliktverhaltens auf. Diese Frage bleibt jedoch, zum Teil mangels empirischer Forschung, unbeantwortet.

1. Alternativen sind „gut", wenn sie positive Zielkriterien im erwarteten Ausmaß erfüllen und negative Zielkriterien vermeiden.
2. Alternativen sind „neutral", wenn sie positive und negative Zielkriterien in geringem Ausmaß erfüllen.
3. Alternativen sind „gemischt", wenn sie positive und negative Zielkriterien in hohem Ausmaß erfüllen.
4. Alternativen sind „schlecht", wenn sie negative Zielkriterien in hohem Ausmaß, positive Zielkriterien in geringem Ausmaß erfüllen.
5. Alternativen sind „nicht-sicher", wenn die Wahrscheinlichkeit des Konsequenzeneintritts in Bezug auf die positiven und negativen Zielkriterien nicht prognostiziert werden kann[52].

Unter der Annahme, daß der Aktor über zwei Alternativen verfügt, die jeweils unter eine der genannten Kategorien fällt, leiten March/Simon die in der folgenden Tabelle angeführten intrapersonalen Konflikttypen ab, wobei sie diesen Konflikttypen zusätzlich die von *Miller/Dollard* entwickelten intrapsychischen Konflikttypen zuordnen[53].

Verfügt jedoch der Aktor über eine „gute" Alternative, der jeweils eine „neutrale", „gemischte", „schlechte" oder „nicht-sichere" Alternative gegenübersteht, ist die Spezialzielwahl problemlos. In diesen Fällen besteht für den Aktor kein intrapersonaler Konflikt.

Für die hier gewählte Konzeption wurde die Frage des intrapersonalen Konflikts weitgehend ausgeschlossen, da für die Analyse des Sicherungshandelns eine bewußt abgeleitete und eindeutige, abzusichernde Grundzielsetzung vorausgesetzt wird. Dennoch kann hier mit March/Simon ergänzend aufgezeigt werden, daß intrapersonale Konflikte im Grundzielsetzungsprozeß wie auch im Sicherungszielsetzungsprozeß auftreten können. Im Grundzielsetzungsprozeß treten intrapersonale Konflikte auf, wenn der Aktor alternative Teilnahme- und Beitragsentscheidungen im Hinblick auf die in Zielkriterien ausdifferenzierten Leistungszusagen und Forderungen nicht akzeptieren, nicht vergleichen oder nicht sicher erfassen kann. Der Aktor setzt im Rahmen seiner Unternehmungsfunktion kein Spezialziel, wenn die von ihm erfaßte(n) Alternative(n) nicht akzeptierbar oder nicht sicher erscheinen bzw. wenn er aus den ihm möglichen Verhaltensweisen keine zu präferierende Alternative identifizieren kann.

Intrapersonale Konflikte können darüber hinaus auch im Sicherungszielsetzungsprozeß auftreten. Hier steht der Aktor vor dem Problem der Nicht-Akzeptierbarkeit, Nicht-Vergleichbarkeit oder Nicht-Sicherheit der erfaßten Alternativen des Sicherungshandelns. So kann der intrapersonale Konflikt im Problembereich des Sicherungshandelns darauf beruhen, daß der Aktor eine manipula-

52 Alternativen, deren Konsequenzen der Aktor nicht in seinem Wertsystem abbilden kann, werden von March/Simon ebenfalls als „nicht-sicher" bezeichnet.

53 Vgl. March/Simon [Organizations] 114. Vgl. auch Kirsch [Entscheidungsprozesse I] 105 und Krüger [Grundlagen] 53. Die folgende Abb. 12 enthält nicht die vier möglichen konfliktfreien Alternativenkonstellationen.

tive Einflußnahme auf den kollidierenden Aktor als nichtakzeptierbar oder als nicht-sicher betrachtet. Der Konflikt kann auch auf der Nicht-Vergleichbarkeit von Alternativen des Sicherungshandelns beruhen. In diesem Fall kann sich der Aktor aufgrund fehlender Bewertungsunterschiede nicht zwischen beispielsweise manipulativer Einflußnahme und Einflußnahme durch positive Äquivalente entscheiden.

	Alternative A	Alternative B	Konflikttyp	Psychologischer Konflikttyp
1.	gut	gut	Nicht-Vergleichbarkeit	Appetenz-Appetenz
2.	neutral	neutral	Nicht-Akzeptierbarkeit/ Nicht-Vergleichbarkeit	
3.	neutral	gemischt	Nicht-Akzeptierbarkeit/ Nicht-Vergleichbarkeit	
4.	neutral	schlecht	Nicht-Akzeptierbarkeit	
5.	neutral	nicht-sicher	Nicht-Sicherheit	Appetenz-Aversion
6.	gemischt	gemischt	Nicht-Akzeptierbarkeit/ Nicht-Vergleichbarkeit	
7.	gemischt	schlecht	Nicht-Akzeptierbarkeit	
8.	gemischt	nicht-sicher	Nicht-Sicherheit	
9.	schlecht	schlecht	Nicht-Akzeptierbarkeit/ Nicht-Vergleichbarkeit	Aversion-Aversion
10.	schlecht	nicht-sicher	Nicht-Sicherheit	-
11.	nicht-sicher	nicht-sicher	Nicht-Sicherheit	-

Abb. 12. Konflikttypen der Anreiz-Beitragstheorie

Der intrapersonale Konflikt im Bereich der Grundzielsetzung und im Bereich der Sicherungszielsetzung führt zur Blockierung der Alternativenauswahl und verhindert damit die Einleitung der Spezialzielrealisation. Die Blockierung eines die eigene Zielsetzung (Grundzielsetzung und Sicherungszielsetzung) gefährdenden Zielsetzungsprozesses wird in der hier zugrunde liegenden Konzeption als Möglichkeit der Konflikthandhabung betrachtet. Aus der Sicht der Konflikthandhabung ist der intrapersonale Konflikt in der Weise nutzbar, daß eine Sicherung eines Aktor-Grundziels oder Aktor-Sicherungsziels durch Generierung eines intrapersonalen Konflikts beim potentiellen Konfliktpartner erreicht werden kann. Der potentielle Konfliktpartner kann blockiert werden, indem er mit Informationen über Alternativen, Konsequenzen, Wertansätze und Zielkriterien versorgt wird, die ihn in eine intrapersonale Konfliktsituation versetzen. Gelingt es dem beeinflussenden Aktor, dem Konfliktpartner beispielsweise wertgleiche Alternativen zu übermitteln, kann er die zeitliche Spanne bis zur Lösung des intrapersonalen Konflikts für die eigene Zielrealisation nutzen.

Intrapersonale Konflikte sind noch aus einer anderen Überlegung heraus wichtig. Bei interdependenten Zielsetzungsprozessen, deren Realisation eine gemeinsame Handlung der Aktoren erfordern, können Grundzielsetzungen dadurch behindert sein, daß einer oder mehrere der beteiligten Aktoren aufgrund intrapersonaler Konflikte aktionsunfähig sind. In dieser Situation besteht ein Konflikt zwischen dem aktionsbereiten und dem aktionsunfähigen Aktor. Damit wird ein Sonderfall der Konflikthandhabung deutlich. Diese zielt nicht auf eine Einengung des Handlungsspielraums des anderen im Sinne einer Unterbrechung eines kollidierenden Zielsetzungsprozesses, sondern auf eine Überwindung der Blockierung des Zielsetzungsprozesses beim aktionsunfähigen Aktor. Hierbei kann die Konflikthandhabung auf eine Erweiterung des Handlungsspielraumes des anderen z. B. durch Übermittlung zusätzlicher Informationen zielen, die den Aktor zur Wahl der vom Beeinflussenden gewollten Alternative veranlassen. Die Erweiterung der Entscheidungsmatrix durch gezielt eingesetzte Informationen bezweckt die Anpassung des kollidierenden Handlungsspielraumes an den Handlungsspielraum des beeinflussenden Aktors.

Diese Hinweise sollen genügen, um die generelle Tendenz der Einbeziehung des intrapersonalen Konflikts in die hier zugrunde liegende Auffassung anzudeuten. Die Diskussion des intrapersonalen Konflikts ist nun mit der von March/Simon aufgeworfenen Frage nach den *Reaktionen auf Konfliktsituationen* zu ergänzen.

Hinsichtlich dieser Frage stellen March/Simon die These auf, daß Aktoren auf intrapersonale Konflikte mit *Suchverhalten* und *Anspruchsanpassung* reagieren. Sie betonen zugleich, daß sie die besondere Bedeutung von Konflikten in ihrer Funktion als „Verhaltensgeneratoren" sehen[54]. Dabei setzen sie die Reaktionsformen in Verbindung mit den bereits analysierten speziellen Konfliktursachen[55].

Suchverhalten zielt bei Nicht-Akzeptierbarkeit der erfaßten Alternativen auf eine das Anspruchsniveau erfüllende Alternative, bei Nicht-Sicherheit der erfaß-

[54] Vgl. March/Simon [Organizations] 115 ff.

[55] Vgl. hierzu auch Kirsch [Entscheidungsprozesse I] 106. Krüger [Grundlagen] 83 kritisiert die Reduktion möglicher reaktiver Verhaltensweisen auf diese beiden Grundformen. Dem kann in dieser Form nicht zugestimmt werden, da March/Simon im Hinblick auf die anderen Konflikttypen durchaus weitere Reaktionsformen nennen.

ten Konsequenzen auf die Gewinnung von Informationen über den Konsequenzeneintritt und bei Nicht-Vergleichbarkeit zielt das Suchverhalten entweder auf eine Verfeinerung der Bewertung oder auf zusätzliche Zielkriterien, die eine Differenzierung der Alternativen ermöglichen.

Es bleibt jedoch offen, ob das auf die jeweilige Konfliktursache bezogene Suchverhalten zur Konfliktlösung führt oder in einen Konflikt des anderen Typs übergeht[56].

Führt das Suchverhalten nicht zu einer Spezialzielsetzung, kann die Konfliktlösung über eine Neudefinition des Anspruchsniveaus als zweite Reaktionsform auf Konflikte erfolgen. Die Anspruchsanpassung erfolgt dabei durch eine Aufwertung der bisher als unzureichend betrachteten Realisierung positiver Zielkriterien und/oder durch eine Abwertung der bisher als überhöht betrachteten Realisierung negativer Zielkriterien. Eine Konfliktlösung durch Anspruchsanpassung ist jedoch nicht in allen der angeführten Konfliktfälle möglich. So kann der intrapersonale Konflikt, der auf homogenen Alternativen beruht, durch Umwertungen nicht gelöst werden. Konfliktlösung durch Anspruchsanpassung ist daher in den Fällen 2, 6, 9 und 11 der Konflikttabelle (Abb. 12) nicht möglich. Die Lösung dieser Konflikte erfordert Suchverhalten oder eine Kombination der beiden Reaktionsformen.

(b) Die organisationalen Konflikte und ihre Handhabungsformen

Die Konflikttypologie zeigte bereits, daß March/Simon sowohl intra- als auch interpersonale Konflikte sowie Konflikte zwischen Gruppen und Organisationen untersuchen.

Die bereits diskutierten Ursachen des *intrapersonalen Konflikts* treten ebenfalls in Organisationen auf, sind aber noch mit zusätzlichen Einflußgrößen, die aus der Besonderheit der Entscheidungssituationen in Organisationen resultieren, zu ergänzen[57]. Sie stellen die Thesen auf, daß der intrapersonale Konflikt vom Typ Nicht-Sicherheit um so unwahrscheinlicher ist, je größer die Erfahrung des Entscheidungsträgers mit der Entscheidungssituation ist und je geringer die Komplexität der Entscheidungssituation ist. Der Konflikt vom Typ Nicht-Akzeptierbarkeit ist dagegen abhängig von der Diskrepanz zwischen Anspruchsniveau des Aktors und Erfüllungsgrad der Alternative. Mit diesen Thesen bringen jedoch March/Simon keine spezifischen Einflußgrößen für intrapersonale Konflikte in Organisationen zum Ausdruck, denn diese Faktoren gelten ebenso für Aktoren außerhalb von Organisationen. Die Analyse des intrapersonalen organisationalen Konflikts bleibt insofern unbefriedigend, als die aus der organisatorischen Struktur, den Zielvorgaben und sonstigen Begrenzungen

56 Vgl. Kirsch [Entscheidungsprozesse I] 107 und das Flußdiagramm auf S. 117.

57 Vgl. March/Simon [Organizations] 117 ff.

des Handlungsspielraumes resultierenden Einflußgrößen auf den individuellen Zielsetzungsprozeß in Organisationen unberücksichtigt bleiben.

Der *interpersonale Konflikt* wird von March/Simon keiner näheren Analyse unterzogen. Er beruht auf Diskrepanzen zwischen den Zielsetzungen der Individuen und entsteht unter den Voraussetzungen, daß a) jeder der Beteiligten über eine akzeptierte Alternative verfügt und b) jeder der Beteiligten unterschiedliche Alternativen bevorzugt[58]. March/Simon greifen hier keineswegs die naheliegende Analyse interessenpluralistischer Zielsetzung mit divergierenden Vorstellungen über Anreiz/Beitrags-Zusagen und -Forderungen der individuellen Aktoren auf, sondern stellen lediglich fest, daß sich bei interpersonalen Konflikten die Organisation selbst im Konflikt befindet. Hier dringt die Leitungs- bzw. Institutionenthese der Organisation durch, die insbesondere bei der Analyse der Reaktionsformen auf Konflikte in Organisationen deutlich wird. Die Reaktion auf diese Konflikte wird nicht als ein Problem der Individuen, sondern als ein Problem der Organisation als Institution betrachtet.

Wesentlich ausgeprägter wird der *Konflikt zwischen Gruppen* in Organisationen behandelt. Erst auf dieser Ebene aggregierter individueller Zielvorstellungen wird für March/Simon die Frage kollidierender Interessen relevant.

Konflikte zwischen Gruppen sind im wesentlichen auf folgende Faktoren zurückzuführen: a) den Wunsch bzw. die Notwendigkeit, gemeinsam zu handeln, wobei b) entweder Zieldifferenzen auftreten und/oder c) die Realität unterschiedlich wahrgenommen wird[59]. Das Bedürfnis nach gemeinsamer, koordinativer Zielsetzung ist um so intensiver, je abhängiger die Gruppen von gemeinsamen knappen Ressourcen und von der zeitlichen Abstimmung ihrer Aktivitäten sind. Der Intergruppenkonflikt wird um so virulenter, je stärker die Anspruchsüberschneidungen der Gruppen hinsichtlich der Ressourcenverteilung und der zeitlichen Abstimmung ihrer Aktivitäten sind. Da die Koordinationsproblematik der Mittelzuteilung und Zeiteinteilung mit zunehmender Hierarchieebene positiv korreliert, ist das aus der gemeinsamen Zielsetzung resultierende Konfliktpotential um so höher, je höher die Organisationsebene ist[60]. Die Entstehung von Zieldifferenzen in gemeinsamen Zielsetzungsprozessen ist um so geringer, je identischer die personalen und funktionalen Eigenschaften der Entscheidungsträger sind. Zieldifferenzen werden unterstützt, wenn Unternehmungsziele wenig operational sind und insofern einen Spielraum für die Generierung konfligierender Gruppenziele belassen und Anreizsysteme installiert sind, die die Gruppen in Konflikte um knappe Mittel versetzen. Einen dritten Ursachenkomplex sehen March/Simon in divergierenden Informationsaufnahmen über Tatbestände der Realität. Hier sind insbesondere Schwächen im Kommunikationssystem zu nennen, die zu einer unvollkommenen Information

58 Vgl. March/Simon [Organizations] 119.
59 Vgl. March/Simon [Organizations] 121.
60 Vgl. March/Simon [Organizations] 124.

der Entscheidungsträger führen und damit divergierende Zielsetzungen induzieren.

Abschließend ist die Frage der *Reaktionen auf organisationsinterne Konflikte* zu klären. March/Simon nennen vier Zielsicherungsprozesse, mit denen Organisationen Konfliktlösungen zu erreichen suchen[61]:

a) Problemlösung,
b) Überzeugung,
c) Verhandlung,
d) Politischer Prozeß.

Interessant ist hierbei der Versuch, die jeweiligen Konflikthandhabungsprozesse mit spezifischen Konfliktsituationen zu verbinden. Problemlösung und Überzeugung werden als analytische Prozesse der Konflikthandhabung bezeichnet und den individuellen Konflikten in Organisationen zugeordnet. Davon werden Verhandlung und „Politischer Prozeß" (als verschärfte Form der Verhandlung) als bargaining-Prozesse abgehoben und als spezifische Handhabungstypen von Gruppenkonflikten in Organisationen und Konflikten zwischen Organisationen betrachtet.

Kriterium dieser Zuordnung ist die Annahme, daß bei interpersonalen Konflikten in Organisationen gemeinsame Generalziele vorliegen und sich die Zieldifferenzen auf Spezialzielkonflikte beschränken. Spezialzielkonflikte können relativ einfach durch eine Revision der Zielableitungen im Wege eines Problemlösungsprozesses oder eines Überzeugungsprozesses gelöst werden.

Konflikte zwischen Gruppen und Organisationen sind dagegen häufig durch divergierende Generalzielvorstellungen geprägt. Der Ausgleichsprozeß bei derartigen Konflikten ist in der Regel ein bargaining-Prozeß, der durch Ausübung von Druck und Gegendruck, durch Androhung negativer Sanktionen und Angebote positiver Äquivalente gekennzeichnet ist.

Mit diesem Überblick über die Konfliktproblematik im System von March/Simon wurden wichtige Ansatzpunkte der Konfliktanalyse aufgezeigt. Die Theorie von March/Simon wird insofern als richtungweisend betrachtet, als sie die notwendige Zentrierung des Forschungsprozesses auf die Zielsetzungsproblematik betont. Damit heben sich March/Simon auch wesentlich von *Dahrendorf* und *Boulding* ab, die sich auf die Frage des Kampfes um Herrschaft bzw. des Kampfes um knappe Ressourcen konzentrieren und damit die Konfliktanalyse auf gewisse Realerscheinungen begrenzen. Dennoch sind auch bei March/Simon „weiße Felder" sichtbar, da sie keine deutlichen Verbindungslinien zu den in der Teilnahme- und Beitragsentscheidung aktualisierten Grundzielkriterien ziehen.

Die folgende Tabelle enthält eine Zusammenstellung der Konfliktanalyse von March/Simon.

61 Vgl. March/Simon [Organizations] 129.

Konflikte	Konfliktursachen	Reaktionen
A. Individueller Konflikt		
(Intrapersonaler Konflikt)	Die erfaßten Alternativen sind: 1. nicht-akzeptierbar 2. nicht-sicher 3. nicht-vergleichbar	1. Suchverhalten 2. Anspruchsanpassung
B. Organisationale Konflikte		
a) Intrapersonaler Konflikt in Organisationen	identisch mit A	
b) Interpersonaler Konflikt in Organisationen	1. Entscheidungs-interdependenz der Aktoren	Analytische Prozesse 1. Problemlösung 2. Überzeugung
c) Intergruppen-Konflikte in Organisationen	2. Divergierende Zielvorstellungen der Aktoren	Bargaining Prozesse 3. Verhandlung 4. Politischer Prozeß
C. Interorganisationale Konflikte	3. Divergierende Wahrnehmung der Realität	Bargaining-Prozesse

Abb. 13. Konflikttypen, -ursachen, -reaktionen in der ABT

c) Die Vertiefung der Anreiz-Beitrags-Theorie durch das Koalitionsmodell von Cyert/March

Gegenüber den Anreiz-Beitrags-Theorien von *Barnard* und *March/Simon* nimmt die Konzeption von *Cyert/March* eine Vertiefung in zweifacher Hinsicht vor: Zum einen wird als spezifisches Problem von Organisationen der *Interessenkonflikt* zwischen heterogenen Gruppen von Organisationsteilnehmern herausgestellt. Die Organisation selbst wird als *„Politische Koalition"* von Individuen und Gruppen begriffen, die in die Zielsetzungsprozesse der Organisation ihre eigenen Zielvorstellungen einbringen: „... any theory of organizational goals must deal successfully with the obvious potential for internal goal conflict inherent in a coalition of diverse individuals and groups[62]." Um zu einer kollektiven Zielkonzeption der Unternehmung zu kommen, ist jedoch eine Angleichung der Gruppen- bzw. Individualzielvorstellungen notwendig. Damit wird der zweite Aspekt der Vertiefung der Analyse angesprochen: Die Angleichung der divergie-

62 Cyert/March [Theory] 27.

renden Zielvorstellungen wird als *Verhandlungsprozeß* zwischen den Organisationsteilnehmern betrachtet. Zentrales Element dieses Verhandlungsprozesses sind die sogenannten „*side payments*", die als Äquivalenz für Zielmodifizierungen angeboten werden. Diese Ausgleichszahlungen entsprechen den Anreizen in der Anreiz-Beitrags-Theorie.

Die Unternehmungskoalition wird somit als ein System kollidierender Interessen betrachtet, für das realistischerweise die Konflikthandhabung durch Verhandlungen als ein rationales Mittel zur Erzielung einer gemeinsam akzeptierten Zielkonzeption angenommen wird[63]. Um die Handlungsfähigkeit der Unternehmung zu sichern, muß der Verhandlungsprozeß ein Koalitionsgleichgewicht herbeiführen. Dieses Gleichgewicht definieren Cyert/March folgendermaßen: „If resources are destributed so as to meet demands, the coalition is a feasible one[64]." Die Sicherung der Realisation von Grundzielsetzungsprozessen der Unternehmung ist also dann erreicht, wenn die Ausgleichszahlungen an die verschiedenen Koalitionsmitglieder ausreichen, diese an die Koalition zu binden[65].

Für das Unternehmungsgleichgewicht nehmen Cyert/March die Existenz eines „*organizational slack*" an, der als Überschußzahlungen an die Organisationsteilnehmer interpretiert werden kann. Diese Überschußgröße stellt das „Zuviel" an Leistungszusagen der Organisation dar. Die Leistungszusagen liegen im allgemeinen höher als es zur Realisierung der Forderungen gegenüber den Organisationsteilnehmern notwendig ist, d. h. in der Terminologie der Koalitionstheorie, daß die Organisationsmitglieder über eine längere Zeitspanne bereit wären, die gleichen Beiträge bei geringeren „side-payments" zu leisten. „Slack consists in payments to members of the coalition in excess of what is required to maintain in the organization[66]." *Fäßler*[67] und *Budäus*[68] kritisieren, daß Cyert/March die Frage der Verteilung des „slack" auf die einzelnen Koalitionsparteien nicht weiter verfolgen und damit Verteilungskonflikte außerhalb der Betrachtung lassen. Ein weiterer Mangel ist in der fehlenden Berücksichtigung der Machtverhältnisse zwischen den Organisationsteilnehmern zu sehen.

Diese Frage erfassen Cyert/March nur indirekt über die Unterscheidung von aktiven und passiven, starken und schwachen, internen und externen Gruppen der Koalition, wobei keine klaren Grenzlinien erkennbar sind. Die Kriterien für die Differenzierung dieser Gruppen werden allein aus der möglichen oder tatsächlichen Einflußnahme auf den organisatorischen Zielsetzungsprozeß gezogen, wobei Gruppen aktiv sind, wenn sie eigene Ziele einbringen, und passiv, wenn sie sich diesen Zielen anpassen. Aktive Gruppen sind je nach dem Ausmaß ihres Einflusses stark oder schwach, und Gruppen sind je nach ihrer zeitlichen Beteiligung am Zielsetzungsprozeß interne oder externe Koalitionsmitglieder.

---

63 Vgl. Van Doorn [Konflikt] 122.

64 Cyert/March [Theory] 36.

65 Vgl. Fäßler [Mitbestimmung] 72.

66 Cyert/March [Theory] 36.

67 Fäßler [Mitbestimmung] 73.

Die Unternehmung wird damit als ein differenziertes System aktiver und passiver, starker und schwacher, interner und externer Gruppen begriffen, wobei aber die realen Bedingungen für das jeweilige Gruppenverhalten nicht expliziert werden. So bleibt offen, in welchen Situationen passive Gruppen aktiv werden, schwache Gruppen koalieren und zu starken Gruppen werden und unter welchen Bedingungen externe Gruppen zu internen Gruppen werden. Für die Erfassung der realen Interessenkonflikte in Unternehmungen ist jedoch eine Analyse der Bedingungen wechselnder Übereinstimmungen und Nicht-Übereinstimmungen der Zielvorstellungen der Koalitionsmitglieder notwendig.

Die Erzielung der Übereinstimmung wird von Cyert/March als ein Verhandlungsprozeß dargestellt, der in drei Problemstufen aufgelöst werden kann[69]. Generelles Element dieses Verhandlungsprozesses sind die den Organisationsmitgliedern angebotenen „side payments" materieller und nicht-materieller Art. Über die Ausgleichszahlungen werden Zielkompromisse möglich, die jeweils aber nur als *Quasi-Lösungen* des prinzipiell bestehenden Interessenkonflikts betrachtet werden[70].

In Übertragung auf die hier zugrunde liegende Differenzierung von Grundzielsetzungsprozessen und Zielsicherungsprozessen stellen Verhandlungen und Ausgleichszahlungen Problemkreise des Sicherungshandelns dar, mit dem kollidierende Grundzielvorstellungen in Übereinstimmung gebracht werden sollen.

Die *erste Problemstufe* dieses Sicherungshandelns bezieht sich auf die generellen Grundzielvorstellungen der Koalitionsmitglieder. Das Ergebnis der ersten Stufe des Verhandlungsprozesses besteht daher in einem System von Beschränkungen oder Nebenbedingungen, die die Generalzielvorstellungen der Koalitionsmitglieder angleichen. „Die ausgehandelten Ziele sind sehr allgemein und vage formuliert. Dadurch wird erreicht, daß eine möglichst große Zahl der an der Unternehmung Beteiligten diese Unternehmensziele mit den individuellen Zielen als kompatibel betrachtet[71]."

Die *zweite Problemstufe* dieses Verhandlungsprozesses resultiert aus Konflikten, die bei unterschiedlichen Konkretisierungen der generellen Grundzielvorstellungen durch die Organisationsmitglieder entstehen. Der sekundäre Verhandlungsprozeß bezieht sich daher auf die kollidierenden speziellen Grundzielvorstellungen der Koalitionsmitglieder. Ergebnis dieses Prozesses sind nach Cyert/March Kontroll- und Überwachsungssysteme, die die konkretisierte Aufgabenerfüllung steuern. Wichtige Elemente dieses Systems von Verhaltensbeschränkungen sind die „Budgetierung" und die „Verteilung von Funktionen" auf die Organisationsmitglieder[72].

---

68 Budäus [Entscheidungsprozeß] 97 f.

69 Vgl. Cyert/March [Theory] 29 ff.

70 Vgl. Cyert/March [Theory] 31, 117.

71 Budäus [Entscheidungsprozeß] 91.

72 Vgl. Cyert/March [Theory] 33.

Die *dritte Problemstufe* dieses globalen Verhandlungsprozesses ergibt sich aus der laufenden Veränderung von Zielvorstellungen der Koalitionsmitglieder. Die individuellen Zielvorstellungen sind aufgrund von Prozessen der Anspruchsanpassung Veränderungen im Ausmaß des Zielniveaus sowie Modifikationen in ihrem Inhalt unterworfen. Diese ständige Dynamik im Zielsystem der Unternehmung erfordert ein „day-to-day-bargaining", das die divergierenden Ziele zum Ausgleich bringt[73].

Cyert/March beziehen diesen in drei Problemstufen gegliederten Verhandlungsprozeß auf bestimmte, für marktwirtschaftliche Untenehmungen gegebene Zielkategorien[74]. Sie unterscheiden Produktions-, Lager-, Umsatz-, Marktanteil- und Gewinnziele, wobei sie die jeweilige quantitative Ausprägung dieser Ziele als Verhandlungsgegenstand betrachten[75]. Die durch „side-payments" erreichte Quasi-Lösung entsprechender Zielkonflikte wird ergänzt durch das „Konzept der lokalen Rationalität", das „Konzept der akzeptablen Entscheidungsregel" und das „Konzept sequentieller Zielrealisierung"[76].

Mit dem Prinzip der lokalen Rationalität von Entscheidungsträgern verweisen Cyert/March auf die Tatsache, daß sich Zielkonflikte zwischen Koalitionsmitgliedern in der Regel nicht auf sämtliche Unternehmungsziele, sondern nur auf die von ihnen vertretenen Sektoralziele[77] erstrecken und die Konfliktlösung sich in diesem Bereich abspielt.

Die Konfliktlösung wird darüber hinaus durch die Wahl eines für die Konfliktparteien akzeptablen Entscheidungskriteriums erleichtert. Zielkonflikte zwischen dezentralen Einheiten werden dadurch vermieden, daß zur Auswahl von Spezialzielen Zielkriterien der jeweiligen Einheiten berücksichtigt werden, die von den Konsequenzen dieser Entscheidung mitberührt werden. Es wird nicht eine maximale Erfüllung der eigenen Zielvorstellung, sondern eine maximale Erfüllung der gemeinsamen Zielvorstellung angestrebt.

Schließlich wird die Realisation der Unternehmungsziele trotz ihrer Inkonsistenzen dadurch ermöglicht, daß über ein Zielschisma die konfligierenden Ziele nacheinander erfüllt werden.

Cyert/March stellen jedoch nicht heraus, daß die von ihnen aufgezählten unterstützenden Maßnahmen zur Realisierung der prinzipiell konfligierenden Grundzielvorstellungen in der Unternehmung selbst Gegenstand von Auseinandersetzungen sein können. Die Bildung von Sektoralzielen, die sie als rein logisches Problem betrachten, ist selbst häufig Konfliktgegenstand, ebenso wie die Wahl von Entscheidungskriterien und die Festsetzung der zeitlichen Rangfolge

---

73 Vgl. Cyert/March [Theory] 32 f. und Hill/Fehlbaum/Ulrich [Organisationslehre] 156.

74 Vgl. Cyert/March [Theory] 41 f.

75 Vgl. Budäus [Entscheidungsprozeß] 92.

76 Vgl. Cyert/March [Theory] 117 f.

77 Zum Begriff des Sektoralziels vgl. Berthel [Operationalisierung].

der Zielrealisation Verhandlungen und spezifische „side payments" erfordern kann[78].

Neben dem grundlegenden Prinzip der Bildung des Unternehmungszielsystems auf der Basis von Quasi-Lösungen des Konflikts durch mehrstufige Verhandlungsprozesse nennen Cyert/March als weitere wichtige Merkmale des Zielsetzungsprozesses die Vermeidung von Nicht-Sicherheit sowie das Such- und Lernverhalten der Unternehmungsmitglieder[79].

Die Reduktion der Nicht-Sicherheit wird

a) durch Beschränkung auf Zielsetzungsprozesse, deren Konsequenzen bis zu einem gewissen Grade prognostiziert werden können und für die kurzfristig „feed-back-Informationen" zur steuernden Anpassung des Realisationsprozesses aufgenommen werden können, erreicht und

b) durch Kanalisierung des Entscheidungsverhaltens der Unternehmungsmitglieder durch Kontrakte, Arbeitsverträge und Konventionen sowie durch Verträge und Absprachen mit Marktpartnern und Konkurrenten.

Suchverhalten im Zielsetzungsprozeß wird bei Untererfüllung des Anspruchsniveaus ausgelöst und zielt auf die Erfassung von Alternativen, die die nicht erreichte Generalzielvorstellung realisieren können. Lernverhalten bezieht sich dagegen auf das gesamte Entscheidungsverhalten des Aktors: auf die Zielwahl, die Konsequenzenerfassung und Bewertung, auf die Datenverarbeitung, die operationale Formulierung des Spezialziels und die effiziente Gestaltung des Realisationsprozesses[80].

Damit stellen Cyert March *vier ineinandergreifende Konzepte* des Zielsetzungsprozesses in Unternehmungen auf. Für die Realisierung eines Spezialziels einer Entscheidungseinheit ist die Quasi-Lösung des Konflikts zwischen den Zielvorstellungen der Beteiligten notwendig. Ist die gewählte Alternative mit Nicht-Sicherheit behaftet, setzen Strategien zur Reduktion der Nicht-Sicherheit ein. Suchverhalten wird initiiert, wenn das Anspruchsniveau der Entscheidungseinheit nicht erfüllt wird. Schließlich resultiert jeder Zielsetzungsprozeß in eine verbesserte Lernsituation.

An diesen Überblick über die zentralen Thesen der Koalitionstheorie von Cyert/March sind einige kritische Bemerkungen anzuschließen. Obgleich das Koalitionskonzept zum Ausgangspunkt einer Analyse des Interessenkonflikts und seiner Beilegung durch Verhandlungen erhoben wird, bleiben wichtige Fragen außer Betracht. Indem lediglich konstatiert wird, daß Organisationen resp. Unternehmungen aus Koalitionen bestehen, wird nicht geklärt, für welche spe-

---

78 Vgl. hierzu den allgemeinen Überblick bei Walton/Dutton [Management].

79 Vgl. Cyert/March [Theory] 118 ff. Vgl. auch die Diskussion der Vereinfachung von Entscheidungsprozessen durch Frese [Entscheidungsstrategien] und Simon [Komplexität].

80 Vgl. Horváth [Entscheidungseinheit].

zifischen Zwecke Koalitionen formiert werden[81]. Damit werden auch keine Aussagen über Bedingungen der Koalitionsbildung aufgestellt, die eine Prognose darüber ermöglichen würden, wer mit wem eine Koalition eingeht und über welche Zeit.

Die Koalitionstheorie von Cyert/March kennt nur Koalitionen von homogenen Individuen. So stellen Kapitalgeber, Mitarbeiter, Abnehmer, Lieferanten jeweils eine Koalition dar. Damit entsteht aber die Frage, ob sich Koalitionen nur aus Aktoren mit gleichen Beitragsleistungen formieren. Darüber hinaus ist zu fragen, ob das Kriterium gleicher Leistungszusagen hinreichend für die Erklärung der Koalitionsbildung ist oder ob das Kriterium übereinstimmender Forderungen zusätzlich mit einzubeziehen ist. Weiterhin bleibt ungeklärt, unter welchen Bedingungen starke und schwache Gruppen koalieren und wie sich dadurch die Machtstruktur in der Unternehmung verändert. Geht man beispielsweise von einer Triade mit der Konstellation $A > B > C$, $A < (B + C)$ aus, bleibt offen, ob sich die Koalitionen A, B oder A, C oder B, C oder vielleicht auch gar keine bilden. Der zentrale Mangel der Koalitionstheorie liegt in der unzureichenden Analyse der Interessenabhängigkeit und Machtbezogenheit der Koalitionsbildung.

Mit diesen Überlegungen sind einige Fragen aufgeworfen, die die Koalitionstheorie von Cyert/March nicht behandelt, deren Beantwortung aber für eine Analyse der Konfliktursachen und der Konflikthandhabung von äußerster Wichtigkeit ist. Dennoch kann die erhebliche Bedeutung der Koalitionstheorie in der Vertiefung der bereits von der Anreiz-Beitrags-Theorie aufgezeigten Problematik der multipersonalen Zielsetzung in Unternehmungen gesehen werden, die durch konfliktäre Beziehungen zwischen den Koalitionsgruppen und deren Ausregelung durch Verhandlungsprozesse gekennzeichnet ist.

3. Die Konfliktproblematik im Modell des Politischen Systems der Unternehmung

Die Analyse der Unternehmungsmodelle soll nunmehr mit der Frage abgeschlossen werden, ob sich aus dem Systemansatz bisher nicht beachtete forschungsprogrammatische Hinweise für die Erfassung von Konflikten und ihrer Handhabung gewinnen lassen.

Auf den ersten Blick scheint eine Auswertung systemtheoretischer Literatur für die Fragestellung vielversprechend zu sein, denn es wird immer wieder in Analogie zu biologischen Systemen vom „Überleben" als Oberziel sozialer

81 Diese Schwäche der Koalitionstheorie versuchen ansatzweise Thompson [Organizations] und Tannenbaum [Control] zu überwinden, indem sie in der Verbesserung oder Erhaltung von Machtpositionen die Ursache der Koalitionsbildung sehen. Vgl. hierzu auch die Ausführungen zu Dahrendorf.

Systeme geredet und gleichzeitig auf die Steuerungsproblematik der Subsysteme verwiesen[82]. Da die nach strukturfunktionalen Gesichtspunkten differenzierten Subsysteme jeweils wiederum dieses Oberziel verfolgen, dürften kollidierende Zielsetzungen der Subsysteme resultieren und zur Systemerhaltung Konfliktregelungen erforderlich sein.

Trotz dieser auffälligen Bedeutung der Konfliktproblematik für das Systemverhalten hat sich die Systemtheorie dieser Frage nur zögernd und implizit über die Erfassung von Spannungszuständen innerhalb von Subsystemen zugewandt. Dies wird in dem noch relativ undifferenzierten *Tavistock-Modell* deutlich, das als Subsysteme lediglich ein „technical system" und ein „social system" unterscheidet, wobei das „social system" im Rahmen seiner Zielsetzungsfunktion interne wie auch von außen herangetragene Spannungszustände zu verarbeiten hat[83]. Diese noch wenig herausgeformte Problematik greift *Burns*[84] in einem erweiterten Systemmodell der Unternehmung auf, das ein „working system" ein „career system" und ein „political system" umfaßt.

Die Verteilung von Positionen im „career system" und die verbindliche Aufstellung von Regeln und Strukturen für das „working system" werden als Ergebnis von Entscheidungen des „political system" betrachtet. Systemkonflikte, die sich in konfliktären Forderungen gegenüber dem „political system" konkretisieren, werden durch die „politischen Entscheidungen" zum Ausgleich gebracht. Damit wird die *Konflikthandhabung als politische Problematik* einem spezifischen Subsystem zugewiesen und der Auffassung von Cyert/March „Die Unternehmung ist ein politisches System" die Auffassung „Die Unternehmung hat ein politisches System" gegenübergestellt[85].

Die anglo-amerikanische Literatur hat nun diese Sichtweise des Politischen Systems ausführlich aufgegriffen und eine Reihe von Konzeptionen vorgelegt, die in der deutschen sozialwissenschaftlichen Literatur starke Beachtung gefunden haben, aber auch auf heftige Kritik gestoßen sind[86].

Als einer der bedeutendsten Ansätze gilt *Easton's* „A Systems Analysis of Political Life", der in der deutschen betriebswirtschaftlichen Literatur vor allem von *Kirsch*, *Bleicher* und *Fäßler* diskutiert wurde[87].

Die Analyse dieses Modells ist für die hier verfolgte Fragestellung von besonderem Interesse, da - wie die Diskussion der Überlegungen *Dahls* zeigte[88] - der Prozeß der Sicherung gefährdeter Ziele die politische Problematik beinhaltet.

---

82 Vgl. die Kritik zum „Überlebensziel" bei Meier [Wirtschaftspolitik] 143.

83 Vgl. Thorsrud/Emery [Conflict].

84 Vgl. Burns [Plurality].

85 Vgl. Fäßler [Mitbestimmung] 85.

86 Vgl. Easton [Analysis]; Deutsch [Kybernetik]; Wiseman [Systems]; Dahl [Analysis]; eine kritische Auseinandersetzung mit dieser Literatur haben vor allem folgende Autoren durchgeführt: Senghaas [Kybernetik], Narr [Systemtheorie], Bußhoff [Systemtheorie] und Greven [Systemtheorie].

87 Vgl. Kirsch [Entscheidungsprozesse III] 121 ff., [Betriebswirtschaftspolitik]; Bleicher [Perspektiven] 123 ff.; Fäßler [Mitbestimmung] 95 ff.

Es ist daher im folgenden zu untersuchen, ob das von Easton präsentierte Modell geeignet ist, den *politischen Prozeß* und damit die Problematik der Konflikthandhabung zu verdeutlichen. Mit der auf diesen Problemkreis zentrierten Analyse des Easton-Ansatzes ist infolgedessen die Frage nach der spezifischen Abgrenzung politischen Handelns vom übrigen Handeln in der Unternehmung zu klären.

a) Easton's Grundmodell eines Politischen Systems

Easton[89] hebt hervor, daß sich in der Politischen Wissenschaft noch weitere Auseinandersetzungen mit dem Begriff des Politischen Systems finden, doch seien diese Ansätze meist auf spezielle Teilaspekte politischen Verhaltens begrenzt (Wahlverhalten, Interessengruppen, Koalitionsbildung).

Demgegenüber versteht sich sein Ansatz als ein umfassender systemtheoretischer Bezugsrahmen für die Analyse politischen Verhaltens in seiner Gesamtheit.

Die im folgenden skizzierten Variablenkomplexe stellen den konzeptionellen Rahmen der von Easton intendierten generellen Theorie politischen Handelns dar.

Die Modellanalyse Eastons knüpft an einer Input-Output-Betrachtung an, bei der die funktionale Verknüfung des Politischen Systems mit seiner Umwelt in den Mittelpunkt der Untersuchung gerückt wird. Easton[90] schematisiert die funktionalen Beziehungen zwischen Umwelt und Politischem System in folgendem Modell:

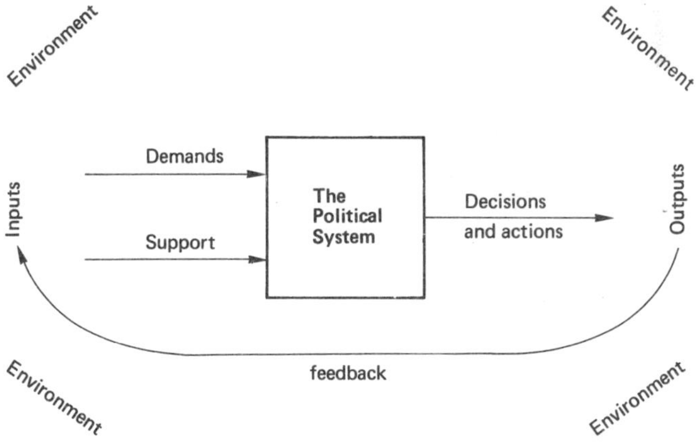

Abb. 14. Feedback-Modell eines Politischen Systems

---

88 Vgl. Abschnitt III 1. der Arbeit.

89 Vgl. Easton [Analysis] 8.

90 Vgl. Easton [Analysis] 32.

Die Umwelt des Politischen Systems besteht aus allen nicht-politischen Verhaltensprozessen und kann in eine inner- und außergesellschaftliche Umwelt differenziert werden. Die innergesellschaftliche Umwelt umfaßt alle nicht-politischen Verhaltenssysteme, die das Politische System des betrachteten sozialen Systems umgeben, während die außergesellschaftlichen Systeme Umsysteme des betrachteten sozialen Systems darstellen. Die außer- und innergesellschaftliche Umwelt setzt über Leistungszusagen und Forderungen die Bedingungen für die Ziele und Aktivitäten des Politischen Systems.

Easton[91] umgrenzt das Politische System mit folgenden Variablen:

1. Variablen des Input-Bereichs,
2. Variablen des Konversionsbereichs,
3. Variablen des Output-Bereichs.

Die *Input-Variablen* beinhalten „wants", „demands" und „support", die von der inner- und außergesellschaftlichen Umwelt an das Politische System gerichtet werden. Mit „wants" bezeichnet Easton die öffentliche Meinung, die Motivationen, Ideologien, Interessen und Präferenzen der Mitglieder des Umsystems, die den Hintergrund ihrer Forderungen bilden. Unter „support" faßt Easton alle Leistungszusagen zusammen, die die Regierten für das Politische System erbringen. Ein bestimmtes Maß an Leistungszusagen ist für die Erhaltung des Politischen Systems notwendig. Übersteigen die an das Politische System gerichteten Forderungen ständig das Maß an Leistungszusagen, ist der Bestand des Systems gefährdet. Die von der inner- und außergesellschaftlichen Umwelt ausgehenden „demands" formulieren die vom Politischen System erwarteten Entscheidungen. Die „demands" als Informationsinput werden im Innenbereich des Politischen Systems zu Kategorien des Outputs transformiert.

Easton unterscheidet verschiedene *Varianten der Transformation* der Forderungen durch die autorisierten Entscheidungsträger des Politischen Systems: Die Forderungen können im System von den politischen Entscheidungsträgern diskussionslos akzeptiert werden, reduziert, selektiert, amalgamiert werden oder können im Politischen System versiegen[92]. Durch diese Konversionsprozesse werden alle möglichen, inhaltlich nicht näher bestimmten Forderungen zu politischen Entscheidungen als *Output* des Politischen Sytems verarbeitet. In diesem Output konkretisiert sich die Leistung des Politischen Systems, die von Easton allgemein als „the making and execution of decisions for a society" bezeichnet wird[93]. Diese autoritativen Entscheidungen, durch die Werte für die Gesellschaft alloziert werden, können vielfacher Art sein: Gesetze, materielle Leistungen für die Mitglieder der Gesellschaft, Richtlinien, Normen usw. Auf die Problematik einer derartigen Bestimmung und Abgrenzung des Politischen Systems wird weiter unten zurückzukommen sein.

---

[91] Vgl. Easton [Analysis] 21 ff.

[92] Vgl. Easton [Analysis] 74.

[93] Vgl. Easton [Analysis] 21.

Die vom Politischen System mit dem Anspruch auf gesamtgesellschaftliche Verbindlichkeit getroffenen Entscheidungen müssen von der Gesellschaft auch akzeptiert werden, d. h. sie muß in die Entscheidung so weit einwilligen, daß dem Politischen System die notwendige Unterstützung erhalten bleibt. Zwischen Output und Input besteht insofern eine *Feedback-Beziehung*, denn die Art des Output bestimmt die Art und Intensität des Input, beispielsweise das Ausmaß der Leistungszusagen und Forderungen, die das Politische System von den Mitgliedern der Gesellschaft erhält. Über diesen Feedback-Mechanismus kann das Politische System auch die Entwicklung von Forderungen steuern, eigene Entscheidungen revidieren, Anpassungen vornehmen und gesellschaftliche Wandlungen auslösen.

Die skizzierte Struktur des von Easton konzipierten Politischen Systems läßt die eingangs gestellte Frage nach dem spezifischen Problemgehalt des politischen Entscheidungsprozesses allerdings unbeantwortet. Der Versuch, eine Antwort auf diesen Fragenkreis zu erhalten, soll über eine Kritik der Systemkonstruktion Eastons erfolgen.

b) Kritische Bemerkungen zum Easton-Modell

Easton[94] gibt vor, das Politische System als funktionales Entscheidungssystem von anderen nicht-politischen Systemen zu differenzieren. Die als essentiell herausgestellten Variablen des Politischen Systems werden jedoch inhaltlich nicht auf eine spezielle Systemproblematik eingegrenzt, die sich von den Systemproblemen der umgebenden Systeme eindeutig als politische abhebt.

Diese These ist mit einer Diskussion der von Easton genannten Variablen zu belegen.

Die Input-Variablen decken im Easton-Schema alle möglichen Forderungen und Leistungszusagen der Mitglieder einer Gesellschaft ab. Aufgrund der fehlenden analytischen Trennung von politischen und nicht-politischen Input-Variablen ist faktisch nicht unterscheidbar, welche Inputs dem Politischen System und welche Inputs den umgebenden nicht-politischen Entscheidungssystemen zuzuordnen sind.

Die Grenze des Politischen Systems ist ebenfalls nicht eindeutig durch den Output gegeben. Der Output des Politischen Systems besteht in Allokationstätigkeiten, in denen sich lediglich die Fähigkeit des Systems, Entscheidungen irgendwelcher Art zu treffen und zu realisieren, zeigt. Diese Entscheidungen tragen zwar die Kriterien der gesamtgesellschaftlichen Verbindlichkeit und Akzeptierung, sind aber nicht durch einen spezifisch politischen Problemlösungsvorgang ausgezeichnet.

---

94 Vgl. Easton [Analysis] 18.

Mit der Charakterisierung der Output-Kategorie durch alle möglichen Entscheidungen von besonderer Relevanz und gesellschaftlicher Reichweite erfolgt eine Grenzziehung zwischen Politischem und nicht-politischen Systemen, die Entscheidungen von genereller Bedeutung dem Politischen System und Entscheidungen von geringer Relevanz und Reichweite anderen Systemen zuordnet[95].

Mit dieser an den genannten Kriterien orientierten Grenzziehung entsteht eine Hierarchie von Entscheidungssystemen mit der eigentümlichen Situation, daß beispielsweise ökonomische Entscheidungen, soweit sie die genannten „politischen" Merkmale erfüllen, Gegenstand des Politischen Systems sind, soweit sie aber von begrenztem Umfang und von begrenzter Bedeutung sind, Gegenstand eines untergeordneten Entscheidungssystems sind. Damit wird aber der Anspruch, das Politische System als ein spezielles funktionales Entscheidungssystem zu konzipieren, mit dem ein problemspezifisches Segment sozialen Handelns abgebildet werden kann (abgegrenzt beispielsweise vom wirtschaftlichen Handeln), nicht erfüllt.

Nimmt man Bezug auf die oben genannten Merkmale des Politischen bei Easton - verbindliche Ziel- und Wertbestimmung für die Gesellschaft -, so wird unter Politik offensichtlich die Lösung von Basisproblemen einer Gesellschaft bzw. eines sozialen Systems, die Aufstellung genereller Ziele und allgemein anerkannter Werte verstanden, ohne daß diese inhaltlich näher differenziert werden. Eine derartige allgemeine, nicht an einem *speziellen Problem* orientierte Politikbestimmung erhebt jeden Entscheidungsprozeß, soweit er von genereller Bedeutung ist und Ziele auf den obersten Stufen des Zielsystems einer sozialen Organisation formuliert, zu einem politischen Zielsetzungsprozeß. Das spezielle Ziel bzw. der Output eines spezifisch politischen Zielsetzungsprozesses kann aber offensichtlich nicht in der „Lösung von Basisproblemen einer Gesellschaft", in der „Aufstellung genereller Ziele" und „allgemein anerkannter Werte" gesehen werden, denn hinter diesem Output können ebenso ökonomische, soziologische oder technische Entscheidungsprozesse mit ihrem jeweiligen speziellen Problemgehalt stehen.

Die Lösung eines Basisproblems, der Erlaß einer generellen Regelung kann beispielsweise in der Entscheidung der Regierung gesehen werden, eine allgemeine Geschwindigkeitsbeschränkung auf 100 km/h festzusetzen, aber diese Entscheidung ist sicherlich keine spezifisch politische, zumindest ist sie wohl kaum als Gegenstand der Politischen Wissenschaft anzusehen. Sie beruht vielmehr auf einem wirtschaftlichen Entscheidungsprozeß in Verbindung mit technischen und vielleicht auch psychologischen Kriterien, um bei verknappten Ressourcen den volkswirtschaftlichen Bedarf an Energie durch Minimierung von Kraftfahrzeug-Treibstoffverbrauch decken zu können.

---

95 Vgl. Narr [Systemtheorie] 125.

Das verkehrs*politische* Problem verdeutlich sich und hebt sich vom verkehrs-*wirtschaftlichen* (-technischen, -psychologischen) Problem erst durch die Betrachtung der Prozesse ab, die auf die Durchsetzung und Absicherung dieser Entscheidung gegen die kollidierenden Wünsche und Interessen der Betroffenen zielen.

Das *politische Problem* konkretisiert sich somit in dem Prozeß der *Beeinflussung* nicht anpassungsbereiter, mit einer getroffenen Entscheidung kollidierender Aktoren.

Mit dieser Differenzierung von Entscheidungsprozessen in Prozesse nichtpolitischer Art und politischer Art ist das zentrale Problem des politischen Handelns angedeutet, das in der *Sicherung gesetzter Ziele gegen kollidierende Interessen anderer* zu sehen ist.

Aber gerade der Konversionsprozeß, der von zentraler Bedeutung für die Abgrenzung und Beschreibung des Konflikthandhabungsprozesses ist, wird von Easton nicht näher beleuchtet. Das Easton-Modell stellt somit eine black-box-Betrachtung dar, die sich auf die Analyse der Input- und Output-Variablen beschränkt.

So betont auch *Greven* in bezug auf Easton: „Er behandelt das politische Entscheidungszentrum als ‚black box', indem er sich primär dafür interessiert, ob sich zwischen den aus der Umgebung des Systems kommenden ‚inputs' und den Wirkungen der ‚outputs' des Systems dergestalt ein ‚Gleichgewicht' herstellt, daß das System seine Strukturen aufrechtzuerhalten in der Lage ist[96]."

Die Notwendigkeit der Analyse des politischen Entscheidungsprozesses unter dem Gesichtspunkt der Überwindung kollidierender Interessen betont *Buchanan:* „Political process has not been sufficiently examined as a means through which separate and differing individual and group interests come to be reconciled...[97]." Den Beitrag einer Theorie des politischen Prozesses sieht Buchanan in der Bereitstellung von Aussagen über Prozesse, mit denen Individuen und Gruppen ihre kollidierenden Interessen in Übereinstimmung bringen können.

Kirsch verweist schließlich in Interpretation des Easton-Modells auf die Bedeutung der Machtverteilung für den politischen Prozeß: „Die Kernorgane des politischen Systems sehen sich in der Regel einer Vielzahl konfliktärer Forderungen ihrer eigenen Mitglieder und ihrer Satelliten gegenüber. Der politische Prozeß wird so zu einem Prozeß der Konflikthandhabung. Die Machtverteilung innerhalb und außerhalb des politischen Systems bestimmt vor allem, wer sich mit seinen Forderungen durchzusetzen vermag. Keineswegs sind es immer die Kernorgane, denen dabei die größte Macht zukommt, unbeschadet ihrer Rolle bei der Autorisierung der Ergebnisse des politischen Prozesses[98]."

---

96 Greven [Systemtheorie] 81.

97 Buchanan [Political Process] 26.

98 Kirsch [Entscheidungsprozesse III] 122 f.

Ein derartiger Modellansatz initiiert, den problemspezifischen Gehalt politischen Handelns näher zu beleuchten und die Frage nach der Fruchtbarkeit einer *Einbeziehung politologischer Aussagen in eine betriebswirtschaftliche Konflikttheorie* aufzuwerfen. Die Analyse des Modells deckte die Schwäche der black-box-Betrachtung auf, die sich in der mangelnden Abgrenzung politischen Handelns als „spezielles Segment sozialen Handelns"[99] zeigte. Mit der beispielhaft vorgenommenen problemorientierten Differenzierung wirtschaftlichen und politischen Handelns wurde der Bedeutungsgehalt politischer Zielsetzungsprozesse in der Sicherung gesetzter Ziele durch Einflußnahme auf kollidierende Interessen erkennbar. Für *Dlugos* ist dieser hier allerdings noch wenig detaillierte Problemgehalt politischen Handelns konstitutives Element der *Unternehmungspolitik als betriebswirtschaftlich-politologische Teildisziplin*[100]. Der Versuch, betriebswirtschaftliche Aussagen mit politologischen Aussagen zu verbinden und für eine Analyse von Unternehmungskonflikten heranzuziehen, wirft grundsätzliche wissenschaftsprogrammatische Fragen auf, deren Klärung Gegenstand des folgenden Kapitels ist.

---

99 Narr [Systemanalyse] 425.

100 Vgl. Dlugos [Teildisziplin].

V. Das Konfliktphänomen als Gegenstand unternehmungspolitischer Forschung

1. Wissenschaftsprogrammatische Vorüberlegungen

Die Frage nach dem Erkenntnisobjekt, dem Wissenschaftsziel und der Methodik gehört zu den wissenschaftstheoretischen Grundfragen jeder Disziplin. Entscheidungen hierüber sind vorwissenschaftlicher Art. Sie beruhen auf Wertungen des Einzelnen[1]. Die Abgrenzung des Untersuchungsgegenstandes, die Bestimmung des Wissenschaftsziels und die Wahl der Methodik, die allerdings entsprechend der gewählten Fragestellung und des Wissenschaftsziels Zweckmäßigkeitskriterien unterliegt, bilden die Wertbasis einer Disziplin. Die Fixierung dieser Basis stellt eine programmatische Vorarbeit dar, die in das Aufstellen einer Wissenschaftskonzeption bzw. eines Wissenschaftsprogramms mündet.

Diese kurzen einleitenden Überlegungen sollen im folgenden mit einigen Bemerkungen zur Problematik der Bildung disziplinärer Problemausschnitte sowie zu den Zielen wissenschaftlicher Erkenntnisbemühungen ergänzt werden, um auf dieser Grundlage das *unternehmungspolitische Forschungsprogramm* skizzieren zu können.

a) Grundprobleme disziplinärer Problemausschnitte

Zwangsläufig kann jede Analyse realer Phänomene nur unter einer speziellen Sichtweise erfolgen. „Wenn wir eine Sache studieren wollen, müssen wir stets bestimmte Aspekte an ihr auswählen. Es ist uns nicht möglich, ein ganzes Stück der Welt oder ein ganzes Stück der Natur zu beschreiben, ja nicht einmal das kleinste ganze Stück läßt sich so beschreiben, denn jede Beschreibung ist notwendig selektiv[2]."

Um zu empirisch prüfbaren Aussagen über die Realität zu kommen, ist es daher notwendig, eine Abgrenzung des Gegenstandes wissenschaftlicher Forschung vorzunehmen. Hierbei bedarf es über die Kennzeichnung des zu erfas-

---

[1] Vgl. zu Wertungen bei der Setzung wissenschaftstheoretischer Kriterien für den Forschungsprozeß Prim/Tilmann [Grundlagen] 110 f.

[2] Popper [Historizismus] 61.

senden Realbereichs hinaus einer eindeutigen Bestimmung der auf diesen Realbereich bezogenen Fragestellung[3].

Durch die Determination eines aus dem gesamten Erfahrungsbereich des Menschen herausgelösten Realitätsausschnittes ist der Untersuchungsgegenstand einer Disziplin noch nicht hinreichend bestimmt. Die nähere Bestimmung und selektive Abgrenzung des Erkenntnisgegenstandes einer Disziplin erfordert neben der Hervorhebung eines Realbereichs als Erfahrungsobjekt der Disziplin die Kennzeichnung des Problemaspekts, unter dem dieses abgegrenzte Erfahrungsobjekt betrachtet werden soll. Jede Gewinnung von Aussagen über die Realität erfolgt aus einer speziellen Problemsicht, die selbst unter Begrenzung auf einen bestimmten Realfall nur spezielle Attribute (Eigenschaften, Relationen) dieses Realfalles beleuchtet[4]. Ein Realfall kann somit vollständig nur durch eine Vielzahl unterschiedlicher Aussagen beschrieben werden, die aus einer Vielzahl unterschiedlicher Problemsichten in Bezug auf diesen Realfall gewonnen werden. „Das Ergebnis kann nur eine Aneinanderreihung unterschiedlicher Aussagen sein, die in einem weiteren Schritt dann allerdings selbst wieder der Selektion in unterschiedlicher Absicht unterliegen können[5].“ So können einzeldisziplinäre Forschungsbemühungen über einen Realbereich, denen unterschiedliche Problemsichten zugrunde liegen, durch Zusammenfassung der Problemaspekte zu integrierten Disziplinen erhoben werden[6]. An die Stelle selektiver Erkenntnisobjekte der Einzeldisziplinen tritt ein kombinatives Erkenntnisobjekt der integrierten Disziplin. Soweit diese zwei oder auch mehrere Aspekte vereinigende Disziplin nicht lediglich die vorhandenen Theorien der Einzeldisziplinen übernimmt, sondern eigenständige, problemorientierte Forschung betreibt, tritt eine echte Bereicherung des Wissens in Bezug auf den untersuchten Problembereich ein. Die Kombination einzeldisziplinärer Aspekte ist dabei nicht an die Voraussetzung gebunden, daß sich die vorhandenen einzelwissenschaftlichen Forschungsbemühungen bereits auf ein und denselben Realbereich beziehen. Ein Grund für die Bildung integrativer Disziplinen besteht häufig darin, Lücken zwischen der aspektorientierten Forschung zu schließen.

---

[3] Vgl. zur Diskussion um die Bestimmung des Erkenntnisobjekts der BWL: Moxter [Grundfragen]; Wöhe [Grundprobleme]; Katterle [Betriebswirtschaftslehre]; Fischer-Winkelmann [Methodologie] 142 ff.; Raffée [Grundprobleme] 49 ff. Prim/Tilmann [Grundlagen] 111 nennen u. a. folgende Motive, die die Auswahl von Erkenntnisobjekten lenken können:

1. Die Hoffnung, einen Erkenntnisfortschritt in einer für die Theorieentwicklung wichtigen Frage zu realisieren.
2. Die Hoffnung, Anerkennung in der Fachwelt zu erreichen.
3. Die Erwartung, an einem bestimmten Thema den Wert einer umstrittenen Forschungsmethode besonders gut testen zu können.
4. Die Hoffnung, einen Beitrag zur Lösung sozialer Probleme leisten zu können.

Auf das Problem der Parteilichkeit bei der Wahl der Fragestellung verweisen Kirsch [Betriebswirtschaftslehre] 173 ff. und Heinen/Dietel [Wertfreiheit] 103 ff.

[4] Vgl. Dlugos [Regulativ] 24.

[5] Dlugos [Regulativ] 25.

[6] Vgl. zur Situation und zu Problemen der Integration von Sozialwissenschaften Campbell [Omniscience].

Diese Lücken können dadurch bedingt sein, daß sich einzelwissenschaftliche Erkenntnisbemühungen auf einen Realbereich beschränken und noch nicht in andere Realbereiche vorgedrungen sind. Integrativ ausgerichtete Forschungsansätze, die eine echte wissenschaftliche synthetische Forschung betreiben, schließen diese Lücken, indem sie eine Verbindung der Erkenntnisobjekte vornehmen und unter diesem Blickwinkel sich dem abgegrenzten, bisher nur lückenhaft erschlossenen Realfall zuwenden.

Die Bestimmung des Gegenstandes einer realwissenschaftlichen Disziplin erfolgt zweckmäßigerweise problemorientiert *und* realfallorientiert. Grundsätzlich besteht auch die Möglichkeit, entweder problemorientiert *oder* realfallorientiert vorzugehen[7]. Im ersten Fall wird der gesamte Erfahrungsbereich dieser Problemsicht unterzogen, im zweiten Fall werden dagegen bestimmte Realfälle mit der Gesamtheit ihrer Aspekte zum Untersuchungsgegenstand der Disziplin erhoben.

Ein realfallorientiertes, sämtliche Problemebenen integrierendes Vorgehen würde den komplexen Zusammenhängen, vielgliedrigen simultanen Abhängigkeiten und Beziehungen der Realität zwar voll entsprechen, kann aber aufgrund des mangelhaft komprehensiven Denkvermögens des Menschen sowie der begrenzten Forschungsaktivitäten bestenfalls als utopisches Fernziel wissenschaftlicher Analysen angestrebt werden.

Nicht zuletzt aus forschungsstrategischen Gründen empfiehlt sich daher die problemorientierte Vorgehensweise. „Eine ausschließlich an komplexen Realerscheinungen orientierte Abgrenzung hat dagegen den Nachteil der multiparallelen Behandlung identischer Problemseiten in den Wissenschaften, da sich an den unterschiedlichsten Realfällen identische Problemseiten finden[8].“ Die realfallorientierte Vorgehensweise bietet nicht etwa den vermeintlichen Vorteil einer holistischen Erfassung eines Allzusammenhanges, sondern beinhaltet die Gefahr einer dilettantischen Zusammenstellung unüberschaubarer heterogener Problemseiten der hervorgehobenen Realfälle.

Die Abgrenzung einer bestimmten Problemsicht von anderen Problemsichten bedeutet zugleich eine Trennung zwischen betrachteten und nicht betrachteten Sachverhalten. Es sollte jedoch kein Zweifel darüber bestehen, daß die analytische Abgrenzung der Problemstellung nur rahmengebende Bedeutung hat. Die Bestimmung des disziplinären Problemausschnittes soll dabei der Dynamik des disziplinären Forschungsprozesses entsprechen und Anpassungsprozesse zwischen den Disziplinen unterstützen. Ein derartiger Forschungsrahmen umgrenzt nicht nur den Problemausschnitt, über den informative Aussagen gewonnen werden sollen, sondern ist auch Richtschnur für die Integrierung einzelner Forschungsergebnisse und ermöglicht darüber hinaus, „... die weißen Flecken

---

7 Vgl. Dlugos [Regulativ] 25 f.

8 Dlugos [Regulativ] 26.

des Forschungsgebietes in das Bewußtsein des Forschenden zu heben und die Klärung der Zuständigkeitsfrage zu erleichtern"[9].

Auf die Komplexität des Erfahrungsbereichs „Konflikt" und die Vielfalt der disziplinären Erkenntnisbemühungen verwies auch *Boulding* vor der Aufstellung seiner „Generellen Konflikttheorie": „There is not a single concept of conflict, and therefore there can not be a single theory of conflict[10]." Ebenso konstatiert *Bühl:* „Kein einziger Konflikt ist nur nach einer Theorieperspektive erklärbar, oder mit anderen Worten: In jeden Konflikt gehen ganz verschiedene Elemente E_1, E_2, E_3 usw. ein, wobei das Element E_1 am besten durch den Theorieansatz T_1 zu erklären ist, das Element E_2 am besten durch T_2 und E_3 vielleicht gleichermaßen durch T_1 und T_3[11]." Für *Senghaas* ist die Aufstellung eines „kohärenten theoretischen Gerüsts", das in der Lage ist, die „multivarianten Erklärungsversuche" des Konfliktphänomens zu bündeln, eine primäre wissenschaftsprogrammatische Aufgabe der Konfliktforschung[12]. Eine echte, sinnvolle interdisziplinäre Kooperation auf der Wissenschaftsebene zur Aufstellung einer synthetischen Konflikttheorie setzt jedoch das Vorliegen einzeldisziplinärer Konflikttheorien voraus, die beim derzeitigen Erkenntnisstand allerdings noch nicht gegeben sind. Darüber hinaus gilt es festzustellen, daß die echte interdisziplinäre Konfliktforschung als synthetische Wissenschaft noch nicht über Auswahl-, Beurteilungs- und Integrationskriterien als Voraussetzung für die Selektion und Koordination einzeldisziplinärer konflikttheoretischer Erkenntnisse verfügt[13].

Aus diesen Gründen sollte zunächst innerhalb der einzelnen Disziplinen eine Konzentration der Forschungsaktivitäten auf die disziplinären Kernprobleme des Konfliktphänomens vorgenommen werden, um in dieser Weise eine Grundlage für die in interdisziplinärer Kooperation zu leistende Integration zu schaffen. Neben die einzeldisziplinäre Zentrierung hat der zunächst teilweise, schrittweise und gestufte, aber nachdrückliche Vorstoß in die Interdisziplinforschung zu treten, bei dem zuerst als Vorstufe die grundsätzlichen Probleme synthetischer Wissenschaften aufzuarbeiten und operationalen Lösungen zuzuführen sind[14].

An diese generellen Überlegungen zu Grundfragen der Abgrenzung disziplinärer Problemausschnitte schließt sich die Frage nach den Zielen wissenschaftlicher Bemühungen um den Erkenntnisgegenstand an.

---

9 Dlugos [Regulativ] 25.

10 Boulding [Organization] 130.

11 Bühl [Konfliktsoziologie] 36.

12 Vgl. Senghaas [Vorwort] 10 f.

13 Vgl. zu diesen grundsätzlichen Fragen interdisziplinärer Forschung Kosiol/Chmielewicz/Szyperski: [Systemforschung] 353 ff. sowie die Hinweise bei Scheuch [Grundlagen] 542 ff.

14 Vgl. Kosiol [Zukunft] 3 ff.

b) Idealtheoretische und realtheoretische Wissenschaftsziele

Kosiol differenziert hinsichtlich der Aufgabenstellung realwissenschaftlicher Forschungsbemühungen zwischen einem *theoretischen Wissenschaftsziel* und einem *pragmatischen Wissenschaftsziel*[15].

Das theoretische Ziel realwissenschaftlicher Forschung besteht in der Aufstellung von Hypothesen, d. h. faktisch wahren Aussagen über Regelmäßigkeiten ihres Gegenstandsbereichs und deren Integration zu Realtheorien. Hypothesen informieren über die Realität, insofern sie das Eintreten bestimmter Sachverhalte ausschließen. Hypothesen sind Aussagen über deterministische (strikte) Regelmäßigkeiten (*D*-Hypothesen) oder statistische Regelmäßigkeiten (*S*-Hypothesen)[16]. Deterministische Hypothesen klären über Ursachen bestimmter Erscheinungen auf und bilden die Grundlage für deduktiv-deterministische Erklärungen.

Für die sozialwissenschaftliche Forschung kann jedoch konstatiert werden, daß Aussagen über strikte Regelmäßigkeiten bislang nicht vorliegen. Eine erhebliche Bedeutung haben dagegen statistische Hypothesen gewonnen, die über bestimmte Ereigniswahrscheinlichkeiten informieren. *S*-Hypothesen bilden die Grundlage induktiv-statistischer Begründungen.

Mit der Aufstellung von Hypothesen und deren Integration zu einer Realtheorie wird letztlich der Zweck verfolgt, Handelnden wissenschaftlich fundierte Grundlagen für Entscheidungen zu vermitteln[17].

Das theoretisch-realwissenschaftliche Ziel des Erkenntnisprozesses wird durch das pragmatisch-realwissenschaftliche Ziel ergänzt, indem die Aussagen über Ursache-Wirkungsbeziehungen in Aussagen über Handlungsmöglichkeiten zur Erreichung gewollter Ziele transformiert werden. So können beispielsweise Aussagen über Konfliktursachen und ihre Wirkungen in Aussagen umgeformt werden, die diese Wirkungen als Ziele formulieren und angeben, welche Bedingungen zu erfüllen sind, um bestimmte, vom Handelnden gewollte Ziele erreichen zu können.

Während *Realaussagen* einen realen Geltungsanspruch erheben und dabei aus faktischen Gründen wahr oder falsch sein können, erheben Idealaussagen einen rein logischen Geltungsanspruch und sind daher aus logischen Gründen wahr oder falsch. Sie informieren nicht über die Realität, sondern lediglich über rein gedachte Sachverhalte.

---

15 Vgl. Kosiol [Betriebswirtschaftslehre] 745 ff. Vgl. auch die Ausführungen in bezug auf die BWOL bei Wild [Grundlagen] 22 ff. und bei Dlugos in bezug auf die Betriebswirtschaftslehre [Regulativ] 28 ff. und die Unternehmungspolitik [Teildisziplin] 45 ff. und 63 ff. Vgl. auch Chmielewicz [Forschungskonzeptionen] 5, Köhler [Forschung] 310 ff.

16 Vgl. Dlugos [Regulativ] 29.

17 Vgl. hierzu den Überblick bei Schanz [Methodologie] 75 ff. und die Ausführungen von Popper [Zielsetzung].

Soweit diese rein gedanklich erfaßten Sachverhalte als gut oder schlecht ausgezeichnet werden, liegen *normative Aussagensysteme* vor. Normative Aussagensysteme verfolgen keine Erkenntnisziele im Sinne einer Beschreibung, Erklärung und Prognose realer Sachverhalte, sondern stellen wertende Aussagen über Mittel und Ziele auf, um eine Veränderung menschlicher Verhaltensweisen herbeizuführen. Kriterien normativer Aussagensysteme sind somit Wertungen auf der objektsprachlichen Ebene, wobei der Aussagende, stellt er sie bewußt auf, der Wissenschaft die Aufgabe zuschiebt, die Entscheidungen der Handelnden im Sinne der Normen des Wissenschaftlers zu lenken.

Idealaussagen, die auf bloßen Annahmen beruhen, können als vorgefertigte *Lösungsschemata* betrachtet werden und gehen in Realaussagen über, wenn die Beziehungen zwischen den Annahmen und den Bedingungen, unter denen sie zu realen Gegebenheiten werden, durch Realaussagen abgebildet werden können[18].

Dem idealwissenschaftlichen Erkenntnisprozeß kann hinsichtlich seiner Aufgabenstellung ebenfalls ein theoretisches und ein pragmatisches Wissenschaftsziel zugeordnet werden.

Das theoretisch-idealwissenschaftliche Ziel besteht in der Entwicklung eines Systems analytisch-konditionaler Sätze, die Einsichten in den deduktionslogischen Zusammenhang zwischen den Annahmen (Axiome) und ihren Folgerungen (Theoreme) im Rahmen der gewählten Bedingungen vermitteln. Die Verfolgung des theoretisch-idealwissenschaftlichen Ziels wird auch als „taxonomisches Theoretisieren" bezeichnet, d. h. es werden im Rahmen von Gedankenexperimenten Kalküle und deren Varianten über den gedachten Sachverhalt aufgestellt, indem Veränderungen von Grundannahmen postuliert werden und neue logisch wahre Sätze hergeleitet werden.

Die pragmatische Bedeutung einer Idealtheorie liegt darin, daß sie Schablonen für die Erfassung der Realität liefert. Auf der Grundlage des analytisch-konditionalen Satzsystems ist konkreten Aktoren ein Handeln nach dem Modell möglich, wenn die Leerstellen des Idealmodells mit Beschreibungen der realen Entscheidungssituation besetzt werden[19]. Idealmodelle werden durch semantische, auf ein Realproblem bezogene Interpretationen in Realmodelle überführt[20].

Das theoretische Wissenschaftsziel normativer Aussagensysteme besteht in der Entwicklung geschlossener, Sachverhalte als ethisch gültig oder ungültig auszeichnender Gedankenmodelle. Mit dem Anspruch, ein ethisch gültiges Satzsystem aufstellen zu können, verbindet sich das Problem der Rechtferti-

---

[18] Vgl. Kosiol [Betriebswirtschaftslehre] 758.

[19] Vgl. Gäfgen [Theorie] 51. Siehe auch die kritischen Stellungnahmen zum Modelldenken in der Betriebswirtschaftslehre durch Albert [Modell-Platonismus]; Fischer-Winkelmann [Methodologie] 78 ff.

[20] Vgl. Szyperski/Winand [Entscheidungstheorie] 19.

gung dieser Sätze. Die in dem Idealaussagensystem enthaltenen Werturteile werden durch Rückgriff auf höhere Werturteile zu begründen versucht. Pragmatisch-idealwissenschaftliche normative Aussagen unterscheiden sich von pragmatisch-realwissenschaftlichen Aussagen dadurch, daß letztere Aussagen mit faktischem Geltungsanspruch darstellen, die lediglich über den für die Zielerreichung notwendigen Mitteleinsatz informieren, diese Ziele aber nicht mit Werturteilen auszeichnen. Der Aussagende überläßt dem Handelnden, diese Ziele in seinem eigenen Wertsystem abzubilden und als gut oder schlecht zu kategorisieren.

Wird weder das Ziel verfolgt, Idealaussagensysteme als „potentielle Realaussagensysteme“ zu entwickeln noch das Ziel, Handlungsempfehlungen normativer Art abzugeben, bleibt dennoch eine weitere wesentliche pragmatische Funktion idealwissenschaftlicher Bemühungen bestehen[21]: Idealtheoretische Aussagen erfüllen eine wichtige Vorstufe realwissenschaftlicher Forschung, indem sie die häufig komplizierten logischen Implikationen der gemachten Annahmen verdeutlichen und damit „psychologische Neuigkeiten“ für den Forscher darstellen[22]. In diesem Zusammenhang kann auf die gesamte analytisch-deduktive Entscheidungstheorie verwiesen werden, die die logischen Beziehungen beispielsweise zwischen Zielinhalten, Alternativen und deren Konsequenzen aufzeigt und darüber hinaus Bewertungs- und Entscheidungsregeln entwirft.

Hier ist auf das Idealaussagensystem der Spieltheorie zu verweisen, die von der Annahme des rationalen Verhaltens der Spieler ausgeht und „strategische Lösungen“[23] für gedachte Konfliktsituationen ableitet. Der Entwurf rationaler Handlungsmuster kann überhaupt als der wesentliche Beitrag der idealwissenschaftlichen Forschung herausgestellt werden.

Wie gezeigt wurde, ist die Verwendung solcher Rationalmodelle in der betriebswirtschaftlichen Forschung evident. So hat die Formalstruktur rationaler Zielsetzungsprozesse eine breite Behandlung in der Betriebswirtschaftslehre gefunden und ist „Referenzpunkt“ für die Beschreibung von Zielsetzungsprozessen in der Realität.

Die wissenschaftliche Erfassung realer Zielsetzungsprozesse kann sich dabei am Muster des Rationalmodells orientieren und Abweichungen vom modellmäßigen Verhalten aufzeigen. Damit initiiert die idealtheoretische Forschung, Lükken in der realwissenschaftlichen Forschung zu schließen, indem der Frage nach der tatsächlichen Wahrnehmung einer Situation, der tatsächlichen Aktualisierung von Zielen, der tatsächlichen Erfassung von Alternativen und Konsequenzen sowie deren Bewertung durch einen real Handelnden nachgegangen wird.

---

21 Vgl. Dlugos [Teildisziplin] 45.

22 Vgl. Gäfgen [Theorie] 52.

23 Die Strategie ist ein Schlüsselbegriff der Spieltheorie und bezeichnet den Gesamtplan eines Spielers, der den Handlungsverlauf an jedem der Entscheidungspunkte festlegt, die in einem gegebenen Spiel möglicherweise auftreten können.

Das Schwergewicht der vorliegenden Untersuchung wird daher im Entwurf des bereits skizzierten *Idealmodells des Konfliktverhaltens* liegen, das erst in einer späteren Forschungsphase auf seinen Realitätsgehalt geprüft werden kann.

Mit diesen, der Kennzeichnung der *unternehmungspolitischen Konfliktforschung* vorgeschalteten methodologischen Grundüberlegungen wurden einige generelle Gesichtspunkte der Bestimmung disziplinärer Problemausschnitte und der Ziele disziplinärer Erkenntnisgewinnung über den Untersuchungsgegenstand aufgezeigt.

In die Diskussion sind bereits Hinweise auf methodische Grundfragen eingeflossen. Methodenfragen betreffen das wissenschaftstheoretisch-philosophische Fundament des Forschungsprozesses und ziehen damit erkenntnistheoretische Konsequenzen hinsichtlich der verfolgten Wissenschaftsziele nach sich[24]. Der zentrale Bezugspunkt der kontroversen Standpunkte stellt sich im Problem der Wertfreiheit. *Albert* äußert sich über die Diskussion um die Frage der Wertfreiheit wie folgt: „Die lebhafte Debatte über diesen Problemkomplex, die nun schon mehr als fünfzig Jahre andauert, hat bisher noch zu keiner Einigung der streitenden Parteien geführt. Wohl sind zeitweise Ermüdungserscheinungen zu konstatieren, aber über kurz oder lang kommt es dann zu einer Wiederaufnahme der Kontroverse. Argumente und Gegenargumente haben dabei meist - wenigstens, soweit sie im deutschen Sprachbereich auftauchen - einen gemeinsamen Bezugspunkt in dem methodischen *Prinzip der Wertfreiheit*, das *Max Weber* zu Anfang dieses Jahrhunderts in einer kritischen Analyse der Möglichkeiten sozialwissenschaftlicher Forschung formuliert hat[25].“ Hinsichtlich der Diskussion um das methodische Prinzip der Wertfreiheit ist zwischen drei Problemebenen zu differenzieren, die bei Auseinandersetzungen um die Möglichkeiten, Grenzen und die Situation betriebswirtschaftlicher Forschung nur zu oft vermengt werden:

1. das Problem der Wertbasis der Erkenntnisbemühungen,
2. das Problem der Wertungen im Objektbereich der Erkenntisbemühungen,
3. das eigentliche Werturteilsproblem.

Der Versuch, auf diese vielschichtigen Fragenkomplexe umfassend einzugehen, würde den Rahmen des hier Möglichen sprengen. Es seien daher nur einige Anmerkungen gemacht, soweit sie zur Kennzeichnung des Wissenschaftsprogramms der unternehmungspolitischen Konfliktforschung notwendig sind.

Die eigentliche Kontroverse um die Notwendigkeit, Möglichkeit oder Zweckmäßigkeit, Werturteile im objektsprachlichen Aussagenzusammenhang zu ver-

[24] Eine kurze Zusammenstellung methodologischer Positionen der BWL gibt Schanz [Pluralismus]; Loitlsberger [Wertvorstellungen] hat vorgeschlagen, in Bezug auf pluralistische Wertvorstellungen alternative normative betriebswirtschaftliche Aussagensysteme zu entwickeln. Vgl. auch Staehle [Plädoyer].

[25] Albert [Wertfreiheit] 200. Vgl. auch Albert [Traktat] 64 ff. sowie die Beiträge in [Positivismusstreit].

wenden, bezieht sich lediglich auf den dritten Fragenkomplex. Dieser Fragenkomplex enthält einen definitorischen, logischen, methodologischen und moralischen Aspekt[26]. Soweit wissenschaftliches Bemühen von einer rein kognitiv-informativen Zielsetzung getragen wird, sind Werturteile innerhalb des Aussagenzusammenhangs zur Erreichung dieses Ziels prinzipiell entbehrlich.

Weitgehend unproblematisch sind die beiden ersten Problemebenen des „Werturteilsstreits". Unstrittig ist, daß die Wahl eines Untersuchungsgegenstandes auf einer Wertung beruht und Wertungen im Objektbereich Gegenstand sozialwissenschaftlicher Aussagen sind. Dies impliziert jedoch nicht, daß der objektsprachliche Aussagenzusammenhang selbst Wertungen über die erfaßten sozialen Tatbestände aufstellt. Eine auf normative Aussagen verzichtende Wissenschaft büßt im Hinblick auf ihre pragmatische Verwertbarkeit keineswegs an Bedeutung ein. Sie ist in der Lage, über Wirkungsmöglichkeiten menschlicher Handlungen zu informieren, nimmt dabei allerdings dem Einzelnen die Entscheidung über die zu verfolgenden Ziele nicht ab. Damit ist auch unter dem Gesichtspunkt der Erfüllung der pragmatischen Aufgabenstellung wissenschaftlichen Bemühens eine Normativierung der Aussagen nicht notwendig.

Die Analytische Wissenschaftstheorie stellt neben dem methodischen Prinzip der Wertfreiheit weitere grundlegende Anforderungen an ein realwissenschaftliches Aussagensystem. Im Mittelpunkt stehen Fragen der Begriffsbildung und Sprache als Grundlage wissenschaftlicher Aussagen, Fragen des empirischen Gehalts, der Wahrheit und Prüfbarkeit universeller und singulärer Aussagen sowie des logischen Charakters des Arguments in wissenschaftlichen Erklärungen, Begründungen und Prognosen[27].

Dieser naturgemäß nur kursorische Hinweis auf zu beachtende metawissenschaftliche Anforderungen an ein wissenschaftliches Aussagensystem soll mit der Bemerkung abgeschlossen werden; daß sich die sozialwissenschaftliche Forschung darüber im klaren sein muß, daß die Aussagen über ihr Erkenntnisobjekt vorläufig nur sehr begrenzt diesen Anforderungen genügen werden. In diesem Zusammenhang hebt *Köhler* folgende Einschränkungen hinsichtlich der Erfüllung der Exaktheitsanforderungen an wissenschaftliche Aussagensysteme hervor: Fehlende, daher ad hoc zu bildende, oder lückenhafte Hypothesen über konkrete Tatbestände, mangelnde Bestimmbarkeit der Ausgangsdaten des zu erklärenden Tatbestandes und ungenügende Transformationskalküle, die bei komplexen Aussagenmengen der Anforderung an eine eindeutige, nachvollziehbare Deduktion nicht gerecht werden[28]. Diese Aspekte inexakter Aussagen

---

26 Vgl. Albert [Werturteil] 95 f. und Schanz [Wertfreiheit].

27 Vgl. Hempel/Oppenheim [Explanation], sie präzisierten die logischen und empirischen Anforderungen an eine wissenschaftliche Erklärung und skizzierten die weiteren grundlegenden Probleme der Theoriebildung. Vgl. auch den konzentrierten Überblick bei Dlugos [Regulativ] 30 ff.

28 Vgl. Köhler [Methoden] 159 f.

gelten in besonderem Maße für die realwissenschaftliche Konfliktforschung, die „noch nicht einmal hinlängliche Beschreibungsmodelle zur Fixierung und Charakterisierung der zu erklärenden Probleme"[29] entwickelt hat. In dieser Situation empfiehlt es sich zunächst, den unternehmungspolitischen Beitrag zur Konfliktforschung auf die Entwicklung eines kohärenten Beschreibungsmodells der Entstehung und Handhabung von Unternehmungskonflikten als Bezugsrahmen zur Gewinnung empirisch prüfbarer Aussagen über Konfliktursachen, Konfliktformen und Arten der Konflikthandhabung zu konzentrieren.

2. Erkenntnisobjekt und Wissenschaftsziel unternehmungspolitischer Forschung

Um die angeschnittenen Fragen des Wissenschaftsprogramms im Hinblick auf den unternehmungspolitischen Beitrag zur Konfliktforschung konkretisieren zu können, ist es zunächst notwendig, den Gegenstand und das Untersuchungsfeld der Unternehmungspolitik herauszuarbeiten. Im Anschluß an die Kennzeichnung der speziellen Fragestellung sollen die mit der Erkenntnisgewinnung verfolgten Wissenschaftsziele kurz beleuchtet werden. Da in Bezug auf die Methodik keine besonderen Verfahren hinsichtlich der Erfassung des Konfliktphänomens entwickelt werden sollen, kann auf die bereits dargestellten Grundzüge verwiesen werden.

Die von *Dlugos* konzipierte Unternehmungspolitik betrachtet das Konfliktphänomen in Unternehmungen unter einem speziellen, am Gegenstand der Politischen Wissenschaft orientierten Blickwinkel. Sie versteht sich als eine *betriebswirtschaftlich-politologische Teildisziplin*[30] mit theoretischem und pragmatischem Wissenschaftsziel und hebt sich damit von der Vorstellung der Unternehmungspolitik als technologischer Teil der Betriebswirtschaftslehre, der sich der „praktischen Gestaltung des Betriebsprozesses" zuzuwenden hat, ab[31].

Da hier lediglich dieser betriebswirtschaftlich-politologische Ansatz hinsichtlich seiner Verwertbarkeit für die Analyse von Unternehmungskonflikten zu diskutieren ist, erübrigt es sich, die Entwicklungsrichtung der Unternehmungspolitik von einer „praktischen Betriebswirtschaftslehre"[32] und einer „Theorie

---

[29] Krüger [Grundlagen] 22 f.

[30] Das Wissenschaftsprogramm der Unternehmungspolitik als betriebswirtschaftlich-politologische Teildisziplin ist von Dlugos in den Beiträgen [Teildisziplin] und [Stichwort] fixiert worden.

[31] Vgl. die Stellungnahme Müllers [Unternehmungspolitik] zur Unternehmungspolitik als rein technologische Betriebswirtschaftslehre. Weitere Beiträge zur Aufgabenstellung der Unternehmungspolitik haben Fischer [Betriebspolitik], Kern [Unternehmungspolitik], Engeleiter [Betriebspolitik] und Schmidt [Unternehmungspolitik] geliefert.

[32] Vgl. Mellerowicz [Unternehmungspolitik] 77 ff.

der Führungsentscheidungen"[33] bis zu der hier zugrundegelegten Konzeption der Unternehmungspolitik zu skizzieren[34].

Zur näheren Kennzeichnung des Gegenstandes betriebswirtschaftlich-politologischer Forschung kann an die bereits angestellten Überlegungen zur Konkretisierung der Konfliktproblematik angeknüpft werden[35]. Wie sich zeigte, erfordert die volle Erfassung der Fragen der Konfliktentstehung die Herausarbeitung kollidierender interessenbedingter Zielsetzungen und die davon abzuhebenden Prozesse der einseitigen und wechselseitigen Einflußnahme auf kollidierendes Verhalten von Personen oder Personengruppen zur Sicherung eigener gefährdeter Ziele.

Die sich an der betriebswirtschaftlich-politologischen Problematik orientierende Unternehmungspolitik nimmt eine Ausweitung der *personenbezogenen Fragestellung* und zugleich aber auch eine Begrenzung auf diese vor[36]. Eine Ausweitung erfolgt insofern, als *nicht nur führungsmäßige Prozesse einseitiger Anpassung* der mit den Unternehmungszielen konfligierenden Zielverfolgungen der Kapitalgeber, Mitarbeiter, Marktpartner und Konkurrenten untersucht werden, *sondern auch die Prozesse wechselseitiger Beeinflussung* zwischen und innerhalb der unternehmungspolitischen Aktorgruppen. Damit werden beispielsweise nicht nur die einseitigen und wechselseitigen Beeinflussungsprozesse innerhalb und zwischen den Gruppen der Kapitalgeber, der Führung und der Mitarbeiter, sondern auch die einseitigen und wechselseitigen Beeinflussungsvorgänge zwischen den Unternehmungen als Marktpartner und Konkurrenten erfaßt. Die Untersuchung der Determinierungsbeziehungen beispielsweise zwischen Management und Mitarbeitern beschränkt sich somit nicht auf die Frage der hierarchisch verlaufenden Determinierung der Mitarbeiter, sondern hat auch die Möglichkeiten der Sicherung von Mitarbeiterinteressen gegenüber den sie gefährdenden Zielsetzungen in die Analyse einzubeziehen. Die Erweiterung der personenbezogenen Fragestellung liegt somit in der Erfassung nicht nur der führungsmäßigen, sondern auch der gegenläufigen Determinierung innerhalb der Unternehmung und zwischen Unternehmung und Umfeld.

Begrenzungen der Fragestellung der neu konzipierten Unternehmungspolitik gegenüber traditionellen Vorstellungen resultieren aus der notwendigen *Ausklammerung sachenbezogener Probleme* aus einer sich auf Fragen kollidieren-

---

33 Vgl. Sandig [Betriebswirtschaftspolitik] 6.

34 Einen kritischen Überblick über die Entwicklungsrichtung der Unternehmungspolitik gibt Dlugos [Teildisziplin] 45 ff. Vgl. auch Bidlingmaier [Konzeptionen]. Nach Veröffentlichung der Schriften von Sandig und Mellerowicz sind für einen längeren Zeitraum keine grundlegenden konzeptionellen Ansätze zur Unternehmungspolitik vorgelegt worden. In neuerer Zeit ist das Interesse an unternehmungspolitischen Fragen, wie die Arbeiten von Rühli [Unternehmungsführung], Ulrich [Unternehmung] und Ulrich/Flury [Management] zeigen, allerdings wieder größer geworden.

35 Vgl. den Abschnitt III dieser Arbeit.

36 Vgl. Dlugos [Teildisziplin] 52.

der Interessen konzentrierenden Unternehmungspolitik. Eine rein sachenbezogene betriebswirtschaftliche Problematik liegt vor, wenn Entscheidungen über Mittel, Verfahren und Techniken zu treffen sind und diese Entscheidung nicht die Frage personaler, möglicherweise kollidierender Interessen beinhaltet.

Mit der Konzentrierung und Begrenzung der Unternehmungspolitik auf die personale Problematik kollidierender Interessen zwischen Aktoren und Aktorgruppen der Unternehmung wird das *politische Element* als konstitutiver Begriffsbestandteil der Unternehmungspolitik hervorgehoben. Das unternehmungspolitische Erkenntnisinteresse ist jedoch nicht allein von der politischen Problemsicht geleitet, sondern von dem Ziel, die politische mit der wirtschaftlichen Fragestellung zu verbinden.

Der politische und wirtschaftliche Aspekt der unternehmungspolitischen Analyse der Konfliktentstehung und Konflikthandhabung wurde bisher noch nicht ausdrücklich dargestellt, obwohl einzelne Gesichtspunkte immer wieder erwähnt wurden.

Die nun folgende eingehendere Diskussion der politisch-wirtschaftlichen Problemsicht unternehmungspolitischer Erkenntnisbemühungen um die Konfliktproblematik soll die spezifische Fragestellung dieses Wissenschaftsansatzes verdeutlichen. Zunächst soll die *wirtschaftliche Seite* des Erkenntnisobjektes der Unternehmungspolitik umrissen werden.

Wirtschaftliches Handeln innerhalb und zwischen den Betrieben (Unternehmungen und Haushaltungen) ist Gegenstand betriebswirtschaftlicher Forschung. Das Kriterium des Wirtschaftens stellt eine spezielles Attribut menschlichen Handelns dar, auf das die Betriebswirtschaftslehre zweckmäßigerweise ihre Problemsicht begrenzt[37].

Wirtschaftliches Handeln wird von *Kosiol* als „... zielgerichtetes menschliches Handeln, das durch den Einsatz knapper Mittel mit dem Sachziel der produktiven Bedarfsdeckung gekennzeichnet ist...“[38] definiert.

Die wirtschaftliche Problematik konkretisiert sich in Entscheidungen über Ziele, Mittel und Verfahren, die die logische Struktur eines Optimalproblems aufweisen. „Wirtschaften ist in diesem Sinne immer Entscheiden, und eine Wissenschaft, die sich mit der wirtschaftlichen Problematik beschäftigt, zwangsläufig entscheidungsorientiert[39].“

Diese Bestimmung des Erkenntnisobjekts bedeutet, daß die Entscheidungsorientiertheit der Betriebswirtschaftslehre ihr spezifisches und nicht ein spezifizierendes Merkmal ist[40].

---

[37] Vgl. Dlugos [Teildisziplin] 58 und [Regulativ] 24 ff.

[38] Kosiol [Betriebswirtschaftslehre] 751.

[39] Dlugos [Regulativ] 26.

[40] Vgl. zur Wissenschaftsauffassung der „entscheidungsorientierten BWL“: Heinen [Ansatz] 21 ff.

Ein rein-wirtschaftlicher Entscheidungsprozeß verarbeitet Handlungsalternativen unter ausschließlicher Orientierung am wirtschaftlichen Formalziel. „Das wirtschaftliche *Formalziel* besteht in der Entscheidungsanweisung, aus einem gegebenen Alternativenkomplex jene Alternative auszuwählen, für die bei sonstiger Indifferenz der Alternativen ein maximaler Tauschmittelzufluß bzw. ein minimaler Tauschmittelabfluß erwartet wird[41].“ Wirtschaftlich Handelnde können sich bei ihren Entscheidungen entweder ausschließlich am wirtschaftlichen Formalziel orientieren oder ein amalgamiertes Formalziel anwenden, das das wirtschaftliche Kriterium mit anderen Entscheidungskriterien verbindet. Bei ausschließlicher Anwendung des wirtschaftlichen Formalziels zur Differenzierung der Alternativen handelt der Aktor rein-wirtschaftlich. In rein-wirtschaftlichen Zielsetzungsprozessen werden die Alternativen somit lediglich unter dem Gesichtspunkt ihrer Auswirkungen auf den Tauschmittelbestand bzw. den daraus abgeleiteten Zielkriterien (z. B. Gewinn, Rentabilität, Umsatz) als different angesehen. Dagegen werden in wirtschaftlichen Zielsetzungsprozessen die Alternativen auch hinsichtlich anderer Zielkriterien (neben den rein-wirtschaftlichen Zielkriterien auch beispielsweise psychologische und technische Zielkriterien) als different angesehen. Die Alternativenauswahl erfolgt hierbei unter Anwendung eines amalgamierten Entscheidungskriteriums, das das wirtschaftliche Formalziel lediglich gewichtet mit einschließt.

Während rein-wirtschaftliche Zielsetzungsprozesse ausschließlich an ökonomische Erfolgskriterien gebunden sind, werden in wirtschaftliche Zielsetzungsprozesse auch außerökonomische Zielkriterien aufgenommen, für die die Konsequenzenbewertung nicht in Geldgrößen erfolgen kann. Die Alternativenauswahl erfordert dann die Anwendung allgemeiner, die Nutzenvorstellung des Individuums widerspiegelnde Nutzengrößen. Nicht rein-wirtschaftliches Handeln, das für die Realität überwiegend anzunehmen ist, kann in seiner Komplexität zwangsläufig nicht allein aus wirtschaftswissenschaftlicher Sicht analysiert werden.

Die Aussagen einer so verstandenen Betriebswirtschaftslehre erstrecken sich dabei lediglich auf den Aspekt des wirtschaftlichen Formalziels, das die Problematik der Veränderung des Tauschmittelbestandes umschließt. Hervorzuheben ist aber in diesem Zusammenhang, daß das Ziel betriebswirtschaftlicher Forschung auch in der Aufdeckung der Auswirkungen der bisher nicht in Geldgrößen erfaßbaren Konsequenzen auf den Tauschmittelbestand besteht.

An dieser Stelle soll die Skizzierung der wirtschaftlichen Problematik, die die unternehmungspolitische Forschung in ihre Erkenntnisperspektive einbezieht, zunächst abgebrochen und eine Diskussion der politischen Problemsicht der Unternehmungspolitik angeschlossen werden. Wie bereits zu Beginn des Abschnitts dargestellt, stellt die Vereinigung der wirtschaftlichen und der politischen Problemsicht das Erkenntnisobjekt der Unternehmungspolitik dar. Im

[41] Dlugos [Teildisziplin] 58.

folgenden soll daher die *politische Seite* des Erkenntnisobjekts *unternehmungspolitischer Forschung* herausgeformt werden.

Aufgrund der hier gebotenen Kürze kann auf die kontroversen und nuancierten Affassungen zum Gegenstand der Politischen Wissenschaft nur verwiesen werden. Die Bezugnahme auf die in der Literatur vorhandenen Diskussionen zur Aufgabe und zum Selbstverständnis der Politischen Wissenschaft soll genügen, um die Besonderheit politologischen Erkenntnisinteresses eingrenzen zu können.

Auseinandersetzungen mit dem Gegenstand und den Zielen politologischer Forschung finden sich vor allem in den Beiträgen bei *Schneider* und *Kress/Senghaas*[42].

Darüber hinaus seien hier die Schriften von *Narr* und *Naschold, von Beyme, Burdeau, Friedrich* und *Freund* erwähnt[43].

Verwiesen sei auch auf den für die Politologie klassischen Vortrag „Politik als Beruf" von *Max Weber*[44].

Im anglo-amerikanischen Schrifttum finden sich Beiträge zu methodologischen Fragen Politischer Wissenschaft bei *Easton,* wobei insbesondere die Arbeiten von *Simon, Buchanan* und *Parsons* zu nennen sind, sowie in den Anthologien zur Politischen Wissenschaft bei *Charlesworth* und *Garceau.* Einen Überblick über amerikanische politologische Ansätze vermittelt auch *Krippendorf*[45].

Dlugos kommt nach einer entsprechenden Durchsicht der politologischen Literatur zum Ergebnis, daß als konstitutive Probleme Politischer Wissenschaft die Frage der Machtverteilung und des Machtprozesses, und damit verbunden der Herrschaftsgestaltung und Herrschaftsausübung, genannt werden, daß weiterhin als Identitätskriterium Politischer Wissenschaft die Pluralität teils konfligierender, teils kooperierender Gruppeninteressen hervorgehoben wird und die Politische Wissenschaft sich damit an Besonderheiten interpersonaler Entscheidungsprozesse orientiert[46]. Die Ausrichtung der Politischen Wissenschaft auf Fragen der Konfliktregelung wird bei *Narr* deutlich, wenn er das politische Untersuchungsfeld gekennzeichnet sieht „durch wissenschaftlich als Fragen formulierte Probleme, alternative Möglichkeiten, diese Probleme zu bewältigen, also Möglichkeiten des offenen oder unterdrückten Konfliktes, und schließlich der Entscheidung und Durchführung der aktualisierten Problemlösungen"[47].

---

42 Schneider [Aufgabe]. Kress/Senghaas [Politikwissenschaft].

43 Narr [Systemtheorie], Naschold [Systemsteuerung]; von Beyme [Theorien]; Burdeau [Einführung]; Friedrich [Prolegomena]; Freund [Politik].

44 Weber [Politik].

45 Easton [Varieties]; Simon [Research]; Parsons [Aspect]; Charlesworth [Analysis]; Garceau [Research]; Krippendorf [Science].

46 Vgl. Dlugos [Teildisziplin] 53.

47 Narr [Politikwissenschaft] 22. Hervorhebungen weggelassen.

Buchanan stellt betont den Politischen Prozeß als Mittel der Konfliktlösung heraus: „Political process has not been sufficiently examined as a means through which separate and differing individual and group interests come to be reconciled...[48]." Für *Dahl*[49] sind Macht und Konflikt Schlüsselbegriffe der Politischen Wissenschaft.

Die angeführten Zitate zeigen, daß mit dem Rekurs auf die *Konfliktproblematik* die Frage interpersonaler, nicht aber intrapersonaler Konflikte in das Blickfeld der Politischen Wissenschaft gerückt wird. Als Resümee einer kritischen Reflexion der politologischen Literatur formuliert *Dlugos:* „Durchweg handelt es sich um Probleme der Einflußnahme von Menschen auf den Freiheits- oder Handlungsspielraum anderer Menschen, mit der diese sicherzustellen versuchen, daß die von ihnen verfolgten Ziele nicht durch konkurrierende Ziele anderer gefährdet werden. Es geht hierbei nicht um die Determinierung von Handlungsspielräumen, deren konfliktfreie Einregelung als sicher angenommen wird, sondern - wie die zentrale Bedeutung der Kategorien Macht, Herrschaft, Freiheitschance, Entscheidungsbeteiligung und Entscheidungskontrolle für die Gegenstandsbestimmung Politischer Wissenschaft zeigen - um die *Determinierung von Handlungsspielräumen,* die als *kollidierend* mit dem eigenen, zu aktualisierenden Handlungsspielraum angesehen werden[50]."

Politisches Handeln wird insofern als ein problemspezifisches Segment sozialen Handelns aufgefaßt, das durch die Determinierung kollidierender Handlungsspielräume gekennzeichnet ist. Es ist auf die Sicherung eigener Ziele durch Einflußnahme auf die den kollidierenden Entscheidungsträgern zugrunde liegenden Handlungsspielräume gerichtet. Wird politisches Handeln einer konsequenten „entscheidungsorientierten" Interpretation unterzogen, ist es als ein Zielsetzungsprozeß zu begreifen, der durch das spezifische Problem der Determinierung kollidierender Handlungsspielräume ausgezeichnet ist.

Mit dieser an einer spezifischen Entscheidungsproblematik orientierten Bestimmung politischen Handelns wird die Erkenntnisperspektive auf eine neue Ebene gehoben, die zu Einsichten führt, die eine lediglich realfallorientierte Gegenstandsbestimmung der Politik als Entscheidungsprozeß einer obersten Führungs(kern)gruppe nicht ermöglicht.

Während das „politische Merkmal" in der hier vertretenen Konzeption der Unternehmungspolitik als die Determinierung kollidierender Verhaltensweise begriffen wird, wird in den rein realfallorientierten Auffassungen *jeder* Entscheidungsprozeß, soweit er von genereller Bedeutung ist und Ziele auf den obersten Stufen des Zielsystems einer sozialen Einheit formuliert, zum politischen Entscheidungsprozeß erklärt[51]. Eine derartige allgemeine, nicht an einem

[48] Buchanan [Political Process] 26.

[49] Vgl. Dahl [Analysis].

[50] Dlugos [Teildisziplin] 56.

[51] Diese Auffassung wurde im Rahmen der Diskussion des Modells des Politischen Systems problematisiert.

speziellen Problem orientierte Politikbestimmung erfüllt nicht den Anspruch, ein spezielles Untersuchungsfeld politologischen Erkenntnisinteresses benennen zu können. In diesen Ansätzen wird ohne Orientierung an einem problemspezifischen Merkmal jeglicher Entscheidungsprozeß einer bestimmten Gruppe als politischer Entscheidungsprozeß bezeichnet.

Für die hier vertretene Auffassung von der politischen Problematik sind Entscheidungsprozesse genereller oder spezieller Art nur dann *politische* Entscheidungsprozesse, wenn sie das Attribut der Determinierung kollidierender Handlungsspielräume aufweisen.

Politisches Handeln wird daher als sekundäres Handeln in dem Sinne begriffen, daß es bereits gesetzte (primäre) Ziele gegen kollidierende Verhaltensweisen absichert und die Realisierung der primären Ziele durch die Realisierung politischer Ziele unterstützt[52]. Damit wird der politische Zielsetzungsprozeß von einem vorgelagerten oder simultan verlaufenden Zielsetzungsprozeß (Grundzielsetzungsprozeß) abgehoben, der aufgrund konfligierenden Verhaltens anderer gefährdet ist und durch die Realisierung des politischen Ziels abgesichert werden soll.

In der politologischen Literatur wird häufig betont, daß der Staat zwar das Kerngebiet der Politischen Wissenschaft sei, daß es aber politisches Verhalten auch unterhalb der Ebene des Staates, z. B. in Unternehmungen, gebe[53]. Trotz dieser intendierten Erfassung politischen Handelns auch außerhalb des staatlichen Bereichs kann allgemein festgestellt werden, daß es der Politischen Wissenschaft bisher nicht gelungen ist, auch andere Erfahrungsbereiche in ihre Erkenntnisperspektive einzubeziehen. Hierzu stellt *Dlugos* fest: „Die weitgehend übliche Reservierung des Begriffs des Politischen für die Politik des Staates lenkt jedoch von gleichartigen Sachverhalten in anderen Gebilden ab und führt zu einer unfruchtbaren Reduzierung wissenschaftlichen Interesses an politischen Phänomenen[54]." Die realfallorientierte Konzentrierung der Erkenntnisbemühungen Politischer Wissenschaft auf den Staat sollte jedoch nicht hindern, die politische Problematik in Unternehmungen aufzugreifen und sie als Gegenstand der Unternehmungspolitik zu begreifen.

Die politische Problematik konkretisiert sich dabei in der *Determinierung kollidierender Handlungsspielräume durch Unternehmungen und deren Funktionsträger* und „... dürfte zumindest ein zweckmäßiges Kriterium sein, um die Fehlentwicklung der Unternehmungspolitik zu belegen und den Gegenstand einer betriebswirtschaftlich-politologischen Unternehmungspolitik zu bestimmen"[55].

---

[52] Vgl. Dlugos [Teildisziplin] 56.
[53] Vgl. Easton [Political Analysis] 57.
[54] Dlugos [Teildisziplin] 57.
[55] Dlugos [Teildisziplin] 57.

Mit den bisherigen Überlegungen sollte das Grundverständnis der die a-politische Sichtweise der „klassischen Unternehmungspolitik" überwindenden Unternehmungspolitik aufgezeigt werden, wobei die für diesen Ansatz konstitutive Konfliktproblematik im politischen Kriterium ihres Erkenntnisobjektes deutlich wird.

Der Untersuchungsgegenstand der Unternehmungspolitik wurde in der Weise neu konzipiert, daß er die und nur die Handlungsbereiche erfaßt, die sowohl unter wirtschaftlichem als auch unter politischem Aspekt relevant sind. Zum politischen Gesichtspunkt des Konfliktverhaltens tritt demnach der ökonomische Aspekt der Wirtschaftlichkeit dieses Verhaltens hinzu. Zum Untersuchungsgegenstand der Unternehmungspolitik gehören somit nur diejenigen Erscheinungen des Erfahrungsobjektes, die durch beide Filter hindurchgehen, die also von politischer und von wirtschaftlicher Bedeutung sind. Mithin besteht das Erkenntnisobjekt der Unternehmungspolitik aus den sich überdekkenden Bereichen der Erkenntnisobjekte der Politischen Wissenschaft und der Betriebswirtschaftslehre. Es konstituiert sich aus der Kombination der Erkenntnisperspektive beider Wissenschaften. Nach *Dlugos* nimmt die Unternehmungspolitik aus der Sicht der Betriebswirtschaftslehre eine Begrenzung und Konzentrierung auf Zielsetzungsprozesse in Unternehmungen vor, die zusätzlich zum wirtschaftlichen Attribut das Attribut der Determinierung kollidierender Handlungsspielräume aufweisen und aus der Sicht der Politologie eine Reduzierung auf politische Vorgänge, die zugleich von wirtschaftlicher Relevanz sind. Diese problemorientierte Eingrenzung wird darüber hinaus durch die realfallorientierte Eingrenzung der Betrachtung auf Unternehmungen ergänzt[56]. Aus konflikttheoretischer Sicht füllt diese in der Entwicklung begriffene Unternehmungspolitik unzweifelhaft eine Lücke in der Erfassung des Konfliktphänomens aus. Es lassen sich weder Einzelansätze feststellen, die sich systematisch der skizzierten politisch-wirtschaftlichen Problematik zuwenden, noch existiert eine allgemeine Konflikttheorie, die Aussagen über politisch-wirtschaftliche Aspekte interpersonaler Unternehmungskonflikte aufstellt. Selbst wenn man von der Annahme ausgeht, daß es eine allgemeine Konflikttheorie geben wird, die unabhängig von einer realfallorientierten Begrenzung allgemeingültige Aussagen über menschliches Konflikthandeln aufstellen kann, wird der Unternehmungspolitik im Rahmen dieser allgemeinen Konflikttheorie die Aufgabe zufallen, deren Erkenntnisse am Erfahrungsobjekt Unternehmung zu prüfen, zu spezialisieren und zu vertiefen und insbesondere deren Aussagen zu wirtschaftlichen Aussagen zu verlängern.

Berücksichtigt man ferner, daß die speziellen Erkenntnisse der Unternehmungspolitik nicht nur der Erklärung und Gestaltung von kollidierenden Verhaltensweisen in und zwischen Unternehmungen dienen, sondern darüber hinaus zum Aufbau einer allgemeinen Konflikttheorie beitragen können, scheint

56 Vgl. Dlugos [Teildisziplin] 60.

der hier verfolgte Weg, der mit dieser Konzeption der Unternehmungspolitik beschritten wird, in der gegenwärtigen Situation am zweckmäßigsten zu sein.

In diese Überlegungen sind bereits Andeutungen über die Zielsetzungen unternehmungspolitischer Forschung eingeflossen. Die allgemeinen Ausführungen zu den Zielen realwissenschaftlicher Forschung können auch auf die Unternehmungspolitik übertragen werden. So wird die Gewinnung informativer Aussagen über unternehmungspolitische Phänomene verfolgt, um diese schließlich zur Unterstützung praktischen Handelns bereitstellen zu können. Allerdings erhebt sich die konkrete Frage, auf welchem Wege die unternehmungspolitische Forschung ihr theoretisches und pragmatisches Wissenschaftsziel erreichen kann. Wie gezeigt wurde, nehmen hierbei Idealaussagensysteme eine wichtige Brückenfunktion ein. Die Idealtheorie als analytisch-konditionales System informiert zwar lediglich über den deduktionslogischen Zusammenhang zwischen den Annahmen und ihren Implikationen im Rahmen der gewählten Bedingungen, so daß ihr Erkenntnisbeitrag logischer und nicht empirischer Natur ist. Aber eine Idealtheorie kann ihre Annahmen umformulieren in empirisch prüfbare Behauptungen über die Realität und kann somit in eine Realtheorie übergehen. Das Aufstellen von idealwissenschaftlichen Aussagen kann mithin als Vorstufe realwissenschaftlicher unternehmungspolitischer Forschung betrachtet werden. Eine derartige Bedeutung fällt dem *Modell des unternehmungspolitischen Zielsetzungsprozesses* zu, das als Entwurf für rationales Handeln in Konfliktsituationen zu betrachten ist. Ein solches Idealmodell hat für die realwissenschaftliche Erforschung des Verhaltens von Aktoren in Konfliktsituationen heuristische Bedeutung, kann aber gleichzeitig realem Handeln, das um rationale Abläufe bemüht ist, als Denkmuster dienen.

Die folgenden Überlegungen sind also auf die Struktur, den Inhalt und die Voraussetzungen unternehmungspolitischen Handelns gerichtet.

Aufgabe der folgenden Abschnitte wird es daher sein, den unternehmungspolitischen Konfliktbegriff näher zu präzisieren sowie den unternehmungspolitischen Prozeß der Determinierung kollidierender Handlungsspielräume herauszuarbeiten.

3. Der unternehmungspolitische Begriff des Konflikts und der Konflikthandhabung

Mit den bisherigen Überlegungen wurde die unternehmungspolitische Forschungsperspektive der Konfliktproblematik dargestellt.

Die nähere Kennzeichnung des unternehmungspolitischen Begriffs des Konflikts und der Konflikthandhabung soll insbesondere den Konnex zwischen Grundzielkonflikt und Determinierungsprozeß verdeutlichen. Hierbei werden zugleich Verbindungslinien zu den in der Literatur vertretenen Auffassungen gezogen.

Mit *Kirsch*[57] können fünf typische Konfliktbegriffe zusammenfassend dargestellt werden, um sie anschließend mit dem unternehmungspolitischen Konfliktbegriff in Beziehung zu setzen.

Ein erster Konfliktbegriff knüpft nach Kirsch an der *objektiven Konkurrenz* oder Inkompatibilität der Zielerreichung von interdependenten Entscheidungsträgern an, wobei es unwesentlich ist, ob die Zielkonkurrenz wahrgenommen wird oder nicht. Dieser Konfliktbegriff schließt daher auch latente und unbewußte Konflikte ein.

Ein zweiter Konfliktbegriff knüpft an der *subjektiv wahrgenommenen Konkurrenz* der Zielerreichung an, wobei es irrelevant ist, ob diese Wahrnehmung mit der tatsächlichen Situation übereinstimmt oder nicht[58].

Ein dritter Konfliktbegriff knüpft ebenfalls an der subjektiven Wahrnehmung an, stellt aber diese Wahrnehmung auf *Attitüden* der Beteiligten ab. Eine Konfliktattitüde entsteht, wenn das Individuum in sich wiederholenden Situationen stets eine Konkurrenzbeziehung zu anderen Entscheidungsträgern wahrnimmt. Offen bleibt, ob die Beteiligten tatsächlich konkurrierende Ziele verfolgen und wie sie auf den assoziierten Konflikt reagieren.

Ein vierter Konfliktbegriff ist auf *emotionale, affektgeladene Konflikte* bezogen. Das Entstehen derartiger Konflikte wird bei bereits vorhandenen gegenseitigen Konfliktattitüden forciert.

Ein fünfter Konfliktbegriff knüpft schließlich an *beobachtbarem Konfliktverhalten* an, d. h. die Individuen treten in einen Konflikthandhabungsprozeß ein, dessen Aktionen offen zutage treten. Dieser Konflikt kann daher auch als offener Konflikt bezeichnet werden.

Der für die Unternehmungspolitik relevante Konfliktbegriff bezeichnet Situationen, in denen ein Individuum einen kollidierenden Handlungsspielraum eines interdependenten Aktors subjektiv wahrnimmt. Diese Definition entspricht dem zweiten Konfliktbegriff. Der dritte und vierte Konfliktbegriff bezeichnet lediglich Sonderformen des zweiten Konfliktbegriffs, die jedoch als reale Abweichungen vom rationalen Handlungsmuster des unternehmungspolitischen Konfliktmodells zu berücksichtigen sind. Hinsichtlich der angeführten Konfliktbegriffe ist aus unternehmungspolitischer Sicht natürlich auch zu fragen, wie Aktoren latente (objektive) Konflikte aufdecken können und wie sie einem auf Attitüden und Emotionen beruhenden Konfliktverhalten begegnen können. Als Forschungsproblem stellt sich dabei die Frage, welche Konflikthandhabungsform nach den jeweiligen situativen Bedingungen zu wählen ist, um einen optimalen Sicherungsnutzen für die eigene Grundzielrealisation zu erzielen. Der fünfte Konfliktbegriff ist nach der hier vertretenen Auffassung dahingehend zu differenzieren, daß zwischen einer beobachtbaren kollidierenden Grundzielrealisation und einer beobachtbaren Konflikthandhabung zu unterscheiden ist. Diese Differenzierung wird allerdings nur gedanklich durchführbar sein, da in realen Konfliktsituationen beide Prozesse in der Regel ineinander verwoben auftreten werden. Das Merkmal der Beobachtbarkeit verweist auf Probleme der empirischen Erfassung von Konflikten und Konflikthandhabungsprozessen. Es soll hier aber nicht als Definitionskriterium herangezogen

57 Vgl. Kirsch [Entscheidungsprozesse III] 71 ff.

58 Kirsch betont, daß er diesen Konfliktbegriff seiner eigenen Analyse zugrunde legt.

werden, da es den Konfliktbegriff unzweckmäßig einengen würde, denn unternehmungspolitisch relevant sind auch die von Aktoren antizipierten, sich nicht in offenem Konfliktverhalten äußernden Konfliktsituationen. Da als konstitutives Element des unternehmungspolitischen Konfliktbegriffs der Begriff des kollidierenden Handlungsspielraums gewählt wurde, sind hier die grundlegenden Aspekte dieses Konfliktmerkmals zu skizzieren.

Ein unternehmungspolitisch relevanter Konflikt liegt vor, wenn der Grundzielsetzungsprozeß eines Aktors bzw. einer Aktorgruppe auf Forderungen oder Leistungszusagen eines interdependenten Aktors stößt, deren Art, Höhe und Umfang die beabsichtigte oder eingeleitete Grundzielrealisation stört oder unterbricht. Die wirksame Störung oder Unterbrechung des Grundzielsetzungsprozesses eines Aktors setzt allerdings beim Träger der kollidierenden Forderungen und Leistungszusagen einen durch Machtgrundlagen abgestützten Handlungsspielraum voraus. Ohne entsprechende Machtbasen ist ein nachhaltiges kollidierendes Verhalten nicht aufrechtzuerhalten.

Im Fall der antizipierten oder tatsächlichen Wahrnehmung der interpersonalen Konfliktsituation leitet der unternehmungspolitisch Handelnde (UP-Aktor) einen unternehmungspolitischen Zielsetzungsprozeß (UP-Zielsetzungsprozeß) zur Absicherung des gefährdeten Grundziels ein. Im Hinblick auf die aufgeworfenen Fragen nach der Struktur, den Voraussetzungen und dem Inhalt unternehmungspolitischen Handelns ist nunmehr zu konstatieren, daß die Struktur des UP-Zielsetzungsprozesses mit der bereits dargestellten Formalstruktur eines Zielsetzungsprozesses übereinstimmt, die Voraussetzung in der Wahrnehmung eines erwarteten oder tatsächlichen kollidierenden Handlungsspielraumes besteht und Inhalt unternehmungspolitischen Handelns die Absicherung gefährdeter Ziele (Grundziele) durch Determinierung des kollidierenden Handlungsspielraumes unter Beachtung des Kriteriums wirtschaftlicher Effizienz ist. Schematisch stellt sich die unternehmungspolitische Perspektive des Konflikts und der Konflikthandhabung wie folgt dar (Abb. 15)[59].

Im Verlauf der Arbeit wurde bereits eine Vielfalt von Systematisierungsansätzen der Konflikthandhabung aufgezeigt.

So hob *Dahrendorf*[60] als Formen der Konfliktaustragung die Verhandlung, Vermittlung, Schlichtung und Zwangsschlichtung hervor, *Boulding*[61] differenzierte als Austragungsmodi die Konfliktvermeidung sowie die Konfliktlösung durch Harmonisierung, Kompromiß und Drittparteienurteil, *March/Simon*[62] klassifizierten die Konflikthandhabung in Problemlösung, Überzeugung, Verhandlung und Aushandlung und *Cyert/March*[63] betonten schließlich die beson-

59 Die Darstellung ist entnommen aus Dlugos [Teildisziplin] 61.

60 Vgl. Abschnitt II 1. der Arbeit.

61 Vgl. Abschnitt II 2. der Arbeit.

62 Vgl. Abschnitt IV 2. der Arbeit.

63 Vgl. Abschnitt IV 2. der Arbeit.

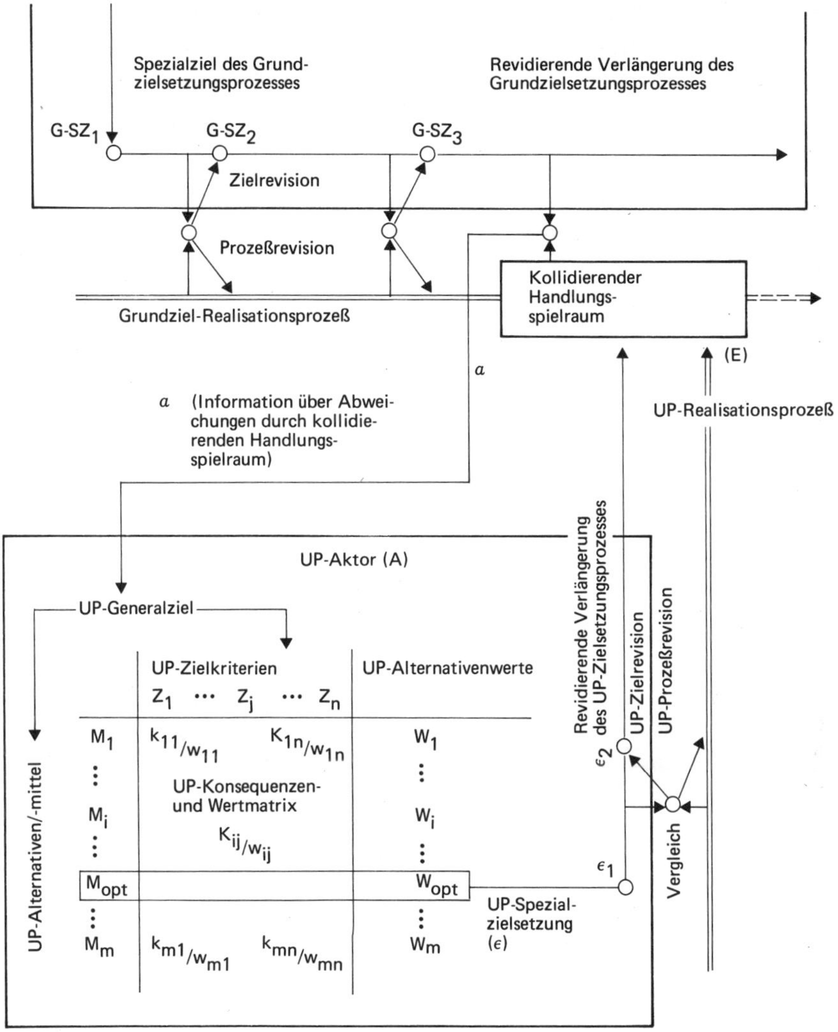

Abb. 15. Unternehmungspolitischer Zielsetzungsprozeß

dere Bedeutung der Koalitionsbildung für die Konflikthandhabung. Auf weitere umfassende Systematisierungsansätze der Konflikthandhabung wird noch im Rahmen der Analyse des unternehmungspolitischen Zielsetzungsprozesses einzugehen sein. Es wurde bereits aufgezeigt, daß als Grundformen unternehmungspolitischen Handelns im Rahmen der hier vertretenen Konzeption zweckmäßigerweise die Determinierung des Zielsetzungsprozesses und die Determinierung des Umfeldes des Trägers des kollidierenden Handlungsspielraumes zu unterscheiden ist. Die Detaillierung dieser Alternativenkomplexe unternehmungspolitischer Konflikthandhabung ist Gegenstand der Ausführungen im Kapitel VI der Arbeit. Zunächst stellt sich jedoch die Aufgabe, Konstellationen, Ursachen, Arten und Erscheinungsformen von Unternehmungskonflikten zu erarbeiten.

VI. Gegenwärtiger Stand, Ergebnisse und Ansätze unternehmungspolitischer Konfliktforschung

1. Die Unternehmung als System kollidierender Handlungsspielräume

a) Unilaterale und bilaterale kollidierende Handlungsspielräume

Hinsichtlich der Konstellation kollidierender Handlungsspielräume zwischen zwei oder mehreren Aktoren können zwei Grenzfälle, die die folgende Abbildung veranschaulicht, unterschieden werden:

1. Kollidierende Handlungsspielräume überlagern sich in der Weise, daß die Grundzielrealisation beider bzw. aller beteiligten Parteien unterbrochen ist. Es liegt ein bilateraler bzw. multilateraler interpersonaler Konflikt vor (Typ A).
2. Der kollidierende Handlungsspielraum ist so gelagert, daß die Grundzielrealisationen nur einer Partei unterbrochen ist. Es liegt ein unilateraler interpersonaler Konflikt vor (Typ B).

Beiden Konflikttypen liegt eine unterschiedliche Ausprägung des Konfliktverlaufs zugrunde, für den der Machtaspekt der beteiligten Aktoren von zentraler Bedeutung ist.

Eine Blockierung von *Typ A* entsteht bei gleichzeitig beabsichtiger Realisierung unvereinbarer Handlungsalternativen. Der Konflikt wird dauerhaft sein, wenn die Aktoren über ein gleiches Machtpotential verfügen und nicht bereit sind, ihre gegenseitige Blockierung durch Konflikthandhabungsprozesse oder Revisionen ihrer Grundziele aufzuheben. Dieser bei paritätischer Machtverteilung häufig prognostizierte Konflikttyp setzt also ein hohes Maß an Bereitschaft zu Konfliktlösungsprozessen oder, wie *Boulding* es formuliert, ein „reifes Konfliktverhalten“[1] voraus, wenn Zielsetzungsprozesse nicht auf Dauer wechselseitig blockiert werden sollen.

Mit zunehmender Machtdifferenz zwischen den Aktoren setzt ein gradueller Abbau des Konflikts von Typ A bis zum Typ B ein.

Eine Blockierung vom *Typ B* tritt daher in den Fällen auf, in denen ein Aktor die Realisation seiner mit der des anderen Aktors unvereinbaren Handlungsalternative einleitet und zugleich über ein höheres Machtpotential verfügt, mit

---

[1] Vgl. Abschnitt II 2. c) dieser Arbeit.

dem er den Realisationsprozeß des anderen dauerhaft einseitig blockieren kann. Im Hinblick auf die Realität muß jedoch angenommen werden, daß sich Handlungsspielräume aufgrund der differenzierten Machtbeziehungen zwischen den Aktoren und ihrer im allgemeinen nicht antinomischen Zielbeziehungen innerhalb eines Kontinuums von Kollisionen bewegen, für die die vollständige einseitige und wechselseitige Unterbrechung der Zielsetzungsprozesse nur Grenzsituationen darstellen. Reale Ausprägungen kollidierender Handlungsspielräume werden daher nur partielle Begrenzungen der Zielrealisationen aufweisen, da die in den Austauschbeziehungen der Aktoren aktualisierten Zielkriterien in der Regel in partieller Komplementaritäts- und Konkurrenzbeziehung stehen[2].

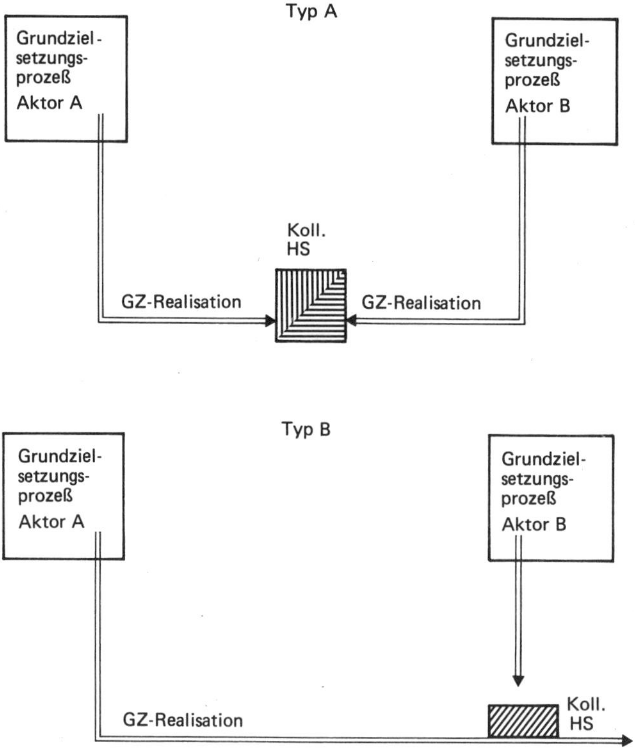

Abb. 16. Konstellationen kollidierender Handlungsspielräume

Kollidierende Handlungsspielräume werden sich also zwischen den Grenzfällen einer vollständig wechselseitigen oder einseitigen Blockierung antinomi-

[2] Vgl. Heinen [Zielsystem] 134 ff.

scher Zielsetzungen eindeutig machtgleicher bzw. machtungleicher Aktoren bewegen[3].

b) Die Komponenten des Handlungsspielraums

Um zu den generellen und speziellen Ursachen kollidierender Handlungsspielräume vordringen zu können, sind die Komponenten des Handlungs- oder Zielsetzungsspielraums herauszuarbeiten.

Mit dem Handlungsspielraum wird der Freiheitsgrad eines Aktors bezeichnet, mit dem er in Wahlsituationen individuelle Grundzielvorstellungen verfolgen kann[4]. Dieser Freiheitsgrad besteht im Extremfall in der uneingeschränkten Entscheidungsautonomie des Aktors, unabhängig von Begrenzungen durch andere Aktoren über eigene Ressourcen zu verfügen, um individuelle Ziele nach subjektiven Nutzenvorstellungen setzen und realisieren zu können.

Für den Handlungsspielraum eines Aktors ist jedoch in der Regel eine sachenbedingte und eine personenbedingte Begrenzung anzunehmen. Unter sachenbedingten Begrenzungen sind Realgegebenheiten zu verstehen, die außerhalb der menschlichen Beeinflußbarkeit liegen, wie beispielsweise technisch-physikalische Vorgänge, die aufgrund ihrer Naturgesetzlichkeit eventuell beabsichtigte Realisationsvorgänge ausschließen[5]. Unter personenbedingten Begrenzungen sind Realgegebenheiten zu verstehen, die von anderen Aktoren gesetzt sind und daher prinzipiell der menschlichen Beeinflußbarkeit unterliegen. Realgegebenheiten als potentielle, den Handlungsspielraum begrenzende Faktoren werden zu tatsächlichen Realdaten, wenn sich in konkreten Entscheidungssituationen ihr begrenzender Einfluß zeigt. „Die Realdaten grenzen sich begrifflich von den Realgegebenheiten dadurch ab, daß den letzteren keine limitierende Funktion im Hinblick auf beabsichtigte Realisationsvorgänge eigen ist[6].“ So ist denkbar, daß viele Realgegebenheiten hinsichtlich spezifischer Zielsetzungsprozesse von neutraler Bedeutung sind und somit keine begrenzende Wirkung ausüben.

In der der Zielrealisation vorgelagerten Entscheidungssituation antizipiert der rational handelnde Aktor Realdaten, die als nicht-sichere Annahmen über Begrenzungen seines Handlungsspielraums den Zielsetzungsprozeß einengen. Es handelt sich hierbei um Einflußgrößen der Zielkriterienaufnahme, der Alternativenaufnahme, der Konsequenzenaufnahme, der Bewertung und der Datenverarbeitung[7]. Die Einflußgrößen sind zunächst als subjektiv bestimmte Begrenzungsfaktoren des Handlungsspielraumes zu betrachten, deren faktisch wahre oder falsche Antizipation sich erst in der Realisationsphase erweist.

---

3 Zur Analyse der Machtgrundlagen von Aktoren vgl. Abschnitt VI 2. b) dieser Arbeit.

4 Vgl. Gäfgen [Theorie] 22; Grün [Entscheidung] 477 f.

5 Vgl. Hannig [Entscheidungsbegrenzungen] 470.

6 Hannig [Entscheidungsbegrenzungen] 470.

7 Vgl. Dlugos [Regulativ] 27.

Für soziale Systeme sind in der Regel hierarchisch abgestufte Handlungsspielräume mit nach unten hin zunehmendem Konkretisierungsgrad anzunehmen, wobei der Anteil an Realisationsaufgaben mit abnehmender hierarchischer Ebene steigt[8].

Frese diskutiert die vertikale und horizontale Dimensionierung des Zielsystems der Unternehmung und formuliert: „Die horizontale Dimension beschreibt die Aufgliederung eines Aufgabenkomplexes in mehrere Teilkomplexe; auf diese Weise wird der materielle Kompetenzbereich einer Einheit definiert. Es entstehen Aufgabenbereiche wie Produktions-, Absatz- und Finanzentscheidungen. Die vertikale Dimension betrifft den Spielraum der zugewiesenen Kompetenz (Entscheidungsspielraum)[9].“ „Die vertikale Dimension der Organisationsstruktur ist Ausdruck der Hierarchisierung eines komplexen Entscheidungsproblems[10].“ Der horizontal segmentierte multipersonale Zielsetzungsprozeß vollzieht sich somit als stufenweiser hierarchischer Prozeß. Dabei verfügen die Organisationsteilnehmer mit abnehmender Position in der Organisationshierarchie über eine zunehmend verringerte Handlungsfreiheit, die durch eine fortschreitende Begrenzung des Entscheidungsfeldes erzielt wird. Begrenzungen des Entscheidungsfeldes bzw. Handlungsspielraumes äußern sich in der verschieden detaillierten Vorgabe von Ziel- und Entscheidungskriterien, von Alternativenfeldern, Bewertungsregeln und Regeln der Datenverarbeitung. Mit der Fixierung dieser Komponenten der Entscheidungsmatrix verringert sich der Spielraum für die Wahl individuell präferierter Spezialziele. Der Grad der jeweiligen Vorgabe von Komponenten des Zielsetzungsprozesses ist damit ein Maß für den Handlungsspielraum oder für den Grad an Entscheidungsautonomie der organisatorischen Aktoreinheiten[11]. Aus struktureller Sicht wird der Handlungsspielraum eines Aktors durch vier Merkmale determiniert: Spezialisierung, Standardisierung, Formalisierung und Zentralisierung[12, 13].

Versucht man diese strukturellen Merkmale von Handlungsspielräumen mit den Komponeten der Entscheidungsmatrix (Ziel- und Entscheidungskriterien, Alternativen, Konsequenzen, Bewertung, Datenverarbeitung) in Beziehung zu setzen, ergeben sich folgende Zusammenhänge:

---

[8] Vgl. Grochla [Unternehmungsorganisation] 64 ff.

[9] Frese [Vergleich] 231 f.

[10] Frese [Vergleich] 232.

[11] Vgl. Frese [Vergleich] 233.

[12] Vgl. Pugh/Hickson/Hinings/Turner [Dimensions]. Die Autoren verwendeten diese Merkmale zur Messung von Organisationsstrukturen. Vgl. zum Einfluß der Umwelt auf die Ausprägung der Organisationsstruktur Kieser/Kubicek [Organisationsstruktur] 455 ff.

[13] Auch nicht-strukturelle Variablen determinieren den Handlungsspielraum: Die Unternehmungsverfassung, die Unternehmungsphilosophie und der Führungsstil. Diese Determinanten wirken sich über die strukturellen Komponenten mittelbar auf den Aktor-Handlungsspielraum aus. Die Analyse der Wirkungszusammenhänge zwischen diesen exogenen Determinanten und den hier betrachteten strukturellen Komponenten als endogene Determinanten des Handlungsspielraums ist nicht Gegenstand dieser Untersuchung. Vgl. hierzu Kieser/Kubicek [Organisation] 275 ff.; Zepf [Führungsstil].

1. Die *Spezialisierung* determiniert Handlungsspielräume durch Detaillierung von Zweck- und Mittelaussagen und damit durch Spezifizierung der zu verfolgenden Zielkriterien und der einzusetzenden Mittel (Alternativen).

2. Die *Standardisierung* determiniert Handlungsspielräume durch Programmierung von Zielsetzungsprozessen für jeweilige Entscheidungssituationen und gibt damit vor, welche Alternative in welcher Situation für welches Ziel zu wählen ist.

3. Die *Formalisierung* determiniert Handlungsspielräume durch die schriftliche Fixierung von Regeln, Anweisungen und der allgemeinen Kommunikation. Diese Anweisungen können sich dabei auf die jeweiligen Komponenten des Zielsetzungsprozesses des Aktors beziehen.

4. Die *Zentralisierung* determiniert Handlungsspielräume durch Zuordnung von Entscheidungskompetenzen, d. h. durch Zuordnung von Freiheitsgraden im Setzen von Zielen und damit in der Wahl von Alternativen. Während sich die Spezialisierung auf die horizontale Dimension des Zielsystems bezieht, bezeichnet die Zentralisierung die vertikale Dimension des Zielsystems der Unternehmung.

Die bisherigen Überlegungen zielten auf eine nähere Kennzeichnung des Handlungsspielraumes als konstitutives Merkmal des unternehmungspolitischen Konfliktbegriffs.

In Beantwortung dieser Frage war es zunächst notwendig, den Begriff des Handlungsspielraumes formal zu kennzeichnen. Hierfür wurden sowohl die Komponenten des Zielsetzungsprozesses als auch strukturelle Merkmale herangezogen. Im folgenden sind nun die generellen und speziellen Ursachen kollidierender Handlungsspielräume aufzuzeigen.

c) Die Konfliktursachen

Sowohl für die theoretische als auch für die pragmatische Aufgabenstellung wissenschaftlicher Bemühungen um die Konfliktproblematik in Unternehmungen ist die Erfassung der Konfliktursachen notwendige Voraussetzung der Aussagengewinnung. „Die möglichen Ursachen von Konflikten in der Unternehmung sind entsprechend der Variabilität des Geschehens äußerst vielfältig, und es überrascht daher nicht, wenn in der Literatur die unterschiedlichsten Aspekte des Unternehmungsgeschehens als Ursachen von Konflikten bezeichnet werden[14].“ Aus der Fülle der Systematisierungsversuche der Ursachen interpersonaler Konflikte seien die Ansätze von *Bidlingmaier, Scheuch, Thiele, Krüger, Esser* und *Fürstenberg* genannt[15].

[14] Krüger [Grundlagen] 24.

[15] Vgl. Bidlingmaier [Zielkonflikte] 86 ff., Scheuch [Konflikt] 861 ff., Thiele [Konflikte] 30 ff., Krüger [Grundlagen] 24 ff., Fürstenberg [Betriebssoziologie] 129 ff., Esser [Konfliktverhalten] 29 ff.

Bidlingmaier[16] konstatiert, daß die Konfliktentstehung in der Regel nicht monokausal erklärbar ist, sondern häufig auf ein schwer überschaubares Ursachenbündel zurückzuführen ist. Als typische Konfliktursachen werden genannt: a) Unvereinbare Präferenzskalen der Aktoren, b) Art der Zielformulierung, c) Art des Führungsstils, d) Art der Entscheidungsstruktur, e) Fehlende Gruppenintegration und f) Zielwandel. *Bidlingmaier* versteht diese Auflistung als exemplarische Verdeutlichung von Einflußgrößen, die aber gleichzeitig Gestaltungsziele des Konflikt-Management darstellen, und stellt fest: „Die weitere Aufhellung der Konfliktursachen gehört zu den vordringlichen Aufgaben theoretischer und empirischer Zielforschung[17]."

Fürstenberg[18] faßt die Ursachenvielfalt zu drei Ursachenkategorien zusammen, die mit den Begriffen a) Institutionelle Rahmenordnung, b) Soziales Interaktionsgefüge und c) Individuum belegt werden. Die institutionelle Rahmenordnung wirkt beispielsweise über Kompetenzstreitigkeiten, Kommunikationsprobleme und Loyalitätsprobleme, das soziale Interaktionsgefüge über Spannungen zwischen Betriebs- und Gruppenzielen, Gruppenrivalität und Rollenkonflikte und das Individuum über vorgeprägte Werthaltungen, Verhaltensabweichungen und Rivalität konfliktverursachend.

Für *Esser*[19] bestehen die Ursachen interpersonaler Konflikte schließlich a) in einer Unvereinbarkeit oder Ausschließlichkeit möglicher Positionen in einem Verhaltensraum, b) in der Knappheit an Ressourcen, c) in unterschiedlichen Werten, Überzeugungen und Interessen, d) in der inadäquaten Kommunikation oder e) allgemein in einer Störung des Tuns einer Person durch andere.

Für *Krüger*[20] scheint die Fülle der in der Literatur genannten Konfliktursachen auf vier Aspekte des Konfliktphänomens zurückführbar zu sein, die insofern als generelle „letzte" Ursachen fungieren:

- Die Diskrepanz zwischen Motiven resp. Zielvorstellungen und den Möglichkeiten der Motivbefriedigung resp. Zielerreichung.
- Die Multipersonalität und Komplexität des Systems Unternehmung.
- Die Umweltverbundenheit der Unternehmung.
- Die Unvollkommenheit der Information.

Einen anderen Weg der Synopse von Konfliktursachen geht *Oetterli*[21]. Er unterscheidet drei Gruppen von Ursachenkomplexen, denen die Merkmale Individuum - Organisation - Gesellschaft zugrunde liegen.

---

16 Vgl. Bidlingmaier [Zielkonflikte] 86.
17 Bidlingmaier [Zielkonflikte] 94.
18 Vgl. Fürstenberg [Betriebssoziologie] 129. Vgl. hierzu auch Heinen [Zielsystem] 222 ff.
19 Vgl. Esser [Konfliktverhalten] 22.
20 Vgl. Krüger [Grundlagen] 24 f.
21 Vgl. Oetterli [Betriebssoziologie] 92 ff.

- Die erste Gruppe geht von sozialpsychologischen Gesichtspunkten aus und betrachtet Unzufriedenheit des Individuums als Ursache betrieblicher Konflikte.
- Die zweite Gruppe betrachtet die betriebliche Sozialstruktur als Ursache von Konflikten. Konflikte sind nach dieser Auffassung relativ unabhängig von Eigentumsverhältnissen, aber abhängig von der Organisationstruktur, der technischen Entwicklung, den Arbeitsbedingungen, den Lohnverhältnissen usw.
- Die dritte Gruppe sieht die Ursachen betrieblicher Konflikte in gesellschaftlichen Interessengegensätzen bzw. Machtkämpfen. Betriebliche Konflikte beruhen nach dieser Auffassung auf den bestehenden Produktionsverhältnissen, der Herrschaft des Kapitals über die Arbeit.

Keiner dieser Systematisierungsversuche kann jedoch aus der Perspektive einer am individuellen Zielsetzungsprozeß orientierten Analyse interpersonaler Konflikte als befriedigend betrachtet werden.

Unter Anknüpfung an den unternehmungspolitischen Begriff des interpersonalen Konflikts soll hier eine Ursachenanalyse durchgeführt werden, für die die Formalstruktur des individuellen Zielsetzungsprozesses den analytischen Bezugspunkt zur Aufdeckung von Konfliktursachen liefert.

Vom gegebenen Handlungsspielraum eines Aktors aus betrachtet, sind *zwei generelle Ursachen* der Konfliktentstehung zu unterscheiden:

Fall A: Der Aktor sieht sich gegenüber den bisherigen tatsächlichen oder erwarteten Begrenzungen seines Handlungsspielraumes zusätzlichen Begrenzungen und damit einer verschlechterten Realisationsmöglichkeit seiner individuellen Leistungszusagen und Forderungen ausgesetzt.

Fall B: Der Aktor stößt bei dem Versuch, seinen Handlungsspielraum zu erweitern, um die Realisationsmöglichkeit seiner individuellen Leistungszusagen und Forderungen zu verbessern, auf kollidierende Interessen anderer.

Von dieser Grundüberlegung ausgehend, sind nun im Wege einer mehrstufigen Kausalanalyse *spezielle* konfliktverursachende Faktoren abzuleiten.

Der hier zugrunde liegende unternehmungspolitische Konfliktbegriff zentriert die Analyse auf den Gesichtspunkt der aktualisierten individuellen Zielkriterien, die aufgrund von Begrenzungen des Handlungsspielraumes in ihrer Realisation behindert werden und damit als Indizes interpersonaler Konflikte betrachtet werden können.

Die Frage nach den individuellen Zielen, Werten und Bedürfnissen ist insofern konflikttheoretisch äußerst relevant. Sie gehört zu den aktuellsten, umstrittensten und am wenigsten geklärten Gebieten sozialwissenschaftlicher Forschung. Die bislang wenig befriedigenden Kenntnisse über *aktorspezifische* Zielkriterien verdeutlichen sich beispielsweise in der von der „Arbeitsorientierten Einzelwirtschaftslehre“ aufgestellten Allgemeinkategorie von Arbeitnehmerzielen. Als unternehmungsbezogene Zielkriterien werden aufgeführt[22]:

1. Sicherheit des Arbeitsplatzes,
2. Gestaltung der Arbeit und
3. Höhe des Arbeitseinkommens.

Chmielewicz[23] diskutiert dagegen folgende unternehmungsbezogene Zielkriterien:

1. Arbeitseinkommen,
2. Sicherheit des Arbeitsplatzes,
3. Sicherheit am Arbeitsplatz,
4. Persönlicher Freiheitsspielraum im Betrieb,
5. Innerbetriebliche Information,
6. Freizeit,
7. Selbstverwirklichung und Entfaltungsmöglichkeiten.

Weitere Zugänge zu einer Systematisierung von Aktor-Zielkriterien liefert die Motivationstheorie[24]. Als generelle Motive, die unter dem funktionsspezifischen Aspekt der jeweils betrachteten Aktorgruppe zu konkretisieren sind, nennt *Maslow*[25]: Physiologische Motive, Sicherheit, soziale Motive, Achtung, Selbstverwirklichung.

Herzberg[26] differenziert im Rahmen seiner Zwei-Faktoren-Theorie der Arbeitsmotivation folgende, Zufriedenheit und Unzufriedenheit auslösende Zielkriterien der Arbeitssituation[27]:

„*satisfiers*“

1. Die Tätigkeit selbst
2. die Möglichkeit, etwas zu leisten
3. die Möglichkeit, sich weiterzuentwickeln
4. Verantwortung für die Arbeit
5. Aufstiegsmöglichkeiten
6. Anerkennung

„*dissatisfiers*“

7. Gestaltung der äußeren Arbeitsbedingungen
8. soziale Beziehungen
9. Unternehmungspolitik und -administration
10. Bezahlung einschließlich Sozialleistungen
11. Krisensicherheit des Arbeitsplatzes

---

22 Vgl. [Projektgruppe] 102 ff.

23 Vgl. Chmielewicz [Arbeitnehmerinteressen] 125 ff. Vgl. auch die Zielkriterienanalyse bei March/Simon im Abschnitt IV 2. der Arbeit.

24 Vgl. hierzu den Überblick von Hoyos [Motivation], Zink [Motivation] sowie die empirische Untersuchung von Schneider/Alderfen [Studies].

25 Vgl. Maslow [Motivation].

26 Vgl. Herzberg [Motivation].

27 Vgl. hierzu Bruggemann/Groskurth/Ulich [Arbeitszufriedenheit] 36.

Aus diesem für die Mitarbeitergruppe beispielhaft gegebenen Überblick über die in der Literatur diskutierten Zielkriterien kann folgende *Klassifikation von Zielkriterien* gewonnen werden:

- Höhe und Dauerhaftigkeit der Einnahmen,
- Ausmaß und Art der Arbeitsbelastung,
- Möglichkeit der Selbstverwirklichung,
- sonstige soziologische Bedingungen am Arbeitsplatz.

Für den hier verfolgten Zweck einer konzeptionellen Erfassung von Konfliktursachen kann diese Klassifikation von Mitarbeiterzielkriterien als ausreichend angesehen werden. Eine inhaltliche Diskussion und weitergehende Differenzierung würde den Rahmen dieser Untersuchung sprengen und über die hier zu beantwortende Fragestellung weit hinausgreifen[28].

Die Gesamtheit dieser Zielkriterien stellt das *Konfliktpotential*[29] der Mitarbeiter dar, das unter bestimmten Bedingungen zu einer manifesten Konfliktsituation transformiert wird. Die *manifeste* Konfliktsituation tritt ein, wenn der Mitarbeiter eine Übererfüllung der von ihm negativ bewerteten Zielkriterien und/oder eine Untererfüllung der von ihm positiv bewerteten Zielkriterien wahrnimmt.

Im einzelnen entstehen hinsichtlich der hier beispielhaft diskutierten Mitarbeiterinteressen Konflikte bei Wahrnehmung folgender Zielkriterienuntererfüllung bzw. -übererfüllung:

1. Unzureichende Erfüllung der für das Zielkriterium „Höhe der Nettoeinnahmen“ erwarteten Konsequenzen.
2. Unzureichende Erfüllung der für das Zielkriterium „Dauerhaftigkeit der Einnahmen“ erwarteten Konsequenzen.
3. Überhöhte Erfüllung der für das Zielkriterium „Arbeitsbelastung“ erwarteten Konsequenzen.
4. Unzureichende Erfüllung der für das Zielkriterium „Selbstverwirklichung“ erwarteten Konsequenzen.
5. Unzureichende Erfüllung der für das Zielkriterium „Soziologische Bedingungen“ erwarteten Konsequenzen.

Wie diese Kausalanalyse zeigt, können diese speziellen Konfliktursachen klassifikatorisch auf

1. eine unzureichende Realisation positiv betrachteter Zielkriterien eines Aktors und

---

[28] Aus der Fülle der Untersuchungen zu Arten, Gewichtung und Realisationsbedingungen von Mitarbeiterinteressen seien genannt: Cummings/El Salmi [Impact]; Porter [Study]; Myers [Workers]; England [Values]; Rokeach [Values]; Ross/Zander [Need].

[29] Vgl. zum Begriff des Konfliktpotentials Esser [Konfliktverhalten] 72 ff.; Aubert [Interessenkonflikt] 180.

2. eine überhöhte Realisation negativ betrachteter Zielkriterien eines Aktors

zurückgeführt werden, wobei diese Ursachenkategorien 1. Ordnung durch die oben angeführten Kausalfaktoren 2. Ordnung hervorgerufen werden, nämlich entweder durch eine zusätzliche Begrenzung des bestehenden Aktor-Handlungsspielraumes, die beispielsweise zu einer höheren Arbeitsbelastung oder einer verminderten Einnahmehöhe führt, oder durch Begrenzungen, die sich bei dem Versuch der Erweiterung des bestehenden Handlungsspielraumes zeigen. So kann beispielsweise der Wunsch nach einem höheren Entscheidungsspielraum auf kollidierende Interessen anderer stoßen und die unzureichende Erfüllung des Zielkriteriums „Selbstverwirklichung" manifestieren. Als konfliktgenerierende Begrenzungsfaktoren des Handlungsspielraumes sind insbesondere die Organisationsstruktur, der Führungsstil, die Unternehmungsverfassung und das Lohnsystem der Unternehmung zu nennen. So bewirkt eine Erhöhung des Organisationsgrades zusätzliche Restriktionen des Handlungsspielraumes, die bei fehlender Akzeptanz zu Konflikten in der Unternehmung führen[30]. Führungsstil und Unternehmungsverfassung begrenzen die Entscheidungsbeteiligung und Mitbestimmungsmöglichkeit, das Lohnsystem wirkt auf die monetären Forderungen der Mitarbeiter determinierend. Dabei ist entsprechend der *Anreiz-Beitrags-Theorie* zwischen einer unzureichend oder überhöht betrachteten Zielkriterienerfüllung im Rahmen der Teilnahmeentscheidung und im Rahmen der kontinuierlichen Beitragsentscheidung zu differenzieren. Die bisher durchgeführte schrittweise Kausalanalyse, die in der ersten Stufe die als kollidierend empfundenen Begrenzungen des Handlungsspielraumes und in der zweiten Stufe die daraus resultierende Wahrnehmung einer überhöhten bzw. unzureichenden Zielkriterienerfüllung als Konfliktursachen differenzierte, kann nun unter Betrachtung spezifischer Problemstufen des Zielsetzungsprozesses weitergeführt und verfeinert werden.

Für Konflikte, die sich aus der mit den Vorstellungen des Aktors nicht übereinstimmenden Zielkriterienerfüllung ergeben, sind folgende spezifische Situationen zu unterscheiden:

1. Eine erste Möglichkeit der Konfliktgenerierung resultiert daraus, daß sich die *Konsequenzenerwartung* des Aktors in Bezug auf die Realisation bestimmter Zielkriterien als falsch erweist. So entsprechen beispielsweise die tatsächlichen Leistungszusagen hinsichtlich der Höhe des Arbeitseinkommens und die tatsächlichen Forderungen hinsichtlich des Ausmaßes an Arbeitsbelastung nicht den vom Mitarbeiter prognostizierten Werten. Der Aktor hat sich also über die tatsächlichen Begrenzungen seines Handlungsspielraumes getäuscht.

2. Eine weitere Möglichkeit resultiert daraus, daß der Aktor die Zielkriterienerfüllung faktisch zwar richtig erfaßt, aber das *Anspruchsniveau* des Aktors

[30] Diesen Aspekt betonen Kieser/Kubicek [Organisationsstruktur] 459.

nicht erfüllt wird[31]. Für Konflikte dieser Art, die auf einer Nichterfüllung des Anspruchsniveaus beruhen, sind folgende Situationen zu unterscheiden:

a) Die tatsächliche Zielkriterienrealisation erfüllt in abnehmendem Maße ein *unverändertes Anspruchsniveau* des Aktors. Der Ist-Wert der Zielkriterienrealisation sinkt. Wie zu Beginn der Ursachenanalyse gezeigt, tritt diese Situation ein, wenn der Handlungsspielraum des Aktors zusätzlichen Restriktionen unterworfen wird und sich die Realisation der Leistungszusagen verschlechtert (*Fall A*). Die interpersonale Konfliktbeziehung resultiert mithin aus der Nichterfüllung des unveränderten Anspruchsniveaus des Aktors durch kollidierende Leistungszusagen und Forderungen Dritter. So kann sich beispielsweise die Arbeitsbelastung erhöhen, die Arbeitsplatzsicherheit vermindern oder die Einnahmehöhe verringern, und damit das Anspruchsniveau des Aktors unterschritten werden. Auf die hiermit verbundenen Probleme intrapersonaler Konfliktwirkungen, wie Frustrationen und Aggressionen, die das Konflikterlebnis verstärken, kann hier im Rahmen einer Analyse interpersonaler Konflikte nur verwiesen werden.

b) Die tatsächliche Zielkriterienrealisation erfüllt in unverändertem Maße ein inzwischen *erhöhtes Anspruchsniveau* des Aktors. Der Soll-Wert der Zielkriterienrealisation steigt.

   Diese Konfliktsituation entspricht dem *Fall B*, bei dem der Aktor vergeblich versucht, seinen Handlungsspielraum zu erweitern, um die Realisationsmöglichkeit seiner individuellen Ziele zu verbessern. Ein Konflikt dieser Art wird beispielsweise dann verursacht, wenn der Wunsch des Aktors nach einer höheren Arbeitsplatzsicherheit, höheren Einnahmen oder einer verringerten Arbeitsbelastung auf kollidierende Interessen stößt.

Als Ergebnis dieser Analyse von Konfliktursachen kann somit festgehalten werden, daß Aktoren Konflikte assoziieren, wenn sich erstens die Prognosen hinsichtlich der erwarteten Leistungszusagen und Forderungen des anderen Aktors als falsch herausstellen oder wenn zweitens die Leistungszusagen und Forderungen des anderen Aktors das unveränderte oder das erhöhte Anspruchsniveau nicht erfüllen.

Die an der Zielkriterienerfüllung ansetzende Analyse von Konfliktursachen ist darüber hinaus noch dahingehend zu erweitern, daß Aktoren im Rahmen der Erfüllung ihrer Unternehmungsfunktionen aufgrund *kognitiver Differenzen* zu divergierenden Interpretationen ein- und desselben Entscheidungsproblems kommen können[32]. Diese kognitiven Differenzen konkretisieren sich dabei in den vielzitierten Konflikten zwischen Kaufleuten und Technikern bei Investitionsentscheidungen, wie auch in Konflikten zwischen Funktions- und Sparten-

---

[31] Vgl. zum Begriff des Anspruchsniveaus Hoppe [Anspruchsniveau]; Sauermann/Selten [Anspruchsanpassungstheorie]; Schneider [Anmerkungen].

[32] Vgl. Rapoport [Cognitive] 143 ff.

Managern oder zwischen Stab und Linie. Indem die Interaktionsprozesse im Hinblick auf den Erfüllungsgrad der Individualziele geprüft werden, schlagen die individuellen Zielkriterien auf die „täglichen Entscheidungen" durch und führen bei Nichterfüllung in erwartetem Umfang und Ausmaß zu interpersonalen Konflikten.

Hier offenbart sich allerdings eines der schwierigsten und noch völlig offenen Forschungsprobleme der Konflikttheorie, denn es bleibt zu klären, inwiefern die in diesen Situationen entstehenden Zielkonflikte letztlich über eine Vielzahl von Verkettungen auf die bereits genannten Ursachen im Individualbereich (Untererfüllung positiver Zielkriterien bzw. Übererfüllung negativer Zielkriterien) zurückgeführt werden können. Kognitive Differenzen können bei interdependenten Grundzielsetzungsprozessen

1. zur unterschiedlichen Aktualisierung von Generalzielen,
2. zur unterschiedlichen Aktualisierung von Alternativen,
3. zur unterschiedlichen Aufnahme von Zielkriterien,
4. zur unterschiedlichen Konsequenzenerfassung,
5. zur unterschiedlichen Konsequenzenbewertung,
6. zur unterschiedlichen Anwendung von Entscheidungskriterien

führen und damit entsprechende Konflikte auslösen.

Mit einem Beispiel sollen Konflikte aufgrund kognitiver Differenzen der genannten Formalelemente des Zielsetzungsprozesses erläutert werden. Es wird ein interpersonaler, konfliktbehafteter Zielsetzungsprozeß der Aktoren A und B diskutiert, der durch die motivierende Situation einer sinkenden Arbeitsleistung der ihnen unterstellten Arbeitsgruppe ausgelöst wird. Die Aktoren A und B können in dieser Situation unterschiedliche *Generalziele* aktualisieren. A möchte beispielsweise die Arbeitsleistung durch den Einsatz eines monetären Motivationsmittels steigern, B sieht dagegen in der Änderung der Arbeitsorganisation das generell geeignete Mittel zur Erhöhung der Produktivität. Innerhalb der Generalzielartikulation werden von A und B nichtübereinstimmende generelle Mittelaussagen vertreten. Die direkte Ursache des interpersonalen Generalzielkonflikts liegt also in der divergierenden generellen Vorstellung über die Zweckerreichung. Unter Anknüpfung an die bereits herausgearbeiteten Kausalfaktoren kann dieser Konflikt beispielsweise auf einer unterschiedlichen Interpretation ihres eigenen Interesses an positiven „soziologischen Bedingungen" beruhen. A glaubt, durch den Einsatz eines monetären Motivationsmittels nicht nur die Arbeitsleistung zu erhöhen, sondern auch seine Beziehungen zu der Arbeitsgruppe zu festigen, während B durch eine innovative Änderung der Arbeitsorganisation sein Prestige in der Unternehmung zu erhöhen sucht. Unter Fortführung der Kausalkette kann der Konflikt zwischen A und B schließlich auf die wechselseitigen Begrenzungen ihrer Handlungsspielräume zurückgeführt werden, die ihrerseits auf organisatorischen Rahmenregelungen der Kompetenzverteilung beruhen können.

Um die weiteren interpersonalen Konfliktmöglichkeiten innerhalb des kollektiven Zielsetzungsprozesses herausarbeiten zu können, soll angenommen werden, daß sich die Aktoren auf das Generalziel des A geeinigt haben.

Konflikte bei der Spezialzielableitung können nun darauf beruhen, daß die Aktoren unterschiedliche faktische Informationen über *Handlungsalternativen* zur Erfüllung des Generalziels aufgenommen haben und unterschiedliche spezielle *Zielkriterien* zugrunde legen. Dies ist etwa der Fall, wenn die Aktoren jeweils verschiedene monetäre Anreizmethoden in ihren Zielsetzungsprozeß aufnehmen und nichtübereinstimmende Kriterien zur Beurteilung der Alternativen aktualisieren[33]. So kann A die Erhöhung des Akkordsatzes, Aktor B aber eine Erhöhung der Zeitlöhne wünschen, wobei für A das Kriterium des direkten Leistungsanreizes und für B das Kriterium der Arbeitszufriedenheit, um Konflikte in der Gruppe zu verringern, ausschlaggebend ist[34]. Die Konfliktlösung erfordert entweder Determinierungsprozesse zwischen A und B (Überzeugung, Verhandlung) oder die Suche nach faktischen Informationen über ein alternatives Anreizmittel, das die Zielkriterien beider Aktoren erfüllen kann. Eine weitere Konfliktmöglichkeit zwischen A und B entsteht bei divergierenden *Erwartungen* hinsichtlich der Konsequenzen von Alternativen. Dieser Konflikt wird häufig als *Überzeugungs- oder Wahrscheinlichkeitskonflikt* bezeichnet[35].

Die Entscheidungsträger gehen in diesem Falle von unterschiedlichen Prognosewerten aus, die in Übereinstimmung gebracht werden müssen. Der Aktor A kann beispielsweise der Meinung sein, eine Akkordsatzerhöhung von 5 % steigere die Produktivität um 3 %, der Aktor B vertritt dagegen die Ansicht, daß die Produktivität unverändert bleibe. Hier besteht ein Konflikt aufgrund unterschiedlicher Konsequenzenerfassung zwischen Aktor A und Aktor B, die für die von beiden gemeinsam zu vertretene Entscheidung in Übereinstimmung gebracht werden muß.

Konflikte können weiterhin darauf beruhen, daß die Aktoren divergierende *Bewertungen* der erfaßten Alternativen vornehmen. Es liegt ein *Wertkonflikt* vor[36]. So kann der Aktor A die Produktivitätssteigerung als befriedigend, der Aktor B als unbefriedigend bewerten, mit der Folge, daß die gemeinsame Spezialzielsetzung blockiert ist. Schließlich können interpersonale Konflikte über *Entscheidungskriterien* vorliegen, für die zwei Aspekte zu unterscheiden sind:

a) Konflikte hinsichtlich der Art der zu erfüllenden Zielkriterien,

b) Konflikte hinsichtlich des angestrebten Erfüllungsgrades der Zielkriterien.

---

33 Zusätzlich ist noch der Konflikt um die Gewichtung der aufgenommenen Zielkriterien zu berücksichtigen.

34 Vgl. zur Arbeitszufriedenheit Bruggemann/Groskurth/Ulich [Arbeitszufriedenheit] 138 ff.; Euler [Arbeitskonflikt] 77 ff.; Lawler [Motivation] 121 ff.

35 Vgl. Kirsch [Entscheidungsprozesse III] 71; Esser [Konfliktverhalten] 31 f.; Rosenstiel/Molt/Rüttinger [Organisationspsychologie] 90.

36 Vgl. Kirsch [Entscheidungsprozesse III] 71; Esser [Konfliktverhalten] 40 ff.; Aubert [Interessenkonflikt] 178 ff., Rosenstiel/Molt/Rüttinger [Organisationspsychologie] 90.

Konflikte hinsichtlich der Art der zu erfüllenden Zielkriterien bestehen, wenn Aktor A beispielsweise Alternativen ausschließlich unter dem Gesichtspunkt des Zielkriteriums „Erhöhung der Stückzahl je Zeiteinheit" und Aktor B ausschließlich unter dem Gesichtspunkt des Zielkriteriums „Verbesserung des Zufriedenheitsgrades" auswählt und keine der bekannten Alternativen beide Kriterien gleichzeitig erfüllt. Konflikte hinsichtlich des Erfüllungsgrades liegen vor, wenn der Aktor A eine Alternative bereits dann als befriedigend akzeptiert, wenn sie die Arbeitsleistung um mindestens 3 % steigert, Aktor B aber einen Mindesterfüllungsgrad von 5 % Leistungssteigerung fordert.

Konflikte auf der Ebene der Entscheidungskriterien liegen ebenfalls vor, wenn Aktoren in kollektiven Zielsetzungsprozessen unterschiedliche Entscheidungsregeln präferieren. So kann der Aktor A als konservativer Pessimist die Minimax-Regel bevorzugen und mit Aktor B, der als vorsichtiger Optimist die Hurwicz-Regel wählt, kollidieren[37]. Die Konfliktlösung erfordert dann die Erzielung einer Übereinstimmung hinsichtlich der anzuwendenden Entscheidungsregeln in der kooperativen Entscheidungssituation.

Nachdem die zentralen Problemkreise der Ursachen der Konfliktentstehung diskutiert worden sind, soll die Kausalkette der Konfliktentstehung hier noch einmal zusammenfassend herausgestellt werden.

Im Hinblick auf das diskutierte Beispiel sind Kausalfaktoren 1. Ordnung die unterschiedliche Aktualisierung von Generalzielen, Alternativen, Zielkriterien, Konsequenzen, Wertansätzen und Entscheidungskriterien in spezifischen Entscheidungssituationen, die zu unterschiedlichen Spezialzielsetzungen der Aktoren führen. Es wurde die These aufgestellt, daß Konflikte auf die Nichterfüllung individueller Zielkriterien der Konfliktpartner zurückgeführt werden können. Obgleich die Verkettung der Individualziele mit spezifischen Entscheidungszielen ein „weißes Feld" betriebswirtschaftlicher Forschung darstellt[38], wird in der Nichterfüllung der individuellen Zielkriterien im Rahmen dieses Beispiels der Kausalfaktor 2. Ordnung gesehen, denn der Leistungsabfall der Arbeitsgruppe wird von den Aktoren A und B als Gefährdung ihrer individuellen Zielkriterien betrachtet[39].

Beispielsweise können sie ihr Prestige oder ihre Position in der Unternehmung gefährdet sehen. Dieser Konflikt generiert dann den idealtypisch beschriebenen Ablauf kollidierender Zielsetzungsprozesse.

Die Nichterfüllung individueller Zielkriterien ist jedoch in vielen Fällen direkte Konfliktursache und daher als Kausalfaktor 1. Ordnung zu betrachten. Die als kollidierend empfundene Veränderung des Erfüllungsgrades kann fak-

---

37 Vgl. Heinen [Zielsystem] 179 ff.

38 Dies wird insbesondere von Reber [Bemerkungen] in seiner Rezension der „Entscheidungsprozesse" von Kirsch betont.

39 Vgl. zur Diskussion der Individualziele, Ziele für die Unternehmung und Ziele der Unternehmung Kirsch [Unternehmungsziele] 665 ff.

tisch bedingt sein oder auf Umwertungen des Aktors beruhen. Diese Einflußgrößen stellen dann Kausalfaktoren 2. Ordnung dar. Faktische Veränderungen beruhen auf Entscheidungen anderer, die den Erfüllungsgrad der Zielkriterien des Aktors in negativer Weise beeinflussen, Umwertungen auf einem veränderten Anspruchsniveau.

Kausalfaktoren 2. Ordnung können beispielsweise auch die Rahmenbedingungen des Aktor-Handlungsspielraumes sein (Organisationsstruktur, Führungsstil, Lohnsystem, Unternehmungsverfassung), die entweder durch Entscheidungen anderer in einer Weise verändert werden, daß sie bei unverändertem Anspruchsniveau des Aktors dessen individuelle Zielkriterien nicht erfüllen, oder daß sie aufgrund eines erhöhten Anspruchsniveaus als kollidierend betrachtet werden.

d) Die Konfliktformen

Die im vorigen Abschnitt herausgearbeiteten Konfliktursachen können nun mit verschiedenen konfliktären Interaktionstypen der Unternehmungsmitglieder in Beziehung gesetzt werden. Konfliktverursachende Interaktionsprozesse werden hier als Konfliktformen bezeichnet.

Zur Diskussion werden dabei folgende Konfliktformen gestellt:

a) der Verteilungskonflikt,
b) der Austauschkonflikt,
c) der Kollaborationskonflikt,
d) der Koordinationskonflikt.

Diese vier Grundformen des Interaktionskonflikts sollen im folgenden hinsichtlich der grundsätzlichen Problemkreise diskutiert werden.

(1) Der Verteilungs- und Austauschkonflikt

Für den *Verteilungsprozeß* ist eine bestimmte, in einem sozialen System vorhandene verteilungsfähige Wertmenge (Unternehmungsgewinn, Positionen) anzunehmen. Auf diese Wertmenge richten sich die Forderungen der Mitglieder des sozialen Systems, da sie Anteile dieser Wertmenge zur Realisierung ihrer Zielkriterien benötigen. Konkurrieren mehrere Aktoren oder Aktorgruppen um die verteilungsfähige Wertmenge, entwickeln sie zwangsläufig eine Vorstellung von der Wertmenge, die sich der Konkurrent aneignen darf[40].

Stimmen die von den Aktoren geforderten und jeweils zuerkannten Wertmengen überein, verläuft der Verteilungsprozeß konfliktfrei.

Verfügt beispielsweise die Unternehmung über 10 verteilungsfähige Einheiten, um die die Aktoren A und B konkurrieren, verläuft der Verteilungsprozeß

---

40 Vgl. Holm [Verteilung] 4.

konfliktfrei, wenn sowohl A als auch B 5 Einheiten beanspruchen und sich wechselseitig zuerkennen. Beansprucht A jedoch 6 Einheiten und erkennt B nur 4 Einheiten zu, während B jedoch 5 Einheiten fordert, liegt ein *Verteilungskonflikt* vor, der unternehmungspolitisches Handeln zur Sicherung der gefährdeten Grundziele auslöst. „Jeder Handelnde wird, mit unterschiedlicher Intensität, versuchen, seine Vorstellung von dem, was ihm und dem anderen an Werten zusteht, durchzusetzen. Die schließliche Verteilung der vorhandenen gesamten Wertmenge nach Ende des Konflikts wird wesentlich von der (unterschiedlichen) Macht bestimmt, über die die einzelnen Handelnden verfügen[41].“

Die durch unternehmungspolitisches Handeln erreichte Lösung des Verteilungskonflikts erfüllt bei einseitiger Durchsetzung vollständig, bei einer Kompromißlösung aber nur bis zu einem bestimmten Grad die zu realisierenden Zielkriterien.

Bereits mit dieser Skizzierung des Verteilungsprozesses werden die konstitutiven Elemente des Verteilungskonflikts deutlich, die mit *Holm* folgendermaßen zusammengefaßt werden können[42]:

1. Die im System insgesamt vorhandene verteilungsfähige Wertmenge,
2. die von jedem Systemmitglied geforderte und den anderen zuerkannte Wertmenge,
3. die Bestimmungsgründe für die Höhe der a) geforderten und b) der zuerkannten Wertmengen,
4. der Konflikt,
5. die den Konfliktablauf und -ausgang bestimmenden Faktoren (z. B. der Faktor Macht),
6. die Wertmenge, die von den einzelnen Systemmitgliedern nach Beendigung des harmonisch oder konfliktär abgelaufenen Verteilungsprozesses schließlich innegehalten wird,
7. die psychischen Folgen der schließlichen Verteilung: Die Zufriedenheit/Unzufriedenheit[43].

Typisches Beispiel für Verteilungskonflikte in der Unternehmung sind die auf die Wertschöpfung der Unternehmung gerichteten kollidierenden Gewinnverwendungswünsche der Eigenkapitalgeber und Arbeitnehmer, deren Konfliktaustragungsprozeß sich bei sinkender Wertschöpfung verschärft, da sich das Anspruchsniveau der Einkommensempfänger kurzfristig nicht den veränderten Realdaten anpaßt[44].

---

[41] Holm [Verteilung] 4. Vgl. die ausführliche Diskussion der Macht als Einflußgröße des Verteilungsprozesses bei Krelle [Macht] und Nove [Knappheit].

[42] Vgl. Holm [Verteilung] 4 f.

[43] Mit der Folge der Unzufriedenheit verweist Holm auf die psychische Konsequenz einer unzureichenden Sicherung der gefährdeten Grundziele.

[44] Vgl. Chmielewicz [Arbeitnehmerinteressen] 133.

Im Hinblick auf die zu erzielende verteilungsfähige Wertmenge stellt *Chmielewicz* fest: „In der Erzielung hoher Gewinne und Wertschöpfungen verlaufen Arbeitnehmer-, Gesellschafter- und Managerinteressen über große Strecken parallel. Der Interessenkonflikt setzt in voller Schärfe und unabhängig von einer Eigentumsverfassung erst bei der Verteilung der Wertschöpfung und des Gewinns ein, entschärft sich bei konstantem Anspruchsniveau sogar mit wachsender Höhe des erzielten und verteilbaren Gewinns, weil für alle mehr da ist[45]."

Konflikte im Vorfeld des Verteilungskonflikts treten allerdings auf, wenn der Gewinnerzielungsprozeß unter Bedingungen erfolgt, die die Zielkriterien der Anspruchsgruppen der Unternehmung gefährden. *Chmielewicz* nennt als Konfliktursache unzumutbare Arbeitsbedingungen für die Mitarbeiter, die zu einer unzureichenden Erfüllung der Zielkriterien Arbeitsbelastung, Selbstverwirklichung und soziologische Bedingungen führen. Ergänzend ist darauf hinzuweisen, daß der Gewinnerzielungsprozeß auch unter Gefährdung der Zielkriterien der Konsumenten, Lieferanten, Kapitalgeber und, wie in jüngster Zeit am Beispiel multinationaler Unternehmungen vielfach herausgestellt, des steuererhebenden Staates erfolgen kann.

Da die Erzielung von Gewinn bzw. Wertschöpfung Voraussetzung für die Sicherung der Institution und damit auch Voraussetzung für die Realisierung der Interessen der Kapitalgeber, des Management und der Arbeitnehmer ist, kann ein *Mindestkonsensbereich* dieser Anspruchsgruppen angenommen werden. „Die Gewinnerzielung dient - klammert man die anschließende Gewinnverteilung aus - sowohl dem Ziel der Erhaltung der Institution Unternehmung als auch dem Individualziel der Gesellschafter[46]." Schließlich „... besteht die Interessenkomplementarität bei der Gewinnerzielung nicht nur zwischen Manager und Gesellschafter, sondern wegen der dabei steigenden Wertschöpfung auch beim Arbeitnehmer"[47].

Diese partielle Komplementarität bzw. der Mindestkonsensbereich im Rahmen der Gewinnerzielung ist als Ergebnis eines Austauschprozesses zu sehen, der durch wechselseitige Prozesse der Abstimmung kollidierender Forderungen und Leistungszusagen gekennzeichnet ist. Konflikte, die in dieser Interaktionsform auftreten, werden als *Austauschkonflikte* bezeichnet.

Aber auch im Rahmen des Konflikts um die Verteilung des erzielten Gewinns ist unter dem Aspekt der „Institutionenthese"[48] ein Mindestkonsensbereich anzunehmen, der sich auf die Gewinneinbehaltung zur Sicherung der Unternehmung gegen künftige, die Interessen der Kapitalgeber, Arbeitnehmer und Mana-

---

[45] Chmielewicz [Arbeitnehmerinteressen] 92.

[46] Chmielewicz [Arbeitnehmerinteressen] 85 f.

[47] Chmielewicz [Arbeitnehmerinteressen] 89.

[48] Zum Begriff Institutionenthese vgl. Chmielewicz [Arbeitnehmerinteressen] 52 ff. Die Institutionenthese orientiert sich methodisch an der Frage systemindifferenter Existenzbedingungen der Unternehmung.

ger gleichermaßen gefährdende Verluste bezieht. Wegen der begrenzten Wertschöpfung ist jedoch die Erzielung dieses Konsensbereichs im Rahmen der Gewinnverteilung ebenfalls Gegenstand wechselseitiger Prozesse der Abstimmung kollidierender Forderungen, wobei allerdings die Gewinneinbehaltung über steigende Aktienkurswerte komplementäre Effekte in Bezug auf das Einkommensziel der Kapitalgeber aufweist, mit dem Einkommensziel der Arbeitnehmer jedoch unmittelbar konkurriert.

Wird die Funktion des Management im Verteilungskonflikt als Sicherung des Unternehmungsbestandes interpretiert, ist ein hohes Interesse des Management an der Gewinneinbehaltung anzunehmen. Wie *Chmielewicz* ausführt, zeigen empirische Untersuchungen, daß eine Entscheidungsbeteiligung von Managern in entsprechenden Leitungsorganen zu einer höheren Einbehaltungsquote führt[49]. Das Interesse des Management an einer hohen Gewinneinbehaltungsquote kann dadurch erklärt werden, daß die Realisierung ihrer individuellen Ziele letztlich nur über eine erfolgreiche Existenzsicherung der Institution möglich ist. Daß die aus diesem Interesse abgeleiteten konkreten Managemententscheidungen über große Strecken komplementär mit den Interessen der Kapitalgeber verlaufen, ist insofern kein hinreichender Grund, mit einer einseitigen Bindung der Managemententscheidungen an Kapitalgeberinteressen zu argumentieren. So stellt *Chmielewicz* heraus, daß die These von der Interessenkomplementarität zwar für die Gewinnerzielung, nicht aber für die Gewinnverwendung gilt. „... eine Komplementarität auch bei der Gewinnverwendung wäre stärker ausgeprägt, wenn die Manager-Tantiemen in Abhängigkeit von der Dividende statt vom erzielten Gewinn festgelegt wären[50]."

Verteilungskonflikte, die durch Forderungsüberschneidungen hinsichtlich der zu verteilenden Wertmenge entstehen, sind durch ideologische Grundhaltungen der Beteiligten beschreibbar. Die *Verteilungsideologie* stellt sowohl eine Variable der Konfliktentstehung als auch eine Variable der Konflikthandhabung dar.

Ausgehend von *Homans*[51] Gesetz der Verteilungsgerechtigkeit können in Anlehnung an *Holm*[52] folgende Verteilungsideologien genannt werden, auf deren Grundlage normative Zielvorstellungen der Wertverteilung gebildet werden:

a) *Die egalitäre Verteilungsideologie.*
   Gleichverteilung von Real- und Nominalgütern auf die Anspruchsgruppen.

b) *Die leistungsorientierte Verteilungsideologie.*
   Verteilung von Real- und Nominalgütern nach der Leistungsrelation der Anspruchsgruppen.

---

[49] Vgl. Chmielewicz [Arbeitnehmerinteressen] 88.
[50] Chmielewicz [Arbeitnehmerinteressen 88 f.
[51] Vgl. Homans [Elementarformen] 195 ff.
[52] Vgl. Holm [Verteilung] 51 ff.

c) *Die nutzenmaximale Verteilungsideologie.*
Jede der Anspruchsgruppen strebt einen maximalen Anteil an Real- und Nominalgütern an.

d) *Die zuwachs-proportionale Verteilungsideologie.*
Verteilung der Real- und Nominalgüter entsprechend der Produktivitätssteigerung der Anspruchsgruppen.

e) *Die Verteilung nach dem Senioritätsprinzip.*
Verteilung der Real- und Nominalgüter nach der Dauer der Betriebszugehörigkeit.

Die reale Bedeutung dieser Ideologien für die Handhabung von Verteilungskonflikten in der Unternehmung ist in der Literatur bereits umfassend diskutiert worden. Die Verteilung nach dem Senioritätsprinzip gilt häufig für den hierarchischen Aufstieg und für die Gehaltshöhe. Die nutzenmaximale, die leistungsorientierte sowie die zuwachs-proportionale Verteilungsideologie treten insbesondere bei Konflikten um die Gewinnverwendung zwischen den Tarifpartnern, aber auch bei der Budgetierung zwischen den Abteilungen der Unternehmung auf. Die egalitäre Verteilung tritt im allgemeinen in Verbindung mit einem der übrigen Verteilungsprinzipien auf, wie beispielsweise die Zuteilung des Restgewinns je zur Hälfte an die Kapitalgeber und Arbeitnehmer, wie es in einigen Gewinnbeteiligungsmodellen vorgesehen ist[53]. Der egalitäre Verteilungsmodus dürfte darüber hinaus bei Verteilungsproblemen in Arbeitsgruppen (beispielsweise bei der Verteilung zusätzlicher Arbeitsmengen auf die einzelnen Mitarbeiter) aufgrund seiner Praktikabilität häufig angewandt werden.

Stimmen die Konfliktpartner nicht in ihrer verteilungsideologischen Grundhaltung überein, entstehen Konflikte um den Verteilungsmodus. Geht beispielsweise der Konfliktpartner A von der egalitären und Konfliktpartner B von der leistungsorientierten Verteilungsvorstellung aus, zielt der Determinierungsprozeß auf die kollidierende Verteilungsnorm. Hierbei ist allerdings zu beachten, daß lediglich die Übereinstimmung in der egalitären Verteilung und der Verteilung nach dem Senioritätsprinzip einen konfliktfreien Verteilungsprozeß sichert[54]. Das leistungs- und das zuwachs-proportionale Verteilungsprinzip impliziert dagegen in der Regel Zurechnungsprobleme, deren Lösung Bewertungen erfordern und damit Interessenkollisionen hervorrufen. Die Ausgangslage für weitestgehende Forderungsüberschneidungen ist schließlich bei Verfolgung nutzenmaximaler Verteilungsforderungen durch die Konfliktparteien gegeben.

Zusammenfassend kann der Verteilungskonflikt als interpersonaler Konflikt bezeichnet werden, der entsteht, wenn ein Aktor die gegenwärtige Verteilung

---

53 Dieses Verteilungsprinzip wird beispielsweise bei Bertelsmann angewendet. Vgl. hierzu Jungblut [Lohn] 197 ff.

54 Diese Aussage gilt für das Senioritätsprinzip allerdings nur unter der Voraussetzung, daß die Konfliktpartner eine unterschiedliche Seniorität aufweisen.

von positiven oder negativen Gütern als unzureichende oder überhöhte Realisierung seiner individuellen Zielkriterien bewertet, bzw. wenn in Bezug auf neu entstandene und zu verteilende positive und negative Güter Forderungsüberschneidungen der Konfliktparteien entstehen.

Während Verteilungskonflikte durch konkurrierende Forderungen der Aktoren gegenüber einer möglicherweise gemeinsam erwirtschafteten oder von einem Dritten bereitgestellten Real- oder Nominalgütermenge gekennzeichnet sind, sind Austauschkonflikte durch die direkte wechselseitige Relation von Forderungen und Leistungszusagen der kollidierenden Aktoren gekennzeichnet.

In *Verteilungsprozessen* würden die Aktoren gern auf den kollidierenden Aktor „verzichten", da ihnen dann die gesamte Wertmenge zur Realisierung ihrer Zielkriterien zufallen würde.

In *Austauschprozessen* können die Aktoren auf den kollidierenden Aktor „nicht verzichten", weil sie dessen Leistungszusage zur Realisierung ihrer eigenen Zielkriterien benötigen[55]. Der Aktor benötigt bei Austauschprozessen die Leistungszusage des anderen und ist daher bereit, Forderungen zu erfüllen. Der Konflikt bezieht sich dabei auf Art, Ausmaß und Umfang der angebotenen Leistungszusagen und/oder geforderten Gegenleistungen. *Austauschkonflikte* entstehen mithin, im Gegensatz zu Verteilungskonflikten, wenn ein Aktor eine Austauschbeziehung als überhöhte Abschöpfung seiner Leistungszusagen und/oder unzureichende Realisierung seiner Forderungen bewertet[56]. So kann die aus der Mittelaussage des Grundzielsetzungsprozesses der Mitarbeiter ableitbare Leistungszusage hinsichtlich ihrer Art und Intensität auf eine kollidierende Forderung des Management stoßen und die aus der Zweckaussage ableitbaren Forderungen der Mitarbeiter (Höhe des Entgelts, Arbeitsplatzsicherheit usw.) ebenfalls im Hinblick auf Art und Erfüllungsgrad auf eine kollidierende Leistungszusage des Management stoßen. Austauschkonflikte auf der Seite der Eigenkapitalgeber liegen vor, wenn die im Austausch für die Kapitaleinlage zugesagte Verzinsung des Kapitals nicht eingehalten wird oder als zu niedrig betrachtet wird.

Die unternehmungsinterne Funktion des Management kann in Austauschprozessen aus der Sicht der „Institutionenthese" dahingehend interpretiert werden, daß es die Leistungszusagen gegenüber Mitarbeitern und Eigenkapitalgebern zur Sicherung der Institution möglichst gering hält, die Forderungen gegenüber Eigenkapitalgebern und Arbeitnehmern aber in möglichst hohem Ausmaß und Umfang zu realisieren wünscht. Unternehmungspolitisches Handeln des Management besteht sowohl bei Verteilungs- als auch bei Austausch-

---

55 Eine andere Problemebene liegt vor, wenn die Leistungszusage des kollidierenden Aktors substituiert werden kann. Dies wird als Frage der Konflikthandhabung aufgefaßt.

56 Ein Beispiel für Austauschkonflikte ist bereits im Abschnitt III 1. der Arbeit diskutiert worden.

konflikten in der Determinierung der Interessen, die mit den vom Management gesetzten Institutionenzielen kollidieren.

Für die Determinierung kollidierender Ziele in Verteilungs- und Austauschkonflikten ist die Machtverteilung von entscheidender Bedeutung. In Bezug auf Austauschprozesse formuliert *Etzioni*: „... eine Austauschbeziehung unter Gleichen ist eine ‚Grenzsituation'; die Bedingungen fast aller Austauschbeziehungen werden durch die ungleiche Machtverteilung zwischen den Beteiligten beeinflußt[57]." Die Analyse der Handhabung von Unternehmungskonflikten hat insofern asymmetrische Machtbeziehungen zu berücksichtigen, die die Grundlage für einseitige Zielsicherungen bilden. Dieser Aspekt wird im Rahmen dieser Untersuchung allerdings erst im folgenden Kapitel aufgegriffen.

Die vollständige Erfassung von Verteilungskonflikten und Austauschkonflikten der Unternehmung hat über die unternehmungsinterne Problematik hinaus auch die *unternehmungsexternen Konfliktbeziehungen* zu erfassen. Verteilungskonflikte im externen Bereich liegen beispielsweise vor, wenn die Unternehmungen A und B um einen Abnehmer oder um Subventionen des Staates konkurrieren. Austauschkonflikte entstehen, wenn im Rahmen der Abnehmerbeziehung die wechselseitigen Leistungszusagen und Forderungen nicht übereinstimmen (Garantieumfang, Preis, Sortimentsgestaltung usw.)[58]. Im Rahmen der Austauschbeziehung Unternehmung – Staat können Konflikte etwa um die Anzahl von Ausbildungsplätzen und die Höhe der als Äquivalent zu leistenden Subventionen entstehen. Unter Anknüpfung an die bereits herausgearbeiteten Mitarbeiter-Zielkriterien können Austausch- und Verteilungskonflikte innerhalb dieser Aktorgruppe tabellarisch wie folgt erläutert werden (Abb. 17).

Die Konfliktproblematik der Grundzielsetzungsprozesse in Unternehmungen kann in einer weiteren Betrachtungsstufe aus organisatorischer Perspektive erfaßt werden. Anknüpfungspunkt ist die Problematik der Abstimmung der interdependenten Grundzielsetzungsprozesse der Unternehmungsmitglieder zur Erfüllung der Unternehmungsfunktionen. Hierbei werden Koordinations- und Kollaborationskonflikte differenziert.

(2) Der Koordinations- und Kollaborationskonflikt

Für die weitere Herausarbeitung von Konflikttypen soll zwischen Koordination und Kollaboration in folgender Weise unterschieden werden[59]:

1. *Koordination:* Die Zielsetzungsprozesse mehrerer Aktoren, die in einer Austausch- und/oder Verteilungsbeziehung stehen, sind im Hinblick auf eine übergeordnete Zielvorstellung zu ordnen.

---

[57] Etzioni [Gesellschaft] 354.

[58] Vgl. hierzu die ausführliche Analyse von Konflikten im Absatzbereich bei Steffenhagen [Konflikt] 71 ff.

[59] Die Unterscheidung erfolgt in Anlehnung an O'Brien [Führung] 375.

2. *Kollaboration:* Die Zielsetzungsprozesse mehrerer Aktoren, die untereinander nicht in einer Austausch- und/oder Verteilungsbeziehung stehen, sind im Hinblick auf eine gemeinsame Austausch- und/oder Verteilungsbeziehung gegenüber Dritten in Übereinstimmung zu bringen.

Diese Differenzierung von Koordination und Kollaboration entspricht in etwa der von *Zepf*[60] gewählten Differenzierung von externer und interner Koordination von Gruppenentscheidungen, wobei allerdings mit Kollaboration nur ein, wenn auch aus konflikttheoretischer Sicht wichtiger Sonderfall der internen Koordination betrachtet wird.

Mitarbeiter-Zielkriterien	Verteilungskonflikt	Austauschkonflikt
Höhe der Nettoeinnahmen	Mitarbeiter konkurrieren untereinander um eine Gehaltserhöhung	Die Forderung des Mitarbeiters nach 10 % Gehaltserhöhung trifft auf eine kollidierende Leistungszusage
Dauerhaftigkeit der Einnahmen	Mitarbeiter konkurrieren untereinander um einen unkündbaren Arbeitsplatz	Die Forderung des Mitarbeiters nach verlängerten Kündigungsfristen trifft auf eine kollidierende Leistungszusage
Arbeitsbelastung	Mitarbeiter konkurrieren untereinander um die Vermeidung zusätzlicher Arbeitsbelastung	Die Forderung des Mitarbeiters nach Arbeitszeitverkürzung trifft auf eine kollidierende Leistungszusage
Selbstverwirklichung	Mitarbeiter konkurrieren untereinander um die Entsendung in ein Mitbestimmungsorgan	Die Forderung des Mitarbeiters nach einer Kompetenzerweiterung trifft auf eine kollidierende Leistungszusage
Soziologische Bedingungen	Mitarbeiter konkurrieren untereinander um die Mitgliedschaft in einem Arbeitsteam	Die Forderung des Mitarbeiters nach Bildung teilautonomer Arbeitsgruppen trifft auf eine kollidierende Leistungszusage

Abb. 17. Beispiele für Verteilungs- und Austauschkonflikte zwischen Mitarbeitern

[60] Vgl. Zepf [Führungsstil] 136 ff.

Unter Anknüpfung an die bereits herausgearbeiteten Konfliktursachen sind Kollaborationskonflikte durch kognitive Differenzen der Aktoren im Verlauf eines kooperativen Problemlösungsprozesses erklärbar. Ergebnis des Kollaborationsprozesses ist ein gemeinsames Spezialziel, das die Aktorgruppe durch einen Austausch- oder Verteilungsprozeß mit Dritten zu realisieren wünscht. Die durch Kollaboration verbundenen Individuen fungieren gegenüber anderen Entscheidungsträgern mithin als eine Aktoreinheit bzw. als eine Koalition und können mit diesen in einen Austauschkonflikt oder Verteilungskonflikt treten.

Zur weiteren Klärung des Koordinations- und Kollaborationskonflikts sind die Erscheinungsformen dieser Konfliktgruppen näher zu analysieren.

(a) Der Koordinationskonflikt

Mit dem Koordinationsbegriff ist ein zentraler Problemkreis der Organisationstheorie angesprochen.

Es kann hier nicht die Aufgabe sein, die vielfältigen Interpretationen des Koordinationsbegriffs herauszuarbeiten, da es im Rahmen dieser Überlegungen lediglich darauf ankommt, den für den hier verfolgten Untersuchungszweck relevanten Erklärungsansatz der Koordinationsproblematik in Unternehmungen aufzuzeigen[61].

Die sich aus der Delegation von Handlungsspielräumen ergebende Koordinationsprobiematik besteht darin, „... die Entscheidungen der einzelnen - im Rahmen ihrer Entscheidungsbefugnis autonomen - Entscheidungsträger auf das übergeordnete Unternehmungsziel abzustimmen“[62]. Damit kann im weitesten Sinne mit Koordination die Abstimmung der im Rahmen der übernommenen Unternehmungsfunktionen abgeleiteten Spezialzielsetzungen der Aktoren im Hinblick auf ein übergeordnetes Generalziel bezeichnet werden. Die Koordination betrifft dabei sowohl die Austauschrelation von Leistungszusagen und Forderungen als auch die Verteilungsrelation knapper Ressourcen zwischen den Entscheidungsträgern[63].

Die von der Organisationstheorie entwickelten Koordinationsinstrumente oder -mechanismen stellen spezifische Mittel der Strukturierung der Aktorzielsetzungen dar, die eine einheitliche Ausrichtung des multipersonalen Grundzielsetzungsprozesses auf ein generelles Grundziel der Unternehmung sichern sollen. Aus *unternehmungspolitischer Sicht* entsteht nun die Frage, welche Konflikte mit der Wahl eines Koordinationsmechanismus verbunden sind und wie

---

[61] Vgl. zu Begriff und Problemen der Koordination Hoffmann [Organisationsforschung] 156 ff.; Kirsch [Entscheidungsprozesse III] 74 ff.; Hax [Koordination] 9 ff.; Zepf [Führungsstil] 136 ff.; Meier [Koordination]; Frese [Vergleich] 230 ff.; Kieser/Kubicek [Organisationsstruktur] 452 ff.

[62] Zepf [Führungsstil] 136.

[63] Vgl. Hoffmann [Organisationsforschung] 156.

die Akzeptanz des gewählten Koordinationsmechanismus gesichert werden kann. Der Koordinationsmechanismus stellt daher in unternehmungspolitischer Sicht das zu sichernde Grundziel organisatorischen Handelns dar.

Im einzelnen unterscheiden *Kieser/Kubicek*[64] folgende Koordinationsmechanismen:

1. *Koordination durch Selbstabstimmung.*
   Merkmal dieser Koordinationsform ist die Selbstabstimmung der Aktoren auf der Basis weitgehend ungebundener, nicht-hierarchischer Kommunikation.
2. *Koordination durch hierarchische ad-hoc-Entscheidungen.*
   Die hierarchisch übergeordnete Einheit schreibt den einzelnen Aktoren durch eine ad-hoc-Vorgabe Aktivitäten inhaltlich vor, die eine Abstimmung sicherstellen.
3. *Koordination durch Planung.*
   Bei dieser Form der Koordination werden Pläne zur Abstimmung der Aktivitäten der Aktoren und Aktorgruppen für bestimmte Zeitspannen erstellt. Die Pläne enthalten insbesondere präzise Zielvorgaben für die Zielsetzungsprozesse der Aktoren.
4. *Koordination durch Programmierung.*
   Die Abstimmung der Zielsetzungsprozesse der Aktoren erfolgt über Entscheidungsregeln, die in Stellenbeschreibungen fixiert sind oder zum „Erfahrungsschatz" der Unternehmung gehören.

Koordinationsmechanismen verursachen Konflikte, da sie auf die Handlungsspielräume der Aktoren einwirken und damit die Realisierung der individuellen Zielkriterien begrenzen. Sehr deutlich kommt der Aspekt der Einflußnahme auf den Handlungsspielraum und damit die generell konfliktverursachende Wirkung der Koordinationsmechanismen bei *Kieser/Kubicek* zum Ausdruck:

„Koordinationsmechanismen zielen letztlich darauf ab, bei den Organisationsmitgliedern ein bestimmtes Verhalten zu induzieren, indem sie ihre Entscheidungsfelder bzw. ihre Handlungsspielräume strukturieren und präzisieren[65]."

Über Koordinationsmechanismen werden die Grundzielsetzungsprozesse der Aktoren oder Aktorgruppen an den Grundzielsetzungsprozeß des Trägers der Koordinationsentscheidung in der Weise angebunden, daß ein je nach „Konfliktphilosophie" der Unternehmung mehr oder weniger konformer multipersonaler Grundzielsetzungsprozeß der Unternehmung erzielt wird[66]. Den generel-

[64] Vgl. Kieser/Kubicek [Organisationsstruktur] 454 f.

[65] Kieser/Kubicek [Organisationsstruktur] 459.

[66] Hierbei wird unterstellt, daß der Träger der Koordinationsentscheidung zugleich Träger des Grundzielsetzungsprozesses ist, auf den die Teil-Grundzielsetzungsprozesse der Mitarbeiter auszurichten sind.

len konflikttheoretischen Aspekt der Koordination heben *Kieser/Kubicek* wie folgt hervor: „Bei der Analyse der Beziehungen zwischen Koordinationsmechanismen und individuellem Verhalten interessiert nun vor allem, inwieweit die Organisationsmitglieder die Vorgabe der Koordinationsmechanismen akzeptieren und somit den Erwartungen entsprechen[67]."

Für die Konfliktanalyse ist dabei zwischen dem *Träger* der Koordinationsentscheidung und dem *Adressat* der Koordinationsentscheidung zu differenzieren. Jeder der Beteiligten wird den Koordinationsmechanismus der Unternehmung präferieren, der zur Realisierung seiner eigenen Zielkriterien aus seiner Sicht am besten geeignet ist. Führt die Koordinationsentscheidung zu einer Überforderung negativer Zielkriterien bzw. zu einer Untererfüllung positiver Zielkriterien bei dem Adressat der Koordinationsentscheidung, besteht ein interpersonaler Koordinationskonflikt. Ebenso kann die Forderung der Mitarbeiter, einen bestimmten Koordinationsmechanismus zu implementieren, mit den Zielkriterien des Trägers der Koordinationsentscheidung, beispielsweise des übergeordneten Managers, kollidieren.

Konflikte um Koordinationsentscheidungen bzw. -mechanismen werden somit durch Unter- bzw. Übererfüllung der positiven bzw. negativen Zielkriterien der Aktoren ausgelöst.

In konzeptioneller Hinsicht wird hier folgendes Vorgehen zur Erfassung von Koordinationskonflikten vorgeschlagen: Ausgehend von den jeweils eingesetzten Koordinationsmechanismen sind die als kollidierend empfundenen Wirkungen auf die spezifischen, von dem Träger und dem Adressat der Koordinationsentscheidung beachteten Zielkriterien zu ermitteln. In dieser Weise können interpersonale Zielkonflikte der Koordination herausgearbeitet werden.

Unter der Annahme, daß durch Koordinationsmechanismen im wesentlichen die Zielkriterienkomplexe Arbeitsbelastung, Selbstverwirklichung und soziologische Bedingungen tangiert werden, können Koordinationskonflikte mit folgender *Konfliktmatrix* erfaßt werden (Abb. 18)[68].

Jedes Feld der Konfliktmatrix bringt eine kollidierende Zielbeziehung zum Ausdruck, die jeweils unter dem Gesichtspunkt der genannten alternativen Koordinationsmechanismen zu untersuchen ist. Die Konfliktmatrix wäre insofern dreidimensional zu erweitern.

In dieser Weise sind die Wirkungen der einzelnen Koordinationsmechanismen (Selbstabstimmung, hierarchische ad-hoc-Entscheidung, Planung, Programmierung) im Hinblick auf den Erfüllungsgrad der Zielkriterien der Aktoren zu erfassen. Es soll hier betont werden, daß die skizzierte Konfliktmatrix nur ein verkürztes Beispiel für die in Koordinationsentscheidungen tatsächlich

---

67 Kieser/Kubicek [Organisationsstruktur] 459.

68 Vgl. die Darstellung der UP-Aktor-Konflikte durch Konfliktmatrizen bei Dlugos [Unternehmungspolitik].

aktualisierten und damit potentiell gefährdeten Zielkriterien darstellt. Beispielsweise kann der Manager als Träger einer Koordinationsentscheidung das Kriterium „Kosten“ durch die Forderung seiner Mitarbeiter nach einer Koordination durch Selbstabstimmung gefährdet sehen, da mit dieser Koordinationsform ein hoher kostenverursachender Zeitaufwand verbunden ist[69]. Indem die Realisierung der Individualziele des Managers (Arbeitsplatzsicherheit, Karriere usw.) von der Erfüllung seiner Funktion abhängt, wird er in der kostenverursachenden Forderung der Mitarbeiter eine Gefährdung der Erfüllung seiner Managementaufgaben und damit zugleich eine Gefährdung seiner persönlichen Ziele sehen und einen interpersonalen Konflikt empfinden.

Koordinierender \ Koordinierter	Arbeitsbelastung	Selbstverwirklichung	soziologische Bedingungen
Arbeitsbelastung	11		13
Selbstverwirklichung			
Soziologische Bedingungen	31		33

Abb. 18. Matrix-Darstellung des Koordinationskonfliktes

In dieser Konfliktsituation, die sich in der Forderung der Mitarbeiter nach einem bestimmten Koordinationsmechanismus und in deren Ablehnung durch den Manager konkretisiert, können die Konfliktparteien unternehmungspolitische Prozesse wechselseitiger Determinierung in Gang setzen. Dabei werden die Mitarbeiter auf die Akzeptanz ihrer Forderung beim Manager und der Manager auf die Akzeptanz seiner Ablehnung bei den Mitarbeitern zielen.

Die Betriebswirtschaftliche Organisationslehre beginnt jedoch erst in jüngster Zeit, die Konfliktproblematik der Koordination aufzugreifen: „Die empirische Analyse des individuellen Verhaltens in Abhängigkeit von den Koordinationsinstrumenten befindet sich zur Zeit noch in einem Anfangsstadium[70].“

Im folgenden sollen nun entsprechend der hier skizzierten Vorgehensweise einige Konfliktaspekte der von *Kieser/Kubicek* diskutierten Koordinationsinstrumente herausgestellt werden.

69 Vgl. Kanellopoulos [Kommunikation] 141 f. nennt als Vorteile kollegialer Entscheidungsfindung die Verkürzung von Kommunikationswegen, die kommunikative Entlastung der höheren Instanz und als Nachteile die Langsamkeit und Kostspieligkeit der Selbstkoordination.

70 Kieser/Kubicek [Organisationsstruktur] 459.

Die *Koordination durch Selbstabstimmung* ist mit dem Risiko behaftet, „... das eine Delegation von Entscheidungen an Untergebene und die damit verbundene Selbstabstimmung im Hinblick auf die Konformität der Ergebnisse mit den Zielen der delegierenden Instanzen besitzt“[71].

Obgleich Selbstabstimmung häufig zur Minderung der Arbeitsbelastung durch hierarchische ad-hoc-Entscheidungen gewählt wird, impliziert dieses Risiko für den koordinierenden Aktor die Notwendigkeit meist indirekter Kontrollen, die für den Manager ein negativer Aspekt der Arbeitsbelastung sein können. Aus der Sicht des koordinierenden Aktors kann die Selbstabstimmung weiterhin mit den Zielkriterienkomplexen Selbstverwirklichung und soziologische Bedingungen kollidieren, wenn die Delegation der Koordinationsaufgabe als Beeinträchtigung positionsbezogener Macht gewertet wird.

Die selbst-koordinierenden Aktoren empfinden ebenfalls einen Konflikt, wenn sie in dieser Koordinationsform eine zusätzliche Arbeitsbelastung sehen. Diese konfliktverursachenden Wirkungen können aus der mit dieser Koordinationsform verbundenen hohen Zahl an persönlichen Zusammenkünften und damit hohem Zeitaufwand abgeleitet werden[72]. Positive, den Konflikt möglicherweise neutralisierende Wirkungen sind für die Zielkriterien Selbstverwirklichung und Soziologische Bedingungen bei den Mitarbeitern anzunehmen.

Die *Koordination durch hierarchische ad-hoc-Entscheidungen* birgt für den Manager das Risiko fehlerhafter Entscheidungen aufgrund einer mangelhaften, unter Umständen von anderen Aktoren auch manipulierten Informationsbasis in sich. Insofern ist diese Koordinationsform mit einer hohen Belastung der Verantwortung und der koordinativen Kapazität des Managers verbunden und kann sich daher negativ auf das Zielkriterium Arbeitsbelastung auswirken. Andererseits bietet diese Koordinationsform Chancen der Selbstverwirklichung. Demgegenüber stehen die negativen Konsequenzen für das Zielkriterium Soziologische Bedingungen, da die Durchsetzung der Koordinationsentscheidung häufig im Wege persönlicher Anweisungen an Untergebene erfolgt, wobei der Einsatz positionsbezogener Machtgrundlagen die persönlichen Beziehungen zwischen Vorgesetzten und Untergebenen beeinträchtigen kann[73]. Aus der Sicht der koordinierten Mitarbeiter wirken hierarchische ad-hoc-Entscheidungen sowohl auf die Zielkriterien Selbstverwirklichung als auch Soziologische Bedingungen konfliktverursachend, während das Zielkriterium Arbeitsbelastung nicht tangiert wird.

Die *Koordination durch Planung* erfordert auf seiten des koordinierenden Managers eine umfangreiche Informationsverarbeitung, die sich negativ auf die Arbeitsbelastung auswirkt, und birgt bei Fehlplanung das Risiko der Gefährdung des gesamten positiven Zielkriterienkomplexes in sich. Auf das Konflikt-

---

71 Kieser/Kubicek [Organisationsstruktur] 465.

72 Vgl. Kieser/Kubicek [Organisationsstruktur] 466.

73 Vgl. Kieser/Kubicek [Organisationsstruktur] 463.

potential dieser Koordinationsform für die Mitarbeiter verweisen *Kieser/Kubicek* wie folgt: „Die Pläne korrespondieren möglicherweise nicht mit der Probleminterpretation der Einheiten, und dies dürfte ihre Bereitschaft zur Akzeptierung dieser Pläne reduzieren[74].“ Die Akzeptanz der Pläne wird beispielsweise verweigert werden, wenn untere Ebenen Sollvorgaben erhalten, deren Erfüllung eine Erhöhung der Leistungsnorm erfordert und die daher mit den Vorstellungen der Mitarbeiter zur Arbeitsbelastung kollidieren. Sind die Mitarbeiter an der Planaufstellung nicht beteiligt, sind auch negative Auswirkungen für die Zielkriterien Selbstverwirklichung und Soziologische Bedingungen denkbar. Nun führt die Assoziierung dieser kollidierenden Beziehungen nicht immer zur Reduzierung der Akzeptanzbereitschaft. Wie sehr die Verarbeitung der Konfliktsituation vom individuellen Wertsystem abhängt, zeigt die Tatsache, daß Individuen in der Planübererfüllung geradezu ein Mittel der Realisierung ihrer übrigen individuellen Ziele sehen, wie Anerkennung, Status, Selbstvertrauen, Einnahmenhöhe und -sicherheit[75].

Die *Koordination durch Programmierung* bedeutet für den koordinierenden Aktor die Entlastung von kontinuierlichen Koordinationsaufgaben und schafft damit Freiheitsgrade für die Lösung anderer Entscheidungsprobleme[76]. Dies gilt zum Teil auch für die Mitarbeiter, die spezielle Zielsetzungsprozesse programmentsprechend durchführen müssen. Wird die Programmierung der Aufgabenerfüllung akzeptiert, ist die Situation eines bürokratisierten und relativ friktionsfreien Ablaufs von Zielsetzungsprozessen gegeben. Wie im Rahmen der Diskussion des Bürokratiemodells bereits gezeigt, täuscht diese Situation jedoch über die tatsächlichen kollidierenden Beziehungen in der Unternehmung hinweg. Aufgrund der Bindung der individuellen Zielsetzungsprozesse an vorgegebene Feld-, Transformations-, Ziel- und Programmkomponenten[77] werden die Handlungsspielräume der Aktoren zur Einbringung individueller Zielkriterien eingeengt. Den negativen und damit konfliktverursachenden Wirkungen programmierter Interaktionsprozesse auf die Zielkriterien Selbstverwirklichung und Soziologische Bedingungen wird durch Rahmenprogrammierung zu begegnen versucht[78].

Mit diesen Überlegungen sollten Grundzüge einer konflikttheoretischen Betrachtung von Koordinationsmechanismen in der Unternehmung aufgezeigt werden. Es kam deshalb nicht darauf an, sämtliche mit der Wahl eines Koordinationsinstruments verbundene organisatorische Aspekte zu diskutieren, sondern lediglich Ansatzpunkte zur Erfassung kollidierender Beziehungen zwi-

---

[74] Kieser/Kubicek [Organisationsstruktur] 462.

[75] Es handelt sich hierbei aus unternehmungspolitischer Sicht bereits um akzeptanzstützende Mittel der Konflikthandhabung. Vgl. dazu das folgende Kapitel.

[76] Vgl. Simon [Perspektiven] 62 ff.

[77] Vgl. Frese [Vergleich] 231. Frese leitet diese Koordinationsinstrumente aus der Formalstruktur des Zielsetzungsprozesses ab.

[78] Vgl. Hill/Fehlbaum/Ulrich [Organisationslehre] 275.

schen dem Träger und dem Adressat der Koordinationsentscheidung zu skizzieren. Der weitere Ausbau einer konflikttheoretischen Analyse in dieser Richtung erfordert jedoch eine detaillierte empirische Erfassung der durch Koordinationsinstrumente beeinflußten individuellen Zielkriterien des Management und der Mitarbeiter.

Abschließend sei noch der unternehmungspolitische Aspekt der Handhabung von Koordinationskonflikten erwähnt.

In forschungskonzeptioneller Hinsicht besteht das Ziel, für jede durch ein Feld der Konfliktmatrix gekennzeichnete Konfliktart des Koordinationskonflikts spezifische Handhabungsformen zu entwickeln. Als Konfliktarten wurden hier die Zielkonflikte der Arbeitsbelastung, Selbstverwirklichung und Soziologischen Bedingungen in den Mittelpunkt gestellt, für die jeweils besondere Handhabungsformen zu erarbeiten sind.

Im Hinblick auf die genannten Konfliktarten legen *Kieser/Kubicek* den Schwerpunkt auf die Analyse der Veränderungen der Konfliktsituation durch Implementierung eines Management-Informationssystems. Es handelt sich hierbei um eine Veränderung der Rahmenbedingungen, unter denen die Beteiligten agieren. Gleiches gilt für eine Veränderung der Situation durch Einführung betriebsverfassungsrechtlicher Regelungen der Mitbestimmung über Art und Inhalt der Koordination.

Über die Frage der Veränderung von Rahmenregelungen hinaus ist zu klären, welche Handhabungsformen unter *gegebenen* Bedingungen zur Akzeptanzerzielung beim kollidierenden Aktor eingesetzt werden können. Die unternehmungspolitischen Mittel der Konflikthandhabung sind dabei sowohl für den Träger als auch für den Adressaten der Koordinationsentscheidung zu untersuchen. So kann beispielsweise der Manager den Zielkonflikt „Arbeitsbelastung" durch Angebot von Äquivalenten an die Mitarbeiter zum Zwecke der Absicherung des von ihm präferierten Koordinationsmittels handhaben, und Mitarbeiter können durch Überzeugung die Akzeptanz des Managers für das von ihnen bevorzugte Koordinationsinstrument zu erreichen suchen. Ist der Einsatz unternehmungspolitischer Mittel wirkungslos oder aus Kostengründen unzweckmäßig, kann die Koordinationsentscheidung revidiert und ein alternativer Koordinationsmechanismus gewählt werden.

In der nächsten Betrachtungsstufe von Interaktionsprozessen in der Unternehmung sind nunmehr Konflikte zu untersuchen, die zwischen Aktoren auftreten können, die eine gemeinsame Austausch- oder Verteilungsbeziehung mit Dritten aufzunehmen beabsichtigen.

(b) Der Kollaborationskonflikt

Mit Kollaboration wird eine spezielle Form der Interaktion in Gruppen bezeichnet, die nicht als Austausch- oder Verteilungsprozeß begriffen werden kann. Die Kollaboration erfolgt durch einen multipersonalen Grundzielsetzungsprozeß (Problemlösungsprozeß), über den die Gruppenmitglieder ein kollektives Grund-Spezialziel ableiten, um in eine Austausch- oder Verteilungsbeziehung mit Dritten treten zu können. Die Kollaboration kann mithin als Problemlösung in Gruppen, Koalitionen und Teams bezeichnet werden[79].

Die *Koalitionsproblematik* wurde bereits ausführlich im Rahmen der Diskussion des Unternehmungsmodells von *Cyert/March* diskutiert. Die Bildung und Fortsetzung der Koalition wurde dabei als mehrstufiger Verhandlungsprozeß beschrieben, wobei als Mangel die fehlende Analyse der Konfliktursachen sowie die einseitige Abstellung der Zielkoordinierung auf den „Bargaining-Prozeß" herausgestellt wurde. Während es der Koalitionstheorie jedoch primär um die Frage der Sicherung von Koalitionen durch „Bargaining" geht, handelt es sich bei der Betrachtung der Kollaboration um die Analyse des gemeinschaftlichen Zielsetzungsprozesses in bestehenden Koalitionen, mit dem die Handlungsalternative gegenüber *Dritten* fixiert wird. Kollaborationskonflikte stellen insofern nur einen bestimmten Aspekt von Konflikten zwischen kooperierenden Aktoren dar.

Der Zweck der Kollaboration besteht in der Suche nach einer für alle beteiligten Aktoren befriedigenden Alternative im Hinblick auf die kollektiven Forderungen und Leistungszusagen der Gruppe gegenüber Dritten. Die Suche erfolgt, wie betont, über einen Problemlösungsprozeß. Die positiven Effekte der Problemlösung für die Generierung von Gruppenzielen heben Blau/Scott, Zepf und Collins/Guetzkow hervor[80]. Die Realisation des kollektiven Spezialziels kann natürlich auf kollidierende Handlungsspielräume im Umfeld der problemlösenden Aktoreinheit stoßen und unternehmungspolitische Maßnahmen der Absicherung erfordern. Im Rahmen der Diskussion von Kollaborationsprozessen interessieren nur diejenigen Konflikte, die im Verlauf der gemeinsamen Spezialzielableitung auftreten können. Die Analyse von Kollaborationskonflikten hat sich dabei an den bereits herausgearbeiteten kognitiven Differenzen, die zwischen zielsetzenden Aktoren auftreten können, zu orientieren[81].

Vor der Betrachtung der Konfliktarten ist es jedoch zweckmäßig, den Ablauf des Kollaborationsprozesses herauszuarbeiten, der als mindestens dreistufiger Prozeß zu betrachten ist.

Die *erste Stufe* der Kollaboration ist durch eine kollektiv formulierte Generalzielvorstellung der Beteiligten gekennzeichnet. Diese Generalzielvorstellung bringt in der Zweckaussage die generell zu erfüllenden individuellen Ziele der

---

[79] Vgl. zu Begriff und Prozeß der Problemlösung Kirsch [Entscheidungsprozesse I] 70 ff.; Steffenhagen [Konflikt] 147 ff.; Budäus [Entscheidungsprozeß] 30 ff.; Thiele [Konflikte] 214 ff.

[80] Vgl. Blau/Scott [Organizations] 116 ff.; Zepf [Führungsstil] 65 ff.; Collins/Guetzkow [Psychology] 14 ff.

[81] Vgl. Abschnitt VI 1. c) der Arbeit.

Aktoren und in der Mittelaussage deren Realisierung durch kollektive Leistungszusagen an Dritte zum Ausdruck. Die vielfältigen Gründe für die Bildung eines kollektiven Generalziels können an dieser Stelle nicht näher untersucht werden. Generell werden beispielsweise Mitarbeiter ein „joint decision making" zur Formulierung ihrer Forderungen und Leistungszusagen gegenüber dem Management bevorzugen, wenn sie im Zusammenschluß ein Mittel sehen, ihren Handlungsspielraum zu verbessern und ihre Forderungen mit größerem Nachdruck durchsetzen zu können[82]. Kollaborationen setzen somit definitionsgemäß gemeinsame Generalzielvorstellungen der Gruppenmitglieder voraus.

Die *zweite Stufe* des Kollaborationsprozesses ist dadurch gekennzeichnet, daß die kollektiv formulierte Generalzielvorstellung für bestimmte Entscheidungssituationen von den beteiligten Aktoren präzisiert wird.

Die Beteiligten entwickeln in Abhängigkeit von ihrem individuellen Wertsystem und den externen Einflußgrößen ihres Zielsetzungsprozesses ein spezifiziertes Generalziel, aus dem sie jeweils eine ihr individuelles Anspruchsniveau optimal erfüllende Alternative ableiten.

In der *dritten Stufe* des Kollaborationsprozesses bewerten die Aktoren gemeinsam die abgeleiteten Spezialziele und versuchen, eine für alle Beteiligten befriedigende Alternative auszuwählen. In dieser Stufe des Problemlösungsprozesses wird deutlich, daß die Wahrscheinlichkeit für das Auffinden einer konfliktfreien Lösung vom Ausmaß der Überschneidungsbereiche der Zielvorstellungen und des Informationsstandes der Aktoren abhängt[83]. Sind die Überschneidungsbereiche für die unmittelbare Wahl einer für alle beteiligten Aktoren akzeptablen Alternative zu gering, ist zwischen zwei Modi der Zielanpassung zu differenzieren, wobei der erste Modus in der Wiederaufnahme der zweiten Stufe des Kollaborationsprozesses durch Revision der Grundzielsetzungsprozesse unter Berücksichtigung eventuell nicht beachteter Ziel- und Entscheidungskriterien, Alternativen und Konsequenzen besteht. Diese Form der Zielanpassung im Wege einer Neuformulierung der nicht übereinstimmenden Grundzielsetzungsprozesse kann als verlängerter multipersonaler Problemlösungsvorgang betrachtet werden. Das Ziel dieses verlängerten Problemlösungsprozesses besteht in der Ableitung eines neuen, von allen beteiligten Aktoren akzeptierten Spezialziels.

Der zweite Modus der Zielanpassung besteht dagegen darin, daß die Beteiligten die von ihnen abgeleiteten Spezialziele durch Mittel der Konflikthandhabung abzusichern und zum verbindlichen Ziel für die Koalition zu erheben suchen. Der multipersonale Problemlösungsprozeß wird nicht wiederaufgenommen. An den primären Problemlösungsprozeß schließt sich in diesem Falle ein Determinierungsprozeß zur Sicherung des eigenen präferierten Spezialziels an.

82 Vgl. Rhenman [Democracy] 118 f.
83 Vgl. Steffenhagen [Konflikt] 149.

Wie erwähnt, hat die Beschreibung von Arten des Kollaborationskonflikts an den bereits herausgearbeiteten kognitiven Differenzen zielsetzender Aktoren anzusetzen.

Indem von einer übereinstimmenden Generalzielvorstellung der Aktoren im Hinblick auf die Kollaboration gegenüber Dritten ausgegangen wird, können Konflikte nur in der zweiten und dritten Stufe des Problemlösungsvorganges entstehen. In der zweiten Stufe entstehen in Bezug auf spezifische Entscheidungsprobleme spezifische Konflikte zwischen den Aktoren, wenn die Beteiligten unterschiedliche Vorstellungen über

- den gemeinsam zu verfolgenden spezifischen Zweck,
- die gemeinsam einzusetzenden spezifischen Mittel,
- die gemeinsam zu beachtenden Zielkriterien und
- die anzuwendende Entscheidungsregel

entwickeln.

Bei hoher gruppeninterner Kommunikation werden bereits in dieser Stufe des Problemlösungsprozesses die kollidierenden Zielvorstellungen aufgedeckt und - da auf Determinierungsprozesse innerhalb der Gruppe verzichtet wird - eine Revision der Zielformulierungen vorgenommen.

Kollaborationskonflikte könnten jedoch auch erst in der dritten Stufe des Problemlösungsprozesses deutlich werden. Es liegen dann *Spezialzielkonflikte* vor, deren determinierungsfreie Überwindung allerdings die Revision des gesamten Problemlösungsprozesses erfordert. Das „Durchlaufen" des Problemlösungsprozesses bis zur Spezialzielsetzung hat den Nachteil zeitaufwendiger Revisionen im Falle von Spezialzielkonflikten, hat aber andererseits den Vorteil, daß konkrete Konfliktobjekte vorliegen und die Aktoren aufgrund ihrer Problemlösung über einen Informationsfundus verfügen, der eine günstige Ausgangslage für die Zielrevision schafft[84].

Mit dem Kollaborationskonflikt wurde ein Konflikttyp herausgearbeitet, der an einer speziellen determinierungsfreien gruppeninternen Interaktionsform orientiert ist. Diese besteht in einem Problemlösungsvorgang, der in der Regel durch Problemlösungstechniken wie brainstorming und kooperative Diskussionen gekennzeichnet ist. Gerade diese Techniken der Grundzielsetzung belegen die These, daß Problemlösen nicht als Mittel der Determinierung kollidierender Aktoren zur Sicherung bereits abgeleiteter Grundziele zu betrachten ist. Das schließt allerdings keineswegs aus, daß „Problemlösen" als Rahmenbedingung der Grundzielsetzung in Unternehmungen, häufig verbunden mit einem kooperativen Führungsstil, gewählt wird, um von vornherein eine Konfliktmanifestierung zwischen Aktoren zu verhindern. Dennoch können sich, wie die Kollaborationskonflikte zeigen, im Verlauf des Problemlösungsprozesses kon-

---

[84] Vgl. Schmidt/Tannenbaum [Differences] 112; Walton/McKersie [Negotiations] 139 f.

fliktäre Situationen ergeben, z. B. aufgrund unterschiedlicher Alternativenaufnahmen, Konsequenzenerfassung und Bewertung. „Eine Erfolgsgarantie gibt es ex definitione beim Problemlösen nicht. Das bedeutet für das Konfliktgeschehen die Möglichkeit eines Rückfalls in Strategien *einseitiger* Interessendurchsetzung[85]."

Aus unternehmungspolitischer Sicht besteht die Besonderheit des Kollaborationsprozesses in der Handhabung der konfliktären Situationen durch permanente Grundzielrevisionen der problemlösenden Aktoren. Darüber hinaus ist jedoch der Problemlösungs- bzw. Kollaborationsprozeß selbst als Gegenstand der Konflikthandhabung zu betrachten, wenn ein Abgleiten in andere Formen der Grundzielsetzung und -sicherung in Aktorgruppen droht.

(3) Zusammenfassung

Die bisherige Diskussion der Konfliktformen soll im folgenden kurz zusammengefaßt werden.

Um eine möglichst umfassende Forschungsbasis für die unternehmungspolitische Konzeption zu erhalten, wurden *Konflikttypen unter Orientierung an Interaktionsprozessen* in Unternehmungen gebildet. Als spezifische Verhaltensprozesse interdependenter Aktoren konnten der *Austausch- und Verteilungsprozeß* sowie der *Koordinations- und Kollaborationsprozeß* identifiziert werden. Ohne grundlegende Schwierigkeiten kann die hier vorgenommene Zentrierung der Perspektive auf unternehmungsinterne Interaktionen aufgehoben und durch Einbeziehung der unternehmungsexternen Austausch-, Verteilungs-, Koordinations- und Kollaborationsprozesse erweitert werden. Mit der Berücksichtigung der Interdependenzen zwischen Unternehmung und Aktoren im Umfeld der Unternehmung wird die gesamte Breite und Vielfalt des Konfliktfeldes der Unternehmung deutlich.

Die Kausalanalyse zeigte, daß in der Unternehmung aus verschiedenen Ursachen heraus permanent Konflikte entstehen. Als generelle Ursachen von Konflikten wurden die Nichterfüllung der individuellen Zielkriterien in erwartetem Umfang und Ausmaß sowie kognitive Differenzen der zielsetzenden Aktoren herausgearbeitet. Für die jeweiligen Konfliktformen konnten schließlich die verschiedensten „formspezifischen" Konfliktursachen aufgezeigt werden.

Im folgenden ist nun das Konfliktfeld der Unternehmung einer näheren Analyse zu unterziehen. Hierbei ist das Konfliktfeld der Unternehmung aufgrund seiner Komplexität in mehrdimensionaler Sicht zu erfassen.

---

[85] Krüger [Grundlagen] 99.

e) Das Konfliktfeld der Unternehmung

Um die Komplexität und die Mehrdimensionalität des Konfliktfeldes der Unternehmung einer Analyse zugänglich machen zu können, bedarf es der Entwicklung eines geeigneten Bezugsrahmens bzw. Denkansatzes, von dem aus die jeweils der Theoriebildung und empirischen Prüfung zu unterziehenden Konfliktvariablen erfaßt werden können[86]. Als Variablenkomplexe des Konfliktphänomens wurden bisher die Konfliktursachen und die Konfliktformen dargestellt und im einzelnen analysiert. Um eine für unternehmungspolitische Zwecke vollständige Beschreibung des Konfliktfeldes zu erreichen, ist diese nach verschiedenen Merkmalen gebildete Konfliktsystematik um die Betrachtung der am Konflikt beteiligten Parteien zu ergänzen. Diese Dimension wird als *Konfliktbeziehung* bezeichnet[87].

Damit ist für die Analyse des Konfliktfeldes ein *dreidimensionaler* Problemzugang zu beschreiben, der aus den Variablenkomplexen der Konfliktursachen, der Konfliktformen und der Konfliktbeziehungen der Aktoren zusammengesetzt ist. Mit dem Begriff *Konfliktfeld* werden die für eine konkrete Konfliktsituation relevanten *Konfliktursachen, Konfliktformen* und *Konfliktbeziehungen* bezeichnet. Die bereits diskutierten generellen Konfliktursachen und Konfliktformen wirken sich in konkreten Konfliktsituationen über spezielle Ursachen und Formen auf die beteiligten Konfliktparteien aus. Spezielle Konfliktfelder sind insofern durch wechselnde Kombinationen von speziellen Konfliktursachen, speziellen Konfliktformen und speziellen Aktorkonstellationen gekennzeichnet. Reale Konfliktfelder sind somit durch situationspezifische Ausprägungen der dimensionalen Konfliktaspekte gekennzeichnet. Diese Überlegungen weisen auf die umfassende Realproblematik des Konfliktgeschehens in der Unternehmung hin. Im folgenden soll nun ein an der hier gewählten entscheidungstheoretischen Methode orientiertes Grundmodell zur Erfassung von Konfliktfeldern der Unternehmung entworfen werden.

Die Darstellung des mehrdimensionalen Rahmens zur Erfassung von unternehmungsinternen und -externen Konfliktfeldern erfolgt in zwei Betrachtungsstufen: Auf der Grundlage eines generellen Überblicks über die am Konflikt beteiligten unternehmungspolitischen Aktorgruppen und deren funktionsspezifische Zielkriterien wird zunächst das Konfliktfeld der Unternehmung nach dem Merkmal der Konfliktbeziehungen transparent gemacht. In dieser Betrachtungsstufe geht es also um die Differenzierung der möglichen *Aktorkonstellationen* in Konfliktsituationen. Diese Systematik wird dann mit einem Bezugssystem zur Erfassung von speziellen Konfliktursachen und -formen ergänzt.

---

86 Vgl. zu Begriff und Systematik von Konfliktfeldern Krüger [Grundlagen] 28 ff.; Boulding [Conflict] 153; Dahrendorf [Elemente] 203 ff.; Schneider [Matrixorganisation] 254 ff.

87 Krüger [Grundlagen] 49 ff. bezeichnet diese Dimension als Konfliktbereich, Schwiering/Zerdick [Investitionsentscheidungen] 169 ff. als Konfliktebene.

(1) Die Dimension der Aktorbeziehungen

Mit der folgenden Abbildung wird zunächst eine Übersicht über die unternehmungspolitischen Aktorgruppen und ihre spezifischen Zielkriterien gegeben[88]. Die Gliederung der UP-Aktoreinheiten als Konfliktparteien erfolgt dabei nach dem Merkmal ihrer unternehmungsinternen und unternehmungsexternen Funktion.

UP-Aktoren	Grundzielkriterien
I. **Interne UP-Funktionen**	
1. *Mitarbeiter* a) Leistungszusage: Arbeitsleistung b) Forderung: Einnahmen	Höhe der Nettoeinnahmen Dauerhaftigkeit der Einnahmen (= Minderung des Arbeitsplatzrisikos) Arbeitsbelastung Selbstverwirklichung Soziologische Bedingungen
2. *Eigenkapitalgeber* a) Leistungszusage: Kapitalnutzungsmöglichkeiten und Haftungszusagen b) Forderung: Einnahmen	Höhe der Netto-Einnahmen Dauerhaftigkeit der Einnahmen (= Minderung des Kapitalrisikos) Modalitäten der Potentialbereitstellung Haftungsumfang
II. **Externe UP-Funktionen** Die Unternehmung als	
1. *Lieferant* a) Leistungszusage: Fremdbedarfsdeckung b) Forderung: Einnahmen	Höhe der Nettoeinnahmen Sicherheit der Einnahmen Dauerhaftigkeit der Einnahmen Erfüllung der Produktionsprinzipien Abnehmerbeziehung
2. *Abnehmer* a) Leistungszusagen: Ausgaben b) Forderung: Produktoren	Produkteignung Dauerhaftigkeit der Produktorproduktion Lieferbeziehung Höhe der Bruttoausgaben
3. *Steuerzahler* a) Leistungszusage: Ausgaben b) Forderung: Staatlichen Schutz	Höhe der Ausgaben Infrastrukturmaßnahmen Staatliche Schutzmaßnahmen

Abb. 19. Funktionsspezifische Zielkriterien der UP-Aktoren

88 Vgl. Dlugos [Unternehmungspolitik]. Ähnlich auch Ulrich/Flury [Management] 64. Vgl. zu den Zielkriterien der Aktorgruppen Schmidt [Grundlagen] 65 ff.

Aus dieser Systematisierung der UP-Aktoren können nun die internen und externen Konfliktbeziehungen der Unternehmung unter zusätzlicher Berücksichtigung der Bezugsaktoren in folgender Weise abgeleitet werden (Abb. 20)[89].

Diese Übersicht über generelle unternehmungspolitisch relevante Aktorkonstellationen ist zur vollständigen Beschreibung des Konfliktfeldes mit den Dimensionen Konfliktursachen und Konfliktformen zu ergänzen. So ist für spezifische Konfliktsituationen mit beispielsweise der Aktorenkonstellation Mitarbeiter/Mitarbeiter, Eigenkapitalgeber/Eigenkapitalgeber oder Mitarbeiter/Eigenkapitalgeber zu fragen, welche aktorspezifischen Zielkriterien kollidieren und welche Konfliktformen (Austausch-, Verteilungs-, Koordinations- oder Kollaborationskonflikt) vorliegen. Konflikte von der Art Lieferant/Lieferant, Abnehmer/Abnehmer und Steuerzahler/Steuerzahler werden beispielsweise in der Regel Verteilungskonflikte um die von Dritten bereitzustellende Real- und Nominalgütermenge sein.

Zur Systematisierung der hier diskutierten Konfliktfelddimension verwendet *Bidlingmaier* in Übereinstimmung mit *Dahrendorf, Boulding* und *March/Simon* die Merkmale Umfang und Rang der sozialen Einheiten, die in Konfliktbeziehung treten können[90]. Unter Anwendung dieser Merkmale leitet *Bidlingmaier* folgende Konfliktarten ab[91]:

1. Konfliktarten nach dem Merkmal *Umfang der sozialen Einheit*
   a) Zielkonflikte zwischen Parteien gleichen Umfangs:
   - Individuenkonflikte
     (Inter-Individuenkonflikte)
   - Gruppenkonflikte (Inter-Gruppenkonflikte)
   - Organisationskonflikte (Inter-Organisationskonflikte)

   b) Zielkonflikte zwischen Parteien verschiedenen Umfangs
   - Individual- / Gruppenkonflikte
   - Individual- / Organisationskonflikte
   - Gruppen- / Organisationskonflikte
2. Konfliktarten nach dem Merkmal *Rang der sozialen Einheit*
   - Zielkonflikte zwischen ranggleichen Parteien
   - Zielkonflikte zwischen rangungleichen Parteien.

Obgleich die Begriffe *Umfang* und *Rang* der Konfliktparteien, insbesondere im unternehmungsexternen Bereich, nicht unproblematisch zu präzisieren sind, können diese Merkmale vom Gesichtspunkt der unternehmungsinternen

---

89 Bezugsaktor/Bezugsaktor-Konflikte sind, wie erwähnt, nicht Gegenstand der Unternehmungspolitik, wie beispielsweise Konflikte zwischen privaten Konsumenten, zwischen Gewerkschaftsorganisationen, zwischen Arbeitgeberverbänden usw.

90 Vgl. Dahrendorf [Elemente] 206, Boulding [Conflict] 80 ff., March/Simon [Organizations] 112 ff.

91 Vgl. Bidlingmaier [Zielkonflikte] 95 ff.

Konfliktpartei	intern		extern			Bezugsaktoren
	Mitarbeiter	Eigenkapitalgeber	Lieferant	Abnehmer	Steuerzahler	priv. Abnehmer priv. Lieferant Staat
Mitarbeiter	Mitarbeiter/ Mitarbeiter	Mitarbeiter/ Eigenkapital- geber				
Eigenkapital- geber	Eigenkapital- geber/ Mitarbeiter	Eigenkapital- geber/ Eigenkapital- geber				
Lieferant			Lieferant/ Lieferant	Lieferant/ Abnehmer	Lieferant/ Steuerzahler	Lieferant/ priv. Abnehmer priv. Lieferant Staat
Abnehmer			Abnehmer/ Lieferant	Abnehmer/ Abnehmer	Abnehmer/ Steuerzahler	Abnehmer/ priv. Abnehmer priv. Lieferant Staat
Steuerzahler			Steuerzahler/ Lieferant	Steuerzahler/ Abnehmer	Steuerzahler/ Steuerzahler	Steuerzahler/ priv. Abnehmer priv. Lieferant Staat

Abb. 20. Unternehmungsinterne und -externe Konfliktbeziehungen der UP-Aktoren

Konflikthandhabung her für eine differenzierte Betrachtung von Konfliktbeziehungen verwendet werden.

So ist im Hinblick auf das Merkmal Rang zwischen horizontalen und vertikalen Aktorkonstellationen in Konfliktsituationen zu unterscheiden, wobei für den Konflikthandhabungsprozeß die gleiche bzw. ungleiche Verteilung formaler Machtquellen auf die Konfliktparteien zu problematisieren ist[92].

Die hier diskutierte Dimension des Konfliktfeldes kann durch zusätzliche, die Konfliktparteien differenzierende Kriterien in mehrfacher Hinsicht präzisiert werden. In Bezug auf die Mitarbeitergruppe können die bereits angeführten Gliederungskriterien wie folgt ausdifferenziert und ergänzt werden.

- *Umfang der Konfliktpartei:*
  Individuum, Gruppe, Abteilung, Division.
- *Rang der Konfliktpartei:*
  Vorstand, Leitende Angestellte, Middle Management, Lower Management, Arbeiter.
- *Sozialer Status der Konfliktpartei:*
  Angestellte (außertariflich, tariflich), Arbeiter (Facharbeiter, Angelernte).
- *Spezifische Unternehmungsfunktion der Konfliktpartei:*
  Stabs-, Linien-, Beschaffungs-, Produktions-, Absatzfunktion usw.

Darüber hinaus beschäftigt sich insbesondere die angelsächsische soziologische Literatur mit organisationsinternen Konfliktparteien, die nach den Merkmalen der Rassenzugehörigkeit, Religionszugehörigkeit,, Gewerkschaftsmitgliedschaft, Staatsangehörigkeit usw. gebildet werden[93].

Für eine detaillierte Beschreibung der Felddimension „Konfliktbeziehung der Aktoren“ ist die Analyse der *Arten von Konfliktparteien* um die Betrachtung der *Arten von Beziehungen* zwischen den Konfliktparteien zu ergänzen. Um Informationen über den realen Konfliktverlauf in der Unternehmung zu gewinnen, sind also nicht nur die in einen Konflikt involvierten Konfliktparteien, sondern auch die spezifischen Beziehungen zwischen den kollidierenden Aktoren zu erfassen. Mit der Analyse der interpersonalen Beziehungen wird erkennbar, ob Aktoren unmittelbar oder mittelbar über Dritte, im Rahmen formaler oder informaler Beziehungen konfligieren. Die Aufdeckung dieser Relationen ist Voraussetzung für eine gezielte Konflikthandhabung, die sich auf die Veränderung der internen und externen Aktorbeziehungen erstreckt[94]. Darüber hinaus ermöglichst eine derartige Analyse, Prognosen darüber aufzustellen, in welchen Konfliktsituationen welche organisatorischen Einheiten kollidieren und zwischen welchen Einheiten Determinierungsprozesse verlaufen werden.

---

92 Vgl. weiter unten den Abschnitt VI 2. b) der Arbeit.

93 Vgl. hierzu den informativen Überblick über Arbeitsgebiete der Konflikt- und Friedensforschung bei Krysmanski [Soziologie] 186 ff.

94 Es handelt sich hierbei um eine spezielle Umfelddeterminierung. Vgl. Abschnitt VI 2.c) (c) der Arbeit.

Hinsichtlich der Frage nach den Beziehungen zwischen unternehmungsinternen Konfliktparteien können nun folgende Einflußgrößen oder Rahmenbedingungen dieses Teilaspektes des betrieblichen Konfliktfeldes unterschieden werden:

1. Die Strukturierung des Konfliktfeldes durch unternehmungsverfassungsrechtliche Regelungen.
2. Die Strukturierung des Konfliktfeldes durch Organisations- und Führungskonzepte.
3. Die Strukturierung des Konfliktfeldes durch informale Beziehungen der Aktoren.

Eine eingehende Aufarbeitung dieser Fragen würde den Rahmen dieser Arbeit allerdings bei weitem sprengen[95]. Es soll daher lediglich die Ausprägung des unternehmungsinternen Konfliktfeldes durch unternehmungsverfassungsrechtliche Regelungen beispielhaft erläutert werden.

Wendet man zur Differenzierung der Konfliktfelddimension „Aktorbeziehungen" das ab 1. 7. 1976 geltende Mitbestimmungsgesetz für Großunternehmungen an, ergibt sich folgendes Bild der nach ständischem Prinzip gegliederten Unternehmungsmitglieder:

Konfliktparteien (Individuen, Gruppen)	Vorstandsmitglieder (VM)	Leitende Angestellte (LA)	Angestellte (AG)	Arbeiter (AR)	Eigenkapitalgeber (EK)
Vorstandsmitglieder (VM)	VM/VM				VM/EK
Leitende Angestellte (LA)					
Angestellte (AG)					
Arbeiter (AR)					
Eigenkapitalgeber (EK)	EK/VM				EK/EK

Abb. 21. Konfliktfelddimension Aktorbeziehungen nach dem Mitbest.G. 1976.

95 Vgl. zu diesen Problemkomplexen die Beiträge von Alewell [Führung], Alewell/Hahn [Mitbestimmung], Budäus [Entscheidungsprozeß] 139 ff., Wild [Management] 69 ff., Grochla [Konzepte] 297 ff., Drumm [Allokationsproblematik], Schneider [Matrixorganisation].

Mit diesen lediglich auf Grundfragen abgestellten Überlegungen sollten einige noch aufzuarbeitende Problemkreise dieser Konfliktfelddimension angedeutet werden. Mit der Analyse dieser Dimension ist die Frage nach den Trägern von potentiell kollidierenden Grundzielsetzungsprozessen und ihren möglichen Beziehungen angeschnitten worden. Zur weiteren Beschreibung des Konfliktfeldes der Unternehmung ist nun der Bezugsrahmen für die Erfassung von Konfliktursachen und Konfliktformen als Komponenten der Dimension der Zielbeziehungen darzustellen.

(2) Die Dimension der Zielbeziehungen

Wie die Analyse der Konfliktursachen zeigte, können zwei Grundformen unternehmungspolitischer Konfliktarten unterschieden werden:

1. Konflikte aufgrund unzureichender Erfüllung der vom Aktor als positiv bewerteten Zielkriterien.
2. Konflikte aufgrund überhöhter Erfüllung der vom Aktor als negativ bewerteten Zielkriterien.

Im Rahmen der allgemeinen Übersicht über UP-Aktorgruppen wurden die aus den spezifischen Leistungszusagen und Forderungen ableitbaren Grundzielkriterien aufgeschlüsselt. Konflikte entstehen, wenn die Realisierung dieser Zielkriterien durch Erfüllung der übernommenen oder übertragenen Unternehmungsfunktionen nicht in erwartetem Ausmaß und Umfang erfolgt.

In der Analyse realer Konfliktsituationen unter dem Aspekt einer Über-, Unter- und im Grenzfall Nichterfüllung von individuellen Zielkriterien der Aktoren wird die geeignete Grundlage gesehen, von der aus das Konfliktfeld der Unternehmung in Ergänzung der Dimension der Aktorbeziehung durchsichtig gemacht werden kann.

Um allerdings reale Konfliktsituationen unter diesem Aspekt erfassen zu können, müssen die als gefährdet betrachteten Interessen der Aktoren *erkennbar* sein[96]. Es ist zwar anzunehmen, daß Aktoren, die ihre individuellen Ziele durch Erfüllung von Unternehmungsfunktionen zu realisieren suchen, sich der Art der gefährdeten Interessen bewußt werden und auf diese Gefährdungen in spezifischer Weise reagieren. Trotz dieser Annahme ist die Aufdeckung der tatsächlich in Konfliktsituationen kollidierenden Ziele mit schwerwiegenden methodologischen Problemen behaftet[97].

Um die kollidierenden Zielsetzungen erfassen zu können, könnten die Aktoren aufgefordert werden, ihre als gefährdet betrachteten Interessen zu artikulieren und als Zielkriterien zu präzisieren. In ähnlichem Zusammenhang verweisen *Dinkelbach/Rosenberg*[98] auf das Problem, daß Aktoren zwar in der Lage sind, all-

---

[96] Vgl. zu Problemen der Zielforschung Heinen [Zielsystem] 17 ff.

[97] Vgl. zur Problematik der intersubjektiven Prüfbarkeit von Zielaussagen Dlugos [Zielproblematik] 24 ff.

[98] Vgl. Dinkelbach/Rosenberg [Faktorinteressen] 3 f.

gemein erstrebte Sachverhalte anzugeben, diese aber ohne entscheidungstheoretische Kenntnisse nicht operationalisieren können. Aus methodologischer Sicht ist im Rahmen der Analyse dieser Konfliktfelddimension weiterhin zu beachten, daß die durch Befragungen gewonnenen Aussagen zwar über ausgesagte Zielgefährdungen informieren, diese Zielaussagen aber von den tatsächlich als gefährdet empfundenen Zielen abweichen können[99]. Diesen Tatbestand bezeichnet *Chemielewicz* als „Zieltarnung"[100]. Die Relevanz dieser Verdeckung von Zielen in Konfliktsituationen zeigt sich in „unechten Konflikten", in denen die „echten" Zielkonflikte durch spontanes Handeln gegenüber beliebigen Konfliktgegenständen substituiert werden. Darüber hinaus kann ein Aktor ein Zielkriterium als gefährdet deklarieren und abzusichern suchen, das mit anderen Zielkriterien, auf die sich sein eigentliches Interesse bezieht, die er aber nicht offenzulegen wünscht, in komplementärer Beziehung steht. Auch aus den möglichen Reaktionen auf Konflikte kann nicht auf die tatsächlich gefährdeten Ziele geschlossen werden, da verschiedenartige Konfliktursachen häufig die gleichen Reaktionsformen bewirken. Die Erfassung tatsächlich behinderter Ziele aus der Perspektive der Reaktionsformen wird dann ermöglicht, wenn spezifischen Konfliktursachen jeweils spezifische Reaktionsformen zugeordnet sind und Handelnde zur Sicherung ihrer Ziele an diese Reaktionsformen gebunden sind. Dieser Fall ist denkbar, wenn durch unternehmungsverfassungsrechtliche und organisatorische Regelungen bestimmte Verfahrensvorschriften zur Sicherung spezieller Zielkriterien zwingend vorgeschrieben sind. Soweit Aktoren rational handeln und diesen kanalisierten Weg der Sicherung spezifischer gefährdeter Ziele beschreiten, kann auf tatsächlich gefährdete Ziele geschlossen werden.

Mit diesen knappen Hinweisen sollte lediglich auf die grundsätzliche Problematik realwissenschaftlicher Forschungsbemühungen auf dem Gebiet der hier diskutierten Dimension des betrieblichen Konfliktfeldes verwiesen werden.

Da der Akzent der hier durchgeführten Analyse der Konfliktfelddimension mehr auf den konzeptionellen Rahmen zur Erfassung kollidierender Zielsetzungen gelegt wird, soll auf eine inhaltliche Diskussion der einzelnen Zielkriterien weitgehend verzichtet werden. Während für die einzelnen UP-Aktorgruppen aus ihren spezifischen Interessenverknüpfungen mit der Unternehmung aus Plausibilitätsüberlegungen heraus generelle Zielarten noch einigermaßen überzeugend abgeleitet werden können, stößt der Versuch, diese Zielarten innerhalb der Aktorgruppen zu konkretisieren, sehr bald auf sozialwissenschaftliche Erkenntnisgrenzen. So hebt auch *Chmielewicz*[101] hervor, daß die Zielarten eher rational konstruiert als empirisch ermittelt sind. Das empirische Forschungsziel zur Analyse der hier diskutierten Konfliktfelddimension ist daher zunächst

[99] Vgl. zum zweifelhaften Wert der Befragung Handelnder über Zielverfolgungen Dlugos [Zielproblematik] 24 ff.

[100] Vgl. Chmielewicz [Formalstruktur] 240.

[101] Vgl. Chmielewicz [Arbeitnehmerinteressen] 125.

trotz der Grenzen ihres Aussagewertes in Erhebungen über Zielaussagen spezifischer Aktorgruppen zu sehen. Unter Anknüpfung an die differenzierte Betrachtung der Mitarbeitergruppe unter dem Aspekt der Mitbestimmungsgesetzgebung im Rahmen der Konfliktfelddimension Aktorbeziehung sind die spezifischen Zielkriterienausprägungen für Vorstandmitglieder, Leitende Angestellte, Angestellte und Arbeiter zu erfassen[102].

Für die Erarbeitung der hier aufgeworfenen Frage nach den durch die verschiedensten speziellen Konfliktursachen induzierten Zielkonflikten zwischen den Aktoren wird die Bildung von Konfliktmatrizen vorgeschlagen[103]. Mit Hilfe dieser Darstellung wird eine Basis geschaffen, von der aus spezifische Ausprägungen und Erscheinungsformen der Konflikte zwischen den Aktoren untersucht werden können.

Die Beispiele für Konfliktmatrizen sollen hier auf die Aktorkonstellationen Eigenkapitalgeber/Mitarbeiter und Mitarbeiter/Mitarbeiter beschränkt werden.

Mitarbeiter / Eigenkapitalgeber	Höhe der Einnahmen	Dauerhaftigkeit der Einnahmen	Arbeitsbelastung	Selbstverwirklichung	Soziologische Bedingungen
Höhe der Netto-Einnahmen	11				15
Dauerhaftigkeit der Einnahmen					
Modalitäten der Potentialbereitstellung					
Haftungsumfang					
Kapitalrisiko	51				55

Abb. 22. Konfliktmatrix Eigenkapitalgeber/Mitarbeiter

102 Vgl. die empirische Analyse von Hartmann/Bock-Rosenthal/Helmer [Leitende] sowie den Überblick über empirische Tests der Hypothesen Herzbergs bei Bruggemann/Groskurth/Ulich [Arbeitszufriedenheit] 79 ff.

103 Vgl. Dlugos [Unternehmungspolitik].

Mitarbeiter / Mitarbeiter	Höhe der Einnahmen	Dauerhaftigkeit der Einnahmen	Arbeitsbelastung	Soziologische Bedingungen	Selbstverwirklichung
Höhe der Einnahmen	11				15
Dauerhaftigkeit der Einnahmen					
Arbeitsbelastung					
Soziologische Bedingungen					
Selbstverwirklichung	51				55

Abb. 23. Konfliktmatrix: Mitarbeiter/Mitarbeiter

Mit Hilfe dieser Konfliktmatrizen können nun spezifische *Konfliktmöglichkeiten* abgeleitet werden bzw. können reale Konfliktsituationen im Hinblick auf die gefährdeten Zielkriterien geprüft werden. Mit der Aufdeckung der in Konfliktsituationen involvierten Zielkriterien werden zugleich *Zielpunkte der Konflikthandhabung* erkennbar.

Dem Konfliktfeld 11 der Matrix Eigenkapitalgeber/Mitarbeiter sind beispielsweise der Lohn- und Dividenden-Konflikt, dem Feld 22 Konflikte um das Arbeitsplatz- und Kapitalrisiko zuzuordnen. Weitere Konfliktmöglichkeiten resultieren aus dem Eigenkapitalgeber-Kriterium Haftungsumfang und dem Mitarbeiter-Kriterium Dauerhaftigkeit der Einnahmen, da eine Begrenzung des Haftungsumfanges das Arbeitsplatzrisiko potentiell erhöht. Konflikte entstehen auch aus der Überschneidung der Eigenkapitalgeber-Kriterien Höhe und Dauerhaftigkeit der Einnahmen und den Mitarbeiter-Kriterien Arbeitsbelastung, Selbstverwirklichung und Soziologische Bedingungen, da hohe Gewinnentnahmen die Verbesserung von Arbeitsbedingungen und Sozialleistungen behindern. Die Minimierung des Kapitalrisikos kollidiert mit dem Kriterium Selbstverwirklichung, wenn innovative, risikobehaftete Zielsetzungen des Management auf den Widerstand der Eigenkapitalgeber stoßen[104].

Im Rahmen dieses Vorgehens ist zu berücksichtigen, daß nicht jede der in der Konfliktmatrix enthaltenen logischen Konfliktmöglichkeiten auch empirisch relevant ist.

104 Vgl. Kieser [Innovationen] 748.

In entsprechender Form können nun aus den Zielkriterienkollisionen der Mitarbeiter/Mitarbeiter-Beziehung Konflikte abgeleitet werden. Im Konfliktfeld 11 können beispielsweise Konflikte um die Verteilung von Zusatzprämien, im Konfliktfeld 33 Konflikte um die Verteilung von Aufgaben, im Konfliktfeld 44 Konflikte um die Art der Gruppenbeziehung, der Kommunikation, des Führungsstils und der Statusbedingungen vorliegen[105]. Das Konfliktfeld 55 ist schließlich durch wechselseitige Behinderungen des Kriteriums Selbstverwirklichung gekennzeichnet.

Im Hinblick auf die Gesamtproblematik dieser Konfliktfelddimension ist zu berücksichtigen, daß reale Konfliktinhalte in der Regel mehrere Zielkriterien gleichzeitig tangieren. So kann beispielsweise in der Kompetenzerweiterung eine positive Wirkung auf das Zielkriterium „Selbstverwirklichung", hingegen eine negative Wirkung auf das Kriterium „Arbeitsbelastung" assoziiert werden. Kompensiert die positive Wirkung nicht die negativen Folgen, besteht für den Mitarbeiter eine Konfliktsituation aufgrund Übererfüllung eines negativ bewerteten Zielkriteriums, das für ihn zugleich zum Gegenstand der Konflikthandhabung wird. So kann der Aktor versuchen, die Arbeitsbelastung durch Erzielung zusätzlicher Äquivalente auszugleichen.

Die weitere Analyse der Zielkonflikte hat zu berücksichtigen, daß Aktoren in Abhängigkeit von ihrem individuellen Wertsystem

- unterschiedliche spezielle Zielkriterienarten aktualisieren,
- aktualisierte Zielkriterien unterschiedlich gewichten und
- unterschiedliche Realisierungsbedingungen der Zielkriterien erwarten.

Unter diesem Gesichtspunkt ist die Problematik der Gestaltung dieser Konfliktfeldimension zu beurteilen.

Als weiterer Problemkreis ist die Mehrdimensionalität und Multipolarität des Konflikts herauszustellen[106]. Die hier skizzierten relativ einfachen dyadischen Konfliktbeziehungen zwischen Eigenkapitalgebern und Mitarbeitern bzw. zwischen Mitarbeitern komplizieren sich, wenn zu einer triadischen Konfliktbeziehung[107] oder zu einer Tensorstruktur der Konfliktbeziehungen mit multiplen kollidierenden Zielbeziehungen übergegangen wird.

Abschließend ist auf die Interdependenz zwischen den Konfliktfeldimensionen „Zielbeziehungen" und „Interaktionsformen" zu verweisen. Die mit Hilfe der Konfliktmatrizen herausgearbeiteten Zielkonflikte stehen jeweils in Verbindung mit einer der differenzierten Interaktionsformen. Mit der zusätzlichen Analyse der kollidierenden Zielbeziehungen unter dem Aspekt der Interaktions-

---

[105] Vgl. hierzu die rollentheoretische Analyse von Mitarbeiterkonflikten bei Kahn et al. [Stress] 165 ff.

[106] Vgl. hierzu die Diskussion der Dahrendorfschen Konflikttheorie im Abschnitt II 1. der Arbeit.

[107] Vgl. Aubert [Interessenkonflikt] 192 ff.

formen werden dann Verteilungs-, Austausch-, Koordinations- oder Kollaborationskonflikte deutlich. Über die empirische Ermittlung der im Rahmen der Diskussion der Konfliktformen aufgezeigten Kriterien können reale Zielkonflikte beispielsweise zwischen Eigenkapitalgebern und Mitarbeitern um das Kriterium Einnahmenhöhe als Verteilungs- oder Austauschkonflikt oder zwischen Mitarbeitern um das Kriterium Arbeitsbelastung als Verteilungs-, Austausch- oder Koordinationskonflikt erkannt werden.

Als Ergebnis der Konfliktanalyse unter dem Gesichtspunkt der möglichen Aktorkonstellationen, Zielbeziehungen und Konfliktformen liegt ein in mehrfacher Hinsicht diagnostiziertes Konfliktfeld der Unternehmung vor. Damit kann der erste Teil der Aufbereitung der unternehmungspolitischen Forschungsbasis als abgeschlossen gelten.

Der Zweck dieser Strukturanalyse des Konfliktfeldes der Unternehmung nach den Merkmalen „Art der Konfliktpartei", „Art des kollidierenden Zielkriteriums" und „Art der Konfliktform" besteht in der Isolierung spezifischer Konfliktarten zwischen spezifischen Funktionsträgern der Unternehmung. Daran knüpft sich die Frage, wie Aktoren auf Konflikte unternehmungspolitisch reagieren. Mit der Herausarbeitung der unternehmungspolitischen Reaktionsformen auf tatsächliche oder antizipierte Konflikte wird der zweite Basisteil unternehmungspolitischer Forschung gekennzeichnet. In Verfolgung der hier gewählten entscheidungstheoretischen Methodik ist der durch Konflikte induzierte unternehmungspolitische Handlungsablauf konsequenterweise als Zielsetzungsprozeß zu begreifen.

Das primäre unternehmungspolitische Forschungsziel besteht dabei in der Verzahnung beider Forschungsbasen. In Verfolgung dieses Untersuchungsziels sind im Hinblick auf das theoretische Wissenschaftsziel unternehmungspolitischer Forschung informative Aussagen über Regelmäßigkeiten unternehmungspolitischer Verhaltensweisen in spezifischen Konfliktsituationen aufzustellen. Im Hinblick auf den pragmatischen Wissenschaftsauftrag sind diese Aussagen zu instrumentalisieren und Informationen darüber abzugeben, welche Voraussetzungen Handelnde zu erfüllen haben, wenn sie die von ihnen gesetzten unternehmungspolitischen Ziele realisieren wollen.

In Übereinstimmung mit *Krüger*[108] ist allerdings zu konstatieren, daß der gegenwärtige Erkenntnisstand von diesem methodischen Ziel noch weit entfernt ist. Insofern besteht die Forschungsaufgabe vorerst in einer Beschreibung und ansatzweisen Analyse des unternehmungspolitischen Konflikthandhabungsprozesses.

---

108 Vgl. Krüger [Grundlagen] 130.

2. Der unternehmungspolitische Prozeß der Konflikthandhabung

Es wurde im Verlauf der Diskussion konflikttheoretischer Ansätze deutlich, daß die Problematik der Handhabung von Unternehmungskonflikten unter verschiedenen Aspekten aufgegriffen und unterschiedlich systematisiert wurde, wobei sich bereits zeigte, daß der Prozeß der Sicherung gefährdeter Grundziele in einem System kollidierender Handlungsspielräume bisher in konzeptioneller Hinsicht nur unbefriedigend herausgearbeitet wurde. Weitgehend offen geblieben ist dabei die Frage, wie es prozessual zu einer Determinierung kollidierender Handlungsspielräume kommt. Damit wird die Frage nach der Struktur und den Elementen des unternehmungspolitischen Zielsetzungsmodells der Konflikthandhabung aufgeworfen. Ein derartiges Handlungsmodell für Konfliktsituationen vermittelt Informationen über mögliche Handlungsalternativen und deren Konsequenzen sowie mögliche Einwirkungsbereiche beim Träger des kollidierenden Handlungsspielraums.

Das unternehmungspolitische Modell der Konflikthandhabung versteht sich dabei als ein Handlungsmodell in interpersonalen Konfliktsituationen, wobei die spezifisch unternehmungspolitische Fragestellung auf die Problematik der politologisch-wirtschaftlichen Konsequenzen für die Grundzielsicherung der UP-Aktoren konzentriert ist.

Der im folgenden zu skizzierende Problemaufriß des unternehmungspolitischen Zielsetzungsmodells zur Determinierung kollidierender Handlungsspielräume ist formal an der bereits beschriebenen logischen Struktur eines Zielsetzungsprozesses orientiert[1].

a) Die Aktualisierung des unternehmungspolitischen Generalziels

(1) Die Elemente des unternehmungspolitischen Generalziels

Der unternehmungspolitische Zielsetzungsprozeß (UP-Zielsetzungsprozeß) ist zwar in der Formalstruktur mit dem Grundzielsetzungsprozeß identisch, unterscheidet sich jedoch von diesem bereits im Generalzielinhalt[2].

Der Generalzielinhalt orientiert sich am Gegenstand politischen Handelns.

„UP-Generalziel ist daher die Absicherung eines Zieles (Grundzieles) gegen erwartete kollidierende Verhaltensweisen durch Determinierung der zugrunde liegenden Handlungsspielräume. Aus dieser Zielbestimmung ergibt sich die Begrenzung des Erfassungs- und Bewertungsaktes auf Handlungsalternativen, die zur Realisierung des UP-Generalzieles des Handelnden geeignet erscheinen. . .[3]."

---

[1] Vgl. hierzu Abschnitt III. 2. der Arbeit.
[2] Vgl. Dlugos [Teildisziplin] 60 ff.
[3] Dlugos [Teildisziplin] 60. Hervorhebungen zugelassen.

Ein vollständig formuliertes *Generalziel* enthält in seiner materialen Komponente eine *Zweck-* und *Mittelaussage* und in seiner formalen Komponente Angaben über *Zielkriterien* und das für die Ermittlung der vorzuziehenden Alternative anzuwendende *Entscheidungskriterium.*

Mit der *unternehmungspolitischen Zweckaussage* wird mithin zum Ausdruck gebracht, welches gefährdete Grundziel des Aktors abgesichert werden soll, während Inhalt der *unternehmungspolitischen Mittelaussage* die generell formulierte Vorstellung der Realisierungsmöglichkeiten ist. Generelle unternehmungspolitische Realisierungsmöglichkeiten umfassen die noch zu diskutierenden Determinierungsalternativen, die Aktoren in Konfliktsituationen zur Sicherung gefährdeter Grundziele einsetzen können.

Die in der formalen Generalzielkomponente enthaltenen *unternehmungspolitischen Zielkriterien* spiegeln entsprechend der Dualität menschlicher Zielverfolgung sowohl gewollte als auch zu vermeidende Handlungskonsequenzen der Art nach wider. Die Zielkriterien sollen der Differenzierung der erfaßten Konflikthandhabungsmöglichkeiten dienen und stellen den aktualisierten Teil des unternehmungspolitischen Zielsystems dar. Sie sind somit als die vom Aktor beachteten Kriterien der Determinierung kollidierender Handlungsspielräume anzusehen.

Die formale Komponente des unternehmungspolitischen Generalziels enthält weiterhin ein *Entscheidungskriterium,* um die zu präferierende Alternative ermitteln zu können. Das Entscheidungskriterium ist dabei an dem vom Aktor erwarteten positiven und negativen Sicherungsnutzen unter Einschluß des Wirtschaftlichkeitskriteriums der Determinierungsalternativen orientiert. Soweit sich dieser vom Aktor erwartete subjektive Sicherungsnutzen nicht ausschließlich in Geldgrößen erfassen läßt, erfolgt die Entscheidung zwischen den Konflikthandhabungsmöglichkeiten unter Orientierung an einem amalgamierten, mehrere unternehmungspolitische Zielkriterien umfassenden Formalziel[4]. Die Elemente eines unternehmungspolitischen Generalziels sind in folgender Skizze verdeutlicht:

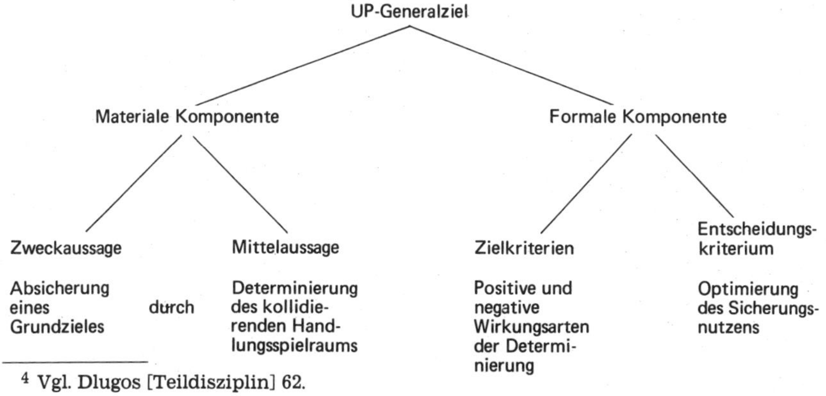

[4] Vgl. Dlugos [Teildisziplin] 62.

(2) Generalzielsetzung und Konflikt-Randschwelle

Die Aktualisierung der unternehmungspolitischen Generalzielvorstellung wird durch die kognitive Erfassung eines tatsächlichen oder erwarteten kollidierenden Handlungsspielraumes induziert. Die Auslösung der unternehmungspolitischen Generalzielsetzung wird jedoch in der Regel erst nach Durchschreiten eines vorgeschalteten Filters erfolgen. Dieser Filter ist letztlich Ausdruck des *Toleranzbereichs* gegenüber Aktoren, deren Verhalten zu einer Beeinträchtigung der eigenen Grundzielrealisation führt. Dieser Filter kann auch als Randschwelle zwischen Konfliktpotential und Konflikthandhabung begriffen werden, wobei meßtheoretisch am Erfüllungsgrad der vom Aktor verfolgten Grundzielkriterien anzusetzen ist. Werden gewisse Schwellenwerte des Erfüllungsniveaus positiver und negativer Grundzielkriterien unter- bzw. überschritten, initiiert das Verhalten des kollidierenden Aktors die Einleitung des Determinierungsprozesses. *Esser*[5] verweist in diesem Zusammenhang auf die individuell bedingte Ausprägung, Durchlässigkeit und Veränderbarkeit der Konflikt-Randschwelle, die darüber hinaus in Abhängigkeit vom sozialen Kontext, in den das Individuum eingebettet ist, zu sehen ist. „Die Randschwelle hat neben der persönlichkeitsspezifischen somit auch eine soziale Komponente[6]."

Für die Frage der Einleitung eines unternehmungspolitischen Zielsetzungsprozesses zur Sicherung gefährdeter Ziele ist, wie diese Überlegungen zeigen, zu klären, unter welchen Bedingungen Randschwellen überschritten werden und Determinierungsaktionen ausgelöst werden, um das individuelle Gleichgewicht durch Ausregelung des interpersonalen Konflikts wiederherzustellen.

Ein formales Modell zur Analyse des skizzierten Verhaltensablaufs beschreibt Kirsch in Anlehnung an *Miller et al.*, die ein dem kybernetischen Regelkreis entsprechendes Modell menschlicher Verhaltenssteuerung diskutieren[7].

Ausgangspunkt der Verhaltensanalyse ist die TOTE-Einheit (Test-Operate-Test-Exit). Dieses Modell geht von der Existenz eines Standards bzw. eines Soll-Wertes aus, gegen den der Stimulus-Input bzw. der aufgenommene Ist-Wert getestet wird. Zeigt dieser Test eine Abweichung zwischen dem Soll-Wert und dem tatsächlichen Wert, wird eine Operation ausgelöst, die auf die Erreichung des Soll-Wertes gerichtet ist. Das Ergebnis der Operation wird wiederum getestet. Bei weiterhin bestehender Abweichung wird die Operation solange fortgesetzt, bis der gesetzte Standard erreicht wird.

In Übertragung auf die hier diskutierte Problematik ist von Soll-Werten der Zielkriterienerfüllung auszugehen, die der Aktor laufend mit den Ist-Werten vergleicht. Stellt der Aktor im Rahmen dieses Testprogramms Überschreitun-

---

[5] Vgl. Esser [Konfliktverhalten] 85.

[6] Esser [Konfliktverhalten] 85.

[7] Vgl. Kirsch [Entscheidungsprozesse II] 129 ff. sowie Miller/Galanter/Primbran [Plans] 21 ff.

gen der Randschwellen fest, ist entsprechend der bereits diskutierten Problematik zwischen sachenbedingten und personenbedingten Abweichungen vom Soll-Wert zu unterscheiden[8]. Das Testprogramm ist also in dieser Hinsicht zu differenzieren. Führt es zur Verifizierung eines kollidierenden Handlungsspielraums, wird die Operationsphase durch Setzen eines UP-Generalziels eingeleitet. Wird mit der daraus abgeleiteten Determinierungsalternative keine Übereinstimmung von Soll- und Ist-Werten der Zielkriterienerfüllung erzielt, erfolgt eine revidierende Verlängerung der Operationsphase. Erst bei positivem Ergebnis der zwischengeschalteten Testprogramme kann der mit den TOTE-Einheiten dargestellte Verhaltensablauf als abgeschlossen gelten. Führt die zunächst gewählte Determinierungsalternative nicht zu einer Übereinstimmung von Soll- und Ist-Wert der Grundzielrealisation, sind die revidierenden Verlängerungen des UP-Zielsetzungsprozesses durch mehrstufige TOTE-Einheiten abbildbar[9].

Zeigen die mehrfachen Tests, daß eine Sicherung des gefährdeten Grundziels nicht erreicht werden kann, verweist das Verhaltensprogramm auf eine Revision des Grundziels. Die Grundzielrevision besteht dann entweder in der Wahl eines völlig neuen Grundziels, das nicht den Gefährdungen kollidierender Aktoren ausgesetzt ist, oder in einer Senkung des Anspruchsniveaus.

Die Überschreitung von Randschwellen der Zielkriterienerfüllung und der Test der Ursachen der Standard-Abweichungen sind der UP-Generalzielsetzung vorgeschaltet. Offenbart der Test sachenbedingte Störungen der Grundzielrealisation, sieht das Verhaltensprogramm des Aktors die steuernde Anpassung und Regelung des Grundzielrealisationsprozesses vor. Liegen die Ursachen im kollidierenden Verhalten eines interdependenten Aktors, wird das unternehmungspolitische Verhaltensprogramm des Aktors aktualisiert.

Entsprechend der bereits beschriebenen Formalstruktur des Zielsetzungsprozesses werden die im unternehmungspolitischen Verhaltensprogramm des Aktors gespeicherten Alternativen geprüft und die präferierte Alternative zum Spezialziel der Determinierung des kollidierenden Aktors erhoben.

Indem mit der Setzung des unternehmungspolitischen Generalziels die Sicherung von Zielen der Unternehmungsmitglieder und der Unternehmung als Institution durch Einflußnahme auf Träger kollidierender Handlungsspielräume bezweckt wird, wird der enge Konnex zur *Machtproblematik*, wie sie von *Dahl*, *French/Raven*, *Harsanyi*, *Lasswell/Kaplan* und *March* gesehen wird, deutlich[10]. Unter Macht wird in diesen Ansätzen in Anlehnung an *Weber*[11] allgemein die Fähigkeit eines Aktors verstanden, sein Ziel auch gegen Widerstand zu realisieren. Bereits in dem grundlegenden Problemaufriß der Arbeit wurde auf die

---

8 Vgl. hierzu den Abschnitt V 2. der Arbeit.

9 Vgl. Kirsch [Entscheidungsprozesse II] 132, 172.

10 Vgl. Dahl [Analysis] 14 ff.; French/Raven [Bases]; Harsanyi [Messung]; Lasswell/Kaplan [Power]; March [Power].

11 Vgl. Weber [Wirtschaft] 38.

von *Dahl* herausgestellten konstitutiven Fragen einer Theorie der Machtausübung verwiesen und der *Beziehungszusammenhang zwischen Konflikthandhabung und Machtproblematik* in der Unternehmung betont[12]. Dabei wurden zugleich als unternehmungspolitisch relevante Alternativen der Konflikthandhabung generell die Determinierung des Zielsetzungsprozesses sowie die Determinierung des Umfeldes des kollidierenden Aktors unterschieden.

Auf der Grundlage dieser Überlegungen sind nunmehr im weiteren Verlauf der Analyse der Konflikthandhabung folgende Fragen zu untersuchen:

1. Welche Machtgrundlagen stehen den Unternehmungsmitgliedern für die Sicherung eigener oder übertragener Ziele zur Verfügung?
2. Welche Alternativen sind im einzelnen zur Determinierung kollidierender Handlungsspielräume geeignet?
3. Welche unternehmungspolitischen Zielkriterien können zur Differenzierung der Determinierungsalternativen herangezogen werden?
4. Welche Ergebnisse können durch unternehmungspolitisches Handeln erzielt werden?

Im folgenden Abschnitt wird zunächst die Frage nach den Machtgrundlagen als Einflußgröße unternehmungspolitischen Handelns aufgegriffen.

b) Macht als Einflußgröße unternehmungspolitischen Handelns

Die Diskussion um den Machtbegriff hat in der Politologie und vor allem in der Soziologie bereits eine lange Tradition. Indem beide Wissenschaften „Macht als zentrale Kategorie der Gestaltung und Steuerung politischer und sozialer Systeme“[13] betrachten, ist es um so auffälliger, daß die Betriebswirtschaftslehre bisher nur zögernd das Machtphänomen in Unternehmungen aufgegriffen hat. „Man könnte also sagen: ‚Macht - die Lücke in der Betriebswirtschaftslehre.‘ Aber diese Aussage wäre voreilig und falsch, denn die Betriebswirte analysieren und diskutieren Machtprobleme durchaus, nur unter Verwendung einer Reihe von anderen Bezeichnungen und Begriffen[14].“

Mit diesem Zitat ist generell der Untersuchungsgegenstand der folgenden Überlegungen angedeutet. Es geht dabei primär um die Frage, welche unternehmungspolitisch relevanten Aspekte mit dem Machtphänomen verbunden sind und welche Bedeutung die Aktormacht für den Determinierungsprozeß hat.

---

[12] Vgl. Abschnitt III 1. der Arbeit.
[13] Vgl. Narr/Naschold [Systemsteuerung] 130 f.
[14] Schweitzer [Diskussion] 1043.

Auf die Fülle der begrifflichen Diskussionen und Theorieansätze zur Machtproblematik kann an dieser Stelle nur hingewiesen werden[15].

Für die hier gewählte Konzeption ist zwischen den *Machtgrundlagen* der Aktoren und der *Machtausübung* als Determinierungsprozeß der Aktoren zu unterscheiden. Diese Differenzierung des Machtbegriffs ist für die sozialwissenschaftliche Literatur keineswegs selbstverständlich und wird aufgehoben, wenn die Begriffe Macht, Herrschaft, Beeinflussung, Autorität, Führung und Kontrolle synonym verwendet werden[16].

Auf die Notwendigkeit der Differenzierung von Machtgrundlagen und Machtprozeß verweisen *Hickson et al.*: „... power is defined as the determination of the behavior of one social unit by another." „If the direction of dependence in a relationship is determined by an imbalance of power bases, power itself has to be defined separately from these bases[17]."

Damit wird deutlich, daß zwischen Machtbasen bzw. -grundlagen als *Determinierungspotentiale* eines Aktors und der eigentlichen Machtausübung als *Determinierungsprozeß* zu unterscheiden ist.

Im Hinblick auf das methodische Vorgehen zur Erfassung der Macht in sozialen Beziehungen sind zwei Grundpositionen erkennbar. Die eine Richtung ist strikt aktororientiert und betrachtet die Macht eines Aktors unter dem Aspekt seiner Determinierungspotentiale und Determinierungsprozesse. Der Aktor besitzt nach dieser Auffassung Macht.

Die zweite Position knüpft an der Machtrelation zwischen den Aktoren an. Danach verfügt nur derjenige Aktor über Macht, der sein Ziel zum Ziel des kollidierenden Aktors erheben kann. Die Abstellung des Machtbegriffs auf die positive Machtdifferenz des Stärkeren im Rahmen einer Verhaltensbeziehung kommt in extenso bei *Rödding* zum Ausdruck, wenn der „... Machtbegriff wegen seiner mangelnden Operationalität durch einen Dominanzbegriff ersetzt"[18] werden soll. Macht im Sinne von Dominanz wird danach wie folgt definiert: „Ein Individuum A *dominiert* ein Individuum B genau dann, wenn A in der Lage ist, jederzeit den Eintritt einer wohlbestimmten Aktionsweise von B zu erzwingen[19]."

Wenngleich diese Definition zum Zwecke der Präzisierung und Meßbarkeit des Machtbegriffs gewählt wurde, so ist sie doch bei weitem zu eng für die Erfassung des Machtphänomens in Unternehmungen. *Zwang* wird in der hier vertre-

---

15 Vgl. Grand [Macht], Harsanyi [Measurement], Holm [Begriff], Krüger [Macht], March [Power], Raven/Kruglanski [Power]. Vgl. auch die Beiträge in Cartwright [Studies], Champlin [Power], Zald [Power].

16 Vgl. Klis [Überzeugung] 74.

17 Hickson et al. [Strategic] 218.

18 Rödding [Macht] 457.

19 Rödding [Macht] 458.

tenen Auffassung lediglich als ein mögliches *Mittel* der Determinierung, und *Dominanz* lediglich als ein mögliches *Ergebnis* der Determinierung betrachtet[20].

Für die folgende Analyse scheint es allerdings nicht zweckmäßig zu sein, sich für die eine oder andere Grundposition der Machtdiskussion zu entscheiden, sondern eher eine Verbindung zwischen dem „aktororientierten Ansatz" und dem „machtrelationalen Ansatz" herzustellen[21]. Trotz der Merkmalsunterschiede ist gemeinsamer Kern beider Ansätze ein spezifischer Zielsetzungsprozeß, dessen Gegenstand die Entscheidung über den Einsatz von Determinierungspotentialen zur Sicherung gefährdeter Handlungsspielräume ist. Die Machtrelation lenkt schließlich die Aufmerksamkeit auf Einflußgrößen, die das Ergebnis dieses Zielsetzungsprozesses determinieren.

(1) Machtrelationen der Aktoren

Zwischen dem Träger und dem Adressat der Machtausübung bzw. der Determinierung können folgende Machtrelationen bestehen:

1. Die *asymmetrische Machtrelation* ist durch ein Machtgefälle zwischen den kollidierenden Aktoren gekennzeichnet. Das Machtgefälle wird in Unternehmungen durch die hierarchische Verteilung der Machtgrundlagen fixiert. Die asymmetrische Machtrelation schließt eine „gleichgewichtige" Einflußnahme der Konfliktparteien aus und bewirkt daher eine einseitige Grundzielsicherung des Machtüberlegenen.

2. Die *symmetrische Machtrelation* beruht auf einer Gleichverteilung von Machtgrundlagen auf die kollidierenden Aktoren, die eine wechselseitige Einflußnahme von gleicher Effektivität ermöglicht. Die symmetrische Machtrelation kann in Unternehmungen durch Abbau positionaler Machtdifferenzen oder durch Zuordnung zusätzlicher Machtquellen für bestimmte Konfliktsituationen bei sonstiger Aufrechterhaltung der hierarchischen Machtdifferenzen erzielt werden. In Konfliktsituationen sind die Konfliktparteien zugleich Träger und Adressat der Determinierungsprozesse. Häufiges Ergebnis der Konfliktaustragung bei symmetrischer Machtrelation ist der Kompromiß.

3. Die *transitive Machtrelation* liegt vor, wenn die in Determinierungsbeziehungen stehenden Aktoren über abnehmende Machtgrundlagen in der Weise verfügen, daß Aktor A sein Ziel gegenüber Aktor B, und Aktor B sein Ziel gegenüber Aktor C, und mithin Aktor A auch gegenüber Aktor C sein Ziel absichern kann. Die transitive Machtrelation ist bei einem hierarchisch über mehrere Instanzen verlaufenden Determinierungsprozeß gegeben und führt zu einer einseitig verlaufenden Zielsicherung.

---

[20] Vgl. Hickson et al. [Strategic] 218.
[21] Vgl. von Beyme [Theorien] 170 f.

4. Die *intransitive Machtrelation* besteht zwischen mehreren Aktoren, die in Determinierungsbeziehungen über unterschiedliche Determinierungspotentiale verfügen. Die intransitive Relation ist dadurch gekennzeichnet, daß Aktor A sein Ziel gegenüber Aktor B und Aktor B sein Ziel gegenüber Aktor C, Aktor A aber nicht sein Ziel gegenüber Aktor C absichern kann. Dieser Fall kann in Unternehmungen beispielsweise bei Determinierungsprozessen über Abteilungsgrenzen hinweg vorliegen, aber auch, wenn eine Determinierung durch Instanzensprung ausdrücklich ausgeklammert wird. Eine einseitig verlaufende Zielsicherung ist nur dann möglich, wenn es A gelingt, B zur Determinierung des C in seinem Sinne zu gewinnen.

Bereits diese skizzierten Konsequenzen von Machtrelationen auf die Ergebnisse unternehmungspolitischen Handelns zeigen, daß die Wirksamkeit der Sicherung gegen kollidierendes Verhalten von der Verfügung über Machtgrundlagen abhängt, die eine positive Differenz zu den Machtgrundlagen des zu determinierenden Konfliktpartners aufweisen.

Ausgangspunkt vieler Untersuchungen des Machtphänomens sind daher die Basen oder Grundlagen der Macht (Determinierungspotentiale), die zur Determinierung des kollidierenden Aktors ausgeschöpft werden können.

Im folgenden sollen diese Machtgrundlagen näher analysiert werden und ihre Beziehung zum unternehmungspolitischen Zielsetzungsprozeß aufgedeckt werden.

(2) Machtgrundlagen der Aktoren

(a) Konzeptionen

Die Klassifikation von Machtgrundlagen (Machtbasen) rekurriert letztlich auf die von *Max Weber*[22] herausgearbeiteten Idealtypen der Herrschaft, die nach dem Merkmal der Art der Legitimierung der Herrschaft durch die Beherrschten unterschieden werden: Die rationale Herrschaft, die traditionale Herrschaft und die charismatische Herrschaft[23]. Die realtypischen Analysen des Machtphänomens führten schließlich zu einer Vielzahl von Ansätzen einer differenzierten Betrachtung der Aktormacht. Eine Übersicht über die Verschiedenartigkeit der Klassifikationsversuche vermittelt die Tabelle auf Seite 187[24].

Die in der anglo-amerikanischen wie auch deutschsprachigen Literatur bekannteste Analyse der Machtbasen haben *French/Raven*[25] vorgelegt. Sie beto-

---

22 Vgl. Weber [Wirtschaft] 122 ff.

23 Vgl. Krüger [Macht] 11. Auf eine eingehende Diskussion dieser Herrschaftsformen muß hier verzichtet werden. Vgl. Hartmann [Autorität] 36 ff.

24 Vgl. French/Raven [Bases] 155 ff., Etzioni [Compliance] 122, Kaplan [Power] 15 f., Peabody [Authority] 117 ff., Grand [Macht] 37 ff., Sharp [Politics] 11 f.

25 Vgl. French/Raven [Bases].

nen insbesondere den Aspekt, daß die Macht eines Aktors auch von den Wahrnehmungen und Erwartungen der Machtadressaten abhängt[26]. Die Besonderheit des Ansatzes von *French/Raven* besteht insofern darin, daß die Systematisierung der Machtgrundlagen nicht allein auf den Machtträger abgestellt ist, sondern auch das *Problem der Akzeptanz* dieser Machtgrundlagen durch den Machtadressaten einbezieht und insofern einen besonderen Aspekt der Machtrelation hervorhebt. Dies kommt klar durch die Definition der Machtbasen aus der Sicht des Machtunterworfenen zum Ausdruck. Kerngedanke dieses Vorgehens ist die Überlegung, daß Machtgrundlagen wirkungslos sind, wenn sie nicht akzeptiert werden. Daran knüpft *Krug*[27] die kritische Äußerung an, daß eine in dieser Weise getroffene Differenzierung von Machtformen eine klare Trennung der Quellen der Macht von den Motiven der Akzeptierung des Machtanspruchs verhindert.

Unter „*reward*“ und „*coercive power*“ verstehen *French/Raven* die Fähigkeit des Aktors, durch positive und negative Sanktionen Macht auszuüben. Diese Machtgrundlagen stützen sich auf die Überzeugung des Machtadressaten, daß er bei Verzicht auf ein kollidierendes Verhalten belohnt und bei Aufnahme eines kollidierenden Verhaltens bestraft wird.

Die „*legitimate power*“, die an dem von *Max Weber* betonten Merkmal der Legitimierung von Herrschaft anknüpft, beruht auf der Überzeugung des Machtadressaten, daß die Determinierung seines Verhaltens durch den Machtträger legitim erfolgt[28]. Die Legitimität der Determinierung wird beispielsweise durch Verträge, Satzungen und auch internalisierte Normen verankert[29]. *French/Raven* legen den Schwerpunkt der „legitimate power“ auf die freiwillige Verpflichtung des Machtunterworfenen, sich der Zielsetzung des Machthabers anzupassen. Diese Grundlage der Determinierung ist häufig mit anderen Machtbasen verbunden.

Die „*referent power*“ beruht auf der Identifizierung des Machtadressaten mit dem Machtträger. Der Machtadressat identifiziert sich mit den Zielen des Machtträgers, wenn dieser über Prestige und Status verfügt, an denen er zu partizipieren wünscht.

Die „*expert power*“ basiert auf dem aus der Sicht des Machtadressaten höheren Wissen des Machtträgers. Das Expertenwissen stellt insofern eine Machtgrundlage dar, als andere Aktoren dieses Informationspotential zur Ableitung ihrer Ziele benötigen. Die Determinierung kann daher durch eine Selektion und Gewichtung der abgegebenen Informationen erfolgen.

Für die unternehmungspolitische Forschung ist ein derartiger Ansatz zur Erfassung von Machtbasen allerdings nur unter erheblichen Modifikationen

---

26 Vgl. Klis [Überzeugung] 75.

27 Vgl. Krug [Begriff] 121 f.

28 Vgl. die ausführliche Diskussion der Legitimität bei Ziegler [Autorität] 45 ff.

29 Vgl. Klis [Überzeugung] 76.

French/Raven	reward power	coercive power	expert power	referent power	legitimate power	
Etzioni	remunerative power	coercive power			normative power	
Kaplan	reward power	coercive power	expert power	identification power	legitimate power	
Deutsch, M.	reward or exchange power	coercive power	expert power	referent power	normative power	ecological power
Peabody	authority of position and competence		authority of person		authority of legitimacy	
Grand	Vollmacht	Eigentum	Wissen	informale soziale Macht	Autorität	Sachzwang
Sharp	material resources	sanctions	skills and knowledge	intangible factors	authority	human resources

Abb. 24. Klassifikationen von Machtgrundlagen

verwertbar. Zunächst ist dabei der Schwerpunkt auf die konzeptionelle Einordnung der Machtbasen in den Konfliktverlauf der Aktoren zu legen, und in einem weiteren Schritt ist dann eine differenzierte Analyse dieser Einflußgröße der Konflikthandhabung vorzunehmen.

(b) Der unternehmungspolitische Aspekt der Machtgrundlagen

(α) Machtgrundlagen und Konflikthandhabung

Indem *French/Raven* von der kontinuierlichen Beeinflussung des Aktorverhaltens durch die permanente Akzeptanz der Machtbasen eines machtausübenden Aktors ausgehen, wird die Problematik der Konfliktentstehung und Konflikthandhabung gleichsam amalgamiert. Konflikte können in dem von *French/Raven* gewählten Ansatz lediglich dort geortet werden, wo eine mangelnde Akzeptanz der Machtbasen vorliegt. Ziel der bisherigen Analyse war es, den Schnittpunkt zwischen Konfliktentstehung und Konflikthandhabung aufzuzeigen, wobei die Konfliktentstehung auf kollidierende Grundzielsetzungen zurückgeführt wurde, während die Konflikthandhabung als Determinierung des kollidierenden Aktors durch Machteinsatz begriffen wurde. Wird nun die Machtbasis des Aktors nicht akzeptiert, liegt ein Konflikt auf der Ebene des Konflikthandhabungsprozesses vor. Die vom Aktor gewählte Form der Determinierung, beispielsweise durch „reward power", kollidiert mit der Erwartung des Konfliktpartners, den Grundzielkonflikt beispielsweise durch „expert power" zu handhaben, und ist daher im Hinblick auf die Determinierung des Grundziels des Konfliktpartners unwirksam. Die Handhabung dieses speziellen Konfliktfalls erfordert somit entweder eine Verlängerung des Determinierungsprozesses, der auf die Akzeptanzerzielung des Konfliktpartners hinsichtlich der gewählten Machtbasis „reward power" gerichtet ist oder eine Revision der Entscheidung über die einzusetzende Machtbasis.

Für die Realanalyse von Konfliktverläufen ist die Differenzierung von Konflikten auf der Ebene der Grundzielsetzungsprozesse und auf der Ebene nichtakzeptierter Machtbasen von erheblicher Bedeutung. Die Führungsstilforschung verweist dabei auf interessante Interdependenzen zwischen beiden Konfliktebenen. So werden Konflikte auf der Grundzielebene häufig dadurch ausgelöst, daß Mitarbeiter die Art der Zielvorgabe durch „coercive power" im Rahmen eines autoritäten Führungsstils nicht akzeptieren und folglich das vorgegebene Grundziel selbst als kollidierend empfinden[30].

Die analytische Trennung zwischen kollidierender Grundzielsetzung und kollidierender Wahl einer Machtbasis erfolgt insofern unter der allerdings weitgehend offenen Forschungsfrage der Zuordnung spezifischer Handhabungsfor-

[30] Vgl. Neuberger [Führungsverhalten] 147 ff., Zepf [Führungsstil] 43 ff.

men für die jeweilige Konfliktsituation. Es kann in diesem Zusammenhang nur angedeutet werden, daß in unternehmungspolitischer Sicht die Führungsstildiskussion auf die Frage der in Unternehmungen anzuwendenden Machtbasen konzentriert ist. Mit der Regelung dieser Frage wird ein Rahmen für die Handhabung von Grundzielkonflikten geschaffen.

Nach der generellen Zuordnung der Problematik der Machtbasen zum Mittelbereich der Konflikthandhabung, der selbst zum Gegenstand von Konflikten werden kann, sind nunmehr die für unternehmungspolitische Zwecke relevanten Elemente der Machtbasen bzw. -grundlagen herauszuarbeiten und zu diskutieren.

(ß) Determinierungsquellen als Komponenten der Machtgrundlagen

Im Rahmen der hier gewählten Terminologie werden Machtgrundlagen als Determinierungsgrundlagen bezeichnet.

Als Elemente der Determinierungsgrundlagen werden die

- Determinierungsquellen und Determinierungsmittel des Aktors und mit einer gewissen Einschränkung die
- Akzeptanz des kollidierenden Aktors

unterschieden[31].

Die Einschränkung hinsichtlich der Einbeziehung der Akzeptanz in die Machtgrundlagen bezieht sich auf diejenige Art von Determinierungsprozessen, die auch unabhängig von der Akzeptanz des kollidierenden Aktors wirksam werden[32].

Determinierungsquellen der Aktoren können grob in zwei Kategorien differenziert werden:

1. Die *formalen* (institutionalen) Determinierungsquellen, die im Recht des Aktors bestehen, Real- und Nominalgüterbestände in seinem Verfügungsbereich zur Sicherung seiner Grundziele einzusetzen.
2. Die *personalen* Determinierungsquellen, die im Wissen und Sachverstand (funktionale Autorität) und der Persönlichkeit (personale Autorität) des Aktors bestehen.

Die formalen (institutionalen) Determinierungsquellen werden in der Literatur umfassend auch unter den Begriffen „positionale Macht“[33], „institutionale

[31] Die besondere Problematik der Akzeptanz als Machtgrundlage spezieller Determinierungsprozesse wird im Abschnitt VI 2. e) gesondert behandelt.

[32] Vgl. hierzu den folgenden Abschnitt VI 2. c). Vgl. zu Akzeptanzformen Schmidt [Zielerreichung] 122 ff.

[33] Vgl. Hickson et al. [Strategic] 218.

Autorität"[34] oder „Kompetenz von Instanzen"[35] thematisiert. Die personalen Determinierungsquellen werden schließlich mit Begriffen wie „personale Autorität"[36], „funktionale Autorität"[37] oder „Expertenmacht"[38] belegt.

Während die personalen Determinierungsquellen unmittelbar an die determinierende Person gebunden sind, sind formale (institutionale) Determinierungsquellen übertragbar. Sie sind also unabhängig von bestimmten Personen einsetzbar. Werden unter dem hier zugrundegelegten Begriff der Determinierungsquelle die oben angeführten Klassifikationen von Machtgrundlagen analysiert, zeigen sich weitere schwerwiegende begriffliche Unklarheiten der dort aufgeführten Systematisierungen[39]. Lediglich *Peabody* unterscheidet klar zwischen formal und personal einsetzbaren Machtquellen in Konflikthandhabungsprozessen. In den übrigen Ansätzen enthaltene Machtelemente weisen dagegen zum Teil Überschneidungen personaler und formaler Aspekte auf. So tangieren Machtarten wie „reward power", „coercive power", „sanctions" und „referent power" sowohl personale als auch formale Determinierungsquellen. Beispielsweise kann die „referent power" auf der Attraktivität sowohl personaler als auch formaler Machtquellen beruhen.

Eine Differenzierung personaler und formaler Machtquellen scheint jedoch für unternehmungspolitische Zwecke sinnvoll und notwendig zu sein, da nur mit Hilfe einer derartigen analytischen Gliederung von personenabhängigen und personenunabhängigen Determinierungsquellen die mehrdimensionalen Machtrelationen in der Unternehmung und die damit verbundenen Grundlagen der Determinierungsprozesse erfaßbar sind. Naturgemäß kann es allerdings im Rahmen dieser auf eine konzeptionelle Betrachtung der Konfliktproblematik ausgerichteten Arbeit nicht die Aufgabe sein, die umfassenden betriebsverfassungsrechtlichen, wirtschaftlichen, soziologischen und psychologischen Implikationen dieser Determinierungsquellen herauszuarbeiten.

Im folgenden sollen daher lediglich die für die unternehmungspolitische Frage der Handhabung von Grundzielkonflikten wichtigsten Aspekte der formalen und personalen Determinierungsquellen der Eigenkapitalgeber, des Management und der Arbeitnehmer diskutiert werden.

Die formale Determinierungsquelle der Eigenkapitalgeber besteht in der nach geltendem Recht aus dem Eigentum abgeleiteten Verfügungsmacht über die Unternehmung. „Dabei ist es wohl entscheidend, daß es beim Eigentum an Unternehmungen nicht nur um Vermögenseigentum geht, sondern - daraus hergeleitet - auch ein Dispositionsrecht über die gesamte Unternehmung und ihren Wirtschaftsprozeß einschließlich der daran beteiligten Menschen bean-

[34] Vgl. Barnard [Functions] 147.
[35] Vgl. Schweitzer [Diskussion] 1044.
[36] Vgl. Krug [Begriff] 122.
[37] Vgl. Hartmann [Autorität] 131 ff.
[38] Vgl. Mechanic [Sources] 143 f.
[39] Vgl. Abb. 24.

sprucht wird[40]." Die faktische Bedeutung dieser formalen Determinierungsquelle zur Sicherung der Eigentümerinteressen im Konfliktfeld der Unternehmung ist allerdings unter dem Aspekt der Entwicklungen auf dem Gebiet der Unternehmungsverfassung, der Verschiebungen der Kapitalstruktur und der Parzellierung des Aktienbesitzes sowie des Rückzugs der Gesellschafter in den Aufsichtsrat zu problematisieren. Im Hinblick auf die personale Determinierungsquelle des Eigentümers gibt *Lohmann* zu bedenken: „Andererseits ist nicht einzusehen, wieso die Tatsache des Eigentums dem Eigentümer auch schon alle jene sachlich-beruflichen Kenntnisse mit auf den Weg gibt, die heute zur Führung eines Unternehmens erforderlich sind[41]."

Aus der Bedeutung dieser Determinierungsquelle für die Sicherung der Institution und die Sicherung der Eigentümerinteressen erklärt sich die Machtverlagerung von den Eigentümern auf das professionalisierte Management, das über zusätzliche, aus dem Eigentumsrecht der Gesellschafter abgeleitete formale Determinierungsquellen verfügt. „Trotz fehlenden Eigentums oder Kapitals haben die Manager Stimmrecht und meist auch Gewinnbeteiligungsrechte, so daß die ursprüngliche Einheit von Vermögens-, Stimm- und Gewinnrecht in der Hand des Gesellschafters trotz weiter geltender Gesetze zerbrochen ist[42]." *Schelsky*[43] beschreibt diese Tatsache als die freiwillige Abdankung der alten Herrscher oder ihrer Erben, wobei die Manager die entstehenden Leerstellen der Macht eingenommen haben, und *Burnham*[44] entwickelte die These des Regimes der Manager. Aber auch hier sind unter Beachtung der Entfaltung der formalen und personalen Determinierungsquellen der Arbeitnehmer Grenzen für die Ausschöpfung der Managermacht gezogen. Durch den Ausbau der gesamten arbeitsrechtlichen Regelungen, insbesondere der Rechte in Bezug auf das Arbeitsverhältnis, wie Kündigungsschutz, des Tarifvertragsrechts und des Betriebsverfassungs- bzw. Mitbestimmungsgesetzes, sind Gegengewichte zu den Determinierungsmöglichkeiten des Management geschaffen. Parallel hierzu verläuft die Entwicklung der personalen Determinierungsquellen in Form des Spezialistentums, aber auch durch gewerkschaftliche Ausbildungsmaßnahmen. Die Arbeitnehmer verfügen insofern in zunehmendem Maße über Determinierungsquellen zur Sicherung ihrer Individualinteressen im Konfliktfeld der Unternehmung. „Dabei muß deutlich zwischen der relativ geringen, wenn auch gegenüber früheren Jahrzehnten wesentlich gestiegenen Macht des einzelnen Arbeitnehmers und der heute großen Macht von Gewerkschaften oder anderen Arbeitnehmerorganisationen unterschieden werden[45]."

---

40 Schmidt [Grundlagen] 60 f.
41 Lohmann [Unternehmensverfassung] 68.
42 Chmielewicz [Arbeitnehmerinteressen] 30.
43 Vgl. Schelsky [Berechtigung] 135.
44 Vgl. Burnham [Regime].
45 Chmielewicz [Arbeitnehmerinteressen] 33.

Dieses Geflecht von Determinierungsquellen in der Unternehmung ist für die unternehmungspolitische Forschung natürlich mit einer Reihe von Fragen und Aufgabenstellungen verbunden.

Vom Standpunkt der Institutionenthese ist zunächst von primärem Interesse die Erfassung der *faktischen Verteilung* der Determinierungsquellen auf die Unternehmungsmitglieder, um die tatsächlichen Machtrelationen, die die Sicherungsmöglichkeiten der Interessen der Unternehmungsmitglieder bestimmen, erkennen zu können. Da jede Verfügungsmöglichkeit über Determinierungspotentiale zugleich die Gefahr eines die Existenz oder Funktionsfähigkeit der Unternehmung gefährdenden Einsatzes beinhaltet, ist des weiteren dem Problem der *Kontrolle* der Ausschöpfung von Determinierungsquellen nachzugehen. Für diese Frage sind die Konsequenzen bestehender unternehmungspolitischer Strukturen der Unternehmung, aber auch unternehmungspolitische Modelle zu entwickeln, die eine wechselseitige Zielsicherung durch Einsatz der Determinierungspotentiale unter Beachtung der Erhaltung der Institution gewährleisten. Die Notwendigkeit der Neukonzeption des Systems der Konflikthandhabung betonen *Hickson et al.*: „Perhaps today's authority hierarchy is partly a fossilized impression of yesterday's power ranking[46]."

Als weiterer Fragenkreis schließt sich die Analyse der *Kosten* der Ausschöpfung von Determinierungspotentialen zur Sicherung von Aktorinteressen an[47]. Hierzu gehört u. a. die Kostenanalyse der in der Unternehmung zu Determinierungszwecken eingesetzten positiven und negativen Anreize sowie die Frage der Kosten von Streik und Aussperrung als spezifische, aus den formalen Quellen ableitbare Determinierungsmittel.

Die Differenzierung von personalen und formalen Determinierungsquellen ist allerdings insofern zu problematisieren, als hier zweifelsohne Interdependenzen bestehen.

Die Realisierung von Wissen und Sachverstand in Konfliktverläufen wird erheblich von der Position und damit von den Informationsmöglichkeiten in der Unternehmung beeinflußt. Wie empirische Untersuchungen zur Mitbestimmung zeigen, nimmt die Möglichkeit der Zielsicherung durch Ausschöpfung der Determinierungsquellen Wissen und Sachverstand mit sinkenden Rechten an formalen Determinierungsquellen ab. Da sich die formalen Determinierungsquellen eines Aktors auch im Verfügungsrecht über Informationsbestände in der Unternehmung konkretisieren, korrelieren beide Determinierungsquellen in hohem Maße[48]. Die Beschaffung von Informationen zur Auffüllung der informationalen Determinierungsquelle zur Verbesserung der Konflikthandhabungsmöglichkeiten ist daher eines der wichtigen kollektiven und individuellen

46 Hickson et al. [Strategic] 218.

47 Vgl. Baldwin [Costs].

48 Vgl. Hartmann/Bock-Rosenthal/Helmer [Leitende] 59 ff., Kieser/Kubicek [Organisationsstruktur] 465 f.

Bedürfnisse der Arbeitnehmer und ist teilweise bereits durch betriebsverfassungsrechtliche Regelungen abgesichert.

Andererseits ist mit *Mechanic* darauf hinzuweisen, daß in spezifischen Entscheidungssituationen Arbeitnehmer auf unteren Positionen über spezielle Informationspotentiale verfügen, die sie zur Determinierung übergeordneter Manager einsetzen können: „... lower participants in organizations can often assume and wield considerable power which is not associated with their positions as formally defined within there organizations[49].“

Im Hinblick auf die formalen und personalen Determinierungsquellen der Arbeitnehmer und der damit verbundenen Möglichkeit der Manipulation des Management führt *Mechanic* aus: „The most effective way for lower participants to achieve power is to obtain, maintain, and control access to persons, information, and instrumentalities. To the extent that this can be accomplished, lower participants make higher-ranking participants depent upon them. Thus dependence together with the manipulation of the dependency relationship is the key to the power of lower participants[50].“

Mit zunehmender Spezialisierung und zunehmendem Unternehmungswachstum verstärkt sich die wechselseitige Abhängigkeit von Wissen und Expertenmacht in der gesamten Unternehmungshierarchie. Unter Anknüpfung an die Überlegungen zur Strukturierung von Handlungsspielräumen und der Bildung des Zielsystems der Unternehmung werden allerdings die Grenzen der Determinierung übergordneter Manager durch Ausschöpfung der informationalen Determinierungsquellen deutlich: Die Expertenmacht des jeweils übergeordneten Management bezieht sich auf die Generalzielsetzung und -sicherung und legt damit den generellen Rahmen für die Spezialzielableitungen untergeordneter Aktoren fest[51]. Versuche, eigene Spezialziele gegen Generalziele übergeordneter Aktoren abzusichern, stoßen dann auf die zusätzlichen formalen Determinierungsquellen des Management.

Trotz der bestehenden Interdependenzen zwischen den Determinierungsquellen ist die Differenzierung von personalen und formalen Determinierungsquellen aus der Sicht der Konflikthandhabung zweckmäßig. Mit der formalen Determinierungsquelle ist das institutionell anerkannte Recht, Handlungen anderer zu beeinflussen und mit der personalen Determinierungsquelle die nicht institutionell sanktionierte Weise, Einfluß auf andere auszuüben, verbunden[52].

Die Tatsache der Ergänzung der Leitungsmacht als formale Determinierungsquelle des Management und der Mitbestimmung als formale Determinierungsquelle der Arbeitnehmer durch personale Eigenschaften erkennt *Krug* daran,

49 Mechanic [Sources] 137.
50 Mechanic [Sources] 142.
51 Vgl. Chmielewicz [Arbeitnehmerinteressen] 30.
52 Vgl. Krug [Begriff] 122.

„... daß verschiedene Personen trotz gleicher Stellung und unter den gleichen organisatorischen Voraussetzungen in unterschiedlichem Maße Autorität besitzen“[53]. Einen auf diese Determinierungsquelle bezogenen Erklärungsansatz des Führungsverhaltens liefert die Eigenschaftstheorie[54]. *Popper*[55] äußert im Rahmen seiner Auseinandersetzung mit Platons Grundfrage „Wer soll herrschen?“ die Hoffnung auf persönlich hoch qualifizierte Machtträger, stellt aber die These auf, daß institutionelle Vorkehrungen, wie Demokratisierung, zur Kontrolle des Mißbrauchs personaler Macht notwendig sind, wenn soziale Systeme selbst verbessert werden sollen.

Mit folgender Skizze werden die diskutierten Determinierungsquellen abgebildet:

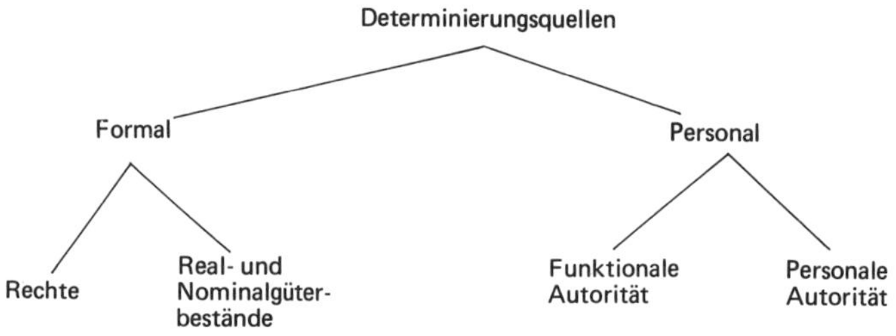

Mit der Analyse der Determinierungsquellen ist die Untersuchung eines Teils der Machtgrundlagen abgeschlossen. Zu ihrer vollständigen Erfassung sind nun noch die Determinierungsmittel zu untersuchen[56].

(γ) Determinierungsmittel als Komponenten der Machtgrundlagen

Die Verfügung über Determinierungsquellen stellt lediglich die Voraussetzung für die Einflußnahme auf kollidierende Aktoren dar. Erst durch eine spezifische Nutzung der Quellen, die in der Ableitung von Determinierungsmitteln besteht, wird die Einwirkung auf den kollidierenden Aktor möglich.

Als *Determinierungsmittel* werden *Informationen primärer und sekundärer Art* sowie *materielle und immaterielle Äquivalente* unterschieden[57].

Primäre Informationen informieren den kollidierenden Aktor unmittelbar über Tatbestände des Grundzielkonflikts, *sekundäre Informationen* unterstüt-

[53] Krug [Begriff] 122.
[54] Vgl. Neuberger [Führungsverhalten] 19 ff.
[55] Vgl. Popper [Zauber] 169 ff.
[56] Die Akzeptanz als problematisches Element der Machtgrundlagen wird gesondert im Abschnitt VI 2. e) diskutiert.
[57] Vgl. Klis [Überzeugung] 68 ff.

zen die Annahme der primären Informationen, indem sie auf die Determinierungsquellen des Determinierenden verweisen, z. B. auf dessen Entschlossenheit oder besonderen Sachverstand. Die zur Beeinflussung des kollidierenden Aktors übermittelten Informationen können realitätsbeschreibend (deskriptiv) oder realitätserklärend (explanativ) sein, sie können auf Wertsetzungen verweisen, die beachtet werden sollten (valuativ) oder können über das vom Beeinflussenden Gewollte informieren (voluntativ)[58].

Beispiele für *Äquivalente* als Determinierungsmittel sind Zinsen, Dividenden, Prämien, Gewinnbeteiligung, Tantiemen, Spesen, Vermögensbildung, Statussymbole jeder Art, die Gewährung von Rechten, wie Mitbestimmung, die Zuordnung von Kompetenzen, die Verbesserung von Arbeitsbedingungen usw. Äquivalente können aus der Sicht des zu Determinierenden positiv oder negativ sein. Sie sind positiv, wenn der kollidierende Aktor sich bei Aufgabe seines kollidierenden Ziels und Annahme des angebotenen Äquivalentes gegenüber seiner Ausgangsposition bessergestellt sieht; sie sind negativ, wenn sich der kollidierende Aktor bei Verfolgung seiner kollidierenden Zielsetzung unter Ablehnung des angebotenen Äquivalents gegenüber der Ausgangsposition schlechtergestellt sieht. Inwieweit ein Aktor die mit eigenen Grundzielen kollidierenden Ziele anderer zu determinieren vermag, hängt also nicht nur von dem Besitz an Determinierungsquellen und -mitteln ab, sondern in entscheidendem Maße von den Interessen und Bedürfnissen, die die zu Determinierenden den Machtmitteln des Aktors entgegenbringen[59].

Sind beispielsweise Mitarbeiter an einer Lohnerhöhung als Äquivalent für die Aufgabe ihres mit dem Manager kollidierenden Ziels nicht interessiert, ist das angebotene Äquivalent als Determinierungsmittel wirkungslos. Ist der übergeordnete Manager zu einer Reduzierung seiner Zielvorgabe trotz Androhung einer Kündigung durch den untergeordneten Manager nicht bereit, da ihn die weitere Mitarbeit des untergeordneten Aktors nicht interessiert, ist die Androhung des Entzugs der Arbeitsleistung als Determinierungsmittel wirkungslos.

Informationen primärer und sekundärer Art sowie Äquivalente stellen ein spezielles „Rohmaterial" der Konflikthandhabung dar. Sie werden in Determinierungsprozessen unterschiedlich gestaltet, angeboten oder auch entzogen. Hierbei lassen sich einige typische Methoden der Einwirkung auf kollidierende Aktoren isolieren, die als Alternativen der Konflikthandhabung zu systematisieren sind. Zuvor sind jedoch die Konsequenzen der bisherigen Diskussion im Hinblick auf die Rahmenbedingungen der Konflikthandhabung zu ziehen.

---

58 Vgl. Dlugos [Unternehmungspolitik].

59 Vgl. Kirsch [Entscheidungsprozesse III] 188.

(3) Machtverteilung als Rahmenbedingung der Konflikthandhabung

Die Regulation der Machtverteilung in der Unternehmung konkretisiert sich nach *Pohmer/Schweitzer*[60] in der Unternehmungsverfassung, der Unternehmungsorganisation und im Mitbestimmungsrecht der Arbeitnehmer.

Die gesetzlichen Regelungen fixieren die Mindestausstattung der Unternehmungsmitglieder mit formalen Determinierungsquellen, aus denen sie spezifische Determinierungsmittel zur Absicherung ihrer Grundziele schöpfen können. Die übrigen Determinierungsquellen in der Unternehmung sind offen und unterliegen damit der unternehmungsindividuellen Gestaltungsfreiheit.

Mit der Unternehmungsverfassung wird lediglich die generelle Machtstruktur der Unternehmung umrissen[61]. Die Unternehmungsverfassung stellt die in Gesetzen kodifizierte Grundordnung der Unternehmung dar, die entsprechend der jeweiligen Rechtsform und Eigentumsverhältnisse eine generelle Regelung der Funktionen, der Legitimation, der Wahl und Besetzung der Unternehmungsorgane, der unternehmungsexternen Beziehungen sowie der Rechte und Pflichten der Unternehmungsmitglieder herbeiführt[62]. Damit wird eine grobe Struktur des unternehmungspolitischen Systems der Konflikthandhabung fixiert. Problematisch ist dabei die Frage nach Umfang, Tiefe und Inhalt der Unternehmungsverfassung sowie die Frage, wie die Entscheidung über die Ausgestaltung der Unternehmungsverfassung zustande kommt[63]. *Chmielewicz*[64] verweist in diesem Zusammenhang auf die Betriebsverfassung als Gegenstand eines Machtkampfes bzw. einer sozial und ökonomisch sinnvollen Reformstrategie.

Das Machtverteilungsraster der Unternehmungsverfassung wird ergänzt durch die organisatorische Regelung der Kompetenzen und den kodifizierten Führungsstil. Die Zuordnung formaler Determinierungsquellen erfolgt abgestuft nach Managementrängen und entsprechend der Struktur des Grundzielsystems der Unternehmung.

Die Zuordnung dominierender formaler Determinierungsquellen auf übergeordnete Instanzen begünstigt und sichert einen hierarchisch verlaufenden Prozeß der Einflußnahme auf Rangniedere. Die Ausstattung des jeweils übergeordneten Managers mit umfangreicheren formalen Determinierungsquellen verleiht ihm die Möglichkeit, das von ihm gesetzte Grundziel gegen kollidierendes Verhalten Rangniederer zu sichern. Mit dieser strukturellen Verteilung von Machtquellen unter dem Gesichtspunkt der Installierung von Machtdifferen-

---

60 Vgl. Pohmer/Schweitzer [Macht] 84 ff.

61 Vgl. Pohmer/Schweitzer [Macht] 85.

62 Vgl. Wild [Management] 60.

63 Vgl. Wild [Management] 61 f.

64 Vgl. Chmielewicz [Betriebsverfassung] 20 ff.

zen wird die Basis für eine einseitige Anpassung kollidierender Aktoren an die jeweils übergeordneten Grundzielvorstellungen geschaffen.

Hinsichtlich der Regelung der Machtbeziehungen durch die Unternehmungsorganisation stellt sich auch hier die Frage nach den Konsequenzen des Detaillierungsgrades und der verschiedenen Strukturformen für die Möglichkeiten der Sicherung der Interessen der Unternehmungsmitglieder. Daraus ergibt sich zwangsläufig das Problem sich überschneidender Interessenlagen bei der organisatorischen Gestaltung der Unternehmung.

Das Mitbestimmungsrecht der Arbeitnehmer als weiterer Rahmen der Konflikthandhabung konkretisiert sich in den Rechten des Betriebsrates und der Arbeitnehmervertreter im Aufsichtsrat. Darüber hinaus ist die Sicherung der Arbeitnehmerziele im Mitbestimmungsmodell der Montanindustrie durch die Bestellung eines Arbeitsdirektors im Vorstand erweitert.

Neben der Mitbestimmung im Vorstand und im Aufsichtsrat steht die Konzeption der Mitbestimmung am Arbeitsplatz, die „... für die Erfüllung von Arbeitnehmerindividualzielen fundamentale Bedeutung“[65] hat, da sie über die Erweiterung von Handlungsspielräumen durch Überlassen von Eigenentscheidung unmittelbar die Erfüllungsbedingungen der individuellen Zielkriterien wie Arbeitsbelastung, Selbstverwirklichung und soziologische Bedingungen positiv verändert. Aus unternehmungspolitischer Sicht stellt die Mitbestimmung am Arbeitsplatz eine Rahmenregelung der Handlungsspielräume dar, deren Determinierungswirkung einerseits auf der Erweiterung von Freiheitsgraden der Handlungsspielräume der Arbeitnehmer, andererseits auf der Begrenzung bisheriger Entscheidungskompetenzen hierarchisch übergeordneter Positionen beruht.

Mit der Skizzierung der Unternehmungsverfassung, der Unternehmungsorganisation und Mitbestimmung der Arbeitnehmer sind die generellen Regulative der betrieblichen Machtbeziehungen als Einflußgrößen der Konflikthandhabung aufgezeigt.

Darüber hinaus zeigt die Unternehmung je nach „Philosophie der Konflikthandhabung“ unterschiedliche Feinstrukturen der Machtverteilung auf. So können die positiven Machtdifferenzen übergeordneter Manager in abgegrenzten Bereichen der Unternehmung oder für bestimmte Entscheidungssituationen verändert werden, wenn auf Rangniedere zusätzliche formale Determinierungsquellen übertragen werden, z. B. das Recht auf Mitentscheidung. Bei Gleichsetzung bzw. Ausschaltung formaler Determinierungsquellen durch Einebnung formaler Machtdifferenzen, wie es in demokratischen Führungsmodellen angestrebt wird und dem „Teamgedanken“ zugrundegelegt wird, können dennoch Prozesse der Einflußnahme, und zwar unter primärer Ausschöpfung personaler Determinierungsquellen, erfolgen. So sind auch in einem Team

65 Chmielewicz [Arbeitnehmerinteressen] 192.

Determinierungsprozesse möglich, die aus dem unterschiedlichen Besitz an personaler Macht resultieren. Im Gegensatz zu den formalen Determinierungsquellen sind die personalen Determinierungsquellen der Aktoren nicht unmittelbar strukturierbar, können aber durch geeignete Maßnahmen, wie beispielsweise Management Development, gefördert und dadurch mittelbar gestaltet werden. Die personalen Determinierungsquellen werden allerdings durch den Besitz an formaler Macht unterstützt. So verfügt der Aktor in übergeordneter Position in der Regel über formale Informationsvorteile, die seine auf Wissen und Persönlichkeit beruhenden Determinierungsprozesse verstärken können.

Die Differenzierung von formalen und personalen Determinierungsquellen zeigt, daß die Diskussion der Machtverteilung das Problem nicht deckungsgleicher formaler und personaler Machtstrukturen zu berücksichtigen hat. Die personalen Machtdifferenzen können die formalen Machtdifferenzen aufheben, pervertieren, aber auch verstärken. Die formalen, verbunden mit den personalen Machtdifferenzen, bestimmen mithin die reale Innenmachtstruktur der Unternehmung.

Mit der Diskussion der Machtverteilung wird das komplexe Netz der Determinanten des unternehmungspolitischen Zielsetzungsprozesses deutlich. Die Rahmenbedingungen wirken sich auf die im unternehmungspolitischen Generalziel formulierte Mittelaussage über die Begrenzung der Determinierungsquellen und -mittel aus und beeinflussen damit die Realisierungsmöglichkeit der unternehmungspolitischen Zweckaussage.

Es stellt sich nun die Frage, welche typischen Möglichkeiten der Konflikthandhabung zu unterscheiden sind.

c. Alternativen unternehmungspolitischen Handelns

Unternehmungspolitische Handlungsalternativen umfassen Strategien, Taktiken und Mittel zur Sicherung gefährdeter Grundziele, die unter dem Aspekt der Einflußnahme und Machtausübung in den bereits diskutierten konflikttheoretischen Ansätzen in unterschiedlicher Systematik verarbeitet wurden.

Um die für unternehmungspolitische Zwecke relevante Systematik der Konflikthandhabungsformen herausarbeiten zu können, ist es angebracht, die wichtigsten in der konflikttheoretischen Literatur diskutierten Ansätze zu beleuchten.

Hierbei genügt es, die Ausführungen lediglich auf die wichtigsten Aspekte der Systematisierungsversuche der Konflikthandhabung zu beschränken.

(1) Konzeptionen der Konflikthandhabung

Die Systematisierungsansätze von Handhabungsformen interpersonaler Konflikte sind überaus zahlreich und heterogen. Die Ansätze von *Dahrendorf, Boulding, March/Simon, Cyert/March* und *Easton* wurden bereits ausführlich diskutiert[66].

So wurden bei *Dahrendorf*[67] als Alternativen der Konfliktaustragung die Verhandlung, Vermittlung, Schlichtung und Zwangsschlichtung, bei *Boulding*[68] die Unterscheidung von Konfliktvermeidungs- und Konfliktlösungsstrategien und bei *March/Simon*[69] die Differenzierung von Problemlösung, Überzeugung, Verhandlung und Aushandlung (politics) sichtbar. *Cyert/March*[70] betrachten die Konflikthandhabung als mehrstufigen Verhandlungsprozeß zwischen Koalitionen, dessen zentrales Element im Angebot von Äquivalenten besteht, und *Easton*[71] zeigt fünf verschiedene Möglichkeiten der Verarbeitung von Forderungen im politischen System auf.

Ergänzend ist auf *Bidlingmaier, Blake/Mouton* und *Lawrence/Lorsch* zu verweisen. *Bidlingmaier* untersucht Strategien der Konfliktvermeidung und -unterdrückung sowie Strategien, die auf die einseitige Interessendurchsetzung bzw. gegenseitige Interessenberücksichtigung gerichtet sind[72]. *Blake/Mouton* ordnen dem jeweiligen Führungsverhalten ihres „Managerial Grid" als Handhabungsformen die Unterdrückung, die Harmonisierung, den Rückzug, den Kompromiß und die Konfrontation zu[73]. *Lawrence/Lorsch* legten ihrer empirischen Untersuchung eine auf die Handhabungstypen Konfrontation, Unterdrückung und Harmonisierung reduzierte Systematisierung zugrunde[74].

Mit diesen heterogenen Klassifikationen von Handhabungsformen werden Alternativen der Veränderung, Regelung und Lösung interpersonaler Konfliktsituationen erfaßt, wobei die Frage nach der Zuordnung von Mitteln der Konflikthandhabung zu spezifischen Konfliktsituationen theoretisch wie pragmatisch von höchstem Interesse ist.

Ein Versuch, diese Frage zu beantworten, ist insbesondere bei *Blake/Shepard/Mouton*[75] erkennbar, die Konfliktsituationen dahingehend unterscheiden, inwieweit die Konfliktparteien den Konflikt für umgehbar und einen Konfliktausgleich für möglich halten. Den nach diesen Merkmalen differenzierten Situa-

---

66 Vgl. die Abschnitte II und IV der Arbeit.
67 Vgl. Dahrendorf [Elemente] 229 f.
68 Vgl. Boulding [Conflict] 395 ff.
69 Vgl. March/Simon [Organizations] 129 ff.
70 Vgl. Cyert/March [Theory] 29 ff.
71 Vgl. Easton [Analysis] 73 ff.
72 Vgl. Bidlingmaier [Zielkonflikte] 127 ff.
73 Vgl. Blake/Mouton [Verhaltenspsychologie] 42 ff., 73 ff., 98 ff., 125 ff., 162 ff.
74 Vgl. Lawrence/Lorsch [Environment] 76 f.
75 Vgl. Blake/Shepard/Mouton [Managing] 10 ff.

tionen werden spezielle Handhabungskategorien zugeordnet, wobei die Wahl einer spezifischen Handhabungsform in Abhängigkeit von der Aktivität und Passivität des Aktors sowie in Abhängigkeit von der Bewertung des Konfliktgegenstandes, d. h. von der relativen Bedeutung, die der Konflikt für das Zielsystem des Aktors hat, gesehen wird. Mit der folgenden Abbildung werden die von *Blake/Shepard/Mouton* differenzierten und von *Thiele*[76], *Krüger*[77] und *Esser*[78] ausführlich diskutierten Konflikthandhabungstypen aufgezeigt:

	Typ A	Typ B	Typ C	
	Konflikt unumgehbar	Konflikt umgehbar	Konflikt unumgehbar	
	Interessen-ausgleich unmöglich	Interessen-ausgleich unmöglich	Interessen-ausgleich möglich	
Aktiv	Gewinn-Verlust Machtkämpfe	Rückzug	Problemlösen	Hohe Wert-vorstellung
	Drittparteien-urteil	Isolation	Teilen des Streitwertes	Mittlere Wert-vorstellung
Passiv	Zufallsurteil	Indifferenz bzw. Ignoranz	Friedliche Koexistenz	Niedrige Wert-vorstellung

Abb. 25. Konflikthandhabungstypen nach Blake/Shepard/Mouton

Diese Systematik ergänzen *Thiele* und *Krüger* noch um den Typ D „Konflikt latent vorhanden - Bewußtmachung notwendig".

Krüger[79] betrachtet die Handhabungsformen der Typen A und C als Alternativen der *Konfliktaustragung*, die Handhabungsformen des Typs B als Alternativen der *Konfliktumgehung* und den Typ D als *Konfliktbewußtmachung*.

Die genannten Handhabungsformen sollen in Anlehnung an *Krüger* hinsichtlich ihrer wichtigsten Merkmale mit folgender Tabelle kurz skizziert werden. Hierbei wird auf die Herausarbeitung der spezifischen Mittel der Handhabungsalternativen sowie auf die von *Krüger* herausgestellten Zielkriterien und Wirkungen der Konflikthandhabung und das angestrebte Ergebnis der Kon-

76 Vgl. Thiele [Konflikte] 123 ff.
77 Vgl. Krüger [Grundlagen] 92 ff.
78 Vgl. Esser [Konfliktverhalten] 122 ff.
79 Vgl. Krüger [Grundlagen] 93 ff.

flikthandhabung besonderes Gewicht gelegt. Darüber hinaus sind die Formen der Akzeptanzerzielung beim Konfliktpartner erfaßt.

Mit den Zielkriterien werden, wie bereits erwähnt, die möglichen Auswirkungen der Konflikthandhabung der Art nach erfaßt. Die Ergebnisse der Konflikthandhabung geben die erreichbare Sicherung des gefährdeten Grundziels wieder.

Betrachtet man den bisher gegebenen Überblick über Konflikthandhabungsformen aus unternehmungspolitischer Perspektive, entsteht die Frage, inwieweit diese Handhabungsmöglichkeiten den Charakter von *Determinierungsaktionen* tragen.

Wie bereits herausgestellt, wird in der *Konfliktbewußtmachung* beim unternehmungspolitischen Aktor eine notwendige Voraussetzung zur Einleitung von Determinierungsmaßnahmen gesehen. Ohne bewußte Kognition von Konflikten ist eine planvolle Einwirkung auf den das Grundziel des Aktors permanent und latent gefährdenden Konfliktpartner nicht möglich. Die Gestaltung von Bedingungen in der Unternehmung, die die Konfliktbewußtmachung der Unternehmungsmitglieder sichern soll, ist allerdings nicht Aufgabe der Unternehmungspolitik. Hierzu gehören beispielsweise die Strukturierung von Kommunikationsbeziehungen, die Implementierung von Management-Informationssystemen, die Entwicklung und Einführung von Konfrontationstechniken und Anforderungen an Grundzielformulierungen[80].

Aus der Sicht des determinierenden Aktors kann die Konfliktbewußtmachung beim latent das Grundziel gefährdenden Aktor durchaus als unterstützende oder vorbereitende Maßnahme einer Determinierungsaktion herangezogen werden. Der Aktor wird beispielsweise an der bewußten Erkennung kollidierenden Verhaltens auf seiten seines Kontrahenten interessiert sein, wenn er in eine offene kooperative Konfliktlösung eintreten will.

Die Formen der *Konfliktumgehung* stellen in unternehmungspolitischer Hinsicht äußerst problematische Verhaltensweisen dar. Mit der Konfliktumgehung zielt der Aktor nicht auf eine aktive Determinierung kollidierenden Verhaltens ab, sondern versucht, durch Rücknahme des gefährdeten Ziels, durch Abbruch von Kooperationsbeziehungen oder durch Verdrängung dem tatsächlichen oder möglichen kollidierenden Verhalten anderer auszuweichen.

Hierbei ist aus der Sicht des determinierenden Aktors allerdings die Frage von Bedeutung, wie durch eine gezielte Konflikthandhabung der kollidierende Aktor zur Konfliktumgehung veranlaßt werden kann, damit er sein eigenes Grundziel ungestört realisieren kann.

Die Konfliktumgehung wird jedoch häufig selbst als kollidierendes Verhalten gewertet. Dies ist beispielsweise bei der Isolation der Fall, wenn „Abteilungszäune errichtet" werden, oder wenn Unternehmungsmitglieder sich Konflikten

---

80 Vgl. Esser [Konfliktverhalten] 82, Will [Unternehmungsführung] 363 ff.

Alternativen der Konflikthandhabung	Konflikthandhabung	Konsequenzen der Konflikthandhabung	Ergebnisse der Konflikthandhabung	Akzeptanz
I. Konfliktaustragung				
1. Gewinn-Verlust-Machtkämpfe	a) In vertikalen Kämpfen: Anwendung formaler Autorität, Androhung negativer Sanktionen (Zurechtweisung, Entlassung, Beschwerde, Kündigung) und Informationsmanipulation. b) In horizontalen Kämpfen: Informale Sanktionsdrohung und Informationsmanipulation; Abstimmungsvorgänge bei Gruppenentscheidungen.	a) Bei Konfliktprozessen innerhalb von Gruppen einfache, schnelle und unproblematische Handhabung für übergeordneten Aktor, da keine Rechtfertigungs- und Überzeugungsbemühungen notwendig. Frustrationswirkung bei untergeordneten Aktoren. Entstehen von interpersonalen Konflikten und Abwehrmechanismen als negative Folgen. b) Bei Konfliktprozessen zwischen Gruppen Integrationseffekt innerhalb der Konfliktparteien. Erhöhung des Organisationsgrades der Gruppen und Tendenz zu autoritärer Führung. Gefährdung der Gruppenkreativität, Intoleranz innerhalb der Gruppe. Konfliktverstärkung durch autostereotypes und heterostereotypes Verhalten.	Dominanzlösung	Erzwungene Akzeptanz durch Androhung negativer Sanktionen.
2. Drittparteienurteil	a) Schlichtung b) Zwangsschlichtung c) u. U. Vermittlung	Ähnlich zum Gewinn-Verlust-Machtkampf. Weitere Konsequenzen: Positives (negatives) Verhältnis zwischen Sieger (Verlierer) und Drittpartei. Schiedsregeln, Parteilichkeit des Dritten als Beurteilungskriterien des Urteilsspruchs.	Dominanzlösungen. Kompromißorientierte Lösungen.	Freiwillige Akzeptanz bei Schlichtung und Vermittlung. Erzwungene Akzeptanz bei Zwangsschlichtung durch Androhung negativer Sanktionen.
3. Zufallsurteil	Los ziehen, Münzwurf	Verkürzung des Konfliktprozesses. Keine Beeinflussungsmöglichkeit des Ergebnisses durch die Konfliktparteien. Daher auch relativ geringe Belastung der Aktorbeziehungen.	Dominanzlösung	Erzwungene Akzeptanz durch Androhung negativer Sanktionen.
4. Problemlösen	Suche nach einer neuen Alternative, die die Erwartungen der Konfliktparteien gleichzeitig erfüllt.	Innovativer und kreativer Handhabungsprozeß, aber mit hoher Unsicherheit behaftet. Konkurrierende Wirkung: Gefahr des Rückfalls in Strategien einseitiger Interessendurchsetzung. Hoher Zeit- und sonstiger Aufwand. Komplementäre Wirkung: Hoher Zufriedenheitsgrad, Lerneffekt. Bei Erfolg: Nachhaltige Konfliktlösung	Harmonielösung	Freiwillige Akzeptanz

5. Teilen des Streitwertes	Aushandeln, Verhandeln	Hohe Unsicherheit der Konsequenzen. Hoher Zeit- und sonstiger Aufwand. Hoher Grad an Verhandlungstaktik notwendig. Instabiler postkonfliktärer Zustand bei geringer Kompromißakzeptanz.	Kompromißlösung	Freiwillige und erzwungene Akzeptanz
6. Friedliche Koexistenz	Stillschweigender Interessenausgleich bei wechselseitiger Toleranz durch Anspruchsanpassung.	Dauerhaftigkeit des Interessenausgleichs nicht sicher. Erhaltung der kooperativen Beziehungen zum Konfliktpartner. Verstärkung des latenten Konflikts möglich. Konkurrierende Wirkung: Ausklammerung wichtiger Entscheidungen.	Harmonielösung	Freiwillige Akzeptanz
II. Konfliktumgehung				
1. Rückzug	Reduzierung bis Abbruch der Beziehungen zum Konfliktpartner.	Spannungsreduktion bei geringem Aufwand.	Einseitige Zielaufgabe oder Zielrevision durch Anspruchsanpassung.	Keine Aussage
2. Isolation	Reduzierung bis Abbruch der Beziehungen zu potentiellen Konfliktpartnern.	Spannungsreduktion bei geringem Aufwand.	Abschirmung gegen potentiell gefährdende Zielsetzungen.	Keine Aussage
3. Indifferenz bzw. Ignoranz	Bewußtes bzw. unbewußtes Vermeiden der Konfliktbeziehung. Verdrängung der Konfliktwahrnehmung.	Kurzfristige Spannungsreduktion. Konkurrierende Wirkung; im Zeitverlauf Konfliktverschärfung.	Keine Aussage	Keine Aussage
III. Konfliktbewußtmachung				
	Aufdecken und Forcieren der Gegensätzlichkeiten	Frühzeitige Auslösung positiver Zielkriterien der Konfliktaustragung wie Anpassung, Wandel, Innovation.	Konfliktauslösung	Keine Aussage

Abb. 26. Konflikthandhabungsformen nach Krüger

nicht stellen und den Rückzug antreten oder sich indifferent bzw. ignorant verhalten[81]. Konfliktumgehung dürfte vor allem in der bewußt auf Interessenüberschneidung ausgerichteten Matrixorganisation als kollidierendes Verhalten betrachtet werden[82].

Hinsichtlich der Alternativen der *Konfliktaustragung* ist aus unternehmungspolitischer Sicht kritisch anzumerken, daß „Problemlösen" als eine auf die Grundzielsetzungsprozesse der beteiligten Aktoren wechselseitig einwirkende Maßnahme angesehen wird, die aber, wie bereits diskutiert, nicht auf Determinierung, sondern auf freiwilliger wechselseitiger Anpassung der Aktoren beruht. Die Interpretation der „friedlichen Koexistenz" als Determinierungsprozeß scheint ebenfalls wenig haltbar zu sein, da dieses wechselseitige Aktorverhalten auf einer von den Aktoren selbst vorgenommenen permanenten Grundzielanpassung bzw. -revision beruht und daher eher eine Konfliktumgehung darstellt.

Unternehmungspolitisch interessant ist aber die Frage, mit welchen Determinierungsmitteln ein kollidierender Aktor zur „friedlichen Koexistenz" bewegt werden kann, wie er also zur freiwilligen, permanenten Anpassung seines Grundziels an das eigene gebracht werden kann. Hier ist beispielsweise an das Angebot von Äquivalenten zu denken.

„Teilen des Streitwertes" bezeichnet im Grunde keine Handhabungsalternative, sondern bereits deren Ergebnis. „Zufallsurteil" und „Drittparteienurteil" setzen einen Determinierungsprozeß voraus, der eine Einigung über die Anwendung einer Regel oder die Anrufung eines Dritten herbeiführt. Die Regel und das Urteil der Drittpartei determinieren die Konfliktparteien durch die gemeinsam akzeptierte Situationsveränderung, nicht jedoch durch eine unmittelbare Einwirkung auf die kollidierenden Grundzielsetzungsprozesse.

Mit dem Begriff „Gewinn-Verlust-Machtkampf" wird schließlich ebenfalls eher ein bestimmtes Konfliktergebnis zum Ausdruck gebracht, als daß die mit diesem Austragungsmodus verbundenen Determinierungsaktionen deutlich herausgestellt werden.

Als kritisches Resümee dieses bisherigen Überblicks über Konflikthandhabungsalternativen soll hier die zum Teil festzustellende Orientierung der Alternativen an angestrebten Ergebnissen statt an spezifischen Prozeßeigenschaften der Konfliktaustragung sowie die geringe Verdeutlichung der mit der Konflikthandhabung verbundenen Entscheidungsproblematik gezogen werden. Das hier zugrunde liegende Konzept der entscheidungsorientierten Analyse des Konfliktverhaltens ermöglicht hingegen, die Konflikthandhabung als Zielsetzungsprozeß mit ihren spezifischen Problemschichten freizulegen und darüber

---

[81] Vgl. Krüger [Grundlagen] 105 f.

[82] Vgl. die ausführliche Konfliktanalyse der Matrixorganisation bei Schneider [Matrixorganisation] 250 ff., zur Konfliktumgehung: 299 f.

hinaus die Einwirkungsbereiche der Konflikthandhabung auf die konfligierende Grundzielsetzung des Konfliktpartners herauszuarbeiten.

Aus der Analyse der *Konfliktursachen,* die nun aus der Sicht der Konflikthandhabung zu *Zielpunkten der Einwirkung* werden, lassen sich zwei idealtypische Einwirkungsmöglichkeiten ableiten: die *unmittelbare Einwirkung* auf den Zielsetzungsprozeß des kollidierenden Aktors sowie die *mittelbare Einwirkung* über Veränderung der Rahmenbedingungen bzw. externen Einflußgrößen des Zielsetzungsprozesses des kollidierenden Aktors.

Eine derartige, für die Zwecke unternehmungspolitischer Forschung brauchbare Differenzierung von Einwirkungsmöglichkeiten findet sich bei *Bühl* in Anlehnung an *Parsons:*

„Idealtypisch kann man (mit Parsons) zumindest zwei Einwirkungsmöglichkeiten, um den anderen zu einer bestimmten Aktion oder Interaktion zu bewegen, unterscheiden: nämlich a) eine Einwirkung auf die Intentionen des anderen, auf sein Verständnis der Situation und sein Selbstverständnis, und b) eine Einwirkung auf den anderen über die Situation selbst, also durch die Veränderung der Situation derart, daß sie den anderen - wenn er sie wahrnimmt, und man wird die Situation so verändern müssen, daß er sie wahrnimmt - zu bestimmten Interaktionen bewegt oder sogar zwingt[83]."

Parsons differenziert mithin zwei Variablen der Einflußnahme, die er als „Kanäle" bezeichnet: „The first variable is whether ego attempts to work through potential control over the *situation* in which alter is placed, and must act, or through an attempt to have an effect on alter's *intentions,* independently of changes in his situation. Let us call this the „channel" variable[84]."

Die Determinierung des kollidierenden Aktors erfolgt nach *Parsons* über diese Kanäle alternativ durch *positive* oder *negative Sanktionierung.* Aus der Kombination dieser vier Variablen leitet Parsons folgende Typologie von Einwirkungsmöglichkeiten ab[85]:

		CHANNEL	
		Situational	*Intentional*
SANCTION	*Positive*	Inducement	Persuasion
	Negative	Deterrence	Activation of Commitments

Diese vier Einwirkungsmöglichkeiten sollen kurz skizziert werden:

1. *Anreiz* (Inducement) bedeutet der Versuch, den anderen Aktor über das Angebot einer Situationsverbesserung zur Anpassung an die eigene Zielvorstellung zu bewegen.

---

[83] Bühl [Konfliktsoziologie] 32. Bühl bezieht sich auf Parsons [Concept] 361 ff.
[84] Parsons [Concept] 410.
[85] Vgl. Parsons [Concept] 412.

2. *Abschreckung* (Deterrence) bedeutet der Versuch, den anderen Aktor über die Androhung einer Situationsverschlechterung zur Anpassung an die eigene Zielvorstellung zu bewegen.

3. *Überzeugung* (Persuasion) bedeutet der Versuch, den anderen Aktor an die eigene Zielvorstellung dadurch anzupassen, daß ihm Gründe angegeben werden, warum es aus dessen eigener Sicht von Vorteil wäre, sich anzupassen.

4. *Aktivierung von Verpflichtungen* (Activation of Commitments) bedeutet der Versuch, den anderen Aktor an die eigene Zielvorstellung dadurch anzupassen, daß ihm Gründe angegeben werden, warum es aus dessen eigener Sicht von Nachteil wäre, sich nicht anzupassen.

Durch Zuordnung spezifischer Mittel zu diesen vier Grundkategorien kommt *Parsons*[86] zu folgendem paradigmatischen Zusammenhang:

			CHANNEL	
			Situational	*Intentional*
SANCTION	*Positive*	**MODE**	Inducement	Persuasion
		MEDIUM	Money	Influence
	Negative	**MODE**	Deterrence	Activation of Commitments
		MEDIUM	Power	Generalization of Commitments

Wenngleich die Differenzierung von intentionaler und situationaler Einwirkung für die Erfassung von Determinierungsmöglichkeiten von grundlegender konzeptioneller Bedeutung ist, so ist doch die Systematik der Alternativen und Mittel und ihre Betrachtung unter dem Aspekt positiver und negativer Sanktionen wenig befriedigend.

Störend ist hierbei die Einordnung von Macht, die ja nicht nur Quelle negativer Sanktionen ist, sowie die unvollständige Interpretation materieller Ressourcen als situationale und Verpflichtungen als intentionale Determinierungsmittel[87]. Auf der Grundlage dieser generellen Aufbereitung der in der konflikttheoretischen Literatur vertretenen Auffassungen ist nunmehr die unternehmungspolitische Systematik der Konflikthandhabung herauszuarbeiten.

(2) Die unternehmungspolitische Systematik der Konflikthandhabungsalternativen

Konflikthandhabung bedeutet zielorientiertes rationales Handeln der Unternehmungsmitglieder. Die generellen Problemkreise dieses Handelns wurden mit der Analyse der UP-Generalzielsetzung aufgezeigt, wobei mit der Mittelaus-

86 Vgl. Parsons [Concept] 413.

87 Vgl. hierzu die Diskussion der unternehmungspolitischen Determinierungsquellen und -mittel auf Seite 188 ff.

sage die Verfügung über Determinierungsquellen und -mittel als Grundlage unternehmungspolitischer Aktivitäten deutlich wurde. Die aus den Determinierungsquellen fließenden Mittel werden zu Determinierungsalternativen umgeformt und einer Wirkungs- und Nutzenanalyse unterzogen, um die im Hinblick auf die bezweckte Grundzielsicherung optimale Alternative feststellen zu können. Die noch verbleibende Frage nach den Zielkriterien bzw. Wirkungsarten der Konflikthandhabung wird im Anschluß an die Entwicklung der unternehmungspolitischen Systematik der Konflikthandhabungsalternativen aufgegriffen.

(a) Grundprobleme

Informationen und Äquivalente stellen die Grundkomponenten unternehmungspolitischer Alternativen dar. Die Determinierungsmittel lassen sich alternativ einsetzen, aber auch verschieden kombinieren.

Über den Einsatz von Determinierungsmitteln kann in Anlehnung an die Auffassung *Parsons* entweder auf den *mentalen Akt der Zielsetzung* des Trägers des kollidierenden Handlungsspielraums Einfluß genommen werden oder durch Einwirkung auf dessen *Umfeld* die kollidierende Zielrealisation unmittelbar unterbrochen werden.

Unter diesem Gesichtspunkt sind die unternehmungspolitischen Alternativen klassifiziert in[88]:

1. Die Determinierung des Zielsetzungsprozesses des Trägers des kollidierenden Handlungsspielraums *(Zieldeterminierung)*,
2. die Determinierung des Umfeldes des Trägers des kollidierenden Handlungsspielraums *(Umfelddeterminierung)*.

Im Gegensatz zur Determinierung des Zielsetzungsprozesses, deren Einwirkungsbereich der gesamte mentale Akt der Zielsetzung des Trägers des kollidierenden Handlungsspielraums ist, besteht die Umfelddeterminierung in der unmittelbaren Begrenzung der Aktionsmöglichkeiten des kollidierenden Aktors. Es werden Änderungen im Umfeld des kollidierenden Aktors derart vorgenommen, daß eine zwangsläufige und unmittelbare Unterbrechung der kollidierenden Verhaltensweise erzielt wird. Daraus ergeben sich für beide unternehmungspolitischen Handhabungsformen verschiedene Zielpunkte der Einwirkung, die als *Determinierungszielpunkte* bezeichnet werden.

Determinierungszielpunkte der Zieldeterminierung sind grundsätzlich sämtliche informatorische und wertmäßige Elemente des kollidierenden Zielsetzungsprozesses.

---

88 Vgl. Dlugos [Teildisziplin] 61 f., [Stichwort].

Die Determinierung des kollidierenden Aktors zielt bei diesem Handhabungstyp auf

- die Aktualisierung von Zielen,
- die Alternativenaufnahme,
- die Zielkriterienaufnahme,
- die Konsequenzenaufnahme,
- die Bewertung der Konsequenzen und Gewichtung der Zielkriterien,
- die Wahl des Entscheidungskriteriums.

Mit der Differenzierung der Determinierungszielpunkte wird die pragmatische Bedeutung der Analyse von Konfliktursachen deutlich: Die Konfliktursachen werden zu Determinierungszielpunkten. Beruht der Austauschkonflikt beispielsweise auf einer Nicht-Übereinstimmung der Zielkriterienaufnahme oder auf einer unterschiedlichen Bewertung der Aktoren, bestehen Zielpunkte der Konflikthandhabung in der Einwirkung auf diese Konfliktursachen. Voraussetzung einer wirksamen Determinierung des kollidierenden Zielsetzungsprozesses durch das Angebot von Informationen oder Äquivalenten ist allerdings rationales Verhalten des Konfliktpartners. Unter der Annahme, daß der Konfliktpartner den für sich günstigsten Weg wählt, versucht der determinierende Aktor den Zielsetzungsprozeß des kollidierenden Aktors durch Informationen und Äquivalente so zu beeinflussen, daß für diesen ein - mit dem beeinflussenden Aktor allerdings komplementärer - „günstigster" Weg sichtbar wird. Daß hier natürlich Fehleinschätzungen der Nutzenvorstellung des kollidierenden Aktors möglich sind und zur Wirkungslosigkeit des Determinierungsversuchs führen, bedarf keiner besonderen Erwähnung. In diesem Fall wird der Aktor eine Revision des unternehmungspolitischen Zielsetzungsprozesses vornehmen und eine veränderte Determinierungsstrategie wählen.

Als *Alternativen der Zieldeterminierung* werden unterschieden:

- die Überzeugung,
- die Manipulation,
- die Kompensation durch Angebot von Äquivalenten und
- die Verhandlung.

Im Rahmen dieser Determinierungsalternativen werden dem zu Determinierenden Informationen zur Verarbeitung in seinem Zielsetzungsprozeß angeboten, die zusätzlich mit dem Versprechen positiver Äquivalente für den Fall tatsächlicher Revision des kollidierenden Ziels verbunden sein können. *Positive Äquivalente* (Belohnungen) haben *keinen zwingenden Charakter* für den kollidierenden Aktor, denn dieser kann bei Ignorierung der Determinierungsversuche unter Verzicht auf das positive Äquivalent die Verfolgung des kollidierenden Ziels fortsetzen, ohne daß sich seine ursprüngliche Situation verschlechtert. Diese Determinierungsform führt daher nur zur Absicherung gefährdeter Grundziele, wenn der zu Determinierende die übermittelten Informationen und die eventuell angebotenen Äquivalente *akzeptiert* und zur Revision seines kollidierenden Ziels freiwillig bereit ist.

Die Determinierung des Zielsetzungsprozesses stellt sich für den Aktor daher als Einflußmöglichkeit in Konfliktsituationen dar, in denen kein Zwang ausgeübt werden kann oder soll: In der unternehmungsexternen Beziehung gegenüber Konsumenten, im unternehmungsinternen Bereich bei kooperativem Führungsstil.

Ist die Determinierung des kollidierenden Aktors durch unmittelbare Einwirkung auf den Zielsetzungsprozeß nicht möglich, weil Kommunikationsbeziehungen fehlen oder mit einer Annahme von Informationen und Äquivalenten nicht gerechnet werden kann oder der Aktor in früheren Versuchen erfolglos geblieben ist, kann der unternehmungspolitische Handlungstyp der Umfelddeterminierung gewählt werden.

Determinierungszielpunkte der Umfelddeterminierung sind generell Daten des Handlungsspielraums kollidierender Aktoren, die durch Aktionen des Determinierenden veränderbar sind.

Dlugos[89] zählt folgende Einwirkungsbereiche der Umfelddeterminierung auf:

- die allgemeinen Rechtsnormen
- die öffentliche Meinung
- die Kooperationsbeziehungen des kollidierenden Aktors mit Dritten
- die strukturellen Beziehungen des kollidierenden Aktors
- die physischen Begrenzungen des kollidierenden Handlungsspielraumes.

Im Gegensatz zur Form der Zieldeterminierung, bei der beispielsweise eine Verbesserung der strukturellen Bedingungen des Handlungsspielraums als Äquivalent für die Revision eines kollidierenden Grundziels angeboten wird und die freiwillige Akzeptanz des Äquivalents erfordert, beruht die Umfelddeterminierung auf einer von der Akzeptanz des Konfliktpartners unabhängigen Veränderung des Handlungsspielraums. Die *Umfelddeterminierung* hebt sich daher von der Zieldeterminierung durch ihren *Zwangscharakter* qualitativ ab.

Das spezifische Merkmal der Umfelddeterminierung besteht in der Einwirkung auf den Handlungsspielraum in der Art, daß die Situation des kollidierenden Aktors verschlechtert wird und die Realisation des kollidierenden Ziels gestört, behindert, erschwert oder unterbrochen wird. Sie beruht somit auf dem *Wirksamwerden negativer Äquivalente* (negativer Sanktionen) bei Nichtaufgabe des kollidierenden Ziels. Die Umfelddeterminierung kann unmittelbar durch den determinierenden Aktor eingesetzt und wirksam werden, etwa durch Unterbindung von Kooperationsbeziehungen des Konfliktpartners zu Dritten oder durch Veränderungen struktureller Komponenten des Handlungsspielraums des kollidierenden Aktors, wird aber in der Regel zunächst in Form einer Androhung negativer Äquivalente erfolgen[90].

89 Vgl. Dlugos [Stichwort], [Unternehmungspolitik].

90 Vgl. Kirsch [Entscheidungsprozesse III] 217 f.

Obgleich die Umfelddeterminierung unabhängig von der Akzeptanz des kollidierenden Aktors erfolgt, da dieser die Veränderungen seines Handlungsspielraums hinnehmen muß, sind Prognosen über ihre Wirksamkeit außerordentlich unsicher. Umfelddeterminierungen lassen Lücken offen, da in der Regel nicht sämtliche relevanten Daten des kollidierenden Handlungsspielraums verändert werden können und häufig Dritte involviert werden, die in interdependenten Beziehungen zu den kollidierenden Aktoren stehen. Dies ist beispielsweise mit der Mitbestimmung des Betriebsrats bei Kündigungen gegeben. Daraus ergeben sich rückwirkende Determinierungen auf den Träger der Konflikthandhabung, die die Wirksamkeit der Umfelddeterminierung zur Absicherung des eigenen Grundziels abschwächen können.

Die Determinierung des Zielsetzungsprozesses und die Umfelddeterminierung können einseitig und wechselseitig verlaufen, einzeln und kombiniert zur Anwendung kommen.

Wechselseitige, auf die kollidierenden Zielsetzungsprozesse gerichtete Determinierungsprozesse sind *Verhandlungsprozesse*. *Aushandlungsprozesse* sind Verhandlungsprozesse unter zusätzlicher Anwendung von Maßnahmen der Umfelddeterminierung.

Der im folgenden zu gebende Überblick über Determinierungsalternativen versteht sich lediglich als eine auf die wichtigsten unternehmungspolitischen Aspekte bezogene Analyse.

(b) Alternativen der Zieldeterminierung

(α) Überzeugung

„Als Überzeugungen sollen solche Einflußprozesse bezeichnet werden, bei welchen die motivierenden Informationen primärer Natur sind[91].“

Nach *Klis* liegt der Versuch der Überzeugung dann vor, „... wenn eine Person einer anderen Informationen zuleitet und der Empfänger die darin enthaltenen Schlußfolgerungen freiwillig - also ohne Drohung und Zwang - als Entscheidungsprämissen akzeptiert“[92].

Elemente der Überzeugung sind „... Sachlichkeit und Logik der Argumentation, Sicherheit des Urteils, Hervorhebung gemeinsamer übergeordneter Wertvorstellungen sowie ein entsprechendes Wissen über das zu lösende Problem“[93].

Die Überzeugung als Determinierungstyp ist durch folgende Merkmale gekennzeichnet: Die Sicherung der individuellen Grundziele erfolgt mit der

---

[91] Kirsch [Entscheidungsprozesse III] 202.

[92] Klis [Überzeugung] 29. Vgl. auch die Definition Parsons weiter oben.

[93] Klis [Überzeugung] 68.

Absicht, eine freiwillige und zustimmende Akzeptanz[94] des eigenen Grundziels beim Träger des kollidierenden Handlungsspielraums zu erreichen. Die Überzeugung auf der Grundlage dieser Akzeptanzform kann unter dem Gesichtspunkt der Wirkungen der Konflikthandhabung als besonders nachhaltige Zielsicherung charakterisiert werden. Als Determinierungsmittel werden Informationen eingesetzt, die eine Kommunikationsbeziehung zwischen den Konfliktpartnern voraussetzen[95]. Da Informationen sowohl aus formalen als auch aus personalen Determinierungsquellen geschöpft werden, sind aus der Sicht der strukturellen Rahmenregelungen bei hierarchisch angeordneten formalen Determinierungsquellen unterschiedliche Ausgangsbedingungen für Überzeugungsversuche in der Unternehmung gegeben. Aus unternehmungspolitischer Sicht ist daher für die Entwicklung von Gestaltungsmodellen der Konflikthandhabung die Frage zu klären, wie die Kommunikationsbeziehungen und der Zugang zu Informationsquellen der Unternehmung zu gestalten sind, wenn ein auf *wechselseitigen* Überzeugungsprozessen beruhendes Konflikthandhabungssystem mit gleichen Ausgangsbedingungen für die Positionsträger implementiert werden soll[96].

Wie bereits aufgezeigt, können die informatorischen Determinierungsmittel in deskriptive, explanative, voluntative und valuative Informationsarten gegliedert werden. Unter dem Gesichtspunkt der Verwendung spezifischer Kombinationen dieser Informationsarten können als Überzeugungstypen der *kritisch-rationale* Überzeugungsprozeß und der *ideologische* Überzeugungsprozeß unterschieden werden.

Wendet der unternehmungspolitisch Handelnde überwiegend deskriptive und explanative Informationen an, kann von einem kritisch-rationalen Überzeugungsprozeß gesprochen werden. Je mehr der Determinierende mit voluntativen und valuativen Informationen zu überzeugen versucht, desto mehr treten ideologische Elemente der Beeinflussung hervor.

Die Determinierungszielpunkte der Überzeugung resultieren aus den Elementen des Zielsetzungsprozesses. Folgende Möglichkeiten der Einwirkung durch Überzeugung können unterschieden werden:

1. Die Determinierung der *Aktualisierung eines Ziels*,
   z. B. durch Information über zu verfolgende oder zu vermeidende allgemeine Zwecksetzungen.
2. Die Determinierung der *Alternativenaufnahme*,
   z. B. durch Aufzählung von Zielrealisierungsmöglichkeiten, die nicht zu kollidierenden Handlungsspielräumen führen.

---

94 Vgl. Schmidt [Zielerreichung] 123 f.

95 Vgl. zu Kommunikationsaspekten der Überzeugung Tedeschi/Schlenker/Bonoma [Conflict] 208 ff.

96 Dieser Aspekt wird bereits durch die unternehmungsverfassungsrechtlichen Informationsrechte des Arbeitnehmers und der Arbeitnehmervertretung einer Mindest-Rahmenregelung unterworfen.

3. Die Determinierung der *Aufnahme von Zielkriterien*,
   z. B. durch Informationen über zu beachtende positive und negative Zielkriterien und Zielkriterienbeziehungen.
4. Die Determinierung der *Konsequenzenaufnahme*,
   z. B. durch Information über zu beachtende faktische Regelmäßigkeiten, über konkurrierende und komplementäre Wirkungen der Zielverfolgung.
5. Die Determinierung der *Konsequenzenbewertung* und *Zielkriteriengewichtung*,
   z. B. durch Information über Wertansätze anderer, vom Aktor hochgeschätzter Personen.
6. Die Determinierung der Wahl des *Entscheidungskriteriums*,
   z. B. durch Information des Konfliktpartners über Vorteile der zusätzlichen Berücksichtigung soziologischer Kriterien neben ökonomischen Kriterien bei der Alternativenauswahl.

Um die Bedeutung und Akzeptanz dieser Informationen zu stützen, kann der Determinierende den Überzeugungsprozeß mit sekundären Informationen begleiten. Die sekundären Informationen können beispielsweise auf das besondere fachspezifische Wissenspotential oder die Erfahrung des Aktors verweisen. Sie zielen somit auf die Verbesserung der Glaubwürdigkeiten des Determinierenden. *Klis* stellt in diesem Zusammenhang die These auf, daß mit zunehmender Glaubwürdigkeit des Informationssenders die Akzeptanzbereitschaft des Empfängers zunimmt und damit die Wirksamkeit der Konflikthandhabung steigt[97].

Im Hinblick auf die Frage nach Interdependenzen von Konfliktarten und Handhabungsformen äußern sich *Tedeschi et al.* bezüglich des Überzeugungsprozesses wie folgt: „Persuasion is probably the most preferred mode of influence. It is also the last likely to be successful when conflict intensity is high[98].“

Daraus kann der vorsichtige Schluß gezogen werden, daß Überzeugungsprozesse unter der Voraussetzung übereinstimmender Generalzielvorstellungen in Spezialzielkonflikten wirksam eingesetzt werden können, der Sicherungsnutzen von Überzeugungsversuchen in Generalzielkonflikten jedoch abnimmt. Diese Aussage kann mit der These verbunden werden, daß mit der Intensität von Konflikten die Intensität und Kosten von Überzeugungsprozessen steigen. Über empirische Analysen ist zu prüfen, in welchen Konfliktsituationen Aktoren Überzeugungsprozesse wählen und unter welchen Bedingungen Überzeugungsprozesse durch andere Determinierungsaktionen substituiert werden.

Abschließend sei erwähnt, daß mit der Formulierung von Unternehmungsphilosophien die Abstützung von Überzeugungsprozessen in der Unternehmung erreicht wird, da durch die Aufstellung gemeinsamer übergeordneter Wertvor-

---

97 Klis [Überzeugung] 99 ff.

98 Tedeschi/Schlenker/Bonoma [Influence] 327.

stellungen Grundlagen einer valuativen Einflußnahme auf die Unternehmungsmitglieder geschaffen werden.

(ß) Manipulation

Eine weitere Alternative der Zieldeterminierung besteht in der manipulativen Beeinflussung des kollidierenden Zielsetzungsprozesses. Die Manipulation ist vom Gesichtspunkt der Determinierungszielpunkte mit der Überzeugung identisch, unterscheidet sich jedoch von ihr durch die Art der Einwirkung. Während bei der Überzeugung der determinierende Aktor seine Grundzielsetzung offenlegt und den kollidierenden Aktor zum gedanklichen Nachvollzug seines eigenen Grundzielsetzungsprozesses veranlaßt, um ihn zu einer komplemetären Lösung des gleichen Entscheidungsproblems zu bewegen, werden bei der Manipulation die Einwirkungsaktionen so aufgebaut, daß der Beeinflußte das Ziel des ihn Determinierenden nicht erkennt und glaubt, das Ziel selbst - ohne Einfluß durch andere - abgeleitet zu haben[99].

Mit der Überzeugung ist die Notwendigkeit der Akzeptanzerzielung für das eigene Grundziel beim kollidierenden Aktor verbunden. Demgegenüber bietet die Manipulation die Möglichkeit, die Akzeptanz des Konfliktpartners zu „überspielen", da dieser ja glaubt, das Ziel selbst abgeleitet zu haben. Insofern wird Manipulation in Konfliktsituationen gewählt, in denen eine Akzeptanzbereitschaft des kollidierenden Aktors nicht erwartet wird.

Ein weiteres Differenzierungskriterium zwischen Überzeugung und Manipulation ist in der Art der Informationsgestaltung zu sehen. Typisch für Manipulationsversuche ist die *einseitige* Hervorhebung positiver oder negativer Zielkriterien und insofern auch die einseitige Betonung der Konsequenzen der kollidierenden Zielsetzung. Diese Stereotypen sind sehr deutlich in den Beeinflussungsmodellen der Werbewirtschaft erkennbar. Das eigentliche Grundziel, einen Austauschprozeß mit dem Konsumenten aufzunehmen, wird nicht genannt, sondern es werden lediglich sämtliche für den Abnehmer positiven Konsequenzen im Fall eines Kaufs oder sämtliche für den Abnehmer negativen Konsequenzen im Fall kollidierenden Verhaltens aufgezählt. Die Wirksamkeit der Manipulation wird dadurch gestützt, daß sie mit Maßnahmen der Umfelddeterminierung verbunden wird, die verhindern, daß der Manipulierte den Manipulationsversuch erkennt. Hierzu gehört vor allem die Begrenzung der Möglichkeiten, negative Informationen über die Grundzielsetzung des Determinierenden aufdecken zu können. In der Gefahr des Aufdeckens der Manipulationsversuche liegt die konkurrierende Wirkung dieses Determinierungsprozesses. Erkennt der Beeinflußte die Manipulation, wird seine Akzeptanzbereitschaft gegenüber künftigen Determinierungsversuchen des Aktors sinken. Die Opportunitätskosten der

99 Vgl. Leavitt [Führungspsychologie] 183 ff.

Manipulation sind insofern sehr hoch. Auf diesen Aspekt der Manipulation verweist Harsanyi: „Wenn ... (der Aktor) absichtlich irreführende Berichte vorlegt, so wird das wahrscheinlich bald entdeckt, und (er) wird entlassen und/oder in anderer Weise bestraft werden[100].“ Ein wirksamer Manipulationsversuch setzt, soweit nicht Daten vorhanden sind, eine kostspielige Informationsbeschaffung über die Ziele und Wertungen der kollidierenden Aktoren voraus und erfordert den Aufbau einer Kommunikationsverbindung. *Leavitt*[101] stellt heraus, daß Manipulation dort eine bevorzugte Determinierungsaktion ist, wo die Anwendung positionaler Macht im Sinne einer Anordnung nicht möglich ist[102].

Grundsätzlich entsteht die noch aufzuarbeitende Frage, welcher Sicherungsnutzen in welchen Konfliktsituationen durch Überzeugungs- oder Manipulationsversuche erreichbar ist. Des weiteren ist im Rahmen künftiger Untersuchungen auf diesem Gebiet zu klären, welche Rahmenbedingungen in Unternehmungen zu setzen sind, wenn beispielsweise Manipulationen vermindert werden sollen, die Konflikthandhabung durch Überzeugung dagegen gefördert werden soll.

(γ) Kompensation

Eine weitere Möglichkeit der Zieldeterminierung kollidierender Aktoren besteht in der Kompensation. Die Determinierung über Kompensation erfolgt durch das Angebot von materiellen und/oder immateriellen Äquivalenten für die Aufgabe bzw. Revision der kollidierenden Grundzielsetzung[103].

Weitgehend ungelöst ist die Frage, wie das System der Determinierung durch Äquivalente auf die Bedürfnisstruktur der Unternehmungsmitglieder bezogen werden kann[104]. Wichtige Erklärungsansätze, auf die bereits im Rahmen der Zielkriterienanalyse eingegangen wurde, liefern die von *Maslow*[105] entwickelte und von *McGregor*[106] angewendete Theorie der Bedürfnisebenen sowie *Herzbergs*[107] Zwei-Faktoren-Theorie der Arbeitsmotivation[108].

Wirksame unternehmungspolitische Initiativen der Determinierung durch materielle und immaterielle Äquivalente setzen eine Analyse der spezifischen Ursachen kollidierenden Verhaltens voraus. Es sind also Interdependenzen zwi-

---

100 Harsanyi [Messung] 196.

101 Vgl. Leavitt [Führungspsychologie] 188.

102 Vgl. zu Manipulationstaktiken Klis [Überzeugung] 83.

103 Vgl. Nash/Carroll [Compensation]
Lawler [Motivation] 112 ff.

104 Vgl. die sozialpsychologischen Untersuchungen von Neuberger [Theorien] 142 ff. [Messung] 141 ff., Ross/Zander [Need].

105 Vgl. Maslow [Motivation].

106 Vgl. McGregor [Enterprise].

107 Vgl. Herzberg [Work].

108 Vgl. auch Katz [Grundlage] 199 ff.

schen bestimmten Konfliktarten und Konflikthandhabungsmöglichkeiten aufzudecken. Eine undifferenzierte Anwendung positiver Äquivalente zur Kompensation für die Aufgabe kollidierenden Verhaltens wird eine nur geringe Nachhaltigkeit aufweisen.

Im Rahmen der Konfliktfeldanalyse zeigte sich, daß Aktoren in Abhängigkeit von ihrem Wertsystem unterschiedliche spezifische Zielkriterienarten, die sie über Leistungszusagen der Unternehmung zu erfüllen suchen, aktualisieren, diese unterschiedlich gewichten und schließlich unterschiedliche Realisationsbedingungen für ihre Zielkriterien erwarten. Die Determinierung durch Kompensation hat daher diese drei Ebenen als Zielpunkte der Einwirkung zu berücksichtigen und setzt insofern eine diesbezügliche Ursachenanalyse des Konfliktverhaltens voraus. In der Realität hat sich gezeigt, daß die konfliktgenerierenden Wirkungen einer zunehmenden Verödung des Arbeitsprozesses nicht wirksam durch monetäre Äquivalente kompensiert werden können, sondern andere Formen der Determinierung benötigen[109]. Die Herausarbeitung der hier angeschnittenen Frage ist notwendig, um zu erkennen, mit welchen Äquivalenten auf welche Zielkriterien in welchem Umfang und Ausmaß in welcher Konfliktsituation eingewirkt werden kann.

In diesem programmatischen Überblick über Handhabungsalternativen ist keine umfassende Systematik materieller und immaterieller Äquivalente, so wichtig sie auch für eine differenzierte Betrachtung dieses unternehmungspolitischen Instrumentariums ist, zu erstellen. Es sollen hier, um den Rahmen dieser Arbeit nicht zu sprengen, lediglich die wichtigsten unternehmungspolitischen Mittel, ohne daß eine inhaltliche Problematisierung durchgeführt werden kann, aufgenommen werden[110]:

- Gewinnbeteiligung, Prämien, Vermögensbildung,
- Wohlfahrts- und Sozialleistungen,
- physische und psychische Arbeitserleichterungen,
- Ausbau von Arbeitsschutzvorschriften,
- Arbeitszeitverkürzungen,
- Abbau von Fremdentscheidungen,
- Job Rotation, Job Enlargement, Job Enrichment,
- Gewährung von Mitsprache-, Mitwirkungs- und Mitentscheidungsrechten,
- Bildung autonomer Arbeitsgruppen,
- Installierung von Selbstverwaltungsorganen.

109 Vgl. Kern/Schumann [Industriearbeit].

110 Vgl. Vilmar [Menschenwürde] 23, Klein [Entwicklung], Ulich/Groskurth/Bruggemann [Arbeitsgestaltung].
Für eine Reihe der hier angeführten kompensatorischen Mittel gilt die Voraussetzung, daß sie über die gesetzlichen Mindestvorschriften hinausgehen, um als Determinierungsmittel wirksam eingesetzt werden zu können.

Aus dieser Zusammenstellung ist ersichtlich, daß nicht nur monetäre Leistungen, sondern auch Arbeitsplatzgestaltungen und die Gewährung von Informations- und Entscheidungsrechten als positive Äquivalente eingesetzt werden können.

Die Kompensation ist mit einer Reihe unternehmungspolitischer Aspekte verbunden:

1. Die im Rahmen der Kompensation eingesetzten Determinierungsmittel können selbst zum Gegenstand von Konflikten werden. Das ursprünglich gesetzte unternehmungspolitische Ziel wird dann selbst zum abzusichernden Grundziel.
2. Äquivalente werden in der Regel mit anderen Formen der Konflikthandhabung verbunden. Sie sind konstitutives Element von Aushandlungsprozessen und können auch im Rahmen von Manipulationen eingesetzt werden.
3. Dem unternehmungspolitischen Wissenschaftsziel entsprechend ist zu fragen, welcher Sicherungsnutzen unter Beachtung der ökonomischen Grundaufgabe der Unternehmung durch den Einsatz der Kompensationsmittel erreicht werden kann.

(δ) Verhandlung

Es wurde bereits darauf hingewiesen, daß Verhandlungen als wechselseitige Überzeugungen, Manipulationen und Angebote an Kompensationen aufgefaßt werden. Die Verhandlung unterscheidet sich vom Bargaining- bzw. Aushandlungsprozeß durch ihre *Zwangsfreiheit.* Keiner der Aktoren verfügt über Determinierungsmittel, die geeignet sind, den Verhandlungspartner im Vergleich zur Ausgangssituation gegen seinen Willen schlechter zu stellen. So können beispielsweise Kunden und Autoverkäufer, die in eine Austauschbeziehung treten wollen, über Sonderausstattungen verhandeln, sich aber in der Regel nicht zwingen, ihre Vorstellungen zu akzeptieren. Wird die Austauschbeziehung nicht realisiert, weil Forderungen und Leistungszusagen nicht in Übereinstimmung gebracht werden können, ist keiner der Beteiligten im Vergleich zur Ausgangsposition schlechter gestellt. Auch die Androhung, unter den gestellten Bedingungen nicht zu kaufen oder zu verkaufen, führt nicht zu einer Verschlechterung der Ausgangsposition.

Kriterium der bisher diskutierten Konflikthandhabungsmöglichkeiten ist die *freiwillige Akzeptanz* des Grundziels des Konfliktpartners. Eine gewisse Sonderstellung nimmt dabei die Manipulation ein. Verhandlungen sind durch die wechselseitige Einwirkung auf die Akzeptanzbereitschaft der kollidierenden Aktoren gekennzeichnet.

Die folgenden Determinierungsarten sind dagegen von der *Akzeptanz des kollidierenden Aktors unabhängig.* Sie bewirken eine Revision des kollidierenden

Grundziels über eine zwangsweise Einwirkung auf die Situation des Konfliktpartners.

(c) Alternativen der Umfelddeterminierung

Die Alternativen der Umfelddeterminierung konkretisieren sich in speziellen Arten der Einflußnahme auf Sektoren des Umfeldes kollidierender Aktoren, die unmittelbar oder in Form der Androhung ihres Einsatzes zur Anwendung kommen.

Die Androhung, daß negative Äquivalente wirksam werden, wenn der kollidierende Aktor sich nicht dem Ziel des Determinierenden anpaßt, ist gleichbedeutend mit der Androhung des Entzugs von positiven Äquivalenten, die dem Träger des kollidierenden Handlungsspielraums *vor* dem Konflikt gewährt wurden. Die Androhung negativer Äquivalente kann auf den Entzug von Nominalgütern, Realgütern und Rechten zielen. Dies führt zu einer zwangsweisen Verschlechterung der Situation des kollidierenden Aktors für den Fall, daß das kollidierende Ziel nicht aufgegeben wird.

Beispiele für die Sicherung von Unternehmungsgrundzielen durch Maßnahmen der Umfelddeterminierung des Management sind im Innenbereich der Unternehmung Androhungen von Gehaltskürzungen, Verschärfung von Arbeitsnormen, Budgetkürzungen, Kompetenzbeschneidungen, Entzug von Statussymbolen und freiwilligen Sozialleistungen, im Außenbereich der Unternehmung die Androhung von Boykotten, Preis- und Qualitätskämpfen.

Die Androhung negativer Äquivalente setzt das Vorhandensein entsprechender Determinierungsquellen voraus. Eine traditionelle Determinierungsquelle in Unternehmungen ist das Recht, *Anordnungen* zu erteilen. Die Anordnungsbefugnis stellt eine Maßnahme dar, die mit entsprechenden Sanktionsmöglichkeiten bei Nicht-Befolgung des vorgegebenen Grundziels verbunden ist[111]. Sie stellt daher eine Form der Umfelddeterminierung dar. Die negativen Folgen der Umfelddeterminierung durch Anordnung werden in der passiven Protesthaltung, in der Herausbildung innovationsfeindlicher Anpassungsmechanismen und in der fehlenden Motivationswirkung gesehen, die zu einer Erhöhung des Durchsetzungswiderstandes künftiger Generalzielvorgaben führen können[112].

Weitere Möglichkeiten der Determinierung kollidierender Aktoren resultieren aus der Einwirkung auf folgende *Umfeldsektoren* des Konfliktpartners[113]:

- Einflußnahme auf allgemeine Rechtsnormen,
- Einflußnahme auf die öffentliche Meinung,

---

[111] Vgl. von Kortzfleich [Anordnung], Luhmann [Funktionen] 97 f. und 255 ff.

[112] Vgl. Maier [Principles] 49, Kieser [Innovationen] 746.

[113] Vgl. Dlugos [Unternehmungspolitik].

- Einflußnahme auf die Kooperationsbeziehung des kollidierenden Aktors mit Dritten,
- Veränderung der strukturellen Beziehung des Aktors,
- Veränderung der physischen Begrenzung des Aktor-Handlungsspielraums.

Die Determinierung des Aktors durch Veränderung allgemeiner Rechtsnormen, der öffentlichen Meinung und der Kooperationsbeziehungen erfolgt über die Einwirkung auf Dritte. Dritte sind der Gesetzgeber, die Öffentlichkeit sowie der mit dem Konfliktpartner kooperierende Aktor. Die zwangsweise Determinierung durch Veränderung der strukturellen Beziehungen erfolgt über eine Erhöhung des Organisationsgrades des Handlungsspielraums, die Determinierung über physische Begrenzungen beispielsweise durch Erhöhung von Bandgeschwindigkeiten oder durch Sichtkontrollen erleichternde Arbeitsräume.

(d) Aushandlung als Ziel- und Umfelddeterminierung

Die Aushandlung stellt eine wechselseitige Determinierung kollidierender Aktoren unter *kombinativer* Anwendung der Zieldeterminierung und Maßnahmen der Umfelddeterminierung dar. Aushandlungsprozesse sind daher meist mit dem gegenseitigen Angebot von positiven Äquivalenten und der Androhung negativer Äquivalente verbunden. „Aushandeln (bargaining) liegt vor, wenn sich die Beteiligten durch Drohungen oder Versprechungen wechselseitig zur Annahme einer Alternative zu bewegen suchen[114]."

Charakteristische Merkmale des Aushandelns sind[115]:

1. Jeder unternehmungspolitisch Handelnde kennt seine zu sichernden Grundziele genau, teilt sie aber dem anderen nicht mit.
2. Die Forderungen werden sehr hoch angesetzt, um Zugeständnisse machen zu können.
3. Mit Hilfe von Bluffs, Drohungen, Versprechungen, Festlegungen und Zugeständnissen versuchen die Konfliktpartner, einen Kompromiß oberhalb ihres zu sichernden Grundziels zu erreichen.

Typische Konfliktsituationen in Unternehmungen, die in der Regel durch Prozesse des Aushandelns gelöst werden, sind die Festlegung von Gruppennormen und Gruppenakkordlöhnen, die Festsetzung von internen Verrechnungspreisen, die Abstimmung über Budgets und Zielvorgaben für Abteilungen oder Divisionen[116].

---

[114] Kirsch [Entscheidungsprozesse III] 58.

[115] Vgl. Blankenburg/Schnelle [Aushandeln] 203, Deutsch/Krauss [Untersuchungen], Iklé/Leites [Verhandlungen].

[116] Vgl. McKersie/Perry/Walton [Bargaining].

Walton/McKersie[117] beschreiben die Aushandlung als einen komplexen Konflikthandhabungsprozeß, der durch folgende Teilprozesse gekennzeichnet ist: Distributive bargaining, integrative bargaining, attitudinal structuring und intraorganizational bargaining.

Integrative Prozesse im Rahmen der Aushandlung sind durch geringe Anwendung von Androhungen negativer Äquivalente gekennzeichnet, während *distributive Prozesse* Maßnahmen der Umfelddeterminierung des Gegners und Androhung oder tatsächliche Realisierung negativer Äquivalente (Streik, Aussperrung) beeinhalten. Die Bedeutung der Umfelddeterminierung für das *„attitudinal structuring"* im Rahmen von Aushandlungsprozessen stellt *Pondy* heraus: „Ein Hauptelement im Rahmen der Verhandlungsstrategien ist die Einstellungsstrukturierung, wobei jede Partei versucht, sich der moralischen Rückenstärkung einer bedeutenden dritten Partei zu versichern (z. B. der Öffentlichkeit oder der Regierung)[118]."

Wichtiges Kennzeichen von Aushandlungsprozessen ist weiterhin die Strukturierung von Aktorbeziehungen durch Koalitionsbildungen[119]. Aushandlungsprozessen zwischen Aktorgruppen geht zumeist die Koalitionsbildung voraus, die selbst Gegenstand von Determinierungsprozessen ist.

Aushandlungsprozesse zwischen Koalitionen werden in der Regel durch Repräsentanten geführt, die zwei Problemen gegenüberstehen: Vor Aufnahme und im Verlauf des Aushandlungsprozesses können erstens Konflikte zwischen dem Repräsentanten und den Koalitionsmitgliedern über Inhalt und Ausmaß des abzusichernden Grundziels und zweitens können Konflikte über die Art der Konflikthandhabung entstehen[120]. *McKersie/Perry/Walton* verweisen auf die daraus resultierende Konfliktsituation des Repräsentanten, die dieser durch eine auf die Koalitionsmitglieder gerichtete Konflikthandhabung zu bewältigen sucht. Dabei strebt der Repräsentant die Anpassung der Ansprüche der Koalitionsmitglieder an das ihm erreichbar scheinende Realisierungsniveau an[121].

Ein weiterer Problemkreis von Aushandlungsprozessen bezieht sich auf die Intervention Dritter, die als Vermittler, Schlichter und Zwangsschlichter auftreten können[122]. Die Hinzuziehung eines unparteiischen Dritten führt zu einer Neustrukturierung der Konfliktsituation, unter der die Kontrahenten wieder Konzessionsbereitschaft zeigen können, ohne ihr Prestige zu verlieren. Der Dritte stellt insbesondere abgebrochene Kommunikationsbeziehungen wieder her. Im Hinblick auf das Bargaining durch Repräsentanten ermöglicht die

---

117 Vgl. Walton/McKersie [Negotiations].

118 Pondy [Konzeptionen] 247.

119 Vgl. hierzu die Konfliktdimension „Aktorbeziehungen" im Abschnitt VI 1. e) (1) sowie die Diskussion der Koalitionstheorie von Cyert/March im Abschnitt IV 2. c) der Arbeit.

120 Vgl. Pondy [Konzeptionen] 247, Bartunek/Benton/Keys [Representatives].

121 Vgl. McKersie/Perry/Walton [Bargaining] 466 ff.

122 Vgl. Keller [Konfliktmanagement], Fisher [Third party].

Beteiligung von Dritten das Argument, daß der Aushandlungsprozeß so hart geführt wurde, daß ein Schlichter hinzugezogen werden mußte. Indem der Schlichter einen Teil der Verantwortung für das Ergebnis übernimmt, mindert sich die Verantwortlichkeit der Repräsentanten, die vorgeben können, vom Schlichter und nicht vom Gegner zu Konzessionen veranlaßt worden zu sein. Damit können als wichtigste Funktionen des Schlichters herausgestellt werden: Die Kanalisierung der Kommunikation, die Übernahme der Verantwortung für das Ergebnis und dadurch die Verminderung der Verantwortung der Repräsentanten und schließlich das Auffangen von Prestigeverlusten.

d) Zielkriterien, Wirksamkeit und Ergebnisse unternehmungspolitischen Handelns

Zur Einleitung des unternehmungspolitischen Realisationsprozesses zum Zwecke der Sicherung des gefährdeten Grundziels ist aus den aufgenommenen Konflikthandhabungsmöglichkeiten eine sicherungsoptimale Alternative als Spezialziel auszuwählen.

Es wurde bereits im Rahmen der Diskussion der Konflikthandhabungsalternativen betont, daß sich die Auswahlproblematik von Determinierungsprozessen unter Berücksichtigung der spezifischen Determinierungszielpunkte (Einwirkungsbereiche) im Zielsetzungsprozeß oder Umfeld des kollidierenden Aktors wesentlich differenzierter darstellt. Hinzu kommt außerdem die Auswahlproblematik hinsichtlich der verschiedenen Möglichkeiten der Gestaltung und Übermittlung von Informationen und Äquivalenten (Determinierungsmittel). Die Auswahl und Konkretisierung einer unternehmungspolitischen Handlungsalternative zur Sicherung des gefährdeten Grundziels ist daher durch drei Hauptproblembereiche gekennzeichnet:

1. die Spezifizierung der Determinierungsalternative,
2. die Spezifizierung der Determinierungszielpunkte,
3. die Spezifizierung der Determinierungsmittel.

Es wurde außerdem im Verlauf der Arbeit versucht, herauszustellen, daß sich die General- und Spezialzielsetzung unternehmungspolitischen Handelns innerhalb von Rahmenbedingungen vollzieht, die sich in der Verfügbarkeit und Einsatzmöglichkeit von Determinierungsquellen des Aktors niederschlagen und insofern dem Auswahlprozeß Restriktionen auferlegen. Als Rahmenbedingungen unternehmungspolitischen Handelns wurden die Unternehmungsverfassung, die Organisationsstruktur, der Führungsstil, das Lohnsystem und die Unternehmungsphilosophie aufgezeigt[123]. Es braucht in diesem Zusammenhang nicht mehr herausgehoben zu werden, daß diese Rahmenbedingungen selbst zum Konfliktgegenstand und damit zum Zielpunkt unternehmungspolitischen Handelns werden können.

[123] Als Rahmenbedingung für die hier weniger behandelte Problematik der Konflikthandhabung Unternehmung-Umfeld ist die Wirtschaftsordnung zu nennen.

Zur Entscheidung zwischen den hinsichtlich der Determinierungszielpunkte und der Determinierungsmittel zu konkretisierenden Konflikthandhabungsmöglichkeiten sind bei rationalem Entscheidungsverhalten die Konsequenzen der Alternativen in Bezug auf unternehmungspolitische Auswirkungsarten (Zielkriterien) zu ermitteln und zu bewerten. Über die Festlegung eines Entscheidungskriteriums unter dem Aspekt des optimalen Sicherungsnutzens kann die präferierte Alternative bestimmt werden und als spezielle Sicherungsmaßnahme realisiert werden.

Um Aussagen über die Wirksamkeit der Konflikthandhabungsalternativen aufstellen zu können, sind daher zunächst einmal aus dem mit der Konflikthandhabung verbundenen Zweck (UP-Zweckaussage) und den dafür einzusetzenden Mitteln (UP-Mittelaussage) Zielkriterienarten, die die unternehmungspolitische *Zweckmäßigkeit* der Konflikthandhabung zum Ausdruck bringen, abzuleiten[124].

Des weiteren sind für diese Zielkriterien Ergiebigkeitskriterien zu entwikkeln, über die die Zielkriterienerfüllung gemessen werden kann. Mit Hilfe der Ergiebigkeitskriterien ist der Grad des Sicherungsnutzens unter Beachtung des Verbrauchs an formalen und personalen Determinierungsquellen zu messen. Über Ergiebigkeitskriterien werden somit die Konsequenzen von Konflikthandhabungsmöglichkeiten in Bezug auf politisch-wirtschaftliche Handhabungsziele operationalisiert.

Die unternehmungspolitischen Zielkriterien sollen nun nicht nur die politisch-wirtschaftlichen Konsequenzen der Determinierungsalternative in bezug auf das abzusichernde Grundziel zum Ausdruck bringen, sondern auch die Konsequenzen im Hinblick auf das übrige Grundzielsystem des Aktors artmäßig erfassen. Konflikthandhabungsalternativen können bei isolierter Betrachtung des abzusichernden Grundziels optimal geeignet sein, aber erhebliche, nicht beachtete negative „Fernwirkungen“ auf sonstige Grundziele des Aktors aufweisen. Neben diesen *konkurrierenden Wirkungen* sind allerdings auch *komplementäre Wirkungen* auf das übrige Zielsystem zu berücksichtigen.

So können beispielsweise Streik und Aussperrung bei isolierter Betrachtung eines zugrunde liegenden Lohnkonflikts optimale unternehmungspolitische Mittel sein, die aber im Hinblick auf weitere Grundzielkriterien, wie etwa das „Ansehen der Kontrahenten in der Öffentlichkeit“, konkurrierende Wirkungen aufweisen. Diese konkurrierenden Wirkungen ziehen dann zu ihrer Vermeidung zusätzliche unternehmungspolitische Maßnahmen nach sich.

Unternehmungspolitische Aktionen weisen komplementäre Wirkungen auf, wenn sie über die Sicherung des gefährdeten Grundziels hinaus zusätzlich andere Grundzielkriterien absichern.

124 Vgl. Dlugos [Teildisziplin] 62.

Der Analyse komplementärer und konkurrierender Wirkungen von Konflikthandhabungsalternativen kommt somit eine besondere Bedeutung zu, da sie die Beziehungen zu anderen nicht unmittelbar gefährdeten Grundzielen des Aktors aufdeckt.

Weitere Zielkriterienarten ergeben sich aus dem angestrebten *Ausmaß der Determinierung* der kollidierenden Verhaltensweise und der *Wirkungsdauer der Determinierung.*

Das Kriterium des Ausmaßes der Determinierung bezieht sich auf die Wirksamkeit der Determinierungsaktion hinsichtlich der Anpassung der kollidierenden Zielvorstellung an die Grundzielsetzung des Trägers der Konflikthandhabung. Das Kriterium „Ausmaß der Determinierung" stellt damit den Zusammenhang zum Ergebnis der Konflikthandhabung her, das in einer einseitigen Durchsetzung oder in einem Kompromiß liegen kann. Das Kriterium der „Wirkungsdauer" bezieht sich auf die durch die Konflikthandhabung erzielte Fristigkeit, mit der das abgesicherte Grundziel unbehindert realisiert werden kann.

In Tarifverhandlungen konkretisiert sich beispielsweise das Kriterium des Ausmaßes der Determinierung in der Höhe und im Umfang der gesicherten Forderungen und Leistungszusagen, während das Kriterium der Wirkungsdauer sich in der Fristigkeit des ausgehandelten Tarifvertrages niederschlägt.

Als zusätzliches Kriterium zur Differenzierung der Determinierungsalternativen kann die *Aktionsdauer* der jeweiligen Konflikthandhabungsmöglichkeit herangezogen werden. Hierunter ist der Zeitraum zwischen Beginn und Ende der Konflikthandhabung zu verstehen. So ist beispielsweise ein Überzeugungsprozeß zeitaufwendiger als eine Anordnung. Dieses Zielkriterium unternehmungspolitischen Handelns ist insbesondere für Grundziele von Bedeutung, die vor einer Gefährdung ihrer zeitlich limitierten Realisierung zu sichern sind.

Als weiteres Zielkriterium ist die *Höhe des Verbrauchs an Determinierungsquellen* zu berücksichtigen. Auf diesen Aspekt verweisen insbesondere *Harsanyi*[125] und *Baldwin*[126]. Sie bezeichnen dieses Kriterium als Kosten der Macht.

Die hier angegebenen Kriterien der positiven und negativen Wirkungsarten der Konflikthandhabung sind, entsprechend der Fragestellung der Unternehmungspolitik, unter wirtschaftlichem Gesichtspunkt zu betrachten.

Um die wirtschaftlichen Auswirkungen unternehmungspolitischen Handelns im Sinne einer Veränderung des Tauschmittelbestandes erfassen zu können, sind die Konsequenzen der Konflikthandhabung in Bezug auf die komplementären und konkurrierenden Eigenschaften der Determinierungsaktion, das Ausmaß und die Wirkungsdauer sowie die Aktionsdauer und die Höhe des Verbrauchs an Determinierungsquellen in Geldgrößen zu messen.

---

125 Vgl. Harsanyi [Messung] 193 f.

126 Vgl. Baldwin [Costs].

Harsanyi kommentiert diese Problematik in prägnanter Form:

Die Kosten der Sicherung „... können entweder in physikalischen Einheiten (es könnte z. B. A soundso viele Flaschen Bier oder soundso viele Arbeitsstunden kosten, um B dazu zu bringen, eine bestimmte Verhaltensweise *x* anzunehmen; es kann B soundso viele Flaschen Bier oder soundso viele Jahre Gefängnis kosten, wenn er die Verhaltensweise *x* nicht annimmt) oder in Geldeinheiten (z. B. können sich die entsprechenden Kosten für A oder B auf soundso viele wirkliche Dollar belaufen oder zum mindesten einem Verlust von soundso vielen Dollar äquivalent sein) oder in Nutzeneinheiten ausgedrückt werden"[127].

Angesichts der Schwierigkeiten, den positiven und negativen Sicherungsnutzen in Geldeinheiten zu messen, kann die Entscheidung zwischen den unternehmungspolitischen Alternativen natürlich nicht unter *rein* ökonomischem Gesichtspunkt getroffen werden. „Sind die Konsequenzen nicht in Geldgrößen transformierbar, so ist die Entscheidung zwischen unternehmungspolitischen Alternativen nur unter Orientierung an einem amalgamierten, mehrere Zielkriterien umfassenden *Formalziel* (Entscheidungskriterium) möglich[128]." Als Spezialziel der Konflikthandhabung wird jene Determinierungsalternative gewählt, die die unternehmungspolitischen Zielkriterien bestmöglich, d. h. mit optimalem Sicherungsnutzen erfüllt. Ist die vom Aktor gewählte Determinierungsaktion wirkungslos, kann eine Revision des UP-Zielsetzungsprozesses zum Zwecke der Neuwahl einer Konflikthandhabungsalternative eingeleitet werden. Erkennt der Aktor, daß sein Determinierungspotential nicht ausreicht, um den kollidierenden Handlungsspielraum einzudämmen, sind die mit der Konflikthandhabung verfolgten Zwecke an die für die Konflikthandhabung zur Verfügung stehenden Mittel anzupassen. Dies bedeutet zugleich eine Neuformulierung des abzusichernden Grundziels, die in der Regel in einer Senkung des Anspruchsniveaus besteht.

Im Hinblick auf die Frage der *Wirksamkeit der Konflikthandhabung* ist allerdings zu berücksichtigen, daß der kollidierende Aktor zur Setzung bestimmter, vom Determinierenden gewollter Ziele durch Maßnahmen der Umfelddeterminierung gezwungen werden kann. Sieht man vom Fall einer lückenlosen, wirksamen Umfelddeterminierung ab, die dem kollidierenden Aktor keinen Handlungsspielraum mehr offen läßt, so ist die Wirksamkeit der Umfelddeterminierung von der Bereitschaft des kollidierenden Aktors abhängig, Belastungen als Folgen einer Ignorierung negativer Äquivalente auf sich zu nehmen. Der Aktor verfolgt bei Ignorierung der negativen Äquivalente weiterhin seine kollidierende Zielsetzung unter Inkaufnahme einer für ihn verschlechterten Situation. Die Wirksamkeit der Zieldeterminierung resultiert dagegen aus der Bedeutung, die der kollidierende Aktor den übermittelten Informationen und positiven Äquivalenten beimißt. Der kollidierende Aktor wird das Grundziel des Determinierenden akzeptieren, wenn sich durch Aufgabe seines Ziels die Situation für ihn verbessert.

---

[127] Harsanyi [Messung] 194.

[128] Dlugos [Teildisziplin] 62.

Die bisherigen Überlegungen über Zielkriterien und Wirkungen der Konflikthandhabung sind mit einer Diskussion der möglichen *Ergebnisse von Determinierungsaktionen* abzuschließen. Mit Ergebnissen der Konflikthandhabung sollen die erzielbaren Veränderungsmöglichkeiten des kollidierenden Verhaltens bezeichnet werden. Die durch Ziel- und Umfelddeterminierungen erreichbaren Änderungen der kollidierenden Interessenlagen können in einer Zielaufgabe, Zielverformung oder Zielschrumpfung bestehen[129]. Die Zieldeterminierung führt zu einer freiwilligen, die Umfelddeterminierung dagegen zu einer erzwungenen Änderung des kollidierenden Grundziels. Im Fall der Zieldeterminierung ist der Konfliktpartner beispielsweise aufgrund des Angebots positiver Äquivalente oder eines Überzeugungsprozesses zur freiwilligen Zielaufgabe, -verformung oder -schrumpfung bereit, im Fall der Umfelddeterminierung wird er dagegen aufgrund der Einengung seines Handlungsspielraumes oder der Androhung negativer Äquivalente, die er nicht in Kauf nehmen will, zu einer Zielaufgabe, -verformung oder -schrumpfung gezwungen.

Die *Zielaufgabe* ist Ergebnis einer voll wirksamen Determinierungsaktion, bei der der Konfliktpartner seine Leistungszusagen und Forderungen vollständig revidiert und an die vom Determinierenden gewollten Grundzielkategorien anpaßt. Bezweckt der determinierende Aktor eine Zielaufgabe beim kollidierenden Aktor und erreicht lediglich eine Zielverformung oder Zielschrumpfung, ist seine Determinierungsaktion nur teilwirksam. In der Regel wird der Aktor jedoch lediglich dieses Determinierungsniveau einer Kompromißlösung anstreben, um Prestigeverluste des Kontrahenten und negative Folgewirkungen für sich selbst (konkurrierende Wirkungen der Konflikthandhabung) zu vermeiden.

Die *Zielverformung* besteht aus einer intensitäts- oder artmäßigen Verschiebung der ursprünglich gefährdenden Interessenlage in Richtung auf eine mit der Grundzielsetzung des determinierenden Aktors kompatiblen Zielverfolgung. Zielverformungen setzen auf der Seite des kollidierenden Aktors einen Spielraum bzw. eine Variabilität seiner Leistungszusagen und Forderungen voraus. Durch Ziel- und Umfelddeterminierung wird die Zielverformung intensitätsmäßig durch eine Verschiebung der Gewichtung der kollidierenden Zielkriterien und/oder durch eine Verschiebung des erwarteten Realisierungsniveaus (Anspruchsniveau) einzelner Zielkriterien des Konfliktpartners erreicht, ohne daß dieser die Leistungszusagen und Forderungen artmäßig aufgeben und das Anspruchsniveau insgesamt senken muß. Die artmäßige Zielverformung wird erreicht, wenn der Konfliktpartner freiwillig oder gezwungenermaßen Teile seiner Leistungszusagen und Forderungen substituiert, ohne daß sich sein Anspruchsniveau insgesamt vermindert. Eine intensitätsmäßige Zielverfor-

129 Vgl. zu Zieländerungen Heinen [Zielsystem] 140 ff. und 235 ff. sowie Schmidt [Grundlagen] 154 ff. Aus konflikttheoretischer Sicht werden hier Zieländerungen als vom Aktor gewollte Zielanpassungen des Konfliktpartners betrachtet.

mung liegt beispielsweise vor, wenn Mitarbeiter aufgrund von Konflikthandhabungsprozessen ihre Lohnforderung absenken und zur Höherbewertung der Arbeitsplatzsicherheit bereit sind, wodurch sich ein Gleichgewicht der Leistungszusagen und Forderungen zwischen Unternehmung und Mitarbeitern wieder einstellt. Eine artmäßige Zielverformung ist gegeben, wenn Mitarbeiter ihre Forderung nach Gewinnbeteiligung durch die Annahme eines für sie äquivalenten Angebots einer bisher nicht gewährten Sozialleistung substituieren. Auf der Ebene der Leistungszusagen erfolgt eine artmäßige Zielverformung durch einen vom Aktor gewollten Austausch von Bestandteilen der Leistungszusagen, z. B. die Substitution ausführender Arbeitsverrichtungen durch kontrollierende Verrichtungen.

Die *Zielschrumpfung* als Ergebnis einer Determinierungsaktion resultiert aus einer Senkung des Anspruchsniveaus des Konfliktpartners hinsichtlich der Realisierbarkeit seiner Leistungszusagen und Forderungen. Durch Ziel- oder Umfelddeterminierung wird der Konfliktpartner zur Erhöhung seiner Leistungszusagen oder zur Verminderung seiner Forderungen veranlaßt.

Bei wechselseitigen Determinierungsprozessen sind ebenfalls als Ergebnisse beiderseitige Zielauflagen, Zielverformungen und Zielschrumpfungen denkbar. Zielverformungen und Zielschrumpfungen konkretisieren sich in Zielkompromissen, die in Abhängigkeit von dem jeweiligen erreichten Sicherungsgrad der Beteiligten durchaus ungleichgewichtig sein können[130]. Bei beiderseitigen Zielaufgaben werden die als unüberbrückbar erkannten Zielkollisionen zwischen den Konfliktparteien durch Grundzielrevisionen aufgelöst. Konflikte, die durch nicht-teilbare Ziele (Zielantinomien) gekennzeichnet sind und in die machtgleiche Aktoren involviert sind, werden in der Regel durch wechselseitige Zielaufgaben gelöst. Sonderfall der Lösung einer derartigen Konfliktsituation ist das Zielschisma, bei dem die kollidierenden Ziele zeitlich getrennt realisiert werden[131]. Allerdings treten beim Zielschisma Determinierungsprozesse im Hinblick auf die Frage auf, welches Aktorziel zunächst dominieren soll. Sind bei antinomischen Grundzielen die Aktoren nicht zur Revision oder zum Schisma ihrer kollidierenden Grundziele bereit, treten Konfliktprolongationen auf.

An diese Überlegungen zu Zielkriterien, Wirkungen und Ergebnisse der Konflikthandhabung soll noch abschließend eine kurze Stellungnahme zum Begriff der *Quasi-Lösung* des Konflikts angefügt werden[132].

Mit der Determinierung des kollidierenden Verhaltens und der damit bewirkten Sicherung der Grundzielsetzung ist der Konflikt als ausgetragen bzw. gelöst zu betrachten. Der Konflikt wird durch die Grundzielrevision oder durch die

130 Vgl. die ausführliche Behandlung des Kompromisses durch Bidlingmaier [Zielkonflikte] 139 ff.

131 Vgl. Heinen [Zielsystem] 141 f.

132 Vgl. zur Verwendung dieses Begriffs die Diskussion der Ansätze von Dahrendorf und Cyert/March im Rahmen dieser Arbeit.

Einleitung des in unterschiedlichem Ausmaß abgesicherten Grundziels aufgehoben.

Die Verwendung des Begriffs der „Quasi-Lösung" erfolgt bei *Dahrendorf* als Vertreter einer liberalen Gesellschaftstheorie in der Absicht, einer Gesellschaftsauffassung, die einen Entwurf einer endgültigen Lösung gesellschaftlicher Konflikte bereit hält, die These der Permanenz von Konflikten in Gesellschaften entgegenzustellen. Entsprechend, nur auf die Institution Unternehmung bezogen, verwenden *Cyert/March* den Begriff Quasi-Lösung[133]. Die durch Verhandlungen herbeigeführten Zielübereinstimmungen der Koalitionsmitglieder stellen nur zeitlich befristete Konfliktlösungen dar, die aufgrund faktischer Veränderungen des Handlungsspielraumes der Aktoren oder aufgrund von Umwertungen in neue Konflikte übergehen können. Insofern verweist der Begriff der Quasi-Lösung auf die Permanenz und Dynamik des Konfliktverhaltens. Die Quasi-Lösung wird um so instabiler und kurzfristiger sein, je weniger sie die Erfüllung der individuellen Zielkriterien im Rahmen der Interaktionsprozesse ermöglicht. Je größer die Diskrepanz zwischen der tatsächlichen Realisation individueller Zielkriterien und dem Anspruchsniveau der Aktoren ist, desto intensiver wird der Konflikt verlaufen[134]. Nach *Etzioni* beeinflußt die Aktivität, mit der die Mitglieder einer Gesellschaft ihre Interessen artikulieren und zu realisieren wünschen, das Ausmaß, mit dem Prozesse der Konsensbildung erforderlich sind[135]. „Je aktiver eine Gesellschaft ist, um so mehr Wert-, Interessen- und Anschauungsunterschiede zwischen den Mitgliedern müssen gelöst werden[136]." Werden die Prozesse der Konfliktlösung in einem sozialen System vernachlässigt, werden letztlich auch die Werte, auf denen der ursprüngliche Konsens zwischen den Mitgliedern beruhte, untergraben und der gemeinsame Handlungsprozeß grundlegend gestört oder blockiert. Die Konfliktlösung wird um so schwieriger und kostspieliger, je weniger Übereinstimmungen zwischen den Zielsystemen der Aktoren bestehen und je geringer die Flexibilität ihrer Bedürfnisse ist. Die internen und externen Konflikte der Unternehmung sind aber in viel größerem Maße lösbar, wenn die Aktoren nicht auf die Erfüllung bestimmter Interessen fixiert sind, sondern bereit sind, nichterfüllte Interessen durch die Erfüllung anderer - gemeinsamer - Interessen substitutieren zu lassen. Wenn andererseits die Aktoren auf bestimmte unveränderte Positionen bereits festgelegt sind, besteht die Möglichkeit, durch Ziel- und Umfelddeterminierungen auf konfligierende Zielsysteme in eine kongruente Richtung einzuwirken. Hierbei ist zu beachten, daß die Zieldeterminierung den Aktoren die Entscheidung über die Annahme oder Ablehnung der Determinierungsmittel und damit über die Änderung ihrer Ziele beläßt, während die Umfelddeterminierung

[133] Vgl. Cyert/March [Theory] 116 ff.
[134] Vgl. Dahrendorf [Elemente] 221 ff.
[135] Vgl. Etzioni [Gesellschaft] 477 ff.
[136] Etzioni [Gesellschaft] 478.

auf externe Daten des konfligierenden Zielsetzungsprozesses in der Weise einwirkt, daß die Aktoren zur Änderung ihrer ursprünglichen Ziele gezwungen werden.

Zwischen der Machtverteilung in der Unternehmung und der Fähigkeit, Konflikte abzubauen und Zielübereinstimmungen zu finden, bestehen enge Beziehungen. Bei bürokratisch-pyramidalen Machtstrukturen besteht die Tendenz, konfligierende Ziele durch einseitig abwärts gerichtete Umfelddeterminierungen zu unterdrücken. Werden Forderungen der Aktoren nicht berücksichtigt und aus dem Zielsystem der Unternehmung ausgeschlossen, werden Leistungszusagen reduziert und damit die Handlungsfähigkeit der Unternehmung eingeschränkt. Der Ausgleich konfligierender Leistungszusagen und Forderungen ist jedoch eine Bedingung für effektives Handeln. Mit dem Abbau von Machtunterschieden nimmt die Möglichkeit der Unterdrückung konfligierender Ziele ab. Das Potential einseitiger Zielsicherungen vermindert sich zugunsten wechselseitiger Einflußprozesse und der Möglichkeit der Aktoren, Konsensbereiche zu finden. Die Konsensbildung auf der Basis gleicher Machtgrundlagen der Aktoren setzt allerdings die Bereitschaft zur Aufrechterhaltung der gemeinsamen Austauschbeziehung voraus. Je geringer diese Bereitschaft ist, entweder aufgrund von ungerecht empfundenen Begrenzungen des Handlungsspielraumes oder aufgrund von ineffektiven Konflikthandhabungsmechanismen, desto geringer ist die Fähigkeit der Aktoren, Unternehmungsziele zu realisieren bzw. die Funktionsfähigkeit der Unternehmung zu erhalten.

Eine entscheidende Voraussetzung der Konsensbildung sind Freiheitsgrade der Annahme oder Ablehnung von Determinierungsmitteln. Konsens setzt die Freiwilligkeit von Zieländerungen voraus. Erzwungene Zieländerungen führen nicht zum Konsens, sondern verstärken das Konfliktpotential in der Unternehmung, das für seine dauerhafte Determinierung eine zunehmende Ausschöpfung von Machtgrundlagen erfordert.

Die Quasi-Lösung des Konflikts kann also durch eine Konsens erzeugende Zieldeterminierung oder durch eine Dissens unterdrückende Umfelddeterminierung erreicht werden. Bei der Untersuchung der Konfliktlösung ist insofern zwischen einer auf freiwilliger Akzeptanz oder einer auf erzwungener Akzeptanz der Determinierungsprozesse basierenden Beendigung des Konflikts zu unterscheiden. Dieser Problemkreis soll abschließend behandelt werden.

e) Die Akzeptanzproblematik in unternehmungspolitischer Sicht

Die Fragen der Akzeptanzerzielung und der Möglichkeiten ihrer Abstützung sind im Verlauf der Diskussion der Konflikthandhabungsalternativen erarbeitet worden. An dieser Stelle sollen daher lediglich die wichtigsten unternehmungspolitischen Aspekte der Akzeptanzproblematik zusammenfassend aufgezeigt werden.

Schmidt hebt hervor, daß der Begriff, „Akzeptanz“ die Tolerierung von Zielen dominierender Interessengruppen zum Ausdruck bringt, wobei dieses Verhalten sich unterschiedlich äußert: „Es kann erzwungen sein oder freiwillig erfolgen und damit Duldung oder Zustimmung bedeuten[137].“

Aus unternehmungspolitischer Sicht sind als Konsequenz der Differenzierung von Grundzielsetzungsprozessen und unternehmungspolitischen Zielsetzungsprozessen grundsätzlich zwei Akzeptanzebenen zu unterscheiden:

1. die Erzielung von Akzeptanz für die vom Konfliktpartner als kollidierend empfundene Grundzielsetzung,
2. die Erzielung von Akzeptanz für die mit der Grundzielsetzung verbundene Zielsicherung.

Die Differenzierung dieser Ebenen ist notwendig, da Nicht-Akzeptanz von Grundzielen auf einer Nicht-Akzeptanz des mit der Grundzielsetzung verbundenen Determinierungsmittels beruhen kann. Das Grundziel wird in diesem Fall nicht akzeptiert, weil der Konfliktpartner beispielsweise die Anordnung als Form der Grundzielvorgabe nicht akzeptiert, obgleich er das Grundziel selbst nicht als kollidierend empfindet. Für die Konflikthandhabung sind ebenfalls beide Akzeptanzebenen sowohl als Einwirkungsbereiche als auch als abzusichernde Ziele zu unterscheiden.

Für die Analyse der Akzeptanzproblematik scheint es wenig zweckmäßig zu sein, sich in eine wertmäßig reichlich überfrachtete Diskussion des Akzeptanzbegriffes einzuschalten[138]. Wesentlich weiterführender dürfte es sein, die einzelnen Elemente der Akzeptanzproblematik herauszuarbeiten, um die Einwirkungsbereiche der Akzeptanzerzielung aufdecken zu können.

Akzeptanz bedeutet in der ursprünglichen Wortbedeutung lediglich die Aufnahme oder Übernahme fremder Ziele, und die Akzeptanzerzielung als Prozeß ist lediglich ein Sammelbegriff für vielfältige Formen der Einwirkung zum Zwecke der Übertragung eigener Ziele auf andere[139].

Mit der Analyse der Determinierungsprozesse wurden die verschiedenen Formen der Akzeptanzerzielung aufgedeckt. *Freiwillige Akzeptanz*, die an die Formen der direkten Beeinflussung des Zielsetzungsprozesses gebunden ist, setzt voraus, daß der Aktor ohne nachteilige Konsequenzen für seine Situation kollidierende Ziele abwehren kann. Seine Zieländerung erfolgt insofern freiwillig, als er in der Übernahme des fremdem Ziels eine Verbesserung seiner Situation sieht, bei einer Zurückweisung des fremden Ziels für ihn jedoch keine Belastungen entstehen. Einwirkungsbereiche zur Erzielung freiwilliger Akzeptanz sind

---

137 Schmidt [Grundlagen] 106.
Vgl. auch die Differenzierung der Akzeptanzproblematik bei Krüger [Grundlagen] 135 ff. und 174 ff.

138 Vgl. hierzu Ortmann [Ideologie] 39 ff.

139 Vgl. die ausführliche Diskussion der Akzeptierungstheorien bei Ziegler [Autorität] 113 ff.

all jene Elemente des Zielsetzungsprozesses, die im Verlauf der Diskussion der Konflikthandhabung durch Zieldeterminierung diskutiert worden sind, also beispielsweise die Aktualisierung und Gewichtung von Zielkriterien, die Aufnahme von Konsequenzen und deren Bewertung[140]. Beruhen Zielübernahmen auf Determinierungsaktionen, die eine Schlechterstellung des Aktors bei Nichtanpassung bewirken würden, liegt eine *erzwungene Akzeptanz* vor. Die erzwungene Zielakzeptanz wird durch die diskutierten vielfältigen Formen der Umfelddeterminierung erreicht, deren wesentliches Merkmal in der Anordnung negativer Äquivalente für den Fall der Nichtanpassung an das Ziel des determinierenden Aktors zu sehen ist. Die Methoden der zwangsweisen Akzeptanzerzielung reichen von subtilen Formen des Entzugs von Statussymbolen, der Verschlechterung formaler und informaler Arbeitsbeziehungen über Gehalts- und Beförderungsstops bis zur Androhung von Kündigungen.

Obwohl die freiwillige oder erzwungene Akzeptanz kollidierender Ziele Voraussetzung für gemeinsames Handeln ist, muß sie nicht für jede einzelne Aktion erzielt werden. Die Aktoren verfügen meist über gewisse Akzeptanzreserven oder, wie es *Barnard* formuliert, über gewisse Indifferenzzonen, innerhalb deren sie Konflikte nicht aktualisieren[141]. Aufgrund der konkurrierenden Wirkungen erzwungener Akzeptanz ist jedoch ein hohes Maß an freiwilliger Akzeptanz die Vorbedingung für die effektive Realisierung von Unternehmungszielen. Es kann keine aktive Unternehmung ohne ein hohes Maß an unternehmungspolitischen Möglichkeiten der Erzielung freiwilliger Akzeptanz bzw. der Erzielung von Konsens geben.

Für die im Verlauf der Arbeit angeschnittenen Fragen nach einer auf die Verbesserung der Konflikthandhabung abzielenden „Sozialreformstrategie"[142] sind diese Problemkreise der Akzeptanzerzielung in der Unternehmung vertieft zu untersuchen und Mittel der Akzeptanzerzielung aufzudecken, die den Abbau von Zwang und Gegenzwang als Instrumente der Konfliktlösung ermöglichen.

In Verfolgung dieser normativen Aufgabenstellung ist an der Frage nach den Möglichkeiten und Grenzen der Gestaltung von Freiheitsspielräumen Einzelner in der Unternehmung als einem System kollidierender Handlungsspielräume anzusetzen, um Ansatzpunkte für die Gestaltung eines auf Machtausgleich und Liberalisierung ausgerichteten Konfliktfeldes der Unternehmung zu gewinnen.

---

140 Vgl. den Abschnitt VI 2. c) (c) der Arbeit.
141 Vgl. Barnard [Functions] 161 ff.
142 Vgl. zum Begriff Sozialreformstrategie Chmielewicz [Betriebsverfassung].

VII. Schlußbetrachtung

Im Mittelpunkt der vorliegenden Arbeit stand der Versuch, die Komplexität und Heterogenität des Konfliktphänomens zu durchleuchten, um die Grundelemente für eine realwissenschaftliche Theorie des Konfliktverhaltens in Unternehmungen und in prinzipieller Hinsicht auch von Unternehmungen herauszuarbeiten, und einen konzeptionellen Rahmen, der die Integration dieser Elemente ermöglicht, aufzuzeigen.

Als Ergebnis einer Problemaufbereitung grundlegender konflikttheoretischer Ansätze konnten kollidierende Grundzielsetzungsprozesse und die davon analytisch abzuhebenden Zielsicherungsprozesse als problemspezifische Prozeßschichten des Konfliktverhaltens in Unternehmungen freigelegt werden und als Untersuchungsobjekte dieser Arbeit zugrunde gelegt werden.

Die Analyse von Unternehmungsgrundmodellen zeigte die variierende inhaltliche Erfassung dieser Zielsetzungsprozesse auf und lenkte den Blick auf die politische Problematik als konstitutiven Bestanteil des Konfliktphänomens in Unternehmungen.

Die apolitologische Betrachtungsweise der Unternehmung, deren Überwindung durch eine beginnende Berücksichtigung politikwissenschaftlicher Erkenntnisse im betriebswirtschaftlichen Aussagensystem einzusetzen scheint, versperrte bislang den problemadäquaten Zugang zur Erfassung von kollidierenden Handlungsspielräumen und Prozessen der Sicherung von Handlungsspielräumen gegenüber kollidierenden Verhaltensweisen. (Unternehmungs)politisches Handeln vollzieht sich in Unternehmungen als wirtschaftlichen Zweckgebilden und impliziert daher die wirtschaftliche Problematik. Auf der Basis dieser Problemsicht unternehmungspolitischen Handelns wurden die Grundrisse der neukonzeptionierten Unternehmungspolitik als betriebswirtschaftlich-politologische Teildisziplin skizziert und als Rahmen der konflikttheoretischen Analyse der Unternehmung zugrunde gelegt. Mit der Konzentrierung der vorliegenden Analyse auf die unternehmungspolitischen Prozesse wurde der Versuch unternommen, jene Elemente sichtbar zu machen, die für die Konfliktentstehung wie für die Konflikthandhabung von Relevanz sind: Rahmenbedingungen des Konfliktverhaltens wie die Unternehmungsverfassung und Organisationsstruktur der Unternehmung, die Ursachen und Arten kollidierender Zielsetzungen, die Machtgrundlagen der Konflikthandhabung sowie der Prozeß der Konflikthandhabung mit seinen Zielkriterien, Wirkungen und Ergebnissen.

Im Verlauf der Arbeit wurden jeweils die vielfältigen offenen Forschungsprobleme hervorgehoben.

Für die unternehmungspolitische Konfliktforschung ist für die Zukunft primär zu fordern, daß sie die Verkettungen von realen Konflikten und Konflikthandhabungsprozessen untersucht und die ökonomisch relevanten Auswirkungen von Konflikten und Konflikthandhabungsprozessen zu erarbeiten sucht. Die unter dieser Aufgabenstellung zu gewinnenden realtheoretischen Aussagen sind dem pragmatischen Wissenschaftsauftrag der Unternehmungspolitik entsprechend in praxeologische Aussagen umzuformen, um Kriterien für die Lösung von Konflikten und die Gestaltung von Konfliktfeldern in der Unternehmung angeben zu können.

Konfliktlösungen sind nicht beständig, sondern müssen permanent erreicht werden. Von vielen Untersuchungen wurde diese Problematik aufgegriffen. Im hier dargestellten unternehmungspolitischen Ansatz wird die theoretische Basis zur Beantwortung dieser Fragestellung gesehen. Diese Untersuchung versteht sich insofern als Vorarbeit eines weiteren konzeptionellen und empirischen Ausbaus einer unternehmungspolitischen Theorie der Unternehmungskonflikte.

Literaturverzeichnis

Albert, Hans:

[Modell-Platonismus]

Der neoklassische Stil des ökonomischen Denkens in kritischer Beleuchtung, in: Logik der Sozialwissenschaften, hrsg. von Ernst Topitsch, Köln, Berlin 1965, 406–434.

– [Positivismusstreit]

Der Mythos der totalen Vernunft, in: Der Positivismusstreit in der deutschen Soziologie, Neuwied und Berlin 1972, 193–234.

– [Traktat]

Traktat über kritische Vernunft, 2., unveränderte Auflage, Tübingen 1969.

– [Wertfreiheit]

Theorie und Praxis. Max Weber und das Problem der Wertfreiheit und der Rationalität, in: Werturteilsstreit, hrsg. von Hans Albert und Ernst Topitsch, Darmstadt 1971, 200–236.

– [Werturteil]

Werturteil und Wertbasis. Das Werturteilsproblem im Lichte der logischen Analyse, in: Hans Albert, Marktsoziologie und Entscheidungslogik. Ökonomische Probleme in soziologischer Perspektive, Neuwied und Berlin 1967, 92–130.

Alewell, Karl:

[Führung]

Die Führung der Unternehmung unter dem Einfluß der Mitbestimmung, in: ZfO, 41 (1972) 113–124.

Alewell, Karl und *Hahn*, Dieter:

[Mitbestimmung]

Mitbestimmung leitender Angestellter, in: ZfB 42 (1972) 871–900.

Angell, Robert C.:

[Conflict]

The Sociology of Human Conflict, in: The Nature of Human Conflict, ed. by Elton B. McNeil, Englewood Cliffs, N. J. 1965, 91–115.

Aubert, Vilhelm:

[Interessenkonflikt]

Interessenkonflikt und Wertkonflikt: Zwei Typen des Konflikts und der Konfliktlösung, in: Konflikt und Konfliktstrategie. Ansätze zu einer soziologischen Konflikttheorie, hrsg. von Walter L. Bühl, München 1973, 170–205.

Axelrod, R.:

[Conflict]

Conflict of Interest. A Theory of Divergent Goals with Application to Politics, Chicago 1970.

Bachrach, Peter und *Baratz*, Morton S.:

[Faces]

Two Faces of Power, in: Power, Ed. by John R. Champlin, New York 1971, 118–131.

Baldwin, David A.:

[Costs]

The Costs of Power, in: JCR 15 (1971) 145–155.

Barnard, Chester J.:

[Functions]

The Functions of the Executive, Cambridge, Mass. 1950.

– [Führung]
Die Führung großer Organisationen (The Functions of the Executive). Übersetzt von Karl W. Boetticher, Essen 1970.

– [Pathologie]
Über die Funktionen und die Pathologie von Statussystemen in formalen Organisationen, in: Chester J. Barnard, Organisation and Management. Ausgewählte Aufsätze, Stuttgart 1969.

Bartunek, Jean M., *Benton,* Alan A. and *Keys,* Christopher B.:
[Representatives]
Third Party Intervention and the Bargaining Behavior of Group Representatives, in: JCR 19 (1975) 532–557.

Berthel, Jürgen:
[Operationalisierung]
Zur Operationalisierung von Unternehmungs-Zielkonzeptionen, in: ZfB 43 (1973) 29–58.

Beyme, Klaus von:
[Theorien]
Die politischen Theorien der Gegenwart. Eine Einführung, München 1972.

Bidlingmaier, Johannes:
[Konzeptionen]
Unternehmenspolitische Konzeptionen, in: Analysen zur Unternehmenstheorie. Festgabe für Leopold L. Illetschko zum 70. Geburtstag, hrsg. von Karl Lechner, Berlin 1972, 33–46.

– [Zielkonflikte]
Zielkonflikte und Zielkompromisse im unternehmerischen Entscheidungsprozeß, Wiesbaden 1968.

Bittel, Lester R.:
[Exception]
Management by Exception, Systematizing and Simplifying the Managerial Job, New York, San Francisco, Toronto, London 1964.

Blake, Robert R. und *Mouton,* Jane S.:
[Verhaltenspsychologie]
Verhaltenspsychologie im Betrieb. Das Verhaltensgitter, eine Methode zur optimalen Führung in Wirtschaft und Verwaltung, 1. Auflage, Düsseldorf, Wien 1968.

Blake, Robert R., *Shephard,* Herbert A. and *Mouton,* Jane S.:
[Managing]
Managing Intergroup Conflict in Industry, Ann Arbor 1964.

Blankenburg, Erhard und *Schnelle,* Wolfgang:
[Aushandeln]
Aushandeln oder Problemlösen als Formen der Konfliktaustragung, in: Kommunikation, Heft 4, 1970, 201–210.

Blau, Peter M.:
[Strukturen]
Die Dynamik bürokratischer Strukturen, in: Bürokratische Organisation, hrsg. von Renate Mayntz, Köln, Berlin 1968, 310–323.

Blau, Peter M. and *Scott,* Richard W.:
[Organizations]
Formal Organizations, San Francisco 1962.

Blau, Peter M., *Heydebrand,* Wolf V. und *Stauffer,* Robert E.:
[Wechselbeziehungen]
Wechselbeziehungen zwischen strukturellen Merkmalen der Bürokratie, in: Bürokratische Organisation, hrsg. von Renate Mayntz, Köln, Berlin 1968, 94–116.

Bleicher, Knut:
[Perspektiven]
Perspektiven für Organisation und Führung von Unternehmungen, Baden-Baden und Bad Homburg 1971.

Bohnen, Alfred:
Interessenharmonie und Konflikt in sozialen Austauschbeziehungen. Zur ökonomischen Perspektive im soziologischen Denken, in: Sozialtheorie und soziale Praxis. Eduard Baumgarten zum 70. Geburtstag, hrsg. von Hans Albert, Meisenheim am Glan 1971, 140–157.

Bosetzky, Horst:
[Grundzüge]
Grundzüge einer Soziologie der Industrieverwaltung: Möglichkeiten und Grenzen der Betrachtung des industriellen Großbetriebes als bürokratische Organisation, Stuttgart 1970.

Boulding, Kenneth:
[Conflict]
Conflict and Defense. A General Theory, New York 1962.
– [Konfliktbeherrschung]
Konfliktbeherrschung als Lernvorgang, in: Weil wir überleben wollen, hrsg. von Anthony de Reuck und Julie Knight, München, Wien, Basel 1970, 226–237.
– [Organization]
Organization and Conflict, in: JCR 1 (1957) 122–134.

Bruggemann, Agnes, *Groskurth*, Peter und *Ulich*, Eberhard:
[Arbeitszufriedenheit]
Arbeitszufriedenheit, Bern 1975.

Buchanan, James M.:
[Political Process]
An Individualistic Theory of Political Process, in: Varieties of Political Theory, ed. by David Easton, Englewood Cliffs, N. J. 1966, 25–37.

Budäus, Dietrich:
[Entscheidungsprozeß]
Entscheidungsprozeß und Mitbestimmung. Ein Beitrag zur Grundlagendiskussion um die Demokratisierung von Unternehmungen, Wiesbaden 1975.

Bühl, Walter L.:
[Konfliktsoziologie]
Einleitung: Entwicklungslinien der Konfliktsoziologie, in: Konflikt und Konfliktstrategie. Ansätze zu einer soziologischen Konflikttheorie, hrsg. von Walter L. Bühl, 2. Auflage, München 1973, 9–64.

Burdeau, Georges:
[Einführung]
Einführung in die politische Wissenschaft, Neuwied und Berlin 1964.

Burnham, James:
[Regime]
Das Regime der Manager, Stuttgart 1951.

Burns, Tom:
[Plurality]
On the Plurality of Social Systems, in: Operational Research and the Social Sciences, ed. by J. R. Lawrence, London 1966, 165–177.

Burns, Tom and *Stalker*, G. M.:
[Systeme]
Mechanistische und organische Systeme des Managements, in: Bürokratische Organisation, hrsg. von Renate Mayntz, Köln, Berlin 1968, 147–154.

Busse von Colbe, Walther:
[Theorie]
Entwicklungstendenzen in der Theorie der Unternehmung, in: ZfB 34 (1964) 615–627.

Bußhoff, Heinrich:
[Systemtheorie]
Systemtheorie als Theorie der Politik, München 1975.

Campbell, Donald T.:
[Omniscience]
Ethnocentrism of Disciplines and the Fish-Scale Model of Omniscience, in: Interdisciplinary Relationships in the Social Sciences, ed. by Muzafer Sherif and Carolyn W. Sherif, Chicago 1969, 328–348.

Cartwright, Dorwin:
[Influence]
Influence, Leadership, Control, in: Handbook of Organizations, ed by James E. March, Chicago 1965, 1-47.

Cartwright, Dorwin (Ed.):
[Studies]
Studies in Social Power, Ann Arbor 1959.

Champlin, John R. (Ed.):
[Power]
Power, New York 1971.

Charlesworth, James, C.:
[Analysis]
Contemporary Political Analysis, New York 1967.

Chmielewicz, Klaus:
[Arbeitnehmerinteressen]
Arbeitnehmerinteressen und Kapitalismuskritik in der Betriebswirtschaftslehre, Reinbek bei Hamburg 1975.

– [Betriebsverfassung]
Die Betriebsverfassung als Problem einer methodologisch fundierten Sozialreform-Strategie, in: Probleme der Unternehmungsverfassung. Gedanken zum 70. Geburtstag von Martin Lohmann, hrsg. von Ralf-Bodo Schmidt, Tübingen 1971, 1-40.

– [Formalstruktur]
Die Formalstruktur der Entscheidung, in: ZfB 40 (1970) 239–268.

– [Forschungskonzeptionen]
Forschungskonzeptionen der Wirtschaftswissenschaft. Zur Problematik einer entscheidungstheoretischen und normativen Wirtschaftslehre, Stuttgart 1970.

Collins, Barry E. and *Guetzkow,* Harold:
[Psychology]
A Social Psychology of Group Processes for Decision-Making, 3. Printing, New York, London, Sydney 1966.

Conn, Paul H.:
[Conflict]
Conflict and Decision Making. An Introduction to Political Science, New York 1971.

Corwin, Ronald D.:
Formen des organisatorischen Konflikts, in: Organisationstheorie, 1. Teilband, hrsg. von Erwin Grochla, Stuttgart 1975, 248-267.

Coser, Lewis A.:
[Theorie]
Theorie sozialer Konflikte, Neuwied und Berlin 1972.

Cummings, L. and *ElSalmi,* A.:
[Impact]
The Impact of Role. Diversity, Job Level, and Organizational Size on Managerial Satisfaction, in: ASQ 15 (1970) 1-10.

Cyert, Richard M. and *March,* James G.:
[Theory]
A Behavioral Theory of the Firm, Englewood Cliffs, N. J. 1963.

Dahl, Robert A.:
[Analysis]
Modern Political Analysis, Englewood Cliffs, N. J. 1970.

Dahl, Robert A. and *Lindblom,* Charles E.:
Politics, Economics, and Welfare, New York 1953.

Dahrendorf, Ralf:
[Elemente]
Elemente einer Theorie des sozialen Konflikts, in: Gesellschaft und Freiheit, München 1962, 197–235.

– [Sozialstruktur]
Sozialstruktur des Betriebes - Betriebssoziologie, Wiesbaden 1972.

– [Utopia]
Pfade aus Utopia. Zu einer Neuorientierung der soziologischen Analyse, in: Gesellschaft und Freiheit. Zur soziologischen Analyse der Gegenwart, München 1961.

– Zu einer Theorie des sozialen Konflikts, in: Theorien des sozialen Wandels, hrsg. von Wolfgang Zapf, Köln, Berlin 1969, 108–123.

Deutsch, Karl W.:
[Kybernetik]
Politische Kybernetik. Modelle und Perspektiven, Freiburg i. Br. 1969.

Deutsch, Morton:
[Conflict]
The Resolution of Conflict. Constructive and Destructive Processes, New Haven und London 1973.

Deutsch, Morton und *Krauss,* Robert M.:
[Untersuchungen]
Untersuchungen über interpersonelle Verhandlungen, in: Spieltheorie und Sozialwissenschaften, hrsg. von Martin Schubik, Hamburg 1965, 339–353.

Dinkelbach, Werner und *Rosenberg,* Otto:
[Faktorinteressen]
Zielarten und Zielsysteme bei divergierenden Faktorinteressen, in: Die Bedeutung gesellschaftlicher Veränderungen für die Willensbildung in Unternehmen, hrsg. von Horst Albach und Dieter Sadowski, Berlin 1976, 813–835.

Dlugos, Günter:
[Regulativ]
Analytische Wissenschaftstheorie als Regulativ betriebswirtschaftlicher Forschung, in: Wissenschaftstheorie und Betriebswirtschaftslehre, hrsg. von Günter Dlugos, Gerald Eberlein und Horst Steinmann, Düsseldorf 1972, 21–53.

– [Stichwort]
Unternehmungspolitik, in: Handwörterbuch der Betriebswirtschaft, hrsg. von Erwin Grochla und Waldemar Wittmann, Stuttgart 1976, Sp. 4093–4103.

– [Teildisziplin]
Unternehmungspolitik als betriebswirtschaftlich-politologische Teildisziplin, in: Unternehmungsführung. Festschrift für Erich Kosiol zu seinem 75. Geburtstag, hrsg. von Jürgen Wild, Berlin 1974, 39–73.

– [Unternehmungspolitik]
In Vorbereitung

– [Zielproblematik]
Methodologische und disziplinäre Bestimmungsgründe wirtschaftswissenschaftlicher Untersuchung der Zielproblematik. Unveröffentlichte Habilitationsschrift, Berlin 1970.

Dorow, Wolfgang:
Management Decisions in the Political System of the Firm, in: Proceedings of the 2nd European Meeting on Cybernetics and Systems Research, London 1975, 336–342.

– The Political System of the Firm: Toward Conceptual Clarity, in: Journal of Cybernetics 6 (1976) 3–19.

Drumm, Hans Jürgen:
[Allokationsproblematik]
Zur Koordinations- und Allokationsproblematik bei Organisationen mit Matrix-Struk-

tur, in: Unternehmungsführung. Festschrift für Erich Kosiol zu seinem 75. Geburtstag, hrsg. von Jürgen Wild, Berlin 1974, 323–348.

Easton, David:
[Analysis]
A Systems Analysis of Political Life, New York, London, Sidney 1965.
– [Political Analysis]
A Framework for Political Analysis, New York 1965.

Easton, David (Ed.):
[Varieties]
Varieties of Political Theory, Englewood Cliffs, N. J. 1966.

Emerson, Richard M.:
Power-Dependence Relations, in: American Sociological Review, 27 (1962) 31-41.

Engeleiter, Hans-Joachim:
[Betriebspolitik]
Problemstellungen einer Theorie der Betriebspolitik, in: Betriebswirtschaftliche Forschung und Praxis 23 (1971) 405–420.

England, George W.:
[Values]
Management and his Values, Cambridge, Mass. 1975.

Esser, Werner-Michael:
[Konfliktverhalten]
Individuelles Konfliktverhalten in Organisationen, Sozioökonomie 511, Stuttgart, Berlin, Köln, Mainz 1975.
– [Organisationen]
Konfliktverhalten in Organisationen, Diss. Mannheim 1972.

Esser, Werner-Michael und *Kirsch*, Werner:
Konflikte im Betrieb, in: HWP Sp. 1125–1134.

Etzioni, Amitai:
[Compliance]
Compliance as a Comparative Base, in: Organizations: Structure and Behavior, 1, 2. Edition, ed. by Joseph A Litterer, New York 1969, 121-132.
– [Gesellschaft]
Die aktive Gesellschaft. Eine Theorie gesellschaftlicher und politischer Prozesse, Opladen 1975.
– [Soziologie]
Soziologie der Organisationen, 2., unveränderte Auflage, München 1969.

Euler, Hanns Peter:
[Arbeitskonflikt]
Arbeitskonflikt und Leistungsrestriktion im Industriebetrieb, Düsseldorf 1973.

Fäßler, Klaus:
[Mitbestimmung]
Betriebliche Mitbestimmung. Verhaltenswissenschaftliche Projektionsmodelle, Wiesbaden 1970.

Feldmann, Julian and *Kanter*, Herschel E.:
[Decision Making]
Organizational Decision Making, in: Handbook of Organizations, ed. by James G. March, Chicago 1965, 614–649.

Festinger, Leon:
[Conflict]
Conflict, Decision, and Dissonance, Stanford 1964.

Fink, Clinton F.:
[Difficulties]
Some Conceptual Difficulties in the Theory of Social Conflict, in: JCR 12 (1968) 412–460.

Fischer, Guido:
[Betriebspolitik]
Betriebspolitik und Betriebsführung, in: ZfB 27 (1957) 148–154, 199–207, 303–310, 361–370.

Fischer-Winkelmann, Wolf F.:
[Methodologie]
Methodologie der Betriebswirtschaftslehre, München 1971.

Fisher, R.:
[Third party]
Third party consultation: a method for the study and resolution of conflict, in: JCR 16 (1972) 67–94.

French, John R. P., and *Raven,* Bertram:
[Bases]
The Bases of Social Power in: Studies in Social Power, ed. by Dorwin Cartwright, Ann Arbor 1959, 150–167.

Frese, Erich:
[Entscheidungsstrategien]
Heuristische Entscheidungsstrategien der Unternehmungsführung, in: ZfbF 23 (1971), 283–307.

– [Vergleich]
Zum Vergleich von Führungsmodellen, in: Unternehmungsführung. Festschrift für Erich Kosiol zu seinem 75. Geburtstag, hrsg. von Jürgen Wild, Berlin 1974, 221–249.

Freund, Michael:
[Politik]
Politik, in: HWS Göttingen, hrsg. von Erwin von Beckerath et al., 8. Band, Göttingen 1964, 356–371.

Friedrich, Carl Joachim:
[Prolegomena]
Prolegomena der Politik. Politische Erfahrung und ihre Theorie, Berlin 1967.

Fürstenberg, F.:
[Betriebssoziologie]
Grundfragen der Betriebssoziologie, Köln und Opladen 1964.

Gäfgen, Gérard:
[Theorie]
Theorie der wirtschaftlichen Entscheidung, 3. Auflage, Tübingen 1974.

Galtung, J.:
[Konfliktlösung]
Institutionalisierte Konfliktlösung, in: Konflikt und Konfliktstrategie, hrsg. von Walter L. Bühl, 2. Auflage, München 1973, 113–177.

Garceau, Oliver (Ed.):
[Research]
Political Research and Political Theory, Cambridge, Massachusetts 1968.

Gouldner, Alvin W.:
[Bürokratie]
„Disziplinäre" und „repräsentative" Bürokratie, in: Bürokratische Organisation, hrsg. von Renate Mayntz, Köln, Berlin 1968, 429–436.

Gouldner, A. W.:
[Patterns]
Patterns of Industrial Bureaucracy, Glencoe, Ill. 1954.

Grand, Jon:
[Macht]
Das Problem der Macht in der Unternehmung, Diss. der Hochschule St. Gallen 1970.

Greven, Michael Th.:
[Systemtheorie]
Systemtheorie und Gesellschaftsanalyse. Darmstadt und Neuwied 1974.

Griem, H.:
[Prozeß]
Der Prozeß der Unternehmensentscheidung bei unvollkommener Information, Berlin 1968.

Grochla, Erwin:
[Konzepte]
Neue Konzepte der Unternehmungsorganisation. Eine Strukturanalyse, in: Unternehmungsführung. Festschrift für Erich Kosiol zu seinem 75. Geburtstag, hrsg. von Jürgen Wild, Berlin 1974, 297-322.

Grochla, Erwin:
[Organisationstheorie]
Organisationstheorie, in: HWO, Sp. 1236-1255.

Grochla, Erwin:
[Unternehmungsorganisation]
Unternehmungsorganisation. Neue Ansätze und Konzeptionen, Reinbek b. Hamburg 1972.

Gruder, Charles:
[Negotiation]
Social Power in Interpersonal Negotiation, in: The Structure of Conflict, ed. by Paul Swingle, New York, London 1970, 141-154.

Grün, Oskar:
[Entscheidung]
Entscheidung, in: HWO, Sp. 474-484.

Grunwald, Wolfgang:
[Konfliktforschung]
Psychotherapie und experimentelle Konfliktforschung, München, Basel 1976.

Hannig, Werner:
[Entscheidungsbegrenzungen]
Die Beurteilung von Entscheidungsbegrenzungen im Möglichkeitenfeld von Unternehmungen, in: ZfbF 21 (1969), 468-483.

Harsanyi, John C.:
[Messung]
Messung der sozialen Macht, in: Spieltheorie und Sozialwissenschaften, hrsg. von M. Shubik, Hamburg 1965, 190-215.

Hartfiel, Günter:
[Rationalität]
Wirtschaftliche und soziale Rationalität, Stuttgart 1968.

Hartmann, Heinz:
[Autorität]
Funktionale Autorität. Systematische Abhandlung zu einem soziologischen Begriff, Stuttgart 1964.

Hartmann, Heinz, *Bock-Rosenthal*, Erika und *Helmer*, Elvira:
[Leitende]
Leitende Angestellte. Selbstverständnis und kollektive Forderungen. Ergebnisse einer empirischen Untersuchung, Neuwied und Berlin 1973.

Hax, Herbert:
[Koordination]
Die Koordination von Entscheidungen, Köln 1965.

Heinen, Edmund:
[Ansatz]
Der entscheidungsorientierte Ansatz der Betriebswirtschaftslehre, in: Wissenschaftsprogramm und Ausbildungsziele der Betriebswirtschaftslehre, hrsg. von Gert von Kortzfleisch, Berlin 1971, 21-37.

– [Zielsystem]
Das Zielsystem der Unternehmung. Grundlagen betriebswirtschaftlicher Entscheidungen, Wiesbaden 1966.

Heinen, Edmund und *Dietel,* Bernhard:
[Wertfreiheit]
Zur Wertfreiheit in der Betriebswirtschaftslehre (I), in: ZfB 46 (1976) 1-26.

Hempel, Carl G. und *Oppenheim,* Paul G.:
[Explanation]
The Logic of Explanation, in: Readings in the Philosophy of Science, ed. by Herbert Feigl and May Brodbeck, New York 1953, 319-352.

Herzberg, Frederick:
[Work]
Work and the Nature of Man, London 1968.

Herzberg, Frederick, *Mausner,* B and *Snyderman, B.:*
[Motivation]
The Motivation to Work, New York 1959.

Hickson, D. J., *Hinings,* C. R., *Lee,* C. A., and *Schneck,* R. E.:
[Strategic]
A Strategic Contingencies' Theory of Intraorganizational Power, in: ASQ 16 (1971) 216-229.

Hill, Wilhelm, *Fehlbaum,* Raymond und *Ulrich,* Peter:
[Organisationslehre]
Organisationslehre 1 und 2. Ziele, Instrumente und Bedingungen der Organisation sozialer Systeme, Berne 1974.

Hinings, C. R., *Pugh,* D. S., *Hickson,* D. J. and *Turner,* C.:
[Analyse]
Ein Ansatz zur Analyse des Bürokratiephänomens, in: Organisationstheorie 1. Teilband, hrsg. von Erwin Grochla, Stuttgart 1975, 106-117.

Hirsch-Weber, Wolfgang:
[Politik]
Politik als Interessenkonflikt, Stuttgart 1969.

Hobbes, Thomas:
[Leviathan]
Leviathan, Stuttgart 1974.

Hoffmann, Friedrich:
[Organisationsforschung]
Entwicklung der Organisationsforschung, Wiesbaden 1973.

Holm, Kurt:
[Begriff]
Zum Begriff der Macht, in: Kölner Zeitschrift für Soziologie und Sozialpsychologie (1969) 269-288.

– [Verteilung]
Verteilung und Konflikt. Ein soziologisches Modell, Stuttgart 1970.

Homans, Georg Caspar:
[Elementarformen]
Elementarformen sozialen Verhaltens, Köln, Opladen 1968.

Hoppe, Ferdinand:
[Anspruchsniveau]
Das Anspruchsniveau, in: Die Motivation menschlichen Handelns, hrsg. von Hans Thomae, 4. Auflage, Köln, Berlin 1968, 217-230.

Horváth, Peter:
[Entscheidungseinheit]
Der Betrieb als lernende Entscheidungseinheit, in: ZfB 44 (1970) 747.

Hoyos, Karl Graf:
[Motivation]
Motivation, in: HWP Sp. 1390-1404.

Iklé, F. C. unter Mitwirkung von *Leites,* N.:
[Verhandlungen]
Verhandlungen - ein Instrument zur Modifikation von Nutzenvorstellungen, in: Spieltheorie und Sozialwissenschaften, hrsg. von Martin Schubik, Hamburg 1975, 255–270.

Illetschko, Leopold L.:
[Handeln]
Rationales Handeln, in: HWO Sp. 1385–1393.

Irle, Martin:
[Führungsverhalten]
Führungsverhalten in organisierten Gruppen, in: Handbuch der Psychologie, 9. Band Betriebspsychologie, hrsg. von C. F. Graumann, Göttingen 1970, 521.
– [Macht]
Macht und Entscheidungen in Organisationen, Frankfurt am Main 1971.

Janowski, Bernd:
[Bürokratie]
Bürokratie, in: HWO Sp. 324–328.

Johnsen, Erik:
[Studies]
Studies in Multiobjective Decision Models, Lund 1968.

Jungblut, Michael:
[Lohn]
Nicht vom Lohn allein, Hamburg 1973.

Kahn, Robert L.:
[Power]
Field Studies of Power in Organizations, in: Power and Conflict in Organizations, ed. by Robert L. Kahn and Elise Boulding, New York 1964, 52–66.

Kahn, Robert and *Boulding,* Elise (Eds.):
[Conflict]
Power and Conflict in Organizations, New York 1964.

Kahn, Robert L., *Wolfe,* Donald M., *Quinn,* Robert P. and *Snoek,* Diedrick J.: in collaboration with *Rosenthal,* Robert A.:
[Stress]
Organizational Stress: Studies in Role Conflict and Ambiguity, New York, London, Sydney 1964.

Kannellopoulos, C. K.:
[Kommunikation]
Kommunikation und Kollegialorgane, Berlin 1970.

Kaplan, Abraham:
[Power]
Power in Perspective, in: Power and Conflict in Organizations, ed. by Robert L. Kahn and Elise Boulding, New York 1964, 11–32.

Katterle, Siegfried:
[Betriebswirtschaftslehre]
Normative und explikative Betriebswirtschaftslehre, Göttingen 1964.

Katz, D.:
[Grundlage]
Die motivationale Grundlage organisationalen Verhaltens, in: Organisationstheorie, hrsg. von Klaus Türk, Hamburg 1975, 193–214.

Keller, Berndt:
[Konfliktmanagement]
Determinanten des Schlichtungsprozesses: Konfliktmanagement durch Intervention Dritter, in: Kyklos 28 (1975) 117–142.

Kern, Werner:
[Unternehmungspolitik]
Unternehmungspolitik als angewandte Betreibswirtschaftslehre. Besprechungsaufsatz, in: ZfbF 18 (1966) 491–497.

Kern, Horst und *Schumann,* Michael:
[Industriearbeit]
Industriearbeit und Arbeiterbewußtsein, Frankfurt/M. 1970.

Kieser, Alfred:
[Innovationen]
Innovationen, in: HWO Sp. 741-750.
– [Organisationsstrukturen]
Zur wissenschaftlichen Begründbarkeit von Organisationsstrukturen, in: ZfO 40 (1971) 239-248.
– [Umwelt]
Der Einfluß der Umwelt auf die Organisationsstruktur der Unternehmung, in: ZfO 43 (1974) 302-313.

Kieser, Alfred und *Kubicek,* Herbert:
[Organisation]
Organisation, Berlin, New York 1977.
– [Organisationsstruktur]
Organisationsstruktur und individuelles Verhalten als Einflußfaktoren der Gestaltung von Management-Informationssystemen, in: ZfB 44 (1974) 449-474.

Kirsch, Werner:
[Betriebswirtschaftslehre]
Die entscheidungs- und systemorientierte Betriebswirtschaftslehre - Wissenschaftsprogramm, Grundkonzeption, Wertfreiheit und Parteilichkeit, in: Wissenschaftstheorie und Betriebswirtschaftslehre, hrsg. von G. Dlugos, G. Eberlein und H. Steinmann, Düsseldorf 1972, 153-184.
– [Betriebswirtschaftspolitik]
Betriebswirtschaftspolitik und geplanter Wandel betriebswirtschaftlicher Systeme, in: Unternehmensführung und Organisation. Bericht von der wissenschaftlichen Tagung in Innsbruck vom 23. bis 27. Mai 1972, hrsg. von Werner Kirsch, Wiesbaden 1973, 15-40.
– [Entscheidungsprozesse I]
Entscheidungsprozesse I, 1. Band. Verhaltenswissenschaftliche Ansätze der Entscheidungstheorie, Wiesbaden 1970.
– [Entscheidungsprozesse II]
Entscheidungsprozesse II, 2. Band, Informationsverarbeitungstheorie des Entscheidungsverhaltens, Wiesbaden 1971.
– [Entscheidungsprozesse III]
Entscheidungsprozesse III, 3. Band, Entscheidungen in Organisationen, Wiesbaden 1971.
– [Unternehmungsziele]
Die Unternehmungsziele in organisationstheoretischer Sicht, in: ZfbF 21 (1969) 665-675.

Kirsch, Werner und *Esser,* Werner-Michael:
[Konflikthandhabung]
Konflikthandhabung im Betrieb, in: HWP Sp. 1125-1134.

Klein, Lisl:
[Entwicklung]
Die Entwicklung neuer Formen der Arbeitsorganisation. Internationale Erfahrungen und heutige Problemstellungen, Göttingen 1975.

Klis, Manfred:
[Überzeugung]
Überzeugung und Manipulation. Grundlagen einer Theorie betriebswirtschaftlicher Führungsstile, Wiesbaden 1970.

Köhler, Richard:
[Forschung]
Theoretische und technologische Forschung in der Betriebswirtschaftslehre, in: ZfbF 28 (1976) 302-318.

– [Methoden]
„Inexakte Methoden“ in der Betriebswirtschaftslehre, in: Zum Praxisbezug der Betriebswirtschaftslehre in wissenschaftstheoretischer Sicht, Bern und Stuttgart 1976.

Konflikt
Konflikt und Konfliktstrategie. Ansätze zu einer soziologischen Konflikttheorie, hrsg. von Walter L. Bühl, 2. Auflage, München 1973.

Kortzfleisch, Gert von:
[Anordnung]
Anordnung, in: HWO Sp. 72–82.

Kosiol, Erich:
[Betriebswirtschaftslehre]
Betriebswirtschaftslehre und Unternehmensforschung, in: ZfB 34 (1964) 743–762.

– [Organisation]
Organisation der Unternehmung, Wiesbaden 1962.

– [Planung]
Zur Problematik der Planung in der Unternehmung, in: ZfB 37 (1967) 77–96.

– [Zukunft]
Organisation, der Weg in die Zukunft, in: ZfO 42 (1973) 3–11.

Kosiol, Erich mit *Szyperski*, Norbert und *Chmielewicz*, Klaus:
[Systemforschung]
Zum Standort der Systemforschung im Rahmen der Wissenschaft (einschließlich ihrer Beziehungen zur Organisations-, Automations- und Unternehmensforschung), in: ZfbF 17 (1965) 337–378.

Krelle, Wilhelm:
[Macht]
Macht und ökonomisches Gesetz in der Verteilung, in: Macht und ökonomisches Gesetz, 1. Halbband, hrsg. von Hans K. Schneider und Christian Watrin, Berlin 1973, 77–127.

Kress, Gisela und *Senghaas*, Dieter:
[Politikwissenschaft]
Politikwissenschaft. Eine Einführung in ihre Probleme, 2. Auflage, Frankfurt am Main 1970.

Krippendorf, Ekkehart:
[Science]
Political Science. Amerikanische Beiträge zur Politikwissenschaft, Tübingen 1966.

Krüger, Wildfried:
[Grundlagen]
Grundlagen, Probleme und Instrumente der Konflikthandhabung in der Unternehmung, Berlin 1972.

– [Macht]
Macht in der Unternehmung. Elemente und Strukturen, Stuttgart 1976.

Krug, Helmut:
[Begriff]
Begriff und Arten der Autorität im sozialen System Unternehmung, in: Arbeit und Leistung 5 (1974) 119–126.

Krysmanski, Hans Jürgen:
[Soziologie]
Soziologie des Konflikts, Reinbek bei Hamburg 1971.

Lasswell, Harold D. and *Kaplan*, Abraham:
[Power]
Power and Society, New Haven 1950.

Lawler, Edward E.:
[Motivation]
Motivation in Work Organizations, Monterey 1973.

Lawrence, Paul R. and *Lorsch*, Jay W.:
[Environment]
Organization and Environment. Managing Differentiation and Integration, Homewood 1969.

Leavitt, Harold J.:
[Führungspsychologie]
Grundlagen der Führungspsychologie. Individuum - Gruppe - Organisation, München 1974.

Lehr, Ursula:
[Erscheinungsweisen]
Erscheinungsweisen des Konflikts, in: Handbuch der Psychologie, 2. Band, Allgemeine Psychologie II. Motivation, hrsg. von H. Thomae, Göttingen 1965, 306–331.

Lersch, Philipp:
[Aufbau]
Aufbau der Person, 10. Auflage, München 1966.

Lewin, Kurt:
[Lösung]
Die Lösung sozialer Konflikte, Bad Nauheim 1953
- [Verhalten]
Verhalten und Entwicklung als eine Funktion der Gesamtsituation, in: Feldtheorie in den Sozialwisssenschaften, hrsg. von Dorwin Cartwright, Bern und Stuttgart 1963, 293 ff.

Likert, Rensis und *Bowers*, David G.:
[Conflict]
Conflict Strategies Related to Organizational Theories and Management Systems, in: Attitudes, Conflict, and Social Change, ed. by Bert T. King and Elliott McGinnies, New York und London 1972, 101-121.

Lindblom, Charles E.:
[Democracy]
The Intelligence of Democracy. Decision Making through Mutual Adjustment, New York 1965.

Lockwood, David:
[Integration]
Soziale Integration und Systemintegration, in: Theorien des sozialen Wandels, hrsg. von Wolfgang Zapf, 2. Auflage, Köln, Berlin 1970, 124–137.

Lohmann, Martin:
[Unternehmensverfassung]
Antiquierte Unternehmensverfassung, in: Der Volkswirt, Nr. 51/52 (1961) 65–73.

Loitlsberger, Erich:
[Wertvorstellungen]
Metaökonomische Wertvorstellungen und Rechtsordnungen als Determinanten betriebswirtschaftlicher Theorie, in: Wissenschaftsprogramm und Ausbildungsziele der Betriebswirtschaftslehre, hrsg. von Gert von Kortzfleisch, Berlin 1971, 79–99.

Luhmann, Niklas:
[Funktionen]
Funktionen und Folgen formaler Organisation, Berlin 1964.
– [Grundbegriffe]
Zweck-Herrschaft-System. Grundbegriffe und Prämissen Max Webers, in: Bürokratische Organisation, hrsg. von Renate Mayntz, Köln, Berlin 1968, 36–55.

Mack, Raymond W. and *Snyder*, Richard C.:
[Overview]
The Analysis of Social Conflict toward an Overview and Synthesis, in: JCR 1 (1957) 212-248.

Maier, Norman F.:
[Principles]
Principles of Human Relations, Applications to Management, New York 1952.

March, James G.:
[Political Coalition]
The Business Firm as a Political Coalition, in: Journal of Politics 24 (1962) 662–678.
– [Power]
The Power of Power, in: Varieties of Political Theory, ed. by David Easton, London 1966, 39–70.

March, James G. and *Simon*, Herbert A.:
[Organizations]
Organizations, New York, London, Sydney 1958.

Maslow, Abraham A.:
[Motivation]
Motivation and Personality, New York 1970.

Mayntz, Renate:
[Idealtypus]
Max Webers Idealtypus der Bürokratie und die Organisationssoziologie, in: Bürokratische Organisation, hrsg. von Renate Mayntz, Köln, Berlin 1968, 27–35.
– [Soziologie]
Soziologie der Organisation, Reinbek bei Hamburg 1963.

McGregor, Douglas:
[Enterprise]
The Human Side of Enterprise, New York 1960.

McGuire, J. W.:
[Theories]
Theories of Business Behavior, Englewood Cliffs, N. Y. 1964.

McKersie, Robert B., *Perry*, Charles R. and *Walton*, Richard E.:
[Bargaining]
Intraorganizational Bargaining in Labor Negotiations, in: JCR 9 (1965) 463–481.

McNeill, Elton (Ed.):
[Nature]
The Nature of Human Conflict, Englewood Cliffs, N. J. 1965.

Mechanic, David:
[Sources]
Sources of Power of Lower Participants in Complex Organizations, in: New Perspectives in Organization Research, ed. by W. W. Cooper, H. J. Leavitt and M. W. Shelly, New York 1964, 136–149.

Meier, Albert:
[Koordination]
Koordination, in: HWO Sp. 893–899.

Meier, Alfred:
[Wirtschaftspolitik]
Systematische staatliche Wirtschaftspolitik. Ansätze zu einer Konzeption, Tübingen 1973.

Mellerowicz, Konrad:
[Unternehmenspolitik]
Unternehmenspolitik, Band I, 2. Auflage, Freiburg i. B. 1963.

Merton, Robert K.:
[Persönlichkeit]
Bürokratische Struktur und Persönlichkeit, in: Bürokratische Organisation, hrsg. von Renate Mayntz, Köln, Berlin 1968, 265–276.

Miller, G. A., *Galanter*, E. and *Primbran*, K. H.:
[Plans]
Plans and the Structure of Behavior, New York 1960.

Moxter, Adolf:
[Grundfragen]
Methodologische Grundfragen der Betriebswirtschaftslehre, Köln und Opladen 1967.

Müller, Walter:
[Unternehmungspolitik]
Grundzüge einer Lehre von der Unternehmungspolitik, in: Die Unternehmung 21 (1967) 3–16.

Myers, Scott M.:
[Workers]
Who are Your Motivated Workers?, in: Harvard Business Review 42 (1964) 73–88.

Narr, Wolf-Dieter:
[Politikwissenschaft]
Logik der Politikwissenschaft - eine propädeutische Skizze, in: Politikwissenschaft. Eine Einführung in ihre Probleme, hrsg. von Gisela Kress und Dieter Senghaas, 2. Auflage, Frankfurt/Main 1970, 9–37.
– [Systemanalyse]
David Eastons Systemanalyse. Ein Königs- oder Holzweg einer allgemeinen Theorie des politischen Verhaltens, in: Politische Vierteljahresschrift, 1967, 424–444.
– [Systemtheorie]
Theorienbegriffe und Systemtheorie, Stuttgart 1969.

Naschold, Frieder:
[Organisation]
Organisation und Demokratie, 3. Auflage, Stuttgart 1972.
– [Systemsteuerung]
Systemsteuerung, 2. Auflage, Stuttgart 1971.

Nash, A. N. and *Carroll,* St. J.:
[Compensation]
The Management of Compensation, Monterey 1975.

Neuberger, Oswald:
[Führungsstil]
Experimentelle Untersuchungen von Führungsstilen, in: Gruppendynamik. Forschung und Praxis, 1972, 192–219.
– [Führungsverhalten]
Führungsverhalten und Führungserfolg, Berlin 1976.
– [Messung]
Messung der Arbeitszufriedenheit, Stuttgart 1974.
– [Theorien]
Theorien der Arbeitszufriedenheit, Stuttgart 1974.

Neumann, John von und *Morgenstern,* Oskar:
[Spieltheorie]
Spieltheorie und wirtschaftliches Verhalten, 3. unveränderte Auflage, Würzburg, Wien 1973.

Nick, Franz R.:
[Anreiz]
Anreiz-Beitrags-Theorie, in: HWP Sp. 38–47.

Nove, Alex:
[Knappheit]
Knappheit, Allokation und Macht, in: Macht und ökonomisches Gesetz, 1. Halbband, hrsg. von Hans G. Schneider und Christian Watrin, Berlin 1973, 51–76.

O'Brien, Gordon E.:
[Führung]
Führung in Organisationen, in: Gruppendynamik 1 (1970) 366–379.

Oechsler, Walter A. und *Wagner,* Bernd:
[Ansatz]
Der konflikttheoretische Ansatz in der Betriebswirtschaftslehre. Zur theoretischen und praktischen Relevanz von Konflikten im Rahmen einer problemorientierten BWL, in: Zum Praxisbezug der Betriebswirtschaftslehre in wissenschaftstheoretischer Sicht, hrsg. von Hans Ulrich, Bern und Stuttgart 1976, 93–105.

Oetterli, Jörg:
[Betriebssoziologie]
Betriebssoziologie und Gesellschaftsbild, Berlin, New York 1971.

Opp, Karl-Dieter:
[Soziologie]
Verhaltenstheoretische Soziologie, Reinbek bei Hamburg 1972.

Ortmann, Günther:
[Ideologie]
Unternehmungsziele als Ideologie. Zur Kritik betriebswirtschaftlicher und organisationstheoretischer Entwürfe einer Theorie der Unternehmungsziele, Köln 1976.

Parsons, Talcott:
[Aspect]
The Political Aspect of Social Structure and Process, in: Varieties of Political Theory, ed. by David Easton, Englewood Cliffs, N. J. 1966, 71-112.
– [Beiträge]
Beiträge zur soziologischen Theorie, Neuwied 1964.
– [Concept]
On the Concept of Influence, in: Parsons: Sociological Theory and Modern Society, New York, London 1967, 355–382.
– [Politics]
Politics and Social Structure, London 1969.

Peabody, R. L.:
[Authority]
Organizational Authority, New York 1964.

Pohmer, Dieter und *Schweitzer,* Marcell:
[Macht]
Macht und Mitbestimmung im ökonomischen Entscheidungsprozeß. Ein Beitrag zur Macht- und Mitbestimmungsdiskussion in der Wirtschaftswissenschaft, in: Unternehmungsführung, Festschrift für Erich Kosiol zu seinem 75. Geburtstag, hrsg. von Jürgen Wild, Berlin 1974, 75–121.

Pondy, Louis R.:
[Concepts]
Organizational Conflict: Concepts and Models, in: ASQ 12 (1967/68) 296–320.
– [Konzeptionen]
Organisationaler Konflikt: Konzeptionen und Modelle, in: Organisationstheorie, hrsg. von Klaus Türk, Hamburg 1975, 235–251.

Pongratz, L. J.:
[Konflikte]
Psychologie menschlicher Konflikte - Phänomenologie und Theorie, Göttingen 1961.

Popper, Karl R.:
[Historizismus]
Das Elend des Historizismus, Tübingen 1965.
– [Zauber]
Der Zauber Platons, 3. Auflage, Bern 1973.
– [Zielsetzung]
Die Zielsetzung in der Erfahrungswissenschaft, in: Theorie und Realität, hrsg. von Hans Albert, Tübingen 1972, 3–25.

Porter, L. W.:
[Study]
A Study of Perceived Need Satisfactions in Bottom and Middle Management Jobs, in: Studies in Organizational Behavior and Management, ed. by D. E. Porter and P. P. Applewhite, Pennsylvania 1964, 353–367.

Presthus, Robert:
[Individuum]
Individuum und Organisation. Typologie der Anpassung, Frankfurt a. M. 1966.

Prim, Rolf und *Tilmann*, Heribert:
[Grundlagen]
Grundlagen einer kritisch-rationalen Sozialwissenschaft, Heidelberg 1975.
– [Projektgruppe]
Projektgruppe im WSI. Grundelemente einer arbeitsorientierten Einzelwirtschaftslehre, Köln 1974.

Pugh, D. S., *Hickson*, D. J., *Hinings*, Chr. R., and *Turner*, Chr.:
[Dimensions]
Dimensions of organization structure, in: ASQ 13 (1968), 65–105.

Raffée, Hans:
[Grundprobleme]
Grundprobleme der Betriebswirtschaftslehre, Göttingen 1974.

Rapoport, Anatol:
[Cognitive]
Cognitive Conflict as a Function of Socially Induced Cognitive Difference, in: JCR, Vol. 8, 1969, 143 ff.
– [Game Theory]
Game Theory and Human Conflict, in: The Nature of Human Conflict, ed. by Elton B. McNeil, Englewood Cliffs, N. J., 1965, 195–226.
– [Konfliktmodelle]
Kataklysmische und strategische Konfliktmodelle, in: Konflikt und Konfliktstrategie, hrsg. von Walter L. Bühl, München 1973, 264–291.

Raven, Bertram H., and *Kruglanski*, Arie W.:
[Power]
Conflict and Power, in: The Structure of Conflict, ed. by Paul Swingle, New York und London 1970, 69–109.

Reber, Gerhard:
[Bemerkungen]
Kritische Bemerkungen zu der Buchbesprechung von W. Kirschs „Entscheidungsprozesse" durch H. Blohm, in: ZfB, 42. Jg. (1972), 147–150.
– [Implikationen]
Implikationen der Anreiz-Beitrags-Theorie. Gibt es nur Verhalten in Organisationen oder auch ein Verhalten von Organisationen? In: ZfB, 46. Jg. (1976), 357–368.
– [Verhalten]
Personales Verhalten im Betrieb. Analyse entscheidungstheoretischer Ansätze, Stuttgart 1973.

Reuck, Anthony de, und *Knight*, Julie (Hrsg.):
[Überleben]
Weil wir überleben wollen, München, Wien, Basel 1970.

Rex, John:
[Grundprobleme]
Grundprobleme der soziologischen Theorie, Freiburg 1970.

Rhenman, Eric:
[Democracy]
Industrial Democracy and Industrial Management. A Critical Essay on the Possible Meanings and Implications of Industrial Democracy, London 1968.

Richardson, Lewis:
[Quarrels]
Statistics of Deadly Quarrels, London 1960.

Rödding, Walburga:
[Macht]
Macht: Präzisierung und Meßbarkeit, in: Macht und ökonomisches Gesetz, 1. Halbband, hrsg. von Hans K. Schneider und Christian Watrin, Berlin 1973, 457–472.

Rokeach, Milton:
[Values]
The Nature of Human Values, New York 1972.

Ropohl, Günther:
[Grundlagen]
Grundlagen und Anwendungsmöglichkeiten der morphologischen Methode in Forschung und Entwicklung (Teil 1), in: Wirtschaftswissenschaftliches Studium, 1. Jg. (1972), 495–499.

Rose, Arnold M.:
[Power]
The Power Structure. Political Process in American Society, London, Oxford, New York 1967.

Rosenstiel, Lutz von, *Molt,* Walter und *Rüttinger,* Bruno:
[Organisationspsychologie]
Organisationspsychologie, 2. Auflage, Stuttgart 1975.

Ross, J. C., and *Zander,* A.:
[Need]
Need Satisfactions and Employee Turnover, in: Management and Motivation, ed. by Victor H. Vroom and Edward L. Deci, Harmondsworth 1970, 61–71.

Rühli, Edwin:
[Unternehmungsführung]
Unternehmungsführung und Unternehmungspolitik, Bd. I, Bern, Stuttgart 1973.

Sandig, Curt:
[Betriebswirtschaftspolitik]
Betriebswirtschaftspolitik, 2. Auflage, Stuttgart 1966.

Sauermann, Heinz und *Selten,* Reinhard:
[Anspruchsanpassungstheorie]
Anspruchsanpassungstheorie der Unternehmung, in: Zeitschrift für die gesamten Staatswissenschaften, 1962, 577 ff.

Schanz, Günther:
[Methodologie]
Einführung in die Methodologie der Betriebswirtschaftslehre, Köln 1975.
– [Pluralismus]
Pluralismus in der Betriebswirtschaftslehre: Bemerkungen zu gegenwärtigen Forschungsprogrammen, in: ZfbF, 25. Jg. (1973), 131–154.
– [Wertfreiheit]
Zum Prinzip der Wertfreiheit in der Betriebswirtschaftslehre: Wissenschaftstheoretische Anmerkungen zu Erich Loitlsbergers Plädoyer für eine normative Wissenschaft, in: ZfbF, 24. Jg. (1972), 379–392.

Schelling, Thomas C.:
[Conflict]
The Strategy of Conflict, Cambridge, Mass., 1963.

Schelsky, Helmut:
[Berechtigung]
Berechtigung und Anmaßung in der Managerherrschaft, in: Gewerkschaftliche Monatshefte, 1 (1950), 131–140.

Scheuch, Erwin:
[Konflikt]
Konflikt in Organisationen, in: HWO, Sp. 861–873.

Scheuch, Fritz:
[Grundlagen]
Zur Verwendung lerntheoretischer Grundlagen in der Betriebswirtschaftslehre, in: ZfB, 41. Jg. (1971), 541–552.

Schmidt, Ralf Bodo:
[Grundlagen]
Wirtschaftslehre der Unternehmung Grundlagen und Zielsetzung, Stuttgart 1969.

– [Unternehmungspolitik]
Bemerkungen zu den Grundfragen der Unternehmungspolitik, in: Hamburger Jahrbuch für Wirtschaft und Gesellschaftspolitik, 10., Tübingen 1965, 34–54.
– [Zielerreichung]
Wirtschaftslehre der Unternehmung. Band 2, Zielerreichung, Stuttgart 1973.

Schmidt, W., and *Tannenbaum,* R.:
[Differences]
The Management of Differences, Harvard Business Review, 38 (1960), 107–115.

Schneider, Dieter:
[Anmerkungen]
Kritische Anmerkungen zu den Anspruchsanpassungstheorien, in: ZfO, 40. Jg. (1971), 351–358.

Schneider, Heinrich (Hrsg.):
[Aufgabe]
Aufgabe und Selbstverständnis der Politischen Wissenschaft, Darmstadt 1967.

Schneider, Siegfried:
[Matrixorganisation]
Matrixorganisation - Gestaltungsmöglichkeiten und Gestaltungsprobleme einer mehrdimensionalen teamorientierten Organisation, Frankfurt a. M., Zürich 1974.

Schneider, Benjamin, and *Alderfer,* Clayton P.:
[Studies]
Three Studies of Measures of Need Satisfaction in Organizations, in: ASQ 19 (1974), 489–505.

Schweitzer, Marcell:
[Diskussion]
Diskussion, in: Macht und ökonomisches Gesetz, 2. Halbband, hrsg. von Hans K. Schneider und Christian Watrin, Berlin 1973, 1043–1047.

Schwiering, Dieter und *Zerdick,* Axel:
[Investitionsentscheidungen]
Einzelwirtschaftliche Investitionsentscheidungen und gesellschaftliche Interessen. - Anmerkungen zum WSI-Entwurf einer „Arbeitsorientierten Einzelwirtschaftslehre", in: Arbeitsorientierte Einzelwirtschaftslehre contra Kapitalorientierte Betriebswirtschaftslehre, WSI-Forum am 6. und 7. Juni 1973, Köln 1973, 147–219.

Senghaas, Dieter:
[Konfliktforschung]
Konflikt und Konfliktforschung, in: Kölner Zeitschrift für Soziologie und Sozialpsychologie, Bd. 21 (1969), 31–59.
– [Kybernetik]
Kybernetik und Politikwissenschaft, in: Politische Vierteljahresschrift, 1966, 252–276.
– [Vorwort]
Vorwort zur deutschen Ausgabe, in: Weil wir überleben wollen. Der Mensch zwischen Aggression und Versöhnung. Das Ciba-Symposion „Conflict in Society", hrsg. von Anthony de Reuck und Julie Knight, München, Wien 1970, 7–16.

Sharp, Gene:
[Politics]
The Politics of Nonviolent Action, Boston 1973.

Sherif, Muzafar, and *Sherif,* Carolyn W.:
[Tension]
Groups in Harmony and Tension, New York 1953.

Shubik, Martin (Ed.):
[Theory]
Game Theory and Related Approaches to Social Behavior, New York 1964.

Silverman, David:
[Theorie]
Theorie der Organisationen. Soziologische Aspekte zu System, Bürokratie und Management, Graz 1972.

Simmel, Georg:
[Streit]
Der Streit, in: Konflikt und Konfliktstrategie. Ansätze zu einer soziologischen Konflikttheorie, hrsg. von Walter L. Bühl, 2. Auflage, München 1973, 65–112.

Simon, Herbert A.:
[Choice]
A Behavioral Model of Rational Choice, in: Models of Man, New York 1957, 241-260.
– [Decision Making]
Theories of Decision Making in Economics and Behavioral Science, in: The American Economic Review 1959, Vol. 3, 253–280.
– [Komplexität]
Die Architektur der Komplexität, in: Kommunikation, 1967, 55–83.
– [Perspektiven]
Perspektiven der Automation für Entscheider, Quickborn 1966.
– [Rationality]
Rationality and Administrative Decision Making, in: Models of Man, New York 1957, 196–206.
– [Research]
Political Research: The Decision-Making Framework, in: Varieties of Political Theory, ed. by David Easton, Englewood Cliffs, N. J. 1966, 15–24.

Singer, David:
[Political Science]
The Political Science of Human Conflict, in: The Nature of Human Conflict, ed. by Elton B. McNeil, Englewood Cliffs, N. J. 1965, 139–154.

Staehle, Wolfgang H.:
[Koalition]
Die Unternehmung als Koalition und die Notwendigkeit der Werbung um Koalitionsteilnehmer, in: ZfB 39. Jg. (1969), 377-390.
– [Plädoyer]
Plädoyer für die Einbeziehung normativer Aussagen in die Betriebswirtschaftslehre, in: ZfbF, 25. Jg. (1973), 184–197.

Steffenhagen, Hartwig:
[Konflikt]
Konflikt und Kooperation in Absatzkanälen. Ein Beitrag zur verhaltensorientierten Marketingtheorie, Wiesbaden 1975.

Szyperski, Norbert und *Winand*, Udo:
[Entscheidungstheorie]
Entscheidungstheorie. Eine Einführung unter besonderer Berücksichtigung spieltheoretischer Konzepte, Stuttgart 1974.

Tannenbaum, A. S.:
[Control]
Control in Organizations, New York 1968.

Tedeschi, James T., *Schlenker*, Barry R. and *Bonoma*, Thomas V.:
[Conflict]
Conflict Power and Games. The Experimental Study of Interpersonal Relations, Chicago 1973.

Tedeschi, James T., *Schlenker*, Barry R. and *Lindskold*, Svenn:
[Influence]
The Exercise of Power and Influence: The Scource of Influence, in: The Social Influence Processes, ed. by J. T. Tedeschi, Chicago, New York 1972, 287–345.

Thiele, L.-D.:
[Konflikte]
Konflikte im Entscheidungsprozeß der Unternehmungsorganisation, Dissertation München 1968.

Thomae, Hans:
[Konflikt]
Konflikt, Entscheidung, Verantwortung. Ein Beitrag zur Psychologie der Entscheidung, Stuttgart 1975.

Thompson, James D.:
[Organizations]
Organizations in Action. Social Science Bases of Administrative Theory, New York 1967.

Thompson, Victor A.:
[Bureaucracy]
Bureaucracy and Innovation, Alabama 1969.

Thorsrud, Einar, and *Emery*, F. E.:
[Conflict]
Industrial Conflict and „Industrial Democracy", in: Operational Research and the Social Sciences, ed. by J. R. Lawrence, London 1966, 439–447.

Udy, Stanley H.:
[Elemente]
Bürokratische und rationale Elemente in Webers Bürokratiekonzeption, in: Bürokratische Organisation, hrsg. von Renate Mayntz, Köln, Berlin 1968, 62–68.

Ulich, Eberhard, *Groskurth*, Peter und *Bruggemann*, Agnes:
[Arbeitsgestaltung]
Neue Formen der Arbeitsgestaltung. Möglichkeiten und Probleme einer Verbesserung der Qualität des Arbeitslebens, Frankfurt a. M. 1973.

Ulrich, Hans:
[Unternehmung]
Die Unternehmung als produktives soziales System, Bern, Stuttgart 1968.

Ulrich, Peter und *Flury*, Edgar:
[Management]
Management. Eine konzentrierte Einführung, Berne 1975.

Van Doorn, J. A. A.:
[Konflikt]
Der Konflikt in formalen Organisationen, in: Weil wir überleben wollen, hrsg. von Anthony de Reuck und Julie Knight, München 1970, 115–133.

Vilmar, Fritz:
[Menschenwürde]
Menschenwürde im Betrieb, Reinbek bei Hamburg 1973.

Walton, Richard E.:
[Peacemaking]
Interpersonal Peacemaking: Confrontations and Third-Party Constellation, Reading, Mass. 1969.

Walton, Richard E., and *Dutton*, John M.:
[Management]
The Management of Interdepartmental Conflict: A Model and Review, in: ASQ 14 (1969) 73–84.

Walton, Richard E., and *McKersie*, Robert B.:
[Negotiations]
Behavioral Theory of Labor Negotiations: An Analysis of a Social Interaction System, New York 1965.

Weber, Max:
[Politik]
Politik als Beruf, in: Max Weber, Gesammelte politische Schriften, Tübingen 1971, 505–507.

– [Wirtschaft]
Wirtschaft und Gesellschaft, 2. Halbband, Köln, Berlin 1964.

Wild, Jürgen:
[Grundlagen]
Grundlagen und Probleme der betriebswirtschaftlichen Organisationslehre, Berlin 1966.

– [Management]
Management - Konzeption und Unternehmungsverfassung, in: Probleme der Unternehmungsverfassung. Gedanken zum 70. Geburtstag von Martin Lohmann, hrsg. von Ralf-Bodo Schmidt, Tübingen 1971, 57–95.

Will, Hartmut:
[Unternehmungsführung]
Moderne Unternehmungsführung, in: ZfB, 40. Jg. (1970), 359–374.

Wiseman, H. V.:
[Systems]
Political Systems. Some Sociological Approaches, London 1966.

Withey, Stephen, and *Katz,* Daniel:
[Social Psychology]
The Social Psychology of Human Conflict, in: The Nature of Human Conflict, ed. by Elton B. McNeil, Englewood Cliffs, N. J., 1965, 64–90.

Witte, Eberhard:
[Phasen-Theorem]
Phasen-Theorem und Organisation komplexer Entscheidungsverläufe, in: ZfbF, 20. Jg. (1968), 625–647.

Wöhe, Günter:
[Grundprobleme]
Methodologische Grundprobleme der Betriebswirtschaftslehre, Meisenheim am Glan 1959.

Wolters, Rudolf:
[Verhandlungsführung]
Strategien der Verhandlungsführung. Eine Analyse empirischer Tests zur Bargaining-Theorie des Lohnes, Berlin 1976.

Yates, A. B.:
[Frustration]
Frustration and Conflict, London 1962.

Zald, Mayer N. (Hrsg.):
[Power]
Power in Organizations, Nashville 1969.

Zelger, Josef:
Konzepte zur Messung der Macht, Berlin 1975.

Zepf, Günter:
[Führungsstil]
Kooperativer Führungsstil und Organisation. Zur Leistungsfähigkeit und organisatorischen Verwirklichung einer kooperativen Führung in Unternehmungen, Wiesbaden 1972.

Ziegler, Helmut:
[Autorität]
Strukturen und Prozesse der Autorität in der Unternehmung, Stuttgart 1970.

Zink, Klaus J.:
[Motivation]
Motivation und Leistung. Die praktische Anwendung der Motivationstheorie von F. Herzberg als Führungskonzept, in: Fortschrittliche Betriebsführung, 23. Jg. (1974) 167–172.

Betriebswirtschaftliche Forschungsergebnisse

Herausgegeben von Erich Kosiol

1. **Plankostenrechnung als Instrument moderner Unternehmensführung.** Hrsg. von E. Kosiol. 3. Aufl. 353 S. 1975. Lw. DM 48,—

2. **Einkaufsplanung und Produktionsumfang.** Von E. Kosiol und Mitarbeitern. 2., durchgesehene Aufl. 132 S. mit zahlr. Tab. 1975. Lw. DM 36,—

3. **Grundlagen und Methoden der Organisationsforschung.** Von E. Kosiol. 2. überarbeitete und erweiterte Auflage. 153 S. 1968. Lw. DM 35,80

4. **Organisation des Entscheidungsprozesses.** Hrsg. von E. Kosiol. 2. Aufl. 221 S. mit 23 Abb. 1975. Lw. DM 44,—

5. **Organisation der innerbetrieblichen Materialbewegung.** Von D. Köhler. 142 S. mit 1 Ausschlagtafel. 1959. Lw. DM 28,60

6. **Grundlagen und Formen der Entlohnung.** Von H. Martens. 128 S. mit 20 Abb. 1958. Lw. DM 27,—

7. **Institut für Industrieforschung 1948 - 1958.** Von E. Kosiol. 141 S. mit 5 Kunstdrucktafeln und 1 Ausschlagtafel. 1959. Lw. DM 26,60

8. **Betriebsverband und Verbandbetrieb.** Von E. Grochla. 338 S. mit 10 Schaubildern. 1959. Lw. DM 44,—

9. **Aufbauorganisation der industriellen Lagerwirtschaft.** Von J. Göldner. 305 S. mit 50 Abb. 1960. Lw. DM 44,—

10. **Freiwillige soziale Leistungen der industriellen Unternehmung.** Von U. Pleiß. 248 S. 1960. Lw. DM 39,—

11. **Untersuchungen zur Aufbauorganisation der Arbeitsvorbereitung und des Einkaufs industrieller Unternehmungen.** Von E. Kosiol und Mitarbeitern. 170 S. mit zahlreichen Abb. 1960. Lw. DM 29,80

12. **Die Entwicklung der industriellen Kostenrechnung in Deutschland.** Von G. Dorn. 232 S. 1961. Lw. DM 39,—

13. **Bürowirtschaftliche Forschung.** Hrsg. von E. Kosiol. 291 S. mit 15 Tab. und 7 Abb. 1961. Lw. DM 47,60

14. **Bibliographie der Organisationsliteratur.** Hrsg. von E. Kosiol. 184 S. 1961. Lw. DM 53,60

15. **Kritische Analyse der ertragsgesetzlichen Kostenaussage.** Von G. Dlugos. 132 S. mit 16 Abb. 1961. Lw. DM 27,60

16. **Zur Problematik der quantitativen Terminologie in der Betriebswirtschaftslehre.** Von N. Szyperski. 169 S. 1962. Lw. DM 27,60

17. **Die Bewertung des Anlagevermögens in amerikanischen Bilanzen.** Von H.-J. Dux. 186 S. 1962. Lw. DM 35,60

18. **Aufbauorganisation der internen Revision in tiefgegliederten Unternehmungen und Konzernen.** Von A. Brimberg. 156 S. mit 48 Abb. 1962. Lw. DM 34,60

19. **Die Gewinnverwendung der Unternehmung.** Von R.-B. Schmidt. 242 S. 1963. Lw. DM 46,60

20. **Die Kapazitätsnutzung in der Industrieunternehmung.** Von P. Clar. 283 S. 1964. Lw. DM 47,80

21. **Ablauforganisation der industriellen Lagerwirtschaft.** Von J. Göldner. 348 S. 1964. Lw. DM 59,60

22. **Probleme der Ablauforganisation in Unternehmungen.** Von M. Schweitzer. 158 S. mit 25 Abb. 1964. Vergr.

23. **Information und Kommunikation.** Von R. Kramer. 194 S. mit 25 Abb. 1965. Vergr.

24. **Wesen und Formen des Verbundbetriebes.** Von H. Lehmann. 195 S. mit 4 Schaubildern. 1965. Lw. DM 44,60

25. **Zum Problem der Messung des wirtschaftlichen Handelns mit Hilfe der Bilanz.** Von H.-H. Schulze. 247 S. 1966. Lw. DM 45,60

26. **Zentralisation und Dezentralisation von Aufgaben in der Organisation der Unternehmungen.** Von K. Bleicher. 291 S. mit 34 Abb. 1966. Lw DM 68,—

27. **Informale Erscheinungen in der Betriebsorganisation.** Von O. Grün. 131 S. 1966. Lw. DM 29,80

28. **Grundlagen und Probleme der betriebswirtschaftlichen Organisationslehre.** Von J. Wild. 227 S. 1966. Vergr.

29. **Die optimale Beschaffungsmenge.** Von E. Kottke. 148 S. mit 21 Abb. und 8 Tab. 1966. Lw. DM 52,80

30. **Informationen und Vorgänge ihrer Bearbeitung in der Unternehmung.** Von J. Berthel. 212 S. mit 3 Tab. und 2 Abb. 1967. Lw. DM 56.—

31. **Neuere Organisationsforschung in betriebswirtschaftler Sicht.** Von J. Wild. 270 S. 1967. Lw. DM 49,80

32. **Liquidität und Gewinn im industriellen Unternehmensprozeß.** Von H. Schweitzer. 166 S. 1967. Lw. DM 62,60

33. **Die Bedeutung interpersonaler Beziehungen für die Organisation der Unternehmung.** Von K. Sommer. 153 S. 1968. Lw. DM 42,80

34. **Die Umsatzeinnahmen als Gegenstand der unternehmerischen Liquiditätsplanung und Liquiditätspolitik.** Von H. Kossbiel. 295 S. 1968. Lw. DM 78,60

35. **Grundlagen der industriellen Produktgestaltung.** Von K. Chmielewicz. 257 S. 1968. Lw. DM 59,60

36. **Kritische Untersuchungen über den Geltungsbereich des Prinzips der Gewinnmaximierung.** Von F. X. Bea. 149 S. 1968. Lw. DM 38,60

37. **Der Prozeß der Unternehmensentscheidung bei unvollkommener Information.** Von H. Griem. 197 S. 1968. Lw. DM 39,80

38. **Das Leistungsziel als Verhaltensdeterminante von Bankunternehmungen der öffentlichen Hand.** Von R. Kroll. 187 S. 1968. Lw. DM 42,60

39 **Zur Aussagefähigkeit neuer Kostenrechnungsverfahren.** Von D. Moews. 216 S. 1969. Lw. DM 56,60

40. **Die Steuerung dezentraler Kostenentscheidungen im Herstellungsbereich industrieller Unternehmungen.** Von D. Hamann. 171 S. 1969. Lw. DM 38,60

41. **Kybernetische Ansätze zur Organisation des Führungsprozesses der Unternehmung.** Von H. Flik. 152 S. mit 18 Abb. 1969. Lw. DM 42,60

42. **Organisationsprinzipien.** Von R. Beensen. 234 S. 1969. Lw. DM 48,60

43. **Elemente und Strukturdeterminanten des informatorischen Kommunikationssystems industrieller Unternehmungen.** Von H.-J. Drumm. 176 S. 1969. Lw. DM 39,60

44. **Information und Planung in industriellen Unternehmungen.** Von J. Berthel und D. Moews. 206 S. 1970. Lw. DM 44,60

45. **Unternehmensgröße, Wachstum und Reorganisation.** Von D. Schulz. 225 S. 1970. Lw. DM 44,60

46. **Unternehmungswachstum und Produktinnovation.** Von A. Kieser. 242 S. mit 34 Abb. und 33 Tab. 1970. Lw. DM 64,60

47. **Automation und Leitungsstruktur.** Von H. J. Drumm. 145 S. 1970. Lw. DM 36,60

48. **Zum Normenproblem in der Wirtschaftswissenschaft.** Von A. Ruffner. 175 S. 1970. Lw. DM 48,60

49. **Unternehmenswirtschaftliche Reservierung.** Von P. R. Wossidlo. 266 S. mit 11 Abb. und 10 Tab. 1970. Lw. DM 66,60

50. **Zur Anwendung mathematischer Programmierungsverfahren auf die Bestimmung wirtschaftlich optimaler Informationsvorgänge.** Von H. Krug. 122 S. 1970. Lw. DM 36,60

51. **Kommunikation und Kollegialorgane.** Von C. K. Kanellopoulos. 187 S. 1970. Lw. DM 44,80

52. **Probleme der simultanen Orientierung von Leistungsprozessen in Unternehmungen.** Von W. Matthes. 360 S. 1970. Lw. DM 88,60

53. **Modelle zur Bestimmung der Gewinnerwartung im Rahmen der Neuprodukt-Planung.** Von G. Kreußlein. 199 S. 1971. Lw. DM 59,60

54. **Simultane Produktions-Investitionsplanung mit Hilfe der Portfolio Selection.** Von L. Peters. 148 S. 1971. Lw. DM 48,—

55. **Zur Gliederung der betriebswirtschaftlichen Bilanz.** Von J. Fudickar. 203 S. 1971. Lw. DM 48,60

56. **Erfolgskonsolidierung in Konzernabschlüssen.** Von J. Weitkamp. 110 S. 1971. Lw. DM 33,60

57. **Struktur und Funktion der Bilanz.** Von M. Schweitzer. 250 S. 1972. Brosch. DM 28,—; Lw. DM 38,—

58. **Entscheidungsstrategien bei Produktverbundenheit.** Von F. J. Berners. 228 S. 1972. Lw. DM 68,60

59. **Grundlagen, Probleme und Instrumente der Konflikthandhabung in der Unternehmung.** Von W. Krüger. 200 S. 1972. Lw. DM 49,60

60. **Beteiligungsentscheidungen.** Von H. Schierenbeck. 197 S. 1973. Lw. DM 54,60

61. **Managementkonzeption des Öffentlichen Verwaltungsbetriebes.** Von Ch. Reichard. 207 S. 1973. Lw. DM 56,60

62. **Bausteine der Betriebswirtschaftslehre.** Von E. Kosiol. 2 Bde. I: Methodologie, Grundlagen und Organisation. 592 S. 1973. Lw. DM 124,—; II: Rechnungswesen. S. 593 - 1323. 1973. Lw. DM 175,—

63. **Grundlagen einer Theorie der betrieblichen Mitbestimmung.** Von H.-U. Küpper. 281 S. 1974. Lw. DM 66,60.

64. **Bilanz und Bewertung.** Von F. Dinkel. 234 S. 1974. Lw. DM 68,60

65. **Fertigungstypologie** unter dem Gesichtspunkt der Fertigungsablaufplanung. Von W. F. Große-Oetringhaus. 352 S. mit 83 Abb. 1974. Lw. DM 98,—

66. **Grundfragen einer Theorie der optimalen Finanzierung.** Von C. Cremer. 102 S. 1974. Lw. DM 44,80

67. **Informationstechnologie und organisatorische Regelungen.** Von H. Kubicek. 402 S. 1975. Lw. DM 96,—

68. **Die Wertschöpfung der Aktiengesellschaft und des Konzerns.** Von G. Kroenlein. 172 S. 1975. Lw. DM 56,60

69. **Die Wertschöpfung der Kreditinstitute.** Von W. Göckeler. 147 S. 1975. Lw. DM 48,60

70. **Leistungsverhalten und Führung in der Unternehmung.** Von C. Steinle. 371 S. 1975. Lw. DM 78,—

71. **Pagatorische Bilanz.** Von E. Kosiol. 1095 S. 1976. Lw. DM 198,—

72. **Das Investitionsrisiko im investitionstheoretischen Ansatz.** Von E. Timm. 162 S. 1976. Lw. DM 68,—

73. **Planungs- und Kontrollsysteme industrieller Unternehmungen.** Von A. Töpfer. 440 S. 1976. Lw. DM 98,—

74. **Grundlagen, Determinanten und situationsbezogene Gestaltung der optimalen Arbeitsaufgabe.** Von U. Spies. 193 S. 1976. Lw. DM 66,—

75. **Optimale Fertigungsablaufplanung.** Von A. Argyris. 213 S. 1977. Lw. DM 84,—

76. **Spieltheorie und Unternehmensplanung.** Von U. Winand. 229 S. 1978. Lw. DM 88,—

DUNCKER & HUMBLOT / BERLIN